PlayStation

1999-2004 플레이스테이션 퍼펙트 카탈로그

PERFECT CATALOGUE

하권

마에다 히로유키 · 조기현 감수
김경문 옮김

samho MEDIA

머리말 (상권에서 계속)

플레이스테이션은 발매 이전의 카탈로그 스펙 상으로는 그야말로 꿈만 같은 성능의 하드웨어였던지라 나 역시 개발자로서 선망에 눈길이 사로잡혔으나, 개발에 돌입하여 실제로 기기를 다뤄보니 예상보다 일찍 스펙의 한계가 보였다. 텍스처에 쓸 수 있는 색수는 얼마 되지 않았고, 동영상은 표시영역을 좁게 잡아도 초당 15프레임이 안정선이었다. 이러한 '성능의 벽'은 대체로 메모리 용량과 액세스 속도가 그 원인이었다.

다만, 이것이 플레이스테이션의 하드웨어가 문제라는 의미는 아니다. 애초에 불과 수만 엔짜리 게임기에서 워크스테이션급 표현력을 구현해낸 것만으로도 충분히 경이적이었던 만큼, '차세대기'라는 단어에 혹해 멋대로 과도한 망상을 부풀렸던 나 자신이 경솔했던 것뿐이다. 실제로도, 플레이스테이션이 라이프사이클 후기에 접어들자 하드웨어 성능을 바닥까지 파고들어 능력을 최대치로 끌어낸 명작 게임

이 다수 발매되었으며, 일부 대형 개발사는 개발 라인이 많다는 것을 장점으로 승화시켜 집단지성으로 개발 노하우를 일찍부터 축적했고, 심지어는 아예 어셈블러로 개발하던 회사까지 있었을 정도였다(기본적으로 플레이스테이션의 개발환경은 C언어다). 진부한 표현이겠으나, 결국 '개발하기 나름'이었던 것이리라.

플레이스테이션이 게임업계에서 이룩한 수많은 공적은 본서 상·하권을 통해 상세히 서술하였으니 이를 읽어주었으면 하나, 그중에서도 개인적으로 커다란 공으로 꼽고 싶은 점은, 바로 '게임'이라는 컨텐츠의 개념과 가능성을 크게 확대시켜준 것이라고 생각한다.

오랫동안 게임을 개발해온 사람은, 아무래도 게임 시스템을 기획하거나 개발하는 과정을 자기 경험의 연장선상에서 생각하기 십상이다. 그러니 가령 '이제까지 나온 적이 없는 RPG'를 기획해냈다 한들, 결국 방향성을 약간 비틀어 신선

함을 가미하는 수준에 그치는 경우가 많다. 특히 플레이스테이션 이전까지의 여러 가정용 게임기로 발매되어온 타이틀 중엔 대체로 그런 패턴이 많았으며, 같은 세대인 세가새턴조차도 안타깝지만 이를 넘어서지는 못했다.

그러나 플레이스테이션은 '게임업계에 처음 몸담은 신참들'이 설계하고, 선전·광고하여, 판매한 게임기였다. 그 덕분에 좋은 의미에서 게임업계의 구습에 물들지 않은 참신한 시점의 게임을 다수 배출해낸 것이 사실이며, 이는 '플레이스테이션'이라는 토양이 있었기에 가능했다 할 수 있다.

'모든 게임은, 여기로 모인다.'라는 유명한 선전문구를 내걸고, 기이한 게임과 괴짜 게임조차도 발매를 허용했던 '보석과 잡석이 뒤섞인' 소프트웨어 라인업. CD-ROM이라는 매체의 특성을 최대한도로 활용했음은 물론, 음악 레이블을 보유한 소니 그룹의 강점을 살려 소니뮤직 소속 뮤지션의 이름을 내건 뮤직비디오 계 소프트가 나오기도 하고, CD의

제조비용이 저렴하다는 데에서 착안하여 '플레이스테이션 더 베스트' 시리즈나 'SIMPLE 1500' 시리즈 등의 염가 소프트 라인업도 배출하는 등, 플레이스테이션을 바탕으로 탄생한 새로운 소프트웨어 모델은 실로 일일이 열거하기 어려울 정도다.

그 결과, 플레이스테이션용으로 발매된 총 타이틀 종수는 대략 3,400종 가까이에 달할 정도이며, 본서 상·하권에 게재한 소프트만으로도 무려 3,285종이나 된다(동일 타이틀의 염가판은 제외했기 때문이다). 그리하여 '퍼펙트 카탈로그' 시리즈 사상 최대 볼륨인 상·하 2권 분책이라는 불가피한 시도를 하게 된 바, 독자 여러분도 이 책을 통해 방대한 플레이스테이션 라이브러리가 보여주는 풍부한 소프트웨어 라인업과 폭넓은 컨텐츠를 만끽해보았으면 한다.

2020년 12월, 마에다 히로유키

PlayStation P

FECT CATALOGUE
C O N T E N T S

PLAYSTATION PERFECT CATALOG GEKAN by Hiroyuki Maeda
Copyright ⓒ G-WALK PUBLISHING.co.,ltd. / 2020 CHEERSOL Inc.
All rights reserved.
Original Japanese edition published by G-WALK PUBLISHING.co.,ltd.
Korean translation copyright ⓒ 2022 by Samho Media
This Korean edition published by arrangement with G-WALK PUBLISHING.co.,ltd., Tokyo,
through HonnoKizuna, Inc., Tokyo, and Botong Agency

이 책의 한국어판 저작권은 Botong Agency를 통한 저작권자와의 독점 계약으로 삼호미디어가 소유합니다.
신 저작권법에 의하여 한국 내에서 보호를 받는 저작물이므로 무단전재와 무단복제를 금합니다.

Special Thanks To

게임샵 트레더
꿀딴지곰	고전게임 컬럼니스트, 유튜브 채널 '꿀딴지곰의 게임탐정사무소' 운영
네오징어	「그라디우스」 시리즈 컬렉터
레드닌자	쩌기 게이~밍방 대표로 나온 아저씨
뢰매	네이버 카페 '구닥동' 회원
오영욱	게임잡지의 DB를 꿈꾸는 게임개발자
유영상	한국 레트로 게임 컬렉터, 유튜브 채널 '게임라이프' 운영
이승준	'레트로장터' 행사 주최자
정세윤	http://blog.naver.com/plaire0
타잔	레트로 게임 컬렉터, 네이버 카페 '추억의 게임 여행' 운영자
홍성보	월간 GAMER'Z 수석기자
히규	레트로 카페 메모리 본점 대표, 네이버 파워블로거

CHAPTER 1 —————————

플레이스테이션
하드웨어 대연구
PART 2

PLAYSTATION HARDWARE CATALOGUE

[해설] 유통혁명을 일으킨 플레이스테이션
COMMENTARY OF PLAYSTATION #3

일본 완구 유통업계의 구습을, 과연 어떻게 돌파해냈는가?

소니컴퓨터엔터테인먼트(이하 SCE)가 당시 일본 게임업계에 일으킨 변혁은 제조·유통·선전 수법 등 다방면에서 펼쳐졌다. 플레이스테이션이 CD-ROM을 탑재한 것은 상권의 해설에서 다룬 초기의 기획 발안 경위에서 서술했듯 처음부터 확고한 방침이었기도 했거니와, 소니 그룹 내에 이미 자사 소유의 CD 프레스(제조) 라인이 있었기에 타사보다 대량·단기간·염가로 제조할 수 있다는 커다란 이점 때문이었다. 이 이점을 살려, SCE는 소매점 단위의 재고 최소화를 위해 '품절되더라도 최단 6일 내로 추가생산이 가능하다'는 재발주 중심의 사업모델을 제안했다. 또한 저렴한 생산비를 무기삼아 플레이스테이션용 소프트의 희망소비자가격을 5,800엔으로 설정했는데, 이는 소비자가 플레이스테이션 본체와 소프트 2개를 소매점에서 구입할 경우 대략 5만 엔 선이 되도록 맞춘다는 전략적 배려였다.

하지만, 당시 일본의 게임 유통망은 닌텐도와 거래하던 유통업자들의 모임인 '쇼신카이'[初心会]의 영향력이 강했으며, 도매상이 오랜 경험과 감을 믿고 소프트를 골라 입도선매한다는 구태의연한 거래 관습이 여전히 남아있던 업계였다. 게다가 닌텐도와 대립하는 회사의 제품 거래를 꺼리는 분위기도 있었으며, 특히 SCE가 제창하던 '소프트 1개에 5,800엔' 룰을 받아들이는 것은 곧 닌텐도의 반대편에 서는 일로 간주되었다(당시 슈퍼 패미컴용 소프트 가격대는 8,800~9,800엔 전후의 고가였기 때문이다). 이런 이유로 기존 완구 유통망의 협조를 기대할 수 없게 된 SCE는 소니의 안마당인 음반 유통망을 중심으로 판로를 개척하여, SCE의 유통정책을 따르기로 한 반다이 계열 유통사인 해피넷을 중심으로 삼아 플레이스테이션의 판매를 시작했다.

이런 신규 정책들은 모두 오래 전부터 음악 CD를 유통해왔던 소니 그룹이기에 실현 가능했던 것이지만, 음악 CD처럼 게임 소프트도 정가로만 판매할 것을 소매점에 강제하다보니 공정거래위원회로부터 독점금지법에 따른 시정권고를 받기도 했고, 발매 타이틀 종수가 방대해지다보니 소소한 재발주가 어려워져 재발주 중심의 유통 시스템이 결국 유명무실화되는 등, 개혁한 정책 모두가 성공적으로 정착되지는 않았다. 하지만 이러한 개혁의 결과로 소프트 가격이 하락하는 등 유저·개발사 양쪽에 이익이 된 바도 분명히 있기에, 그런 점만큼은 충분히 높이 평가할 만하다 하겠다.

플레이스테이션 사업이 일정 궤도에 오르자 SCE의 상품을 취급하는 유통사도 늘어나, 닌텐도의 제왕적 지위를 상징했던 쇼신카이는 1997년 해산되었다. 게다가 코나미(도쿄 코나미를 비롯한 각 지역별 판매사들)·코에이(코에이넷)·스퀘어(디지큐브) 등 일부 대형 소프트 회사들이 SCE에게서 프레스된 제품을 넘겨받아 직접 판매하는 '자사 유통'을 개시하는 등, 플레이스테이션의 성공을 계기로 일본의 게임 유통 시스템은 크게 변화하게 된다.

여담이지만, 이전까지는 쇼신카이 계열 등의 기존 완구 유통망을 통해 판매했던 세가도 세가새턴을 기점으로 자체 유통회사인 세가 뮤즈를 설립해 플레이스테이션의 물류 모델을 모방하는 등, 유통개혁을 시도했다. 이 과정에서 SCE처럼 소매점에 정가 판매 및 중고 소프트 판매 금지 등을 강요하기도 해, 세가 역시 SCE와 함께 독점금지법 위반 혐의가 걸리는 결과도 맞았다. 다만 세가가 단행한 유통혁명 쪽은 사내에 CD 제조공장이 없었기에 디테일한 생산조정까지는 구축하지 못해, 효과가 한정적이었다.

▲ 당시의 플레이스테이션 공식 카탈로그에 게재된 취급점 리스트. 두 페이지를 빽빽하게 채운 점포명들이 그야말로 압권이다.

플레이스테이션의 기발한 마케팅 전략

당시 일본 게이머들이 품었던 플레이스테이션에 관한 여러 오해 중 하나가, '플레이스테이션의 승리는 소니가 뿌린 거액의 광고예산 때문'이라는 것이다. 플레이스테이션은 기발한 지면 광고나 TV광고 등이 많았기에 강렬한 인상을 남긴 게 사실이긴 하나, 알고 보면 딱히 타사에 비해 많은 광고비를 투입한 것은 아니었다(애초에 SCE는 소니 본사의 무관심 속에 출범했었기에, 게임 사업에 거액의 광고비가 배당될 리도 없었다). 모회사인 소니뮤직엔터테인먼트(이하 SME)가 소프트 쪽의 광고비까지는 변통해주었으나, 하드웨어 홍보비용 쪽은 거의 주지 않았던 게 당시 실정이었다.

이런 상황에서 SCE가 짜낸 역발상이, '소니컴퓨터엔터테인먼트'라는 회사 이름보다 '플레이스테이션'이라는 상품명을 소비자에 인지시키는 데 철저하게 집중하는 브랜딩 전략이었다. 심지어 TV프로의 광고 제공자 표기조차도 '플레이스테이션'으로 통일하고, SCE라는 회사명은 일체 쓰지 않았다(게다가, 어디까지나 소프트 광고이지 하드웨어 광고가 아니었다). TV광고를 제작할 때도, 일반적으로는 광고 끝머리에 삽입하던 사운드 로고(역주 ※)를 광고 첫

머리에 넣는다는 새로운 역발상을 도입했다. 즉 사운드 로고로 먼저 시청자의 시선을 사로잡은 직후에 본격적인 광고영상이 나오도록 연출하여, 더욱 인상에 강하게 남기는 효과를 얻어낸 것이다. 광고 내용 역시 유명 탤런트를 전혀 쓰지 않고 일반인들의 생활 속에서 게임을 슬쩍 등장시키는 콩트 형태로 구성했는데, 이러한 무명배우 위주의 캐스팅이 오히려 '일상 속의 비일상'을 연출하는 데 큰 몫을 해냈다.

그 대신, SME 사내 재량으로 비용을 절약할 수 있었던 체험판 배포는 100만 장 단위로 대대적으로 진행했고, 플레이스테이션 최초 발매시엔 아예 SME 소속의 인기 뮤지션·가수들에게 플레이스테이션 300대를 무료로 보내주어 실제로 즐겨보게 하는 전략을 시행했다. 물론 이것은 그들이 출연하는 방송·잡지를 통해 자신의 플레이 체험을 퍼뜨리도록 유도하는 바이럴 전략이었다. 화제만 잘 연결되면, '재미있었던' 체험을 3~5분 정도는 그들이 직접 육성으로 홍보해준다. 15초짜리 TV광고를 내는 것보다 훨씬 저렴하고도 효과적인 홍보 전략이었다.

플레이스테이션의 인지도가 어느 정도 상승해 사업으로서 충분한 흑자

가 예견되자 SCE는 다음 전략을 '유저층 확대'로 잡아, 아이의 크리스마스 선물용으로 '플레이스테이션이 쏙 들어가는 초대형 양말 증정 캠페인'을 진행하기도 하고, 아이와 소통하기 위해서나 자기 취미시간을 즐기기 위해 플레이스테이션 구입을 고려하는 어른을 대상으로 삼아 '어르신을 위한 카탈로그'를 배포하기도 하는 등, SCE의 광고전략은 그야말로 다채롭기 이를 데 없었다.

SCE가 먼저 시도해 성공을 거둔 이러한 광고수법들은 후일 다른 라이벌 게임기 제조사와 소프트 회사들도 속속 흉내 내기에 이르렀고, 특히 SCE의 TV광고 기법은 이후 일본 게임 TV광고의 표준으로 자리 잡았다.

▲ 플레이스테이션 본체가 쏙 들어가는 초대형 양말. 1996년 크리스마스 시즌에 소매점에서 본체 구입시 특전으로 증정되었다.

(역주 ※) 특정 상품명을 상징하는 짧지만 독특한 징글(jingle) 사운드나 목소리. 해당 사운드만 들으면 바로 상품이 뇌리에 떠오르도록 하는 광고기법이다. 당시 플레이스테이션은 특유의 '퐁' 소리를 사운드 로고로 삼아 유명해졌다.

▲ '어르신을 위한 카탈로그를 만들었습니다.'라는 이름의, 조금 특이한 광고. 장년층이 좋아할 만한 취향의 소프트 라인업과, 아이와 함께 즐길 수 있는 추천 게임 라인업을 함께 실었다.

조그맣고 동글동글! 휴대하고 싶어지는 플레이스테이션

PS one

소니컴퓨터엔터테인먼트　2000년 7월 7일　15,000엔

※ 2001년 9월 12일 9,980엔으로, 2002년 5월 16일 오픈 프라이스로 가격 변경

PS one

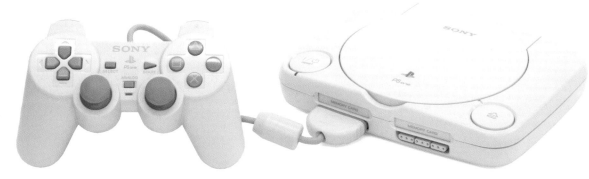

▲ 기존 플레이스테이션과 나란히 놓아본 사이즈 비교. 상당히 작아졌음을 알 수 있다.

■ 기술 진보로 가능해진 소형 플레이스테이션

　PS one은 플레이스테이션을 소형화한 신 모델로서, 일본에서는 2000년 7월 7일에 발매되었다(역주 ※). 본체 부피를 기존 대비로 1/3까지 줄였으며, 아날로그 컨트롤러의 커넥터에 이르기까지 전체적으로 둥그스름하게 다듬은 디자인이 특징으로서, 2001년 굿 디자인 상을 수상했다. 또한 본체 소형화를 위해 전원 트랜스를 본체에서 삭제하고, AC 어댑터 방식으로 전력 공급 설계를 바꿨다.

(역주 ※) 한국에서는 소니컴퓨터엔터테인먼트코리아(현 소니인터랙티브엔터테인먼트코리아)가 2002년 5월 16일 처음 발매했다. LCD 모니터 등의 전용 주변기기 및 PS one COMBO도 같은 시기에 발매되었다.

PS one의 사양

형식번호	SCPH-100
CPU	MIPS R3000A 기반 32비트 RISC 프로세서 (33.8688MHz)
메모리	워크 RAM : 2MB, 비디오 RAM : 1MB, 사운드 RAM : 512KB CD 버퍼 RAM : 32KB, BIOS ROM : 512KB
지오메트리 연산	연산능력 : 최대 150만 폴리곤/초 표시능력 : 최대 36만 폴리곤/초
그래픽	해상도 : 256×224픽셀(논 인터레이스) ~ 640×480픽셀(인터레이스) 발색수 : 최대 1,677만 색 이상 스프라이트 : 최대 표시수 4,000개/프레임, 라인 및 정의 개수 무제한 특수 기능 : 텍스처 매핑, 고러드 셰이딩, 포그, 반투명 처리 기능
영상 디코딩 엔진	JPEG 디코더 : Motion JPEG 및 텍스처 전개 동영상 재생 기능 : 320×240픽셀일 때 30프레임/초
사운드	ADPCM 음원, 스테레오 24채널 (16비트 양자화, 샘플링 주파수 최대 44.1kHz)
소프트웨어 매체	CD-ROM (2배속)
앞면 입출력 단자	컨트롤러 포트×2, 메모리 카드 슬롯×2
뒷면 입출력 단자	AV 멀티 출력 단자, DC IN 7.5V 단자
전원 / 소비전력	DC 7.5V / 약 6.5W
외형 치수 / 중량	193(가로) × 144(세로) × 38(높이) mm　약 560g
부속품	아날로그 컨트롤러×1, AC 어댑터, AV 케이블(영상·음성 일체형), 취급설명서, AS 신청서

△○×□
PS one

▲ 같은 해 발매되었던 플레이스테이션 2와 기조를 통일한, 심플한 디자인의 외장 패키지 박스.

HARDWARE

1994
1995
1996
1997
1998
1999
2000
2001
2002
2003
2004

INDEX

TOP VIEW

BOTTOM VIEW

FRONT VIEW

REAR VIEW

LEFT SIDE VIEW

RIGHT SIDE VIEW

하드웨어 구성은 SCPH-9000과 동등하며, 플레이스테이션용 소프트 및 주변기기는 PS one에서도 거의 대부분 공통 사용 가능하다. 다만 통신 단자가 삭제된 탓에, 아쉽게도 통신 케이블을 사용하는 대전 플레이는 불가능해졌다.

본 기종 전용 주변기기로서 딱 어울리게 결합되도록 디자인된 스테레오 스피커 내장형 5인치 고휘도 LCD 모니터도 동시 발매되었으며, 여기에 카어댑터 등의 별도 전원을 연결하면 야외에서도 게임을 즐길 수 있다. 참고로 이 모니터는 휴대용 DVD 플레이어 등에서 널리 쓰이는 4극 미니잭 타입의 영상·음성 입력단자도 내장돼 있어, 범용 모니터로도 사용 가능하다.

배터리까지 내장하지는 않았으나 2번째 게임기 등으로서의 수요도 나름대로 만족시켜, 일본 내에서만 419만대라는 판매성적을 거뒀다.

LCD 모니터와의 세트상품, 'PS one COMBO'

본문 내에서 소개한 전용 주변기기인 LCD 모니터와 본체를 묶은 세트 상품 'PS one COMBO'도 발매되었다. 처음부터 결합된 상태로 포장돼 있으며, 외장 패키지 크기도 PS one과 엇비슷하다.

PS one COMBO
소니컴퓨터엔터테인먼트   2001년 11월 22일   오픈 프라이스
※ 2002년 5월 16일, 18,000엔으로 가격 인하

HARDWARE

1994
1995
1996
1997
1998
1999
2000
2001
2002
2003
2004
INDEX

메모리 카드를 휴대용 게임기로! 본체와 연동되는 신개념 주변기기

포켓스테이션

소니컴퓨터엔터테인먼트   1999년 1월 23일   3,000엔

PocketStation

어디까지나 PS의 주변기기

포켓스테이션은 소니컴퓨터엔터테인먼트가 1999년 1월 23일 일본에만 발매한 플레이스테이션용 주변기기다. 1996년 발매되었던 다마고치(반다이)가 당시 일본에서 대히트한 데 영향을 받아 '주머니에 들어가는 게임기'로서 기획된 기기인데, 마침 세가도 드림캐스트용으로 동일한 컨셉의 주변기기인 '비주얼 메모리'를 포켓스테이션보다 한발 앞선 1998년 11월 27일 발매했다. 덕분에 의도치 않게도 동종 제품이 연속 발매된 격이 되어, 소형 LCD 게임기가 소소한 붐을 이뤘다.

상품명이 비슷하다보니 플레이스테이션 포터블(2004년)과 혼동하기 쉽지만, 포켓스테이션은 단독으로 게임을 즐길 수 있는 플랫폼이 아니며, 플레이스테이션 본체가 없으면 소프트의 다운로드가 불가능하다. 애초에 포켓스테이션을 지원하는 소프트부터가 '포켓스테이션용 소프트' 식의 단독 패키지가 아니라, '포켓스테이션도 지원하는 플레이스테이션용 소프트'라는 형태로 유통된 상품이었다. 그러니, 이 기기는 독립적인 게임기가 아니라 어디까지나 '플레이스테이션의 주변기기'로 보는 것이 바람직하다.

포켓스테이션의 사양

형식번호	SCPH-4000 (화이트) / SCPH-4000C (크리스탈)
CPU	32비트 RISC CPU ARM7T (최대 8MHz)
메모리	워크 RAM : 2KB SRAM, 플래시 메모리 : 128KB
그래픽	32×32픽셀 반사형 모노크롬 LCD
통신 기능	적외선 방식 (쌍방향, IrDA 준거)
시계 정확도	월오차 약 ±1분 (상온)
전지 지속시간	시계 화면만으로 사용시 약 1개월
전원	리튬 코인전지(CR2032)×1, 플레이스테이션과 연결중일 때는 본체에서 전원 공급
외형 치수 / 중량	42(가로) × 65(세로) × 14.8(높이) mm 약 32g (리튬 코인전지 포함)
부속품	리튬 코인전지(CR2032), 핸드스트랩, 취급설명서

FRONT VIEW

REAR VIEW

TOP VIEW

BOTTOM VIEW

LEFT SIDE VIEW

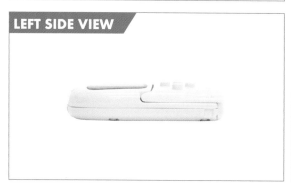

RIGHT SIDE VIEW

■ 최종 출하대수는 490만 대

포켓스테이션은 1998년 10월 9일 개최된 도쿄 게임쇼 '98 가을에서 제품이 발표되어, 불과 30g의 본체에 모든 기능을 담아낸 머신으로서 주목을 받았다. 원래는 98년 12월 23일 발매 예정이었으나, 1개월 연기하여 다음해 1월 23일에 발매했다(플레이스테이션의 '12월 3일'처럼 '1·2·3'으로 숫자를 맞춘 발매일이다).

32비트 CPU를 탑재했다고는 하나, 화면 해상도는 불과 32×32픽셀이었고 프로그램 저장영역은 15블록을 통째로 써도 120KB인데다 워크 메모리는 단 2KB인 등 상당히 제약이 많은 하드웨어였지만, 어쨌든 특이한 컨셉의 기기인 점도 한 몫해 초기 판매량은 꽤 호조였다. 1999년 7월 22일에는 포켓스테이션 관련의 최대 히트작인 「어디서나 함께」가 발매되어, '포케피' 5마리의 귀여운 캐릭터성과 뛰어난 게임 디자인 덕에 100만 장을 넘기는 히트를 달성했고, 포켓스테이션 자체도 최종 출하대수 490만 대에 달하는 성공을 거두었다.

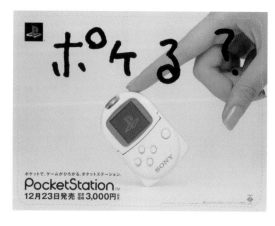

HARDWARE

1994
1995
1996
1997
1998
1999
2000
2001
2002
2003
2004
INDEX

조그만 본체 내에
수많은 기능을 집약

포켓스테이션은 본체 하단의 커버를 올리면 연결단자가 개방되며, 이를 플레이스테이션의 메모리 카드 슬롯에 꽂아 연결한다. 군이 게임을 다운로드하지 않더라도 기본적으로 일반 메모리 카드 용도로서 활용할 수 있으며, 이때는 세이브·로드 도중에 본체 상단의 LED가 액세스 램프 기능을 한다. 포켓스테이션에 저장한 세이브데이터는 포켓스테이션 단독으로도 세이브된 게임 타이틀명과 남은 블록 수를 확인할 수 있다.

포켓스테이션은 시계·알람 기능도 내장돼 있어 전지가 남아있는 동안은 시계 용도로 사용할 수 있으며, 다운로드된 게임 자체가 내장시계 기능을 활용하는 경우도 다수 있었다. 또한 포켓스테이션의 내장시계 정보를 플레이스테이션 쪽에서 읽어들일 수도 있기에, 실시간 변화가 게임 시스템과 연동되므로 포켓스테이션 연결이 필수였던 「룸메이트 : 이노우에 료코」와 같은 활용 예도 존재한다.

본체 상단에는 액세스 LED 외에도 적외선 포트(IrDA 준거)가 탑재돼 있어, 이를 이용하면 두 대의 포켓스테이션 간에 통신도 가능하다. 단 이 기능을 사용하려면 소프트가 이를 지원해야만 하며, 다운로드돼 있는 게임 데이터나 메모리 카드의 세이브데이터 등을 포켓스테이션 간에 임의로 전송하거나 할 수는 없으니 유념해야 한다.

▲ 커버를 열어 연결단자를 노출시킨 상태. 결정 버튼 안쪽에 작은 리셋 버튼이 마련되어 있다.

▲ 플레이스테이션의 메모리 슬롯에 꽂은 사진. 액세스 중일 때는 LED가 켜지고 'Busy'라는 영문자가 LCD에 표시된다.

▲ 포켓스테이션끼리의 통신. 친구와 야외에서 만나도 간편하게 데이터를 교환할 수 있다.

PACKAGE

화이트

크리스탈

화이트 「어디서나 함께」 토로 ver.

CATALOGUE

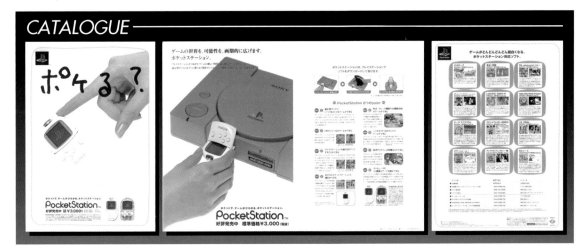

○ × △ □ **PLAYSTATION HARDWARE CATALOGUE**

HARDWARE

1994
1995
1996
1997
1998
1999
2000
2001
2002
2003
2004
INDEX

포켓스테이션의 컬러 바리에이션

포켓스테이션은 발매 초기에 주문이 대량 집중되었던 탓인지 원래 서양 발매용으로 예비해뒀던 기본색 물량까지 전부 일본 시장으로 돌렸기 때문에, 컬러 바리에이션 전개가 거의 없다시피 했다. 게다가 발매 다음해인 2000년에 출시된 플레이스테이션 2에서는 포켓스테이션을 PS2용 메모리 카드로 활용할 수 없었기 때문에(PS1과 PS2는 메모리 카드의 포맷이 완전히 다르다) 포켓스테이션의 수요가 급격히 줄어들어 당초 예정했던 서양 발매도 중지되는 바람에, 결국 3년여의 짧은 제품수명으로 역할을 마쳤다.

크리스탈

화이트와 함께 표준색 라인업이었던 본체 컬러로서, 당시 유행했던 스켈톤(내부가 보이는 투명 외장) 사양이다. 화이트와 동일하게, 포켓스테이션 순정품 핸드스트랩 1개를 동봉했다.

▶ 투명 플라스틱의 특성상 변색되어 '크리스탈'을 그리 인기가 없었다. 잘 헐거워져서, 전면 커버가

크리스탈 블랙

「유희왕 진 듀얼몬스터즈 : 봉인된 기억」의 한정판에 동봉된 본체 컬러. 크리스탈 블랙 포켓스테이션과 함께, 원작에 등장한 '천년퍼즐'의 디자인을 모방한 넥 스트랩도 동봉했다.

SCPH-4000
Sony Computer
Entertainment Inc.
MADE IN PHILIPPINES
BATTERY:3V
IEC,JIS
CR2032

▶ 까실을 만들 멋진, 검은 포켓스테이션. 표준색으로서 일반 판매되었어도 괜찮지 않았을

클리어 핑크

「두근두근 메모리얼 2」의 한정판에 동봉된 본체 컬러. 클리어 핑크 포켓스테이션과 함께 히노모토 히카리의 마스코트 인형이 달린 핸드스트랩, 히비키노 워처(설정자료집)도 동봉했다.

SCPH-400D
Sony Computer
Entertainment Inc.
MADE IN PHILIPPINES
BATTERY:3V
IEC,JIS
CR2032

▶ 해 각별히 인상에 남는 본체 컬러다. 모든 컬러 바리에이션을 통틀어 가장 배색이 화

HARDWARE

1994
1995
1996
1997
1998
1999
2000
2001
2002
2003
2004

INDEX

가로세로 사이즈를 오리지널의 45%로 축소하여 복각하다

플레이스테이션 클래식

소니인터랙티브엔터테인먼트　2018년 12월 3일　오픈 프라이스

PlayStation Classic

■ 플레이스테이션이 작고 귀엽게 재탄생!

　플레이스테이션 클래식은 소니인터랙티브엔터테인먼트가 2018년 발매한 소형 플레이스테이션이다(역주 ※1). 2016년에 발매되어 후일 복각 게임기 붐을 일으킨 '닌텐도 클래식 미니 패밀리 컴퓨터' 히트의 영향으로 발매된 제품으로서, 플레이스테이션을 대표하는 게임 20종을 내장했다. 현대의 게임기답게 언제든지 홈 화면을 불러올 수 있고 중간 저장과 이어하기도 가능해, 당시에 쩔쩔매며 플레이했던 유저라도 손쉽게 진행할 수 있도록 기능을 크게 개선했다.

　POWER 버튼은 오리지널과 동일하게 전원 ON/OFF 기능이며, RESET 버튼은 홈 화면 불러오기에 할당했다. CD-ROM의 OPEN 버튼을 눌러도 커버가 열리지는 않으나 대신 가상 디스크 교체 기능이 작동하며, 「파이널 판타지 VII 인터내셔널」과 「메탈기어 솔리드」 등 디스크 여러 장으로 구성된 타이틀은 이 OPEN 버튼으로 디스크를 교체해야 한다.

　컨트롤러는 오리지널과 동일한 사이즈로 2개를 동봉했고, USB 커넥터를 통해 연결한다. 표준 USB 규격이므로, PC 등에 연결하면 일반적인 USB

(역주 ※1) 한국에서는 소니인터랙티브엔터테인먼트코리아가, 같은 날인 2018년 12월 3일 118,000원으로 발매했다. 외장 패키지는 일본판 디자인을 따랐으나, 내장 게임 라인업은 북미판을 따랐기에 본문에서 언급하는 일본판과는 구성이 다르다.

플레이스테이션 클래식의 사양

형식번호	SCPH-1000R
CPU	MediaTek 사의 MT8167A (System on Chip)
메모리	RAM : 1GB DDR3 RAM (메인 용), 16GB 플래시 메모리 (데이터 용)
영상출력	720p, 480p
음성출력	HDMI를 통한 리니어 PCM 2ch 출력
입출력 단자	컨트롤러 단자×2, HDMI 단자, USB 단자(micro-B)
전원 / 소비전력	DC 5V / 1.0A 5W
외형 치수 / 중량	149(가로) × 105(세로) × 33(높이) mm　약 170g
부속품	컨트롤러×2, HDMI 케이블, USB 케이블, 각종 인쇄물

▲ 즐기고픈 소프트를 선택할 수 있는 홈 화면. 수록 타이틀은 실로 다양성이 넘친다.

TOP VIEW

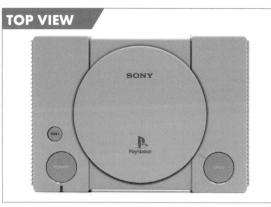

BOTTOM VIEW

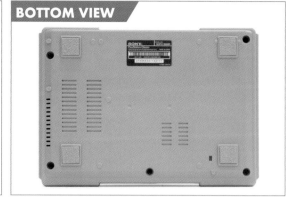

FRONT VIEW

REAR VIEW

LEFT SIDE VIEW

RIGHT SIDE VIEW

컨트롤러 대용품으로 사용할 수도 있다. 다만 DUALSHOCK가 아니라 초기 컨트롤러의 복각품이라, 일부 타이틀의 경우 아날로그 조작 및 진동기능을 지원하지 않으므로 이 점만큼은 유의해야 한다.

몇 가지 소소한 아쉬움이 없지 않으나, 완전한 만족을 추구한다면 결국 실기로 플레이하는 것이 맞을 터이고, 이런 류의 복각 게임기는 어디까지나 당시를 추억하며 과거의 기분을 만끽하기 위한 소품으로서 즐기는 것이 적절하다 할 수 있다.

▲ 당시의 실기와 플레이스테이션 클래식을 외장 패키지까지 함께 나란히 배치해 보았다. 비교해볼수록 뛰어난 재현도가 놀랍다.

■ **수록 타이틀 일람** (일본판 기준) (역주 ※2)

- 「아크 더 래드」
- 「아크 더 래드 II」
- 「아머드 코어」
- 「R4 : 릿지 레이서 타입 4」
- 「I.Q : 인텔리전트 큐브」
- 「그라디우스 외전」
- 「XI [sai]」
- 「사가 프론티어」
- 「G다라이어스」
- 「점핑 플래시! : 알로하 남작 펑키 대작전 편」
- 「슈퍼 퍼즐 파이터 II X」
- 「철권 3」
- 「투신전」
- 「바이오하자드 : 디렉터즈 컷」
- 「패러사이트 이브」
- 「파이널 판타지 VII 인터내셔널」
- 「미스터 드릴러」
- 「여신이문록 페르소나」
- 「메탈기어 솔리드」
- 「와일드 암즈」

(역주 ※2) 한국 발매판은 북미판 기준으로서, 위 목록의 붉은색 점으로 표시된 타이틀은 공통(영어판)이며, 나머지 8종은 「쿨 보더즈 2」·「디스트럭션 더비」·「Grand Theft Auto」·「사이폰 필터」·「레이맨」·「레인보우 식스」 등으로 대체되었다.

그야말로 다종다양했던, 수많은 SCE 순정 액세서리들

플레이스테이션용
순정 주변기기

Genuine Peripherals

이 페이지에서는 플레이스테이션용으로 발매된 SCE 순정품 주변기기를 소개한다. 형식번호가 같으나 패키지 디자인이 바뀐 재발매판 등도 존재하지만, 형식번호가 같다면 동일 기기로 간주하여 개별 소개하지 않았다. 또한, 지면의 한계로 외장 패키지 사진도 생략하였으니 아무쪼록 양해를 바란다.

케이블·기타 CABLE & OTHER

대전 케이블
SCPH-1040   1,500엔
플레이스테이션 2대를 서로 연결해 통신 대전할 수 있도록 하는 케이블.

RGB 케이블
SCPH-1050   2,500엔
21핀 RGB 출력 케이블로서, 색번짐이 없는 고품질 영상을 즐길 수 있다.

RFU 어댑터 킷
SCPH-1060   2,500엔
안테나 입력만 가능한 낡은 TV에 연결하기 위한 킷. SCPH-1000~5000에서만 사용 가능하다.

S단자 케이블
SCPH-1100   3,000엔
컴포지트 신호보다 고품질 영상으로 게임을 즐길 수 있는 영상 케이블.

RFU 어댑터 킷
SCPH-1120   2,500엔
SCPH-5500 이후의 기종을 안테나식 TV에 연결하기 위한 킷.

전원 케이블
SCPH-1130   400엔
본체 동봉품과 동일한, 속칭 '돼지코'형 전원 케이블.

AV 케이블
SCPH-1140   1,000엔
SCPH-5500 이후의 본체 동봉품과 동일한, RCA형 영상 케이블.

AV 어댑터
SCPH-1160   1,200엔
영상·음성 출력단자가 삭제된 SCPH-5500 이후 본체에 표준 비디오 케이블을 연결해야 할 때 사용하는 어댑터.

AC 어댑터
SCPH-112   PS one 본체에 동봉
PS one에 전원을 공급하기 위해 필요한 전용 AC 어댑터.

AC 어댑터
SCPH-120   액정 모니터에 동봉
PS one + LCD 모니터에 전원을 공급하는 AC 어댑터. SCPH-112와는 호환성이 없다.

PS one 전용 카 어댑터
SCPH-170   3,600엔
PS One + LCD 모니터에 시거잭을 통해 전원을 공급하는 전용 카 어댑터.

AV 어댑터
SCPH-10080   1,200엔
색상은 다르나, 성능 면에서는 SCPH-1160과 동등한 AV 어댑터.

AV 어댑터
(S영상 출력 단자 내장형)
SCPH-10130   1,500엔
컴포지트는 물론 S단자 연결도 지원하는 상위호환형 AV 어댑터.

휴대전화 접속 케이블
(도코모 i-mode 휴대전화 전용)
SCPH-10180   2,800엔
당시 일본 피처폰과의 연동을 지원하는 게임을 위해 제작된 케이블. 현재는 서비스 종료.

AV 멀티 케이블
VMC-AVM250   3,000엔
당시의 소니 TV에 탑재됐던 AV 멀티 단자로 RGB 연결이 가능한 전용 케이블.

PS one 전용 LCD 모니터
SCPH-130   4,800엔
PS one 본체와 합체 가능한 5인치 컬러 LCD 모니터. 후일 오픈 프라이스화되었다.

컨트롤러 CONTROLLER

컨트롤러
SCPH-1010　2,500엔
SCPH-5500까지의 플레이스테이션 본체에 동봉된 표준형 디지털 컨트롤러.

마우스 세트
SCPH-1030　3,000엔
일반적인 2버튼식 볼 마우스. 마우스 패드도 동봉돼 있다.

멀티탭
SCPH-1070　3,600엔
개당 최대 4개까지의 컨트롤러를 추가 연결할 수 있다. 메모리 카드 슬롯도 내장했다.

멀티탭
SCPH-1070H　3,600엔
PS one과 동일한 라이트 그레이 컬러의 멀티탭. SCPH-1070과 기능은 동일하다.

컨트롤러 (롱 케이블)
SCPH-1080　2,500엔
SCPH-1010의 케이블 길이를 2m로 늘린 롱 케이블 사양 제품.

마우스 세트 (롱 케이블)
SCPH-1090　3,000엔
SCPH-1030의 케이블 길이를 2m로 늘린 롱 케이블 사양 제품.

아날로그 조이스틱　SCPH-1110　6,980엔
트윈 레버 스타일의 조종간 형 아날로그 조이스틱.

아날로그 컨트롤러　SCPH-1150　3,000엔
얼핏 DUALSHOCK 같지만, 별개의 제품이다. SCPH-1110의 호환 모드를 내장했다.

아날로그 컨트롤러 (DUALSHOCK)　SCPH-1200　3,300엔
SCPH-7000 이후의 본체에 기본 동봉된, 플레이스테이션 중후기의 표준형 컨트롤러.

아날로그 컨트롤러 (DUALSHOCK)
SCPH-1200W　3,300엔
화이트 컬러의 DUALSHOCK. 기능은 SCPH-1200과 동일하다.

아날로그 컨트롤러 (DUALSHOCK)
SCPH-1200B　3,300엔
다이아몬드 블랙 컬러의 DUALSHOCK. 기능은 SCPH-1200과 동일하다.

아날로그 컨트롤러 (DUALSHOCK)
SCPH-1200C　3,300엔
크리스탈 컬러의 DUALSHOCK. 기능은 SCPH-1200과 동일하다.

아날로그 컨트롤러 (DUALSHOCK)
SCPH-1200BI　3,300엔
스모크 그레이 컬러의 DUALSHOCK. 기능은 SCPH-1200과 동일하다.

아날로그 컨트롤러 (DUALSHOCK)
SCPH-1200GI　3,300엔
에메랄드 컬러의 DUALSHOCK. 기능은 SCPH-5200과 동일하다.

아날로그 컨트롤러 (DUALSHOCK)
SCPH-1200L　3,300엔
아일랜드 블루 컬러의 DUALSHOCK. 기능은 SCPH-1200과 동일하다.

아날로그 컨트롤러 (DUALSHOCK)
SCPH-110　3,300엔
PS one에 맞춰 리뉴얼된 DUALSHOCK. 로고와 커넥터부의 디자인을 바꿨다.

아날로그 컨트롤러 (DUALSHOCK)
SCPH-110BJ　3,300엔
슬레이트 그레이 컬러의 DUALSHOCK. 기능은 SCPH-110과 동일하다.

아날로그 컨트롤러 (DUALSHOCK)
SCPH-110GI　3,300엔
에메랄드 컬러의 DUALSHOCK. 기능은 SCPH-110과 동일하다.

아날로그 컨트롤러 (DUALSHOCK)
SCPH-110RQ　3,300엔
크림즌 레드 컬러의 DUALSHOCK. 기능은 SCPH-110과 동일하다.

아날로그 컨트롤러 (DUALSHOCK)
SCPH-110L　3,300엔
아일랜드 블루 컬러의 DUALSHOCK. 기능은 SCPH-110과 동일하다.

VPick
SCPH-4010　단품 미발매
「호테이 토모야스 : 스톨른 송」 등을 지원하는 기타 픽 형 컨트롤러. 소프트 동봉품으로만 출시되었다.

메모리 카드 MEMORY CARD

메모리 카드
SCPH-1020 2,000엔
메모리 카드 케이스를 동봉해 판매
했던 초기형 모델.

메모리 카드
SCPH-1020Y 1,800엔
시스루 옐로 컬러의 메모리 카드.
케이스는 별매했다.

메모리 카드
SCPH-1020WJ 1,800엔
그레이시 화이트 컬러의 메모리 카
드. 케이스는 별매했다.

메모리 카드
SCPH-1020H 1,800엔
그레이(기본색) 컬러의 메모리 카
드. 케이스는 별매했다.

메모리 카드
SCPH-1020GI 1,800엔
에메랄드 컬러의 메모리 카드. 케이
스는 별매했다.

메모리 카드
SCPH-1020L 1,800엔
아일랜드 블루 컬러의 메모리 카드.
케이스는 별매했다.

메모리 카드
SCPH-1020W 1,800엔
화이트 컬러의 메모리 카드. 케이스
는 별매했다.

메모리 카드
SCPH-1020RI 1,800엔
체리 레드 컬러의 메모리 카드. 케
이스는 별매했다.

메모리 가드
SCPH-1020C 1,800엔
크리스탈 컬러의 메모리 카드. 케이
스는 별매했다.

메모리 카드
SCPH-1020YI 1,800엔
레몬 옐로 컬러의 메모리 카드. 케이
스는 별매했다.

메모리 카드
SCPH-1020D 1,800엔
캔디 오렌지 컬러의 메모리 카드.
케이스는 별매했다.

메모리 카드
SCPH-1020B 1,800엔
블랙 컬러의 메모리 카드. 케이스는
별매했다.

메모리 카드
SCPH-1020BI 1,800엔
스모크 그레이 컬러의 메모리 카드.
케이스는 별매했다.

메모리 카드
SCPH-1020HI 1,800엔
라이트 그레이(PS one) 컬러의 메
모리 카드. 케이스는 별매했다.

메모리 카드
SCPH-1020BJ 1,800엔
슬레이트 그레이 컬러의 메모리 카
드. 케이스는 별매했다.

메모리 카드
SCPH-1020GJ 1,800엔
에메랄드 컬러의 메모리 카드. 케이
스는 별매했다.

메모리 카드
SCPH-1020RQ 1,800엔
크림즌 레드 컬러의 메모리 카드.
케이스는 별매했다.

메모리 카드
SCPH-1020LI 1,800엔
아일랜드 블루 컬러의 메모리 카드.
케이스는 별매했다.

메모리 카드 케이스
SCPH-1120 200엔
SCPH-1020의 동봉품과 동일한
카드 케이스.

메모리 카드 3개 팩
SCPH-1170 4,000엔
표준색 그레이 메모리 카드를 3개
합본한 염가 팩.

메모리 카드
SCPH-1190 2,000엔
1997년 여름 한정 컬러의 메모리
카드. 색상은 클리어.

메모리 카드
SCPH-1191 2,000엔
1997년 가을 한정 컬러의 메모리
카드. 색상은 시스루 오렌지.

크리스마스 컬러 메모리 카드
SCPH-1192 2,000엔
1997년 겨울 한정 컬러의 메모리
카드. 색상은 시스루 레드.

크리스마스 컬러 메모리 카드
SCPH-1193 2,000엔
1997년 겨울 한정 컬러의 메모리
카드. 색상은 시스루 그린.

크리스마스 컬러 메모리 카드
SCPH-1194 2,000엔
1997년 겨울 한정 컬러의 메모리
카드. 색상은 시스루 화이트.

메모리 카드
SCPH-1195 2,000엔
1998년 봄 한정 컬러의 메모리 카
드. 색상은 시스루 옐로.

메모리 카드
SCPH-1196 2,000엔
1998년 봄 한정 컬러의 메모리 카
드. 색상은 그레이시 화이트.

포켓스테이션
SCPH-4000 3,000엔
게임도 가능한 소형 단말기. 12p에
서 상세히 소개했다.

포켓스테이션
SCPH-4000C 3,000엔
게임도 가능한 소형 단말기. 12p에
상세히 소개했다. 색상은 크리스탈.

스트랩
SCPH-4020 400엔 (롱)
SCPH-4030 300엔 (핸드)
포켓스테이션용 스트랩. 롱·핸드의
2종류가 있다.

리듬 게임부터 낚시 게임까지, 신기하기 그지없는 전용 컨트롤러의 세계

플레이스테이션용 서드파티 주변기기

Peripherals of Other companies

이 페이지에서는 플레이스테이션용으로 발매된 타사 라이선스 주변기기를 소개한다. 라이선스 승인 없이 나온 제품은 제외했으며, AV 케이블·메모리 카드 등 기본적으로 순정품과 기능이 동등한 제품도 지면 관계상 생략했다.

이렇게까지 다채로운 주변기기가 발매된 게임기는 비디오 게임의 역사를 통틀어 비견할 예가 드물 정도이니, 플레이스테이션이 얼마나 폭넓은 유저층의 사랑을 받았는지를 새삼 알 수 있으리라.

코나미

코나미는 「비트매니아」를 비롯해 수많은 아케이드용 리듬 액션 게임을 PS로 이식 발매한 제작사이다. 아케이드의 조작감을 구현하기 위해, 각 타이틀별로 전용 컨트롤러를 발매했다.

하이퍼 스틱
SLPH-00019   4,500엔
아케이드판을 이식한 액션 게임을 즐기기에 최적인, 실용적이고 튼튼한 디지털 조이스틱.

하이퍼 블래스터
SLPH-00014   2,980엔
「혼드 아울」과 동시 발매된, 주사선 검출식 광선총.

댄스 댄스 레볼루션 전용 컨트롤러   RU017   5,800엔
매트형 컨트롤러로는 발군의 인기를 누린, 「댄스 댄스 레볼루션」용 컨트롤러.

DJ Station PRO
CT013   7,800엔
코나미의 순정 「비트매니아」 컨트롤러. 앰프 내장형이라, 헤드폰을 연결하고 플레이할 수 있다.

팝픈 컨트롤러
RU014   4,990엔
「팝픈 뮤직」 전용 컨트롤러. 아케이드에 비하면 버튼이 상당히 작다.

댄스 댄스 레볼루션 매너 쿠션
RU020   2,480엔
위의 매트 컨트롤러의 진동을 흡수해주는 우레탄 재질의 방음 쿠션.

댄스 댄스 레볼루션 전용 컨트롤러 DX
RU023   9,800엔
위의 매트 컨트롤러에 매너 쿠션 기능도 포함시킨 상위 제품.

기타 프릭스 전용 컨트롤러   RU018   5,800엔
아케이드와 동일한 플레이 감각을 제공하는 전용 컨트롤러. 무게추 등을 넣으면 더욱 좋다.

마셜 비트 전용 컨트롤러   RU037   단품 미발매
양 손목·발목에 각각 장착해 전신의 움직임을 검출한다. 게임 소프트 동봉판으로만 출시했고, 단품으로는 팔지 않았다.

댄스 댄스 레볼루션 전용 컨트롤러 2
RU039   4,980엔
초대 컨트롤러를 염가로 재발매한 리뉴얼 버전. 기능은 완전히 동일하다.

댄스 댄스 레볼루션 핸드 컨트롤러
RU026   2,500엔
손가락으로 눌러 조작하는, 독특한 「댄스 댄스 레볼루션」 전용 컨트롤러.

HARDWARE

1994
1995
1996
1997
1998
1999
2000
2001
2002
2003
2004

INDEX

타이토

타이토는「전차로 GO!」·「JET로 GO!」 등의 아케이드용 시뮬레이션 게임 이식작이 많았기에, 이 게임들을 리얼하게 즐길 수 있도록 전용 컨트롤러를 발매했다.

전차로 GO! 컨트롤러 '마메콘'
TCPP-20002　2,980엔
패드로 전철을 운전한다는 독특한 발상의 전용 컨트롤러. 간편한 게 좋다면 이쪽을 고르자.

JET로 GO! 컨트롤러　TCPP-20010　6,800엔
「JET로 GO!」와 동시 발매된 전용 컨트롤러. 아담한 크기이지만 조작감은 발군이다.

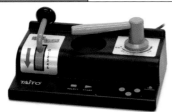

전차로 GO! 컨트롤러　SLPII 00051　5,800엔
전철을 운전하는 기분을 내려면 단연 이 컨트롤러다! 중앙에는 회중시계를 놓는 홈도 있다.

전차로 GO! 컨트롤러 원 핸들 타입　TCPP-20001　5,800엔
신칸센을 운전하는 기분을 맛보는 원 핸들 컨트롤러.「진차로 Gu! 2 : 고속 편」과 함께 즐겨보자.

전차로 GO! 컨트롤러 : 금
TCPP-20008　5,800엔
3,000대만 한정 생산된 골드 컬러링 컨트롤러.

JET로 GO! 컨트롤러 : 은
TCPP-20011　6,800엔
이쪽도 한정 생산 발매된 실버 컬러링 버전. 항공기 느낌이 물씬하다.

파워 쇼벨에 타자!! 컨트롤러　TCPP-20006　6,000엔
「파워 쇼벨에 타자!!」를 아케이드 감각으로 즐기고 싶다면 꼭 준비해야 할 컨트롤러.

남코

「릿지 레이서」를 런칭 타이틀로 고른 남코답게, 레이싱 게임과 잘 맞는 컨트롤러가 많다. 화려하지는 않으나 손에 잘 붙기로 정평이 난 제품들 일색이다.

남코 조이스틱
SLPH-00023　5,800엔
자사의「철권」을 염두에 두고 디자인한 제품. 메인 버튼이 6개뿐이라는 과감한 배치가 특징이다.

네지콘　SLPH-00014　2,980엔
「릿지 레이서」와 동시 발매했다. 컨트롤러를 좌우로 비틀어 스티어링 조작을 흉내 낸다는 아이디어가 일품.

볼륨 컨트롤러　SLPH-00015　1,980엔
지원 게임 수는 적으나, 블록깨기형 게임을 즐기기에는 이만한 것이 없는 패들 컨트롤러.

블랙 네지콘　SLPH-00069　2,980엔
더욱 조작하기 쉽도록 세세한 부분을 개량한 신 모델.

건콘　SLPH-00034　2,980엔
비디오 단자를 별도 연결하여 고정밀도의 조준 검출을 구현한 광선총 컨트롤러.

조그콘　SLPH-00126　3,800엔
중앙의 조그 다이얼로 스티어링 조작을 한다. 포스 피드백 기능도 내장했다.

아스키

PS에선 주로 소프트 발매사로 활약했지만, 알고 보면 컨트롤러형 주변기기도 다수 발매했다. 여기서 소개한 것 외에, 패드를 동봉한 세트 모델도 여럿 내놓았다.

파이터 스틱 V   SLPH-00003   5,980엔
플레이스테이션의 본체 디자인을 형상화한, 기발한 형태의 디지털 조이스틱.

비트매니아 전용 컨트롤러   ASC-0515BM   4,990엔
코나미의 「비트매니아」와 동시 발매된 전용 컨트롤러. 블랙·화이트의 2색이 있다.

아스키 탬버린 컨트롤러   ASC-0528T   5,680엔
큼직한 베이스 유닛을 동봉한 탬버린형 컨트롤러.

아스키 패드 V   SLPH-00005   3,480엔
독특한 라운드형 디자인이 인상적인, 연사 기능 내장형 디지털 패드.

아스키 그립 V   SLPH-00027   2,800엔
RPG나 시뮬레이션 게임을 한손으로 편리하게 조작하는 특수 형태 컨트롤러.

파이터 스틱 V Jr.   SLPH-00035   3,900엔
연사 기능을 삭제하고 가격을 낮춘 보급형 디지털 조이스틱.

아스키 패드 V Jr.   SLPH-00038   1,900엔
SLPH-00005에서 연사 기능을 삭제한 저가형 모델.

낚시콘 2   ASC-0521TR2   5,980엔
진동 기능도 있고, 자이로 센서로 기울기도 검출하는 등 대폭 진화된 낚시 컨트롤러.

아스키 패드 V2   SLPH-00039   2,500엔
SLPH-00005에 비하면 순정품에 가까운 형태가 된 모델. 연사 기능이 있음에도 저렴하다.

바이오하자드 전용 컨트롤러   SLPH-00060   3,300엔
오른쪽 그립이 권총 형태인 특이한 모양의 컨트롤러. 익숙해지려면 좀 연습해야 한다.

아스키 패드 V 프로   SLPH-00065   4,800엔
격투 게임의 필살기 커맨드 등을 기억시킬 수 있는 고성능 디지털 패드.

아스키 스틱 3   SLPH-00066   9,800엔
마찬가지로 격투 게임 등의 커맨드 기억이 가능한, 메모리 기능 내장형 조이스틱.

커맨드 팩   SLPH-00072   2,000엔
SLPH-00066의 메모리 데이터 저장용으로 필요한 전용 메모리 팩.

아스키 스틱 저스티스   SLPH-00083   6,800엔
격투 게임 플레이에 적합하도록 내구성을 중시해 튼튼하게 만든 조이스틱.

하이퍼 스티어링 V   SLPH-00096   7,400엔
레이싱 게임용 휠 컨트롤러. 운전대의 각도를 3단계로 변경 가능하다.

낚시콘   SLPH-00100   5,980엔
낚시 게임 특유의 릴 액션을 구현해내 낚시 게임에 대혁신을 가져다준 컨트롤러.

아스키 패드 V3   SLPH-00112   4,280엔
DUALSHOCK2 호환인 연사 기능 내장형 컨트롤러. PS2용이지만 PS에서도 사용 가능.

아스키 스틱 ZERO3   SLPH-00128   7,800엔
광학식 레버 덕에 저소음이 특징인 조이스틱. 레버 소리에 민감한 사람을 위한 모델.

하이퍼 스티어링 V 에볼루션 2   ASC-0518GT   5,980엔
SLPH-00096을 부담 없는 가격으로 인하해 재발매한 모델.

아스키 패드 핑구 버전   ASC-0521PG   2,680엔
'핑구'들이 올라타 있는 귀여운 컨트롤러. 색상·캐릭터가 다른 3가지 버전이 있다.

HARDWARE

1994
1995
1996
1997
1998
1999
2000
2001
2002
2003
2004

INDEX

HARDWARE

1994
1995
1996
1997
1998
1999
2000
2001
2002
2003
2004
INDEX

호리

일본 가정용 게임 초창기 시절부터 다양한 기종의 주변기기들을 만들어온 원로 제작사. 당연히 플레이스테이션용으로도 그야말로 다채로운 제품들을 발매했다.

파이팅 스틱 PS
SLPH-00002 5,980엔
플레이스테이션 출시 초기에 발매된 조이스틱. 다른 기종에도 같은 모양의 제품을 발매했다.

파이팅 커맨더 2WAY
SLPH-00009 2,280엔
슈퍼 패미컴의 컨트롤러에 익숙한 사람을 위한 제품. 이쪽도 타 기종에 동일한 모양의 제품을 발매했다.

파이팅 커맨더 10B
SLPH-00012 2,480엔
격투 게임용으로 상단에 6버튼을 배치한 컨트롤러. 연사 기능과 슬로우 기능도 있다.

파치슬로 컨트롤러 '쿠로토'
HP2-45 12,800엔
야마사 사의 공인 컨트롤러. '숙련자'(쿠로토)라는 제품명답게 고급감이 일품이다.

리얼 아케이드 PS
SLPH-00018 4,980엔
견고·견실함이 특징인 아케이스 스틱. 튼든함과 안정감을 추구하는 사람에게 추천.

커맨드 스틱 PS
SLPH-00026 6,980엔
격투 게임에서 효과를 발휘하는 커맨드 메모리 기능을 탑재한 조이스틱.

그립 컨트롤러 PS (그레이)
SLPH-00028 2,500엔
한손으로 RPG나 시뮬레이션 게임을 즐길 수 있는 그립형 컨트롤러.

호리 패드 PS (블랙)
SLPH-00030 2,000엔
얼핏 순정품처럼 보이지만, 십자가가 있다. 십자키를 선호하는 사람에게 추천.

파이팅 로드
HPS-98 5,800엔
물고기형 원치가 낚싯줄을 당겨줘, 리얼한 감각을 체험시키는 궁극의 낚시 컨트롤러.

파콘
HPS-102 2,500엔
3버튼형 컨트롤러 4개가 한 세트인, 파티 게임 전용 제품.

포켓 컨트롤러 (라이트 그레이)
HPS-111 1,800엔
상품명대로 포켓 사이즈다. L·R계 4개 버튼을 일직선으로 배치해, 취향이 갈리는 물건.

커맨드 스틱 PS 커스텀
SLPH-00071 5,980엔
커맨드 스틱 PS의 후계 제품. 기능은 동일하지만 가격을 낮췄다.

컴팩트 조이스틱 SLPH-00085 2,980엔
크기는 아담하지만 조작감이 썩 괜찮은, 미니 사이즈의 조이스틱.

그립콘 반짝이 PS (옐로)
SLPH-00087 2,500엔
투명+형광이라는 파격적인 컬러의 제품. 기능은 그립 컨트롤러와 동일하다.

호리 패드 2
SLPH-00103 2,000엔
담백하고 심플한 컨트롤러. 손아귀에 쏙 들어오는 라운드 디자인이 특징이다.

디지털 진동 패드 (클리어)
SLPH-00108 2,500엔
DUALSHOCK에서 아날로그 스틱만 제거한 듯한 제품. 진동 기능만을 원한다면 써보자.

아날로그 진동 패드 (클리어)
SLPH-00121 3,000엔
이쪽은 말 그대로 DUALSHOCK와 동등한 기능의 제품. 순정품보다 저렴한 게 장점.

리얼 아케이드 위장색
SLPH-00130 4,980엔
리얼 아케이드 PS의 외장을 위장색으로 도장해, 한층 더 남자다운 디자인이 되었다.

에어가이츠 스틱
SLPH-00131 4,980엔
게임「에어가이츠」와 콜라보하여 발매한 스틱. 커맨드 기능은 삭제했다.

HARDWARE
1994 | 1995 | 1996 | 1997 | 1998 | 1999 | 2000 | 2001 | 2002 | 2003 | 2004 | INDEX

시끌벅적 마작장 컨트롤러
HPS-93 2,500엔
자신의 패를 LCD에 표시해주는, 마작 게임의 타인 대전에 특화된 컨트롤러.

시끌벅적 트럼프 컨트롤러
HPS-106 2,500엔
HPS-93처럼, 트럼프 게임의 자기 패를 LCD로 보여주는 대전용 컨트롤러.

스티어링 컨트롤러 '제로텍' (블랙) SLPH-00054 3,980엔
RC 무선모형 조종기를 연상시키는 디자인의 컨트롤러. 이런 조작에 익숙한 사람이라면 최적이다.

컴팩트 아날로그 스틱 HPS-79 5,980엔
SCE의 순정품 아날로그 조이스틱을 그대로 축소시킨 듯한 제품.

파치슬로 컨트롤러 Pro
HPS-120 5,980엔
아루제 사의 공인 제품. 실버 도금 사양의 화려한 파치슬로 컨트롤러. 메달 투입구까지 있다.

호리 패드 2 터보 (블랙)
HPS-126 2,500엔
호리 패드 2에 연사 기능을 추가한 제품. 슈팅 게임 등에서 위력을 발휘한다.

파워 그립 호리 패드 2 (메탈릭 블랙)
HPS-85 2,300엔
그립이 길어 손에 제대로 잡히는, 액션 게임에 최적인 컨트롤러.

파워 그립 아날로그 진동 패드 (메탈릭 블랙)
HPS-87 3,300엔
아날로그＋진동 기능을 추가한 파워 그립 호리 패드.

파치슬로 컨트롤러 Pro. 2 HPS-133 6,980엔
한층 더 화려해진 파치슬로 컨트롤러. 이렇게까지 본격적이면 그야말로 신이 난다.

포켓 아날로그 컨트롤러 (파스텔 퍼플)
HPS-119 3,000엔
상품명대로 포켓 사이즈의 귀여운 아날로그 컨트롤러. 컬러 바리에이션도 풍부하다.

아날로그 진동 패드 (그래파이트 그레이)
HPS-125 2,800엔
아날로그 입력에 진동 기능까지 있어, 완성형에 도달한 느낌의 범용 컨트롤러.

컴팩트 조이스틱 (클리어 블랙)
HPS-128 2,980엔
상품명대로 컴팩트한 조이스틱. 작지만 팜 레스트까지 제대로 배치해두어 쓰기 편하다.

호리 패드 2 (크리스탈 레드)
HPS-132 2,000엔
다양한 컬러로 발매된 호리 패드 시리즈. 저렴한 가격도 큰 장점이었다.

이매지니어

본업이 어디까지나 소프트 발매사인지라 내놓은 주변기기는 적은 편이나, '이매지건'·'GT 프로포 터보' 등 타사에 없었던 개성적인 발상의 주변기기를 발매했다.

이매지니어 PROGRAM PAD
IMP-05 2,980엔
키 입력 매크로 등록이 가능한 컨트롤러. 격투 게임 등에서 간편하게 필살기를 쓸 수 있다.

GT 프로포 터보 IMP-06 3,980엔
상단의 다이얼을 잡고 돌려 핸들을 조작하는 특이한 스티어링 컨트롤러. 네지콘 호환 모드가 있다.

이매지건 SLPH-00021 7,980엔
분리형 스틱과 스로틀, 두 부분으로 구성된 플라이트 게임용 아날로그 조이스틱.

이매지니어 선더 패드
SLPH-00006 2,980엔
순정 컨트롤러에 프로그램 연사와 슬로우 기능을 추가한 제품.

이매지니어 선더 패드 S
SLPH-00020 2,980엔
선더 패드가 스켈톤 컬러로! 가격은 동일하니 취향에 따라 선택하자.

반다이

반다이는 자사 고객층에 맞춘 상품을 발매한 것이 특징이다. 특히 플레이스테이션을 교육용 완구로 만들어주는 '키즈스테이션' 제품군이 호평을 받아, 지원 타이틀도 다수 발매되었다.

피싱 컨트롤러   BANC-0001   5,800엔
아스키의 낚시콘만큼이나 친숙한 낚싯대형 컨트롤러. 진동 기능을 지원한다.

키즈스테이션 컨트롤러   BANC-0002   2,800엔
큼직한 버튼 4개만으로 구성한, 단순미의 극치라 할 만한 컨트롤러.

반프레스토

반프레스토도 '키즈스테이션'에 참가하긴 하였으나, 플레이스테이션용 주변기기라기보다는 그 자체가 본체로 보일 정도로 아예 '교육용 완구'를 만들어 내놓은 게 커다란 차이점이다.

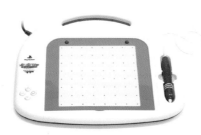

펜 내장 컨트롤러   PSH-02   단품 미발매
「펜 내장 컨트롤러 BASIC 세트」 등에 동봉되었던 태블릿형 컨트롤러.

아틀라스

아틀라스도 '키즈스테이션' 시리즈로 소프트를 제작 공급했다. 각 소프트마다 전용 디자인의 컨트롤러를 동봉해, 마치 캐릭터 상품처럼 판매하는 면모도 보여주었다.

키즈스테이션용 마우스   단품 미발매
'키즈스테이션'계 소프트에 동봉한 마우스. 여러 디자인이 존재한다.

미키 마우스 컨트롤러   단품 미발매
이것도 '키즈스테이션'계 소프트에 동봉했던 전용 컨트롤러다.

TEN 연구소

파친코·파치슬로 게임 개발사이기도 했던 TEN 연구소의 대표작은 당연히 파친코 컨트롤러다. 비교적 플레이스테이션 초기부터 제품을 내놓았기에, 파친코계 게임의 표준 컨트롤러가 되었다.

파친코 핸들형 컨트롤러   SLPH-00007   5,800엔
파친코 머신의 핸들 부분만 잘라낸 듯한 디자인의 표준형 컨트롤러.

파친코 핸들형 컨트롤러   SLPH-00070   5,800엔
디자인이 바뀐 리뉴얼 제품으로서, 기능은 동일하다.

니혼 시스컴

본업이 파친코·파치슬로 개발사인 만큼, 파치슬로 게임에 특화된 전용 컨트롤러도 내놓았다. 순정품 컨트롤러에 대응되는 버튼도 탑재해, 범용 컨트롤러로도 사용할 수 있었다.

파치슬로 컨트롤러   SLPH-00098   6,800엔
파치슬로 게임에 필요한 레버와 버튼을 완비한, 기본에 충실한 컨트롤러.

파치슬로 컨트롤러   NSPS00001   5,800엔
SLPH-00098의 리뉴얼 버전. 성형색을 변경했고 가격도 낮췄다.

옵텍

슈퍼 패미컴 시절부터 프로 커맨더·무선 컨트롤러 등 부가가치에 중점을 둔 컨트롤러를 발매해왔던 회사다. 플레이스테이션으로도 다양한 제품을 출시하였다.

슈퍼 프로 커맨더
SLPH-00010　3,480엔
타 기종용으로도 발매된, 매크로 기억 기능이 있는 컨트롤러. 디지털 조작만 가능하다.

AI 커맨더 프로
SLPH-00022　2,980엔
SLPH-00010보다 저렴해진 리뉴얼 버전. 메모리 팩은 공통 사용 가능하다.

와이어리스 듀얼 세트
SLPH-00036　4,980엔
디지털 입력식 무선 컨트롤러. 한 세트에 컨트롤러를 2개 동봉했다.

와이어리스 아날로그 세트 (블랙)　OPT-00021　5,680엔
아날로그 입력이 가능해진 무선 아날로그 컨트롤러와 수신기 세트.

와이어리스 디지털 세트
SLPH-00073　4,400엔
디지털 입력식 컨트롤러와 수신기 세트. 본체 색상은 총 5종류가 있었다.

와이어리스 듀얼 샷 (라이트 그레이)
SLPH-00078　2,200엔
SLPH-00036용 단품 컨트롤러의 별매품. 5가지 색상이 있으니 취향대로 고르자.

와이어리스 아날로그 샷 (블랙)
OPT-00024　3,480엔
위의 아날로그 세트에 추가로 구매하는 별매품 컨트롤러.

콕핏 BIG 쇼크 2
OPT-00027　5,480엔
블랙 컬러로 더욱 고급스러워진 BIG 쇼크. 기능은 동일하지만 저렴해졌다.

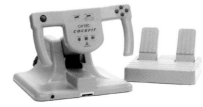

콕핏　SLPH-00024　5,980엔
리얼한 레이싱 감각을 즐길 수 있는 조종간형 아날로그 컨트롤러.

콕핏 BIG 쇼크　SLPH-00101　7,980엔
진동 기능을 추가한 아날로그 휠 컨트롤러.

슈퍼 프로 커맨더용 확장 메모리 팩
SLPH-00011　780엔
직접 입력한 커맨드 매크로를 저장하려면 이것이 필요하다.

확장 메모리 팩
「스트리트 파이터 ZERO 2」 버전
SLPH-00025　980엔
「스트리트 파이터 ZERO 2」의 커맨드를 미리 저장해둔 프로 커맨더용 메모리 팩.

글로벌 A 엔터테인먼트

「탐관오리」 시리즈 등의 개성적인 게임을 개발해온 이 회사가 내놓은 특수 컨트롤러와 그 전용 소프트는, 놀랍게도 '오케스트라 지휘자가 되는 게임'이었다.

더 마에스트로무지크 전용 배턴 컨트롤러　단품 미발매
같은 제목의 게임에 동봉된 지휘봉 컨트롤러. 지원 소프트가 몇 종류 더 발매되었다.

트와일라이트 익스프레스

피트니스 기구를 판매하던 이 회사가 발매한 주변기기는 '게임과 연동되는 피트니스 기기'. 마침 당시 일본은 다이어트 붐이었던지라, 이에 편승해 제법 히트상품이 되었다.

스테퍼 컨트롤러 오렌지
TW-20001　8,800엔
이 회사의 첫 컨트롤러. 실제 피트니스 기구이다 보니 꽤나 무겁고 튼튼하게 만들어졌다.

스테퍼 컨트롤러 블루
TW-20002　8,800엔
기능은 오렌지와 동일하다. 케이블 옆에 커넥터가 있어, 일반 컨트롤러도 함께 연결 가능.

코에이

이 당시 매킨토시용 일본어 워드프로세서 소프트 'EGWORD'의 개발사였던 에르고소프트가 코에이의 자회사가 된 탓에, 플레이스테이션·세가새턴 양 기종으로 'EGWORD'가 이식되었다. 이 과정에서 전용 인터페이스 케이블과 잉크젯 프린터를 묶은 세트 상품이 발매되었다.

워드프로세서 세트 (비디오 캡처 지원판) SLPH-00052　36,800엔
비디오 캡처 기능을 내장하여, 비디오 입력 단자로 임의의 영상을 캡처해 문서에 삽입할 수 있도록 한 워드프로세서 세트.

워드프로세서 세트 SLPH-00053　29,800엔
'EGWORD'와 인터페이스·프린터를 묶은 세트 상품으로서, 구입 즉시 문서 작성이 가능한 워드프로세서 세트. 템플릿 형태로 「두근두근 메모리얼」과 「안젤리크」의 클립아트를 수록했다.

스피탈 산업

당시 PC용 주변기기·액세서리를 개발 판매했던 회사이지만, 플레이스테이용으로는 비교적 초기에 내놓은 1개 제품만이 존재한다.

프로그래머블 조이스틱 PS SLPH-00008　6,800엔
아케이드 게임에 가까운 조작감을 가정용으로 구현한 본격파 조이스틱. 장착된 레버도 일본의 아케이드 매니아에게 친숙한 산와 전자의 제품이다.

프로듀스

아케이드용 게임을 이식한 「파카파카 패션」을 위한 전용 컨트롤러를 발매한 적이 있다. 실제 개발은 아스키가 맡았으며, 이 회사의 주변기기는 딱 이것뿐이다.

리듬 패드 PRO-0001　3,980엔
아케이드용 게임인 원작을 이식한 「파카파카 패션」의 조작감각을 구현하기 위해 만든 전용 컨트롤러. 아담한 크기이지만 조작감은 양호하다.

와카 제작소

와카 제작소는 본업이 산업용 전자부품·정밀기기 제작사이지만, 플레이스테이션용으로 주변기기를 딱 하나 발매한 적이 있다. 또한, 같은 시기에 세가새턴용 소프트를 개발하기도 했다.

짱 깔끔하네! SLPH-00016　19,440엔
플레이스테이션의 15kHz RGB 영상신호를 31kHz로 업스캔하여 PC용 모니터로 출력시켜주는 용도의 업스캔 컨버터.

선 소프트

선 소프트는 플레이스테이션 초기부터 소프트를 발매해온 개발사로서, 하나뿐이지만 주변기기도 내놓았다. 이 회사의 플레이스테이션용 하드웨어는 이것이 전부로서, 이후엔 소프트에 전념했다.

선스테이션 패드 SLPH-00004　3,480엔
슈퍼 패미컴용 컨트롤러를 연상케 하는 형태로서, 연사 기능을 탑재했다.

CHAPTER 2

플레이스테이션
일본 소프트 올 카탈로그
PART 2

PLAYSTATION SOFTWARE ALL CATALOGUE

HARDWARE

1994
1995
1996
1997
1998
1999
2000
2001
2002
2003
2004
INDEX

해설 가격파괴를 일으킨 플레이스테이션
COMMENTARY OF PLAYSTATION #4

전대미문·공전절후의 체험판 배포 전략

소니 그룹이 CD 프레스 공장을 보유하고 있었기에 소니 입장에서는 CD-ROM이 생산 단가 측면에서 유리했다는 점은 앞서의 컬럼에서도 서술한 바 있는데, 그러한 이점을 최대한도로 활용한 전략이 바로 '체험판 무료 배포'와 '염가판 소프트 발매'였다.

체험판 배포를 플레이스테이션이 최초로 시행한 것은 아니나, 단일 캠페인에서 체험판을 무려 100만 장 단위

로 뿌린다는 대규모 배포 전략은 타사가 감히 흉내 낼 엄두조차 내지 못했던 파격이었다. 게다가 소매점에서의 직접 배포는 기본이고, 플레이스테이션 클럽을 통한 우편발송 배포, 게임잡지 부록 첨부, 다른 게임 패키지 내에 체험판 동봉 등등, 온갖 방법을 동원해 선전활동을 벌였다.

이 '체험판 배포'라는 홍보수법은 선전하고픈 게임 소프트의 구매나 예약

을 유도한다는 것이 일차적인 목적이지만, 게임의 경우엔 '게임기 본체를 사게 만든다'는 또 하나의 숨은 효과를 노릴 수도 있다는 추가적인 이점이 있다.

화장품·식품·음료 등의 샘플 제공과는 달리, 게임은 체험판을 받아도 돌릴 기기가 없으면 당장 실제로 플레이할 수가 없다. 하지만 어쨌든 공짜 게임이기는 하므로 (설령 체험판일지라도) 고객은 일단 기꺼이 받아준다. 그리고 이렇게 받아놓은 체험판 게임이 쌓여갈수록, '끌리는 소프트가 딱히 없어 플레이스테이션 본체 구입을 주저하던 소비자층'에게는 자연스럽고도 확실한 구매동기가 된다. 딱히 게임기까지 사서 즐길 셈은 아니었더라도 일단 게임을 가지면 한 번은 즐겨보고 싶어진다는, 사람의 심리를 파고드는 수법이라 할 수 있다.

들인 비용 이상으로 뛰어난 효과를 거둔 이 선전수법은 CD-ROM이라는 디스크 매체이기에 가능했던 것이며, 다음 세대인 플레이스테이션 2 이후에도 전략적으로 계속 활용되었다.

▲ 일관된 홍보전략 하에, 셀 수 없을 만큼 다양한 종류의 체험판을 배포한 플레이스테이션.

과거의 작품을 염가에 재판매하는 '플레이스테이션 더 베스트'

플레이스테이션을 대표하는 염가 소프트라면, 역시 '플레이스테이션 더 베스트' 시리즈(상권 32p)를 먼저 꼽아야 할 것이다. 발매된 뒤 시기가 지나 판매가 부진해진 타이틀을 염가에 재발매한다는 발상은 이미 PC엔진 CD-ROM² 시스템용 소프트 때부터 존재했으나, 이를 제대로 시장에 정착하는 단계까지 끌어올린 것은 역시 플레이스테이션의 공이 아닐 수 없으리라.

이러한 염가판 범람의 배경에는 1990년대 후반에 여러 게임 제작사들

이 문제 삼았던 중고 소프트 시장 확대에 대한 대책(중고 소프트는 아무리 팔려도 제작사에 전혀 이익이 환원되지 않기 때문)이었다는 측면이 있으나, 2,800엔이란 염가에 신품 게임을 살 수 있게 되었으니 유저에게도 이득이었고, 이를 기회 삼아 원작의 버그 일부를 수정하거나 아예 추가 컨텐츠까지 넣는 등 단순한 염가판 이상의 이점을 가미한 소프트도 있었다.

이후 2001년을 기점으로 플레이스테이션의 소프트 시장이 점차 축소되

어가면서, SCE는 일종의 부양책으로서 더욱 염가화한 'PS one Books' 시리즈를 전개하여 플레이스테이션 말기 시장을 지탱했다.

▲ 원작인 「모두의 GOLF」(왼쪽)와, 플레이스테이션 더 베스트판 「모두의 GOLF」(오른쪽).

아예 처음부터 염가로 신작을 발매한 'SIMPLE 1500 시리즈'

'플레이스테이션 더 베스트'를 기폭제로 삼아 염가 게임 시장이 형성되자, 아예 새로운 접근방식으로 소프트를 발매한 케이스가 D3 퍼블리셔 사의 'SIMPLE 1500 시리즈'다.

개별 가격은 일괄 1,500엔(소비세 별도)으로 통일하고, 게임 제목도 「THE 마작」이나 「THE 핀볼」처럼 소비자가 어떤 내용인지 바로 알게끔 직관적으로 붙였다. 일설에 따르면 이미 개발기재 도입비용을 뽑아낸 개발사가 진행한 저예산 프로젝트의 일환이었다 하는데, 그렇다보니 개발비가 불과 수백만 엔 급이었음에도 추가 생산을 거듭할 만큼의 감초격 상품이 되어, 시리즈 제 1탄인 「THE 마작」의 경우 발매 2년 후 시점에서 100만 장이 넘는 판매량을 기록했다.

다만 이렇게 인기 브랜드로 정착한 'SIMPLE 1500 시리즈'에 편승하여 석세스 사의 'SuperLite 시리즈', 햄스터 사의 'Major Wave 시리즈' 등 유사한 기획상품이 속속 이어지다 보니, 이후 일본의 플레이스테이션 소프트 시장 전반이 염가판 일색으로 바뀌는 요인

이 되기도 했다.

특히 2000년을 기점으로 후계기종인 플레이스테이션 2가 발매되면서부터, 플레이스테이션 시장은 축소기미가 뚜렷해져 갔다. 이런 상황의 타개책으로서 비교적 판매량이 호조였던 염가 타이틀의 발매로 방향을 바꾼 제작사도 많았기 때문에, 의도된 것은 아니나 결국 고가격 고품질의 플레이스테이션 2용 게임, 염가에 심플한 플레이스테이션용 게임이라는 흐름으로 소프트 시장이 자연스럽게 나뉘게 되었다.

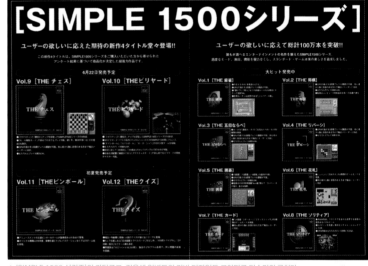

▲ 'SIMPLE 1500 시리즈'의 카탈로그. 검은색 일변도의 커버 디자인도 그야말로 단순미의 극치다.

이 책에 게재된 카탈로그의 범례

① **게임 타이틀명**

② **기본 스펙 표기란**

발매 회사, 장르명, 발매일, 가격 순이다.

③ **염가판 소프트 아이콘**

'플레이스테이션 더 베스트'판 등이 존재함을 알리는 아이콘.

 플레이스테이션 더 베스트　 플레이스테이션 더 베스트 for Family　 PS one Books

④ **패키지 표지**

⑤ **게임 화면**　⑥ **내용 설명**

⑦ **지원 주변기기 아이콘**

해당 게임을 지원하는 주변기기를 아이콘으로 표시했다.

 플레이어 1~2인 플레이 가능 명수　 메모리카드 1~2블록 메모리 카드 필요 블록 수　 멀티탭 지원 1~4인 멀티탭 지원　 마우스 지원 마우스 지원　 대전 케이블 2대 대전 케이블 지원　 아날로그 조이스틱 SLPH0111(SCEI)지원 아날로그 조이스틱 지원

 아날로그 컨트롤러 지원 아날로그 컨트롤러 (DUALSHOCK)지원　 PocketStation 메모리카드 1~2블록 포켓스테이션 지원　 휴대전화 접속 케이블 지원(도코모 모드 휴대전화용) 휴대전화 접속 케이블 지원　 특제 컨트롤러 SLPH00001(남코)지원 타사 제작 주변기기 지원

[게임 정보 박스]
PlayStation **에이스 컴뱃** ①
남코　3D 슈팅　1995년 6월 30일　5,800엔 ②
플레이어 1~2인　 메모리카드 1블록　 특제 컨트롤러 SLPH00001(남코)지원 ⑦　③

아케이드판 「에어컴뱃」을 개변 이식한 플라① 슈팅 게임. 실존하는 기체를 조종해, 여러 미션을 거치면서 더욱 고성능인 기체로 갈아타며 진행한다.

1999

PlayStation Game Software Catalogue

1999년에 발매된 타이틀 수는 총 629종으로서, 플레이스테이션 시장의 절정기라 할 만한 해였다. 기술이 충분히 성숙되어 수준 높은 소프트가 늘어난 반면, 전년 10월에 처음 발매된 'SIMPLE 1500 시리즈'를 계기로 염가판 타이틀도 불어났다. 참고로, 포켓스테이션을 잘 활용한 「어디서나 함께」의 발매 덕에, 인기 캐릭터 '이노우에 토로'도 이 해에 탄생했다.

이니셜 D

코단샤　레이싱　1999년 1월 7일　5,800엔

플레이어 1~2인 / 메모리카드 1블록 / 아날로그 컨트롤러 지원 / 특제 컨트롤러 SLPH00001(남코)지원

같은 제목의 인기 만화가 원작인 레이싱 게임. 고갯길을 드리프트로 돌파하는 조작감각을 구현했다. 계속 플레이하면 숨겨진 차량·코스가 나오는 등, 파고들 요소도 많다.

더 넥스트 테트리스

BPS　퍼즐　1999년 1월 7일　4,800엔

플레이어 1~2인 / 메모리카드 2블록 / 아날로그 컨트롤러 지원

새로운 시스템을 탑재한, 새로운 시대의 테트리스. 블록이 미끄러지며 떨어지는 신규 액션 '캐스케이드'와, 착지 후 분열되거나 달라붙는 신규 조각 '멀티미노' 등을 추가했다.

서카디아

소니컴퓨터엔터테인먼트　어드벤처　1999년 1월 14일　5,800엔

플레이어 1인 / 메모리카드 1블록 / 아날로그 컨트롤러 지원

어드벤처와 연애 시뮬레이션을 융합시킨 게임. 초능력을 무기 삼아, 해저도시에 숨어든 정체불명의 적 '나이트메어'와 싸우자. 플레이 전개에 따라 동료가 되는 캐릭터가 달라진다.

CINEMA 영어회화 : 죽기 아니면 까무러치기

석세스　에듀테인먼트　1999년 1월 14일　6,800엔

플레이어 1인 / 메모리카드 1블록

명작 영화를 보며 영어를 배우는 소프트. 대브니 콜먼 주연의 영화 '죽기 아니면 까무러치기'를 교재로 사용했으며, 영어 자막에서 잘 모르는 단어를 즉각 확인할 수도 있다.

딥 프리즈

사미　어드벤처　1999년 1월 14일　5,800엔

플레이어 1인 / 메모리카드 1블록 / 아날로그 컨트롤러 지원

대 테러부대 대장이 되어 테러를 진압하는 3D 슈팅 어드벤처 게임. CPU가 자동으로 NPC를 움직여주며, 포메이션과 전략을 설정하는 등의 폭넓은 플레이가 가능하다.

경영해보자! 게임센터

쇼에이샤　시뮬레이션　1999년 1월 14일　5,800엔

플레이어 1인 / 메모리카드 2~6블록

게임센터(일본의 오락실) 점장이 되어보는 경영 시뮬레이션 게임. 1978~98년까지, 격동의 20년간을 버텨야 한다. 게임계의 유행에 적극 편승하여 고객의 마음을 사로잡자.

배스 랜딩

아스키　스포츠　1999년 1월 14일　6,800엔

플레이어 1인 / 메모리카드 2~15블록 / 아날로그 컨트롤러 지원 / 특제 컨트롤러 SLPH00100(아스키)지원

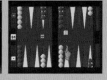

항상 낚시꾼 시점으로 진행되는 배스 낚시 게임. 낚시콘을 지원해, 캐스팅 및 배스와의 맞대결을 리얼하게 즐길 수 있다. 등장하는 호수 4곳은 통행증으로 자유 이동 가능하다.

백개먼

알트론　테이블　1999년 1월 14일　5,800엔

플레이어 1~2인 / 메모리카드 1블록 / 마우스 지원

보드 게임의 고전 '백개먼'을 즐기는 소프트. 주사위를 굴려 눈수만큼 말을 이동시켜, 상대보다 먼저 자기 말을 모두 빼내야 한다. 전략과 운이 게임 전개를 좌우한다.

주변기기 지원 아이콘 / 플레이어 1~2인 / 메모리카드 1~2블록 / 멀티탭지원 1~4인 / 마우스 지원 / 대전케이블 2대 / 아날로그 조이스틱 SCPH-1011(SCEI)지원 / 아날로그 컨트롤러 지원 / PocketStation 지원 / 메모리카드 1~2블록 / 휴대전화 접속 케이블 지원 (도코모 (모드 휴대전화)지원) / 특제 컨트롤러 SLPH00001(남코)지원

파이팅! 대운동회 GTO

인크러먼트 P　액션　1999년 1월 14일　5,800엔

| 플레이어 1~2인 | 메모리 카드 1블록 | 아날로그 컨트롤러 지원 |

같은 제목의 미디어 믹스 작품이 원작인 3D 레이스 액션 게임. 주인공을 조작하는 '스토리 모드'를 비롯해 '원 레이스 승부', '타임 어택' 등의 다양한 모드를 수록했다.

봉신영역 에르츠바유

유크스　3D 대전격투　1999년 1월 14일　5,800엔

| 플레이어 1~2인 | 메모리 카드 1블록 |

연출이 화려한 3D 대전 액션 게임. 이 세계 '이 프라셀'을 무대로, 여러 캐릭터들이 각자의 목적을 위해 싸운다. 간단한 조작으로 필살기 구사가 가능한, 화끈한 게임이다.

게임으로 외우는 영어 기출단어 1700

나가세 에듀테인먼트　1999년 1월 14일　2,800엔

| 플레이어 1~2인 | 메모리 카드 1블록 |

골프 게임을 즐기며 영어단어도 배우는 학습용 소프트. 약 1,700개의 일본 대학 입시 출제 영어단어를 수록했다. 화끈한 영어단어 배틀을 펼치며 중요 단어들을 정복해보자.

쾌도난마 미야비

이매지니어　시뮬레이션　1999년 1월 21일　5,800엔

| 플레이어 1인 | 메모리 카드 1블록 | 아날로그 컨트롤러 지원 |

평행세계의 일본이 무대인 육성 시뮬레이션 게임. 위기가 닥친 도장을 재건해, 떠나버린 문하생을 다시 모아야 한다. 매력적인 히로인들과 실력을 연마해 최강의 도장을 만들자.

스노보 키즈 플러스

아틀라스　스포츠　1999년 1월 21일　5,800엔

| 플레이어 1~2인 | 메모리 카드 1블록 | 아날로그 컨트롤러 지원 |

경쟁자를 공격하는 시스템이 있는 스노보드 게임. 다양성이 풍부한 코스를 타고 내려오며 여러 트릭을 구사해보자. 아이템이나 샷을 입수하면 라이벌을 공격할 수 있다.

가자! 플라이 피싱

빅터 인터랙티브 소프트웨어　스포츠　1999년 1월 21일　5,800엔

| 플레이어 1인 | 메모리 카드 1블록 | 아날로그 컨트롤러 지원 |

푸른 강물을 헤엄치는 물고기를 상대하는 플라이 낚시 게임. 대자연을 누비며 자신만의 낚시터를 찾아보자. 덩굴을 타거나 언덕을 내려오는 등, 야외라는 특징을 강조했다.

트루 러브 스토리 2

아스키　시뮬레이션　1999년 1월 21일　6,800엔

| 플레이어 1인 | 메모리 카드 1~15블록 |

전학 직전까지의 한 달 동안 소녀와 관계를 키워 고교생활의 추억을 만드는 연애 시뮬레이션 게임. 1·2·3학기 중 하나를 선택해 시작하며, 각 시기별로 스토리가 달라진다.

배틀 곤충전

잘레코　시뮬레이션 RPG　1999년 1월 21일　5,800엔

| 플레이어 1~2인 | 메모리 카드 1블록 | PocketStation 지원 | 메모리 카드 +3블록 |

대박력의 3D 곤충 배틀을 즐기는 시뮬레이션 RPG. 장수풍뎅이·왕사슴벌레·헤라클레스장수풍뎅이 등, 50종류 이상의 곤충이 3D 폴리곤화되어 등장한다.

프린세스 메이커 : GO!GO! PRINCESS

J-WING　파티　1999년 1월 21일　5,800엔

| 플레이어 1~4인 | 메모리 카드 1블록 | 멀티탭 지원 1~4인 |

1997년 발매했던 『프린세스 메이커 : 꿈꾸는 요정』의 스핀오프작. 주사위 말판놀이형 대전 보드 게임이다. 주인공 4명 중 하나를 골라, 공주를 목표로 모험을 떠나자.

이즈 : 인터널 섹션

스퀘어　슈팅　1999년 1월 28일　5,800엔

| 플레이어 1인 | 메모리 카드 1블록 | 아날로그 컨트롤러 지원 |

하드 테크노 BGM과 함께 기하학적인 튜브형 스테이지를 통과하면서 진행하는 3D 슈팅 게임. 12간지를 형상화한 12종류의 공격패턴을 자유롭게 전환하며 싸운다.

엑사폼

반다이 비주얼　시뮬레이션 RPG　1999년 1월 28일　6,800엔

플레이어 1인　메모리 카드 1블록

SF와 판타지가 융합된 세계를 묘사한 시뮬레이션 RPG. 연구소의 표본이 된 소녀와 옛 문명의 산물인 남자가, 인류멸망을 꾀하는 박사의 야망을 저지한다는 스토리다.

키타 덴시 : 버추어 파치슬로
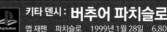

맵 재팬　파치슬로　1999년 1월 28일　6,800엔

플레이어 1~2인　메모리 카드 1블록　아날로그 컨트롤러 지원　특제 컨트롤러 SLPH00098(나훈시스템)지원

키타 덴시 사의 인기 기종을 수록한 파치슬로 시뮬레이션 게임. '대어 2'·'저글러'·'프티 머메이드'·'서커스 3'를 수록했으며, 로딩 시간이 짧아 쾌적한 플레이가 가능하다.

구구 트롭스

에닉스　시뮬레이션　1999년 1월 28일　5,800엔

플레이어 1인　메모리 카드 1블록

원시인 '구구'에게 아이템을 주면서, 생활하는 광경을 관찰하는 게임. 구구와의 생활을 즐기면서 의도대로 잘 유도해, 행성 '구' 어딘가에 있는 전설의 보스 매머드를 찾아내자.

클릭 메딕

소니뮤직엔터테인먼트　어드벤처　1999년 1월 28일　5,800엔

플레이어 1인　메모리 카드 1~15블록　아날로그 컨트롤러 지원

추리·탐험·실험을 게임 하나로 즐기는 하이퍼텍스트 어드벤처 게임. 의사가 되어 'VB 머신'을 조작해, 환자의 몸속 어딘가에 있는 미지의 바이러스를 찾아내 섬멸하자.

게임 소프트를 만들자

이매지니어　시뮬레이션　1999년 1월 28일　5,800엔

플레이어 1인　메모리 카드 2블록

게임 개발자들을 키워가면서 게임회사를 경영하는 시뮬레이션 게임. 게임회사 사장이 되어, 우수한 인재를 모아 게임을 개발해 꿈의 판매량인 100만 장을 노려보자.

사운드 노벨 에볼루션 3 : 거리 – 운명의 교차점

춘 소프트　어드벤처　1999년 1월 28일　5,800엔

플레이어 1인　메모리 카드 1블록　아날로그 컨트롤러 지원

세가새턴판 게임의 이식작. 8명의 스토리가 병행으로 진행되며, 각자의 행동이 다른 캐릭터의 시나리오에 영향을 미치는 '재핑 시스템'에 따라 하나의 커다란 스토리가 만들어진다.

슈퍼 히어로 작전

반프레스토　RPG　1999년 1월 28일　6,800엔

플레이어 1인　메모리 카드 3블록

울트라맨·우주형사 등의 특촬 히어로들과 건담이 함께 등장해, 지구의 평화를 지키려 활약하는 RPG다. 현장감 넘치는 전투화면과, 디테일까지 신경 쓴 연출이 재미있다.

낚시도 : 계곡·호수 편

에스코트　스포츠　1999년 1월 28일　5,800엔

플레이어 1인　메모리 카드 1블록　아날로그 컨트롤러 지원　특제 컨트롤러 SLPH00100(아스키)지원

낚시용구 제조사인 시마노의 실존 모델을 사용 가능한 본격 낚시 시뮬레이션 게임. 주간 '낚시 뉴스'가 감수한 용구들로, 루어·플라이·찌낚시까지 3가지 낚시를 즐길 수 있다.

뾰족뾰족 반 3 : 한자 베이더

코단샤　슈팅　1999년 1월 28일　4,300엔

플레이어 1~2인　아날로그 컨트롤러 지원

귀여운 캐릭터와 놀며 한자를 배우는, 두뇌개발 게임 제 3탄. 일본 초등학교에서 배우는 한자 전체를 수록하여, 슈팅 게임 6종류와 3가지 보스전으로 싸우면서 익힌다.

듀크 뉴켐 3D : 토털 멜트다운

킹 레코드　3D 슈팅　1999년 1월 28일　5,800엔

플레이어 1인　메모리 카드 3~7블록　대전케이블 2대

전 세계에서 100만 장 이상의 판매량을 기록한 3D 슈터 게임. 전설의 히어로 '듀크 뉴켐'을 조작해 에일리언과 싸운다. 다양하고도 화끈한 무기들을 마구 쏘아 갈겨보자.

주변기기 지원 아이콘　 플레이어 1~2인　 메모리 카드 1~2블록　 멀티탭 지원 1~4인　 마우스 지원　 대전케이블 2대　 아날로그 조이스틱 SCPH0111(SCEI)지원　 아날로그 컨트롤러 지원　PocketStation 지원　메모리 카드 1~2블록　휴대전화접속 케이블 지원 (도코모 모드 휴대전화 지원)　특제 컨트롤러 SLPH00001(남코)지원

디지몬월드

반다이 RPG 1999년 1월 28일 5,800엔

플레이어 1~2인 | 메모리카드 1블록 | 아날로그 컨트롤러 지원

인기 시리즈의 제 1탄. '디지털 몬스터' 세계 기반의 육성 RPG다. 디지몬월드로 소환된 주인공이 파트너 디지몬과 함께, 세계를 위기에서 구하기 위해 무인도 '파일섬'을 모험한다. 디지몬은 게임만의 오리지널을 포함해 총 80마리이며, 알에서 부화시켜 유년기-성장기-성숙기까지 키운다. 수명이 있는 디지몬이라도, 특정 조건이 만족되면 완전체로 진화한다.

팔러 프로 5

니혼 텔레네트 파친코 1999년 1월 28일 5,200엔

플레이어 1인 | 메모리카드 1블록 | 아날로그 컨트롤러 지원

오쿠무라 유기 사의 인기 기종을 수록한 인기 파친코 시뮬레이터. 'CR 카토짱' 시리즈 3종을 수록했으며, 상세 데이터·공략 모드 등 공략에 도움을 주는 모드도 탑재했다.

파치슬로 제왕 : 빅 웨이브·피카고로·BB 정키 7

미디어 엔터테인먼트 파치슬로 1999년 1월 28일 5,800엔

플레이어 1인 | 메모리카드 1블록 | PocketStation 지원 | 메모리카드 +2블록

당시의 화제 기종을 수록한 파치슬로 시뮬레이터. 아마사 사의 '빅 웨이브'와 '피카고로', 맥스 얼라이드 사의 'BB 정키 7'까지 총 3대를 충실히 재현했다.

블러디 로어 2

허드슨 대전격투 1999년 1월 28일 5,800엔

플레이어 1~2인 | 메모리카드 1블록 | 아날로그 컨트롤러 지원

캐릭터가 짐승으로 변하는 '수화'가 특징인 대전격투 게임 시리즈 제 2탄. 조작에 헤비 가드 버튼을 추가해 새로운 공방이 가능해졌고, 인간·수인 상태 간의 변화도 더욱 커졌다.

랑그릿사 IV&V : 파이널 에디션

메사이야 시뮬레이션 RPG 1999년 1월 28일 6,800엔

플레이어 1인 | 메모리카드 5블록

인기 시뮬레이션 RPG를 합본 이식했다. 4편은 게임 시스템을 5편 기준으로 리메이크했으며 5편은 난이도 선택을 추가하는 등, 두 작품 모두 컨텐츠를 강화했다.

리프레인 러브 2

리버힐 소프트 시뮬레이션 1999년 1월 28일 6,800엔

플레이어 1인 | 메모리카드 1블록

1997년 발매되었던 「리프레인 러브」의 속편. '비색관'을 무대로 전·후편을 나눠 진행하는 연애 시뮬레이션 게임이다. 12명의 소녀들과 드라마틱한 스토리를 즐기자.

아머드 코어 : 마스터 오브 아레나

프롬 소프트웨어 액션 1999년 2월 4일 5,800엔

플레이어 1~2인 | 메모리카드 1~6블록 | 대전케이블 2대 | 아날로그 컨트롤러 지원 | PocketStation 지원 | 메모리카드 +3블록

「아머드 코어」 시리즈의 3번째 작품. 2장의 CD 중 하나를 투기장 '아레나' 전용 디스크로 만드는 등, 아레나 및 대전 모드 관련 컨텐츠를 확충했다.

안젤리크 : 천공의 진혼가

코에이 RPG 1999년 2월 4일 6,800엔

플레이어 1인 | 메모리카드 2블록

인기 연애 시뮬레이션 게임 시리즈를 RPG화했다. 신 우주의 여왕 안젤리크가 되어, 사로잡힌 수호성들을 해방시키자. 남성 캐릭터와의 엔딩들도 풍부하게 준비했다.

유신의 폭풍우 : 막말 지사전

코에이 시뮬레이션 1999년 2월 4일 7,800엔

플레이어 1인 | 메모리카드 5블록

「유신의 폭풍우」 시리즈 제 2탄. 막부 말기의 지사가 되어, 일본의 사상을 통일해야 한다. PS판은 일부 그래픽을 수정했고, 프리 캐릭터의 이벤트를 추가했다.

035

우주전함 야마토 : 머나먼 별 이스칸다르

반다이　시뮬레이션　1999년 2월 4일　6,800엔

플레이어 1인　메모리카드 6블록　아날로그 컨트롤러 지원

마츠모토 레이지의 인기 애니메이션을 리얼타임 시뮬레이션 게임화했다. 우주전함 야마토의 승무원을 조작해 가미라스 제국과 싸우며, 148,000광년 너머의 이스칸다르로 향하자.

학교전대 솔블래스트
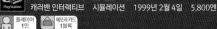
캐러밴 인터랙티브　시뮬레이션　1999년 2월 4일　5,800엔

플레이어 1인　메모리카드 1블록

미소녀 5명으로 구성된 학교전대와 로봇 군단 간의 싸움을 그린 육성 시뮬레이션 게임. 주인공인 학생회장이 되어, 1년간 전대를 지휘해 여동생의 미수에서 학교를 지켜내자.

기온바나 2 : 카나자와 분코 편

일본물산　화투　1999년 2월 4일　4,950엔

플레이어 1~2인　아날로그 컨트롤러 지원

1995년 발매했던 「기온바나」의 속편. 초보자부터 상급자까지 커버하는 화투 게임이다. 그래픽이 2D에서 3D로 진화했으며, 히로인으로 성인물 여배우 카나자와 분코를 기용했다.

항모 전기

언밸런스　시뮬레이션　1999년 2월 4일　7,800엔

플레이어 1인　메모리카드 3블록

제2차 세계대전이 무내인 전략 시뮬레이션 게임. 일본제국 해군 지휘관이 되어 기동함대를 지휘하자. 역사를 따라가는 시나리오와 가상역사 시나리오 등, 8종을 수록했다.

사이버 대전략 : 출격! 하루카 부대
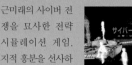
시스템소프트　시뮬레이션　1999년 2월 4일　6,800엔

플레이어 1인　메모리카드 1블록　아날로그 컨트롤러 지원

근미래의 사이버 전쟁을 묘사한 전략 시뮬레이션 게임. 지적 흥분을 선사하는 시뮬레이션 파트와, 게임 기획의 귀재 마스다 쇼지가 감수한 어드벤처 파트로 구성했다.

대국바둑 : 진수 바둑선인

J·WING　바둑　1999년 2월 4일　7,800엔

플레이어 1~2인　메모리카드 3블록

슈퍼 패미컴에서 인기가 있었던 「진수 대국바둑 : 바둑선인」의 리메이크판. 그래픽·사운드·사고 루틴 등 모든 면에서 업그레이드되었다. 난이도도 3단계로 설정할 수 있다.

천하통일

언밸런스　시뮬레이션　1999년 2월 4일　5,800엔

플레이어 1인　메모리카드 12블록

제목이 같은 PC 게임의 이식판. 센고쿠 다이묘 중 하나로서 일본을 통일하는 역사 시뮬레이션 게임이다. 700명 이상의 무장이 등장하고, 역사 기반의 당시 정세·지형도 재현했다.

트리키 슬라이더스

캡콤　스포츠　1999년 2월 4일　5,800엔

플레이어 1~2인　메모리카드 1~5블록　대전케이블 2대　아날로그 컨트롤러 지원

리얼한 감각을 추구한 3D 스노보드 게임. 뛰어난 조작성 덕에 간단히 트릭을 구사할 수 있다. 프로 선수가 되어 세계에 도전하는 모드 등, 다채로운 모드들을 탑재했다.

포켓 무무

소니컴퓨터엔터테인먼트　커뮤니케이션　1999년 2월 4일　4,800엔

플레이어 1인　메모리카드 1블록　아날로그 컨트롤러 지원　PocketStation 지원 +2블록

「점핑 플래시!」의 세계관을 계승한 미니게임 & 툴 모음집. 게임 스코어를 돈으로 바꿔 쇼핑하거나, 유원지를 활성화시키는 등의 방법으로 미니게임들을 수집하자.

마법소녀 대작전

반다이　시뮬레이션　1999년 2월 4일　6,800엔

플레이어 1~2인　메모리카드 1블록　아날로그 컨트롤러 지원

애니메이션으로 친숙한 '마법소녀' 7명이 약악하는 로맨틱 시뮬레이션 게임. '요술공주 샐리', '큐티 하니', '비밀의 아코짱' 등의 유명 캐릭터들이 자신의 특징을 살려 씨운다.

주변기기 지원 아이콘　 플레이어 1~2인　 메모리카드 1~2블록　 멀티탭지원 1~4인　 마우스 지원　 대전케이블 2대　 아날로그 조이스틱 SCPH0111(SCEI) 지원　 아날로그 컨트롤러 지원　 PocketStation 지원 메모리카드 1~2블록　 휴대전화 접속 케이블 지원 (도코모 모드 휴대전화지원)　특제 컨트롤러 SLPH00001(남코) 지원

파이널 판타지 VIII

스퀘어 RPG 1999년 2월 11일 7,800엔

플레이어 1인 | 메모리카드 1블록 | 아날로그 컨트롤러 지원 | PocketStation 지원 | 메모리카드 +7블록

인기 RPG 시리즈의 제 8탄. 병사 양성학교에서 용병이 된 주인공 '스퀼'이, 비밀스러운 소녀 '리노아'와의 만남을 계기로 결국 세계의 운명이 걸린 싸움에까지 말려든다. 캐릭터 육성·성장에 '정션 시스템'을 도입

해 더욱 자유도가 높아졌으며, 마법과 소환수도 정션을 활용해 장비·강화한다. 아름다운 그래픽으로 구현한 연출은 당시 최고 수준의 완성도였다.

쿄로짱의 스티커 사진 대작전

토미 액션 1999년 2월 11일 5,800엔

플레이어 1~2인 | 메모리카드 1블록 | 아날로그 컨트롤러 지원 | PocketStation 지원 | 메모리카드 +9블록

일본 모리나가 제과의 캐릭터 '쿄로짱'이 주인공인 횡스크롤 액션 게임. 과자나라가 무대인 총 15

스테이지를 모험한다. 스티커 사진 완성을 위해 환상의 사진틀을 입수하자.

팔러 프로 6

남코 / 니혼 텔레네트 파친코 1999년 2월 11일 5,200엔

플레이어 1인 | 메모리카드 1블록

쿄라쿠 사의 'CR 야와라 키즈'와 산요사의 'CR 모험도'를 수록한 파친코 실기 시뮬레이터. 파친코

구슬로 강력한 무기를 입수해 싸우는 '파친코 슈팅' 모드를 탑재했다.

메일로 '삣'

허드슨 커뮤니케이션 1999년 2월 11일 2,800엔

플레이어 1인 | 아날로그 컨트롤러 지원 | PocketStation 필수 | 메모리카드 +9블록

포켓스테이션을 신감각 커뮤니케이션 툴로 바꿔주는 소프트. 포켓스테이션으로 메시지 주고받기

와 간단한 대화를 즐길 수 있다. 메시지는 남자용·여자용으로 구분된다.

더욱더! 야옹과 멍더풀 2

반프레스토 시뮬레이션 1999년 2월 11일 5,800엔

플레이어 1인 | 메모리카드 1~15블록

1996년 발매했던 「야옹과 멍더풀」의 속편. 그래픽이 진화되어 동물이 더욱 귀엽고 리얼해졌다.

인기 품종부터 진귀한 품종까지, 22종류의 개·고양이를 기를 수 있다.

요시모토 마작클럽 DELUXE

사이쿄 마작 1999년 2월 11일 5,800엔

플레이어 1인 | 메모리카드 1블록

당시 일본에서 방송하던 TV프로 '요시모토 마작클럽'을 게임화했다. 프로의 분위기를 그대로 재현

해, 요시모토 흥업 소속 연예인 26명이 나와 개그를 연발하며 마작을 친다.

Option : 튜닝 카 배틀 2

잘레코 레이싱 1999년 2월 18일 5,800엔

플레이어 1인 | 메모리카드 5블록 | 아날로그 컨트롤러 지원 | 특제 컨트롤러 SLPH00001(남코)지원

일본의 자동차잡지 'Option'의 감수로 제작된 카 시뮬레이션 게임의 제 2탄. 튜닝 파츠가 40종

류 이상으로 대폭 늘었으며, 그래픽·엔진음 등의 퀄리티도 상승했다.

사이코메트러 에지

코단샤 어드벤처 1999년 2월 18일 5,800엔

플레이어 1인 | 메모리카드 1~15블록 | 아날로그 컨트롤러 지원

인기 만화의 게임판. 물건·인간의 단편적인 기억을 읽는 능력이 있는 주인공이 사건을 쫓는 어드벤처

게임. 폴리곤과 애니메이션 동영상으로 구성됐으며, 도중에 3D 액션도 있다.

CINEMA 영어회화 : 인터셉터

석세스 에듀테인먼트 1999년 2월 18일 6,800엔

플레이어 1인 | 메모리카드 1블록

영화를 보며 영어회화를 배우는 소프트. 이번엔 F-117A 스텔스 전투기를 다룬 액션영화 '인터셉터'

를 수록했으며, 영어회화 실력을 올리기 위한 편의성 기능을 넣었다.

초전투구기 반보그

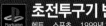

헥트　스포츠　1999년 2월 18일　5,800엔

플레이어 1~2인 / 메모리카드 1블록 / 아날로그 컨트롤러 지원

비치발리볼의 특성을 제대로 응용한 미래의 구기 스포츠 '반보그'로 대결하는 스포츠 게임. 개성적인 캐릭터들이 등장해 화려한 공격 액션을 펼친다.

노부나가의 야망 : 무장풍운록

코에이　시뮬레이션　1999년 2월 18일　5,800엔

플레이어 1~8인 / 메모리카드 3블록 / 아날로그 컨트롤러 지원

전략 시뮬레이션 게임 시리즈 신작. 테마는 '문화와 기술'. 다도·철포·철갑선을 도입했고, 문화도와 기술 개발도 중요한 요소다. 전작에서 제외됐던 규슈·도호쿠·지방도 재추가됐다.

센타로의 일기 : 퍼즐로 식사하자!

코단샤　퍼즐　1999년 2월 18일　4,800엔

플레이어 1~4인 / 아날로그 컨트롤러 지원

같은 제목의 인기 만화가 원작인 신감각 퍼즐 액션 게임. 마음에 드는 캐릭터를 조작해, 각자가 좋아하는 '밥'을 원의 중심으로 던져 넣자. 진지를 많이 획득하면 승리.

플레이스테이션 코믹 제 4탄: '코브라 갤럭시 나이츠'

소니컴퓨터엔터테인먼트　기타　1999년 2월 18일　2,000엔

플레이어 1인 / 메모리카드 1블록 / 아날로그 컨트롤러 지원

원 버튼으로 페이지를 넘기는 디지털 코믹의 제 4탄. 테라사와 부이치의 인기작 '우주해적 코브라'를 수록했다. 작가의 의향을 반영, 호화 성우진을 기용해 풀 보이스를 구현했다.

마비 베이비 스토리

포노스　퍼즐　1999년 2월 18일　4,800엔

플레이어 1인 / 메모리카드 1블록

활기찬 아기 '마비 베이비'를 조작해 블록 월드에서 탈출해야 하는 3D 액션 게임. 무기인 뿅망치로 적을 피하면서 퍼즐을 풀어, 무사히 집으로 돌아가자.

마법사가 되는 방법

TGL　RPG　1999년 2월 18일　6,800엔

플레이어 1인 / 메모리카드 1블록

마법사가 되기 위해, 숲에서 재료를 모아 마법을 만드는 RPG. 견습생 3명 중 하나를 골라, 선생님이 주는 과제를 클리어하자. 재료는 150종, 마법은 70종이나 존재한다.

웰토브 이스틀리아

허드슨　RPG　1999년 2월 25일　5,800엔

플레이어 1인 / 메모리카드 3블록

판타지 세계 '이스틀리아'를 무대로, 다양한 퀘스트를 수행해 가는 프리 시나리오 RPG. 100종류 이상의 시나리오 피스를 자유롭게 선택하는 프리 시나리오 시스템을 채용했다.

에베루즈 2 : WORLAND Series

타카라　시뮬레이션　1999년 2월 25일　5,800엔

플레이어 1인 / 메모리카드 1블록

인기 연애 시뮬레이션 게임의 제 3탄. 마법학교 트리펠즈를 무대로, 전작 주인공의 남동생을 육성해 카다로라 왕국을 위기에서 구하자. 전작의 캐릭터도 교사가 되어 등장한다.

오아시스 로드

아이디어 팩토리　RPG　1999년 2월 25일　5,800엔

플레이어 1인 / 메모리카드 1블록 / 아날로그 컨트롤러 지원

서서히 멸망해가는 세계 '오아시스 로드'를 탐험하여, 지도를 제작해가며 지식을 모으는 RPG. 마을·유적을 찾아내 교역로를 만들거나, 숨겨진 유적을 발굴해 지식을 수집하자.

쿠노이치 체포수첩

GMF　어드벤처　1999년 2월 25일　5,800엔

플레이어 1인 / 메모리카드 1블록

에도의 사건을 해결해가며, 주인공인 쿠노이치(여닌자) '란'을 막부의 밀정으로 육성하는 멀티엔딩 어드벤처 게임. 미니게임과 동영상을 즐기는 보너스 모드도 있다.

주변기기 지원 아이콘

후야제

쇼에이샤　시뮬레이션　1999년 2월 25일　5,800엔

플레이어 1인　메모리카드 1블록

일러스트레이터 미키모토 하루히코가 캐릭터 디자인·원화감독을 맡은 연애 육성 시뮬레이션 게임. 학교축제 실행위원이 되어 이벤트를 진행하고, 뒷풀이 때 고백해 마음을 전하자.

컴뱃 쵸로Q

타카라　액션　1999년 2월 25일　5,800엔

플레이어 1~2인　메모리카드 1블록　멀티탭지원 1~4인　아날로그 컨트롤러 지원

쵸로Q 탱크로 최전선에 나가 여러 미션을 수행하는 액션 게임. 탱크 특유의 거동까지 재현한 100종류 이상의 실존 탱크가 등장하며, 자금을 확보해 개조할 수도 있다.

징기스칸 : 푸른 늑대와 하얀 암사슴 IV

코에이　시뮬레이션　1999년 2월 25일　7,800엔

플레이어 1~8인　메모리카드 15블록

유라시아 대륙 대부분이 무대인 역사 전략 시뮬레이션 게임. 어떤 국왕으로든 세계 규모의 작전을 펼칠 수 있다. 다문화 교류로 칭호를 획득해, 세계 제일의 수도를 만들자.

디바이스레인

미디어웍스　시뮬레이션　1999년 2월 25일　5,800엔

플레이어 1인　메모리카드 1블록

현대의 도쿄를 무대로, 차세대 병기 '오그먼트'를 이용해 싸우는 어드벤처 시뮬레이션 게임. 대화로 퍼즐을 푸는 파트와, 준 실시간으로 진행되는 전략 시뮬레이션 파트가 있다.

드림 서커스

TGL　액션　1999년 2월 25일　5,800엔

플레이어 1~2인　메모리카드 1블록

No.1 서커스단을 목표로 삼는 액션 게임. 여섯 섬에서 임의의 서커스를 골라, 단원을 고용하고 기술을 가르치자. 다른 서커스단과 대전할 때는 박수를 많이 받은 쪽이 이긴다.

막말낭만 월화의 검사

SNK　대전격투　1999년 2월 25일　5,800엔

플레이어 1~2인　메모리카드 1블록

아케이드판 게임의 이식작. 막부 말기가 무대인 대전격투 게임으로서, 무기로 싸우는 것이 특징이다. 오프닝 애니메이션과 숨겨진 캐릭터 추가 등, 오리지널 요소가 충실하다.

퍼즐 매니아

휴먼　퍼즐　1999년 2월 25일　4,800엔

플레이어 1인　메모리카드 1~2블록

3종류의 퍼즐을 즐기는 게임. 수록돼 있는 '넘버 플레이스'(스도쿠)·'스켈톤'·'넘버 크로스워드'를 모두 클리어하면, 보너스인 두뇌 자극형 신규 게임을 플레이할 수 있다.

페이버릿 디어

NEC 인터채널　시뮬레이션 RPG　1999년 2월 25일　5,800엔

플레이어 1인　메모리카드 3블록

아름다운 그래픽과 섬세한 시나리오에 육성·전략 시스템까지 가미한 복합형 시뮬레이션 게임. 지상계의 수호를 명령받은 천사가 되어, 자질을 갖춘 인간을 용사로 만들자.

팝픈 뮤직

코나미　리듬 액션　1999년 2월 25일　4,800엔

플레이어 1~2인　메모리카드 1블록　아날로그 컨트롤러 지원　특제 컨트롤러 RU014(코나미)지원

아케이드용 게임의 이식작. 연주법이 간단한 것이 특징인 음악 시뮬레이션 게임이다. 멜로디에 맞춰 떨어지는 '팝 군'이 화면 아래의 빨간 선에 딱 걸릴 때 버튼을 누르자. 초보자 배려용으로, 채보의 좌우 끝단이 자동 연주되는 5버튼·7버튼 플레이 모드도 있다. 아케이드판의 14곡에 신곡 5곡도 추가하여 총 19곡으로 구성했다. 팝 음악의 세계를 즐겨보자.

마블 슈퍼 히어로즈 VS. 스트리트 파이터 EX EDITION

캡콤　대전격투　1999년 2월 25일　5,800엔

플레이어 1~2인　메모리카드 1블록　아날로그 컨트롤러 지원

아케이드판 원작을 이식한 타이틀. 「마블 슈퍼 히어로즈」와 「스트리트 파이터 Ⅱ」의 캐릭터들이 싸우는 대전격투 게임이다. 두 시리즈에서 뽑힌 총 18명이 참전한다.

매지컬 드롭 Ⅲ + 원더풀!

데이터 이스트　퍼즐　1999년 2월 25일　4,200엔

플레이어 1~2인　메모리카드 2블록

뽑아내 되던져 없애는 간단 조작으로 누구나 쉽게 즐기는 액션 퍼즐 게임. 「매지컬 드롭 Ⅲ 욕심쟁이 특대호!」와 「매지컬 드롭 PLUS 1!」 2개 작품을 합본 수록했다.

다시 사랑하고파

소니뮤직엔터테인먼트　시뮬레이션　1999년 2월 25일　5,800엔

플레이어 1인　메모리카드 1블록　마우스 지원

학창생활을 회상하는 식으로 진행하는 연애 시뮬레이션 게임. 주인공을 육성하면서 소녀들과 교제하자. 소녀에게 상처를 주면 '천벌' 이벤트로 평판이 단숨에 박살나니 주의.

몬스터 팜 2

테크모　시뮬레이션　1999년 2월 25일　5,800엔

플레이어 1~2인　메모리카드 1블록　PocketStation 지원　메모리카드 +5블록

음악 CD 재생 등으로 몬스터를 입수하여 조련하는 육성 시뮬레이션 게임. 종류별로 수명도 특성도 다른 몬스터들의 능력을 키워, 여러 대회에서 우승을 노려보자.

입체닌자활극 천주 : 시노비 개선

소니뮤직엔터테인먼트　액션　1999년 2월 25일　4,800엔

플레이어 1인　메모리카드 1~15블록　아날로그 컨트롤러 지원

1998년 발매됐던 「입체닌자활극 천주」의 서양판 히트를 기념한 재발매판. 신규 스테이지 2종과 오프닝 동영상, 언어 선택 기능, 임무 제작 모드를 추가했다.

루프트바페 : 독일공군을 지휘하라

빅터 인터랙티브 소프트웨어　시뮬레이션　1999년 2월 25일　5,800엔

플레이어 1인　메모리카드 3블록　아날로그 컨트롤러 지원

제2차 세계대전 당시의 독일공군 사령관이 되어 아군을 승리로 이끄는 전략 시뮬레이션 게임. 한적한 전원 풍경부터 작열의 북아프리카까지, 총 20종 이상의 시나리오가 있다.

월드 네버랜드 2 : 플루토 공화국 이야기

리버힐 소프트　시뮬레이션　1999년 2월 25일　5,800엔

플레이어 1인　메모리카드 10블록　아날로그 컨트롤러 지원　PocketStation 지원　메모리카드 +2블록

1997년 발매된 「월드 네버랜드」의 속편. 가상의 세계에서 새로운 인생을 체험하는 리얼타임 시뮬레이션 게임이다. 평화로운 왕국에서 자유로운 인생을 즐겨보자.

암드 파이터

반프레스토　3D 대전격투　1999년 3월 4일　1,800엔

플레이어 1~2인　메모리카드 1블록

신체·팔·다리에 장갑 '암즈'를 장착하고 싸우는 3D 대전격투 액션 게임. 연속기·기기·초기기를 구사해 상대의 암즈를 파괴하자. 난이도는 15단계로 설정 가능.

방피르 : 흡혈귀 전설

야트딩크　시뮬레이션　1999년 3월 4일　5,800엔

플레이어 1인　메모리카드 2블록　아날로그 컨트롤러 지원　PocketStation 지원　메모리카드 15블록

19세기 유럽이 무대인 고딕 호러 시뮬레이션 게임. 뱀파이어가 되어, 인간의 피를 빨아 자신의 부하로 만들어나가자. 또 다른 뱀파이어 '뒤란'의 야망을 저지해야 한다.

에어 레이스 챔피언십

액싱　레이싱　1999년 3월 4일　5,800엔

플레이어 1~2인　메모리카드 1블록　아날로그 컨트롤러 지원

라이트닝·머스탱 등 역대의 명기를 조종해 가장 빠른 자를 가리는 비행기 레이싱 게임. 등장하는 기체 11기 + α로 정상을 노려보자. 기체의 역사를 알려주는 박물관도 있다.

주변기기 지원 아이콘　플레이어 1~2인　 메모리카드 1~2블록　 멀티탭지원 1~4인　 마우스 지원　대전케이블 2대　 아날로그 조이스틱 SCPH0111(SCEI)지원　아날로그 컨트롤러 지원　PocketStation 지원　메모리카드 1~2블록　휴대전화 접속 케이블 지원 (도코모 i모드 휴대전화지원)　특제 컨트롤러 SLPH00001(남코) 지원

사일런트 힐

코나미　어드벤처　1999년 3월 4일　5,800엔

플레이어 1인　메모리카드 1블록　아날로그 컨트롤러 지원

안개에 둘러싸인 기묘한 마을 '사일런트 힐'에서 행방불명된 딸을 찾는 호러 어드벤처 게임. 안개 자욱한 현실세계, 피와 녹으로 물든 이면세계를 왕래하며 이면세계를 방황하는 괴물과 맞선다. 표정까지도 묘사한   CG 동영상, 마을을 덮은 안개와 어둠, 적의 접근을 잡음으로 알려주는 라디오 등으로 동양적인 공포를 잘 연출해내 세계적인 인기를 얻은 작품이다.

Sonata

T&E 소프트　RPG　1999년 3월 4일　6,800엔

플레이어 1인　메모리카드 2블록　아날로그 컨트롤러 지원

잊어버린 기억과 진실한 사랑을 찾아 모험하는 드라마틱 RPG. 행방불명된 애인을 찾기 위해  사이버스페이스와 판타지 세계, 거대 학교 세계를 여행하게 된다.

19시 03분 우에노 발 야광열차

비지트　어드벤처　1999년 3월 4일　5,800엔

플레이어 1인　메모리카드 1블록　아날로그 컨트롤러 지원

오오사코 준이치가 원작을 맡은 하이퍼 노벨 게임 「최종전차」의 속편. 선택지에 따라 스토리가 바  뀌어, 침대열차에서 일어난 살인사건이나 사람이 사라지는 괴사건을 쫓는다.

툼 레이더 3

에닉스　어드벤처　1999년 3월 4일　6,800엔

플레이어 1인　메모리카드 2블록　아날로그 컨트롤러 지원

대인기 3D 액션 어드벤처 게임의 제 3탄. 세계 각지의 미스터리 스팟을 무대로 삼아, 여성 모험  가 '라라 크로프트'를 조작해 '진화를 촉진하는 신비의 돌'을 찾아내자.

고양이 사무라이

휴먼　어드벤처　1999년 3월 4일　5,900엔

플레이어 1인　메모리카드 1블록

사람처럼 말하는 고양이 요괴 '오토기리 쥬베이'로서 사무라이 생활을 즐기는 시대극 어드벤처 게임.  150종 이상의 멀티 시나리오가 있고, 에도 문화 소재의 미니게임도 충실하다.

펩시맨

키드　액션　1999년 3월 4일　2,800엔

플레이어 1인　메모리카드 1블록　아날로그 컨트롤러 지원

'펩시맨'을 조작해 장애물투성이 도로를 주파하는 논스톱 액션 게임. 스테이지 종류가 다채롭  고, 콜라 수집과 타임어택 등등의 파고들기 요소도 충실한 작품이다.

유구환상곡 ensemble 2

미디어웍스　팬 디스크　1999년 3월 4일　3,800엔

플레이어 1~2인　메모리카드 1~2블록

「유구환상곡」 시리즈의 팬 디스크 제 2탄. 풀보이스화된 신작 사이드 스토리를 비롯해, 미발표  시나리오 7종을 수록하였다. 미니게임 등의 보너스 콘텐츠도 충실하다.

아테나 : Awakening from the ordinary life

SNK　어드벤처　1999년 3월 11일　6,800엔

플레이어 1인　메모리카드 1블록　아날로그 컨트롤러 지원

자사의 인기 캐릭터 '아사미야 아테나'가 주인공인 사이킥 어드벤처 게임. 근미래가 무대이며, 갑자기  초능력을 얻게 된 아테나가 인류의 존망을 걸고 싸운다는 스토리다.

집에 포치가 찾아왔다 : in my pocket

코나미　시뮬레이션　1999년 3월 11일　4,800엔

플레이어 1인　메모리카드 1블록　아날로그 컨트롤러 지원　PocketStation 지원　메모리카드 +11블록

애정을 담아 강아지를 키우는 육성 시뮬레이션 게임. 어머니가 정한 한 달간, 강아지를 돌보고 훈  련시켜야 한다. 포켓스테이션을 사용하면 개를 데리고 외출할 수도 있다.

XGAMES 프로 보더

일렉트로닉 아츠 스퀘어 스포츠 1999년 3월 11일 5,800엔

플레이어 1~2인 / 메모리카드 1블록 / 아날로그 컨트롤러 지원

200종류 이상의 트릭을 구사할 수 있는 스노보드 게임. 익스트림 스포츠인 '하프파이프'·'빅 에어' 등의 9가지 경기를 TV 중계 스타일로 재현한다.

N게이지 운전놀이 게임 : 달캉덜컹

도시바 EMI 시뮬레이션 1999년 3월 11일 5,800엔

플레이어 1인 / 메모리카드 1블록

1/500 N게이지 철도 모형으로 제작한 본격 전철 시뮬레이션 게임. 초소형 CCD 카메라로 찍은 기관사 시점으로, 세계 최대의 디오라마 월드를 즐긴다. 선택 가능 노선은 4종.

캡틴 러브

도시바 EMI 시뮬레이션 1999년 3월 11일 5,800엔

플레이어 1인 / 메모리카드 1블록 / 아날로그 컨트롤러 지원

'진실한 사랑'이 테마인 연애 시뮬레이션. 사랑을 깨달은 남자 '캡틴 러브'가 되어, '사랑의 공산주의'에 따라 커플을 방해하는 비밀조직 '러브러브 당'의 자객과 논리 배틀로 싸워라.

글로벌 포스 : 신 전투국가

소니컴퓨터엔터테인먼트 시뮬레이션 1999년 3월 11일 5,800엔

플레이어 1~3인 / 메모리카드 4블록 / 아날로그 컨트롤러 지원

시리즈 3번째 작품. 등장 병기에 이스라엘제가 추가되었으며, 튜토리얼 모드와 시나리오 모드가 신설되어 전략 시뮬레이션 게임 초보자라도 즐기기 쉬워졌다.

콜린 맥레이 더 랠리

스파이크 레이싱 1999년 3월 11일 5,800엔

플레이어 1~2인 / 메모리카드 1블록 / 아날로그 컨트롤러 지원 / 특제 컨트롤러 SLPH00001(남코)지원

총 52코스로 챔피언을 결정하는 랠리 게임. 왕년의 No.1 랠리 드라이버 '콜린 맥레이'가 감수한 작품으로서, 빗길·눈길·진창·산악로 등의 험악한 코스 조건을 재현했다.

오늘 밤도 돈궤짝!!

E3 스탭 파친코 1999년 3월 11일 5,800엔

플레이어 1인 / 메모리카드 1블록

당시 일본의 TV프로 'G파라다이스 오늘 밤도 돈궤짝!!'과 제휴한 파친코 게임. 'CR 렛츠! 옛이야기 마을 A'·'CR 야와라 키즈'·'CR 맹렬 원시인 T'를 수록했다.

GI 자키

코에이 시뮬레이션 1999년 3월 11일 6,800엔

플레이어 1인 / 메모리카드 4블록 / 아날로그 컨트롤러 지원

경마 기수의 세계를 체험해보는 자키 액션 게임. 기수가 되어 말을 타고 G1 타이틀전을 제패하자. 「위닝 포스트 3」 등에서 육성했던 경주마를 출주시킬 수도 있다.

수족관 프로젝트 : 피시 헌터로 가는 길

테이치쿠 어드벤처 1999년 3월 11일 5,800엔

플레이어 1인 / 메모리카드 1블록 / 아날로그 컨트롤러 지원 / 특제 컨트롤러 SLPH00100(아스키)지원

의뢰받은 어류 및 수생생물을 산채로 포획하는 낚시 게임. 바다·강은 물론이고, 때로는 심해에도 들어가 목표물을 잡아야 한다. 포획한 물고기는 수족관에서 감상할 수 있다.

셉텐트리온 : Out of the Blue

휴먼 어드벤처 1999년 3월 11일 5,800엔

플레이어 1인 / 메모리카드 1~5블록 / 아날로그 컨트롤러 지원

슈퍼 패미컴판 원작의 리메이크. 침몰해가는 배를 무대로, 생존자를 구출하면서 자신도 탈출해야 한다. 완전 오리지널 시나리오에 그래픽도 3D화했고, 추가 시나리오도 넣었다.

주악도시 OSAKA

킹 레코드 시뮬레이션 1999년 3월 11일 6,800엔

플레이어 1인 / 메모리카드 2블록

라이트 노벨 작가 카와카미 미노루가 원작·시나리오를 맡은 정보탐구 어드벤처 게임. 가상도시 OSAKA의 비밀을 풀자. 문고본 17권 분량의 시나리오가 유기적으로 연쇄된다.

작은 거인 마이크로맨

타카라 액션 1999년 3월 11일 5,800엔

플레이어 1~2인 | 메모리카드 1블록 | 아날로그 컨트롤러 지원

타카라 사의 완구 시리즈(원제는 '미크로맨')가 원작인 액션 게임. '컷워크 무비 시스템'을 탑재해, 박력 만점의 액션이 펼쳐진다. CM 등의 각종 동영상도 21종이나 수록했다.

두근두근 ON AIR 2

버텀 업 시뮬레이션 1999년 3월 11일 5,800엔

플레이어 1인 | 메모리카드 1블록

1998년 발매했던 「두근두근 ON AIR」의 속편. 라디오 PD 가 되어 인기 프로를 제작하자. 프로를 진행할 성우는 이와오 준코·요코야마 치사·나가시마 유코 중에서 선택 가능.

토미카 타운을 만들자!

토미 시뮬레이션 1999년 3월 11일 5,800엔

플레이어 1인 | 메모리카드 1블록 | 아날로그 컨트롤러 지원

굴착기·지게차 등을 운전해 마을을 만들 어가는 건설 시뮬레이션 게임. 컨트롤 러의 좌우 아날로그 스틱 조작이 마치 실제 차량을 운전하는 듯한 느낌이라 분위기 만점이다.

PUFFY의 P.S. I LOVE YOU

소니뮤직엔터테인먼트 기타 1999년 3월 11일 2,800엔

플레이어 1인 | 메모리카드 1블록 | 특제 컨트롤러 SLPH00034(남코)지원

일본의 여성 보컬 듀오 'PUFFY'의 모 든 것을 즐기는 버 라이어티 디스크 디 스크 하나로 뮤직비 디오와 라이브 비디오에, 건콘도 지원하는 슈팅 게임까지 즐길 수 있다.

필살 파친코 스테이션 4 : 히어로들의 도전

선 소프트 파친코 1999년 3월 11일 4,900엔

플레이어 1인 | 메모리카드 1~4블록 | 아날로그 컨트롤러 지원 | 특제 컨트롤러 SLPH00007(TEN연구소)지원

인기 파친코 게임의 제 4탄. 'CR 배틀 히어로 FX'·'배틀 히어로 NEO'·'CR 야와라 키즈'·'CR 프루츠 패션'·'CR 파인애플 봄버'를 수록했다.

히미코전 : 렌게[恋解]

하쿠호도 시뮬레이션 1999년 3월 11일 6,800엔

플레이어 1인 | 메모리카드 1블록 | 아날로그 컨트롤러 지원

3세기로 타임 슬립 한 고등학생이 되어 쿠누 국과 싸우는 전 략 시뮬레이션 게임. 원래 시대로 돌아가 려면 야마타이 국을 부흥시키고 여왕 히미코의 후손인 여성을 찾아야 한다.

파이널 판타지 VI

스퀘어 RPG 1999년 3월 11일 4,800엔

플레이어 1인 | 메모리카드 2블록

슈퍼 패미컴판 게임 의 이식작. 시리즈 전 작까지의 모티브였 던 '크리스탈'이 없 으며, 마법이 사라진 기계문명 세계가 무대다. 마석·어빌리티 등 신규 시스템을 다수 탑재했다.

피셔즈 로드

BPS 스포츠 1999년 3월 11일 5,800엔

플레이어 1인 | 메모리카드 1블록 | 아날로그 컨트롤러 지원 | 특제 컨트롤러 SLPH00100(아스키)지원

배스 프로 육성 시뮬 레이션도 겸하는 본 격 스포츠 낚시 게 임. 보트로 최고의 포인트를 찾기도 하 고, 용구도 자기 취향대로 갖출 수 있는 등, 자유도 높은 시스템을 채용했다.

NOëL 3 : MISSION ON THE LINE

파이오니아 LDC 어드벤처 1999년 3월 11일 6,900엔

플레이어 1인 | 메모리카드 1블록 | 마우스 지원

세가새턴으로 선행 발매된 작품. 「NOëL : NOT DiGITAL」의 평행세계 스토리다. 소녀들을 테러리스 트가 점거한 학교에서 탈출시키자. SS판에서 일부 표현을 수정했다.

움 재머 라미

소니컴퓨터엔터테인먼트 리듬 액션 1999년 3월 18일 5,800엔

플레이어 1~2인 | 메모리카드 1블록 | 아날로그 컨트롤러 지원

상습지각을 일삼는 걸즈 밴드의 기타리 스트가 되어 기타로 배틀해 보자! 2인 동 시 플레이도 가능한 리듬 액션 게임. 숨겨진 요소로서 「파랏파 더 래퍼」의 주인공도 등장한다.

영세명인 3 : 게임 크리에이터 요시무라 노부히로의 두뇌

코나미　쇼기　1999년 3월 18일　3,800엔

플레이어 1~2인　메모리카드 1블록　마우스 지원

인기 쇼기(일본 장기) 게임의 제 3탄. 사고 루틴 강화·고속화 덕에, CPU가 종반에 강하다. 고단자용 눈 가리개 쇼기 기능과, 사고가 약 2배로 빨라진 박보장기 문제도 수록했다.

갤롭 레이서 3

테크모　레이싱　1999년 3월 18일　5,800엔

플레이어 1~2인　메모리카드 3~4블록　아날로그 컨트롤러 지원　PocketStation 지원　메모리카드 +3블록

인기 경마 게임의 제 3탄. 최신 말 1,500 두를 등록했고, 예 시장 장면과 페이스 표시를 도입했다. 그래픽이 미려해졌고, 생산 모드를 탑재하는 등 여러 기능을 강화했다.

CINEMA 영어회화 : 폭풍의 언덕

석세스　에듀테인먼트　1999년 3월 18일　6,800엔

플레이어 1인　메모리카드 1블록

영화를 보며 영어를 배우는 학습 소프트. 에밀리 브론테 원작의 명화 '폭풍의 언덕'을 감상하며 영어 회화를 배울 수 있다. 사전 찾기 등, 학습을 도와주는 기능도 다채롭다.

신세기 GPX 사이버 포뮬러 : 새로운 도전자

바프　어드벤처　1999년 3월 18일　6,800엔

플레이어 1인　메모리카드 1블록　아날로그 컨트롤러 지원

같은 제목 인기 애니메이션의 오리지널 스토리를 즐기는 레이싱 어드벤처 게임. 인공지능 '네메시스'를 탑재한 최신 머신의 드라이버가 되어, 톱 드라이버들과 선두를 경쟁하자.

장갑기병 보톰즈 : 라이트닝 슬래시

타카라　액션　1999년 3월 18일　5,800엔

플레이어 1~2인　메모리카드 1블록　아날로그 조이스틱 SCPH0111(SCEI) 지원　아날로그 컨트롤러 지원

'보톰즈' 본편에서 묘사되지 않았던 새로운 스토리를 즐기는 액션 게임. 시오야마 노리오가 디자인한 신규 캐릭터와, 오오카와라 쿠니오가 디자인한 신규 AT도 등장한다.

Dancing Blade 천방지축 복숭아 천사 II : Tears of Eden

코나미　어드벤처　1999년 3월 18일　5,800엔

플레이어 1인　메모리카드 1블록

1998년 발매됐던 「천방지축 복숭아 천사!」의 속편. 복숭아에서 태어난 '모모히메'가 출생의 비밀을 찾아 친구들과 함께 여행한다. 애니메이션 동영상 도중 스토리가 분기된다.

초코보 레이싱 : 환계로 가는 로드

스퀘어　레이싱　1999년 3월 18일　5,800엔

플레이어 1~2인　메모리카드 1~11블록　아날로그 컨트롤러 지원

「파이널 판타지」 시리즈에 나오는 생물 '초코보'가 달리는 3D 레이싱 게임. 스토리 모드 등 5가지 모드를 수록했다. BGM으로 FF 시리즈의 인기 곡들을 편곡해 넣었다.

전차로 GO! 2

타이토　시뮬레이션　1999년 3월 18일　5,800엔

플레이어 1인　메모리카드 1블록　아날로그 컨트롤러 지원　특제 컨트롤러 SLPH00051(타이토) 지원　특제 컨트롤러 TCPP20001(타이토) 지원　특제 컨트롤러 TCPP20002(타이토) 지원

아케이드판 「전차로 GO! 2 고속편」 기반의 이식작. 신칸센도 운전할 수 있으며, 원 핸들 타입의 마스터 컨트롤러도 함께 발매되었다. PS판에는 오사카 순환선도 수록됐다.

닥터 슬럼프

반다이　어드벤처　1999년 3월 18일　5,800엔

플레이어 1인　메모리카드 1블록　아날로그 컨트롤러 지원

인기 만화를 액션 어드벤처 게임화했다. 3D 폴리곤화시킨 친숙한 캐릭터들이 펼치는 총 7화 구성의 스토리를 즐겨보자. 아라레와 갓짱은 음성도 들어가 있다.

파치슬로 마스터 : Sammy SP

TEN 연구소　파치슬로　1999년 3월 18일　4,300엔

플레이어 1인　메모리카드 1~15블록　아날로그 컨트롤러 지원

사미 사의 인기 기종을 수록한 파치슬로 실기 시뮬레이터. 'Bin 하느님'과 '캇팟파'를 수록했고, 리플레이 넘기기 모드 등 실기 공략을 도와주는 모드도 탑재했다.

주변기기 지원 아이콘　플레이어 1~2인　메모리카드 1~2블록　멀티탭 지원 1~4인　마우스 지원　대전 케이블 2대　아날로그 조이스틱 SCPH0111(SCEI) 지원　아날로그 컨트롤러 지원　PocketStation 지원　메모리카드 1~2블록　휴대전화 케이블 지원 (도코모/모드 휴대전화 지원)　특제 컨트롤러 SLPH00001(남코) 지원

버블건 키드

타카라 액션 1999년 3월 18일 5,800엔

플레이어 1인 | 메모리카드 1블록 | 아날로그 컨트롤러 지원

다이내믹한 입체공
간에서 싸우는 액션
게임. 과거·현재·미
래에 숨겨진 수수께
끼를 풀어내고 악의
제왕을 물리치자. 주인공이 보여주는 다채로운 액션도 재미있다.

매지컬 테트리스 챌린지 featuring 미키

캡콤 퍼즐 1999년 3월 18일 4,800엔

플레이어 1~2인 | 메모리카드 1블록 | 아날로그 컨트롤러 지원

명작 액션 퍼즐 게
임 「테트리스」에 디
즈니 캐릭터를 첨가
한 타이틀. 신비한
돌을 둘러싼 스토리
가 전개되는 '매지컬 테트리스' 등, 3가지 모드를 탑재했다.

미스틱 아크 : 환상극장

에닉스 어드벤처 1999년 3월 18일 5,800엔

플레이어 1인 | 메모리카드 1블록

7개의 아크를 둘러
싼 신비한 모험을
그린 어드벤처 게
임. 두 주인공 중 하
나를 골라, 3D로 표
현된 환상적인 공간을 여행하며 '환상극장'의 비밀을 밝혀내야 한다.

밀리언 클래식

반다이 시뮬레이션 1999년 3월 18일 6,800엔

플레이어 1인 | 메모리카드 5블록

당시의 최신 DNA 이
론을 채용한 경마 게
임. 경주마·기수·조
교사가 실명으로 등
장하며, 심오한 교
배·생산을 연구해볼 수 있다. 전설의 명마를 떠올리고 타이틀을 획득해보자.

노려라! 명문 야구부

넥서스 인터랙트 시뮬레이션 1999년 3월 18일 5,800엔

플레이어 1~2인 | 메모리카드 5~10블록 | PocketStation 지원 | 메모리카드 +3블록

약소 야구부 감독으
로서 소년들을 코시
엔으로 이끄는 고교
야구 시뮬레이션 게
임. 학교 4,000곳 이상
이 등장한다. 플레이어의 정열과 치밀한 연습으로 방황하는 팀을 우승시키자.

두근뿌요 던전 결정반

컴파일 RPG 1999년 3월 18일 5,800엔

플레이어 1인 | 메모리카드 1블록 | 아날로그 컨트롤러 지원

「뿌요뿌요」시리즈
의 인기 캐릭터들이
활약하는 던전 탐색
RPG. 아르르·세죠·
루루 3명 중 하나를
선택해, 들어갈 때마다 구조가 바뀌는 던전을 모험한다.

에어즈

팩 인 소프트 RPG 1999년 3월 25일 5,800엔

플레이어 1인 | 메모리카드 1블록 | 아날로그 컨트롤러 지원

'천공 캐논볼'이란 공
중 레이스로 스토리
를 진행하는 RPG. 제
한시간·적기와 겨뤄
상금을 벌어 더욱 강
한 '부공기'를 입수해, 가혹한 레이스를 제패하고 세계제일의 영예를 얻자.

에노모토 카나코의 바보도 진단 게임

오라시온 점술 1999년 3월 25일 4,800엔

플레이어 1~2인 | 메모리카드 1블록 | 멀티탭 대응 1~4인 | 아날로그 컨트롤러 지원

인기 탤런트 에노모
토 카나코가 '바보도'
를 진단해주는 버라
이어티 게임. '에노모
토 나라'를 무대로, 5
가지 미니게임에 도전하자. 8명까지 참가 가능한 그룹 진단 모드도 있다.

육아퀴즈 더욱더 마이 엔젤

남코 퀴즈 1999년 3월 25일 5,800엔

플레이어 1~2인 | 메모리카드 1블록

퀴즈를 맞히며 아이
를 키우는 게임 시리
즈의 제 2탄. 전작에
도 있었던 '육아 챌
린지' 모드에, 10살
때의 여름방학에 만난 소년소녀의 이야기를 그린 '첫사랑' 모드를 추가했다.

더 킹 오브 파이터즈 '98

SNK 대전격투 1999년 3월 25일 5,800엔

플레이어 1~2인 | 메모리카드 1블록 | 아날로그 컨트롤러 지원

네오지오의 인기 대
전격투 게임 시리즈
제 5탄. 기존작 출
신의 부활 캐릭터를
포함해 역대 최다인
캐릭터 51명 중에서 3명을 선택해, 팀 배틀로 대전을 즐길 수 있다.

테스트 드라이브 5

캡콤 레이싱 1999년 3월 25일 5,800엔

플레이어 1~2인 | 메모리카드 1블록 | 아날로그 컨트롤러 지원

꿈의 스포츠카를 운전해 세계의 도시를 달리는 3D 레이싱 게임. 세계 16개 도시를 명차 23대로 주파해보자. 경찰차 추적도 따돌리면서, 세계 제일의 공공도로 챔피언을 노린다.

길라잡이 마작 입문편 : 일본프로마작연맹 공인

나그자트 마작 1999년 3월 25일 4,800엔

플레이어 1인 | 메모리카드 1블록

일본프로마작연맹이 공인한 마작 초보자용 마작 학습 소프트 모리아마 시게카즈 8단의 지도로, 즐기면서도 기초를 배울 수 있다. 최대한 알기 쉬운 표현으로 설명해준다.

To Heart

아쿠아플러스 어드벤처 1999년 3월 25일 6,800엔

플레이어 1인 | 메모리카드 1블록 | 아날로그 컨트롤러 지원

Windows로 발매했던 연애 비주얼 노벨의 이식판. 학교생활 가운데 만난 매력적인 소녀들과 사랑을 키워나가는 스토리를 즐긴다. 성인용 게임이었던 원작과 달리 성애묘사는 없으나, 대신 미니게임과 캐릭터 음성을 추가했으며, 신규 그래픽 및 루트 추가는 물론 시나리오·음악까지도 디테일하게 개선해, 단순한 이식을 초월한 고퀄리티로 완성해냈다.

사운드 노벨 에볼루션 1 : 제절초 소생편

춘 소프트 어드벤처 1999년 3월 25일 4,800엔

플레이어 1인 | 메모리카드 3블록 | 아날로그 컨트롤러 지원

슈퍼 패미컴판 호러 사운드 노벨을 리메이크했다. 그래픽과 음악을 대폭 개변하여 공포감을 배가시켰고, 히로인 시점으로 재평하는 시스템도 새로 추가했다.

팔러 프로 7

남코 / 니혼 텔레네트 파친코 1999년 3월 25일 5,200엔

플레이어 1인 | 메모리카드 1블록

인기 파친코 실기 시뮬레이터의 제 7탄. 이번 작품엔 「목수 겐 씨 3」·「긴기라 파라다이스」·「신나는 원시인 E」를 수록했으며, 이벤트가 가득한 홀 모드도 준비했다.

퍼즐 매니아 2

휴먼 퍼즐 1999년 3월 25일 4,800엔

플레이어 1인 | 메모리카드 1블록

다양한 스타일의 퍼즐 게임 4종을 즐기는 옴니버스 모음집. '네모네모 로직'과 '넘버 플레이스', '스켈톤', '넘버 크로스워드'를 수록했다.

피싱 프릭스 : 배스라이즈

반다이 스포츠 1999년 3월 25일 5,800엔

플레이어 1~4인 | 메모리카드 1블록 | 아날로그 컨트롤러 지원 | PocketStation 지원 | 메모리카드 +3블록 | 특제 컨트롤러 BANC-0001(반다이)지원

당시 인기 루어 브랜드였던 '메가배스'와 제휴한 배스 낚시 게임. 이 회사의 루어가 160종 이상 나오며, 카탈로그도 수록했다. 낚은 배스는 포켓스테이션으로 휴대할 수도 있다.

무라코시 세이카이의 폭조 시 배스 피싱

빅터 인터랙티브 소프트웨어 스포츠 1999년 3월 25일 3,800엔

플레이어 1인 | 메모리카드 2블록 | 아날로그 컨트롤러 지원 | 특제 컨트롤러 SLPH00100(아스키)지원

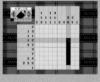

배낚시와 갯바위낚시를 모두 즐길 수 있는, CD 2장짜리 낚시 게임. 3D 그래픽으로 물고기와의 대결을 리얼하게 구현했다. 낚시콘을 사용하면 강렬한 손맛도 느껴진다.

라이징 잔 : 더 사무라이 건맨

우엡 시스템 액션 1999년 3월 25일 5,800엔

플레이어 1인 | 메모리카드 1블록 | 아날로그 컨트롤러 지원

칼과 총을 양손에 들고 세상의 악을 '총도양단'하는 3D 액션 게임. 지팡구에 온 기계장치 무투집단 자칼邪JACKAL을 물리치기 위해, 사무라이 건맨 '잔'이 그들과 맞서 싸운다.

주변기기 지원 아이콘

 플레이어 1~2인 | 메모리카드 1~2블록 | 멀티탭 지원 1~4블록 | 마우스 지원 | 대전 케이블 2대 | 아날로그 조이스틱 SCPH0111(SCEI)지원 | 아날로그 컨트롤러 지원 | PocketStation 지원 | 메모리카드 1~2블록 | 휴대전화접속 케이블 지원 (도코모 모드 휴대전화 지원) | 특제 컨트롤러 SLPH00001(남코)지원

ONE

캡콤   슈팅   1999년 3월 25일   5,800엔

플레이어 1인 | 메모리카드 1블록 | 아날로그 컨트롤러 지원

미래도시를 무대로, 기억을 잃은 남자가 왼손의 총으로 싸우는 3D 액션 게임. 적이나 물체를 파괴할수록 강해지는 '레이지 미터' 시스템 덕에, 마구 부수는 쾌감이 일품이다.

R : Rock'n Riders

팹 커뮤니케이션즈   기타   1999년 4월 1일   4,800엔

플레이어 1인 | 메모리카드 1블록 | 아날로그 컨트롤러 지원

음악과 스포츠를 융합시킨 3D 액션 게임. 이 작품을 위해 결성된 밴드 'R'의 멤버를 조작하여, 화려한 트릭을 구사하면서 흩어져있는 사운드를 모아야 한다.

엘란

비스코   시뮬레이션   1999년 4월 1일   4,800엔

플레이어 1인 | 메모리카드 1블록 | 아날로그 컨트롤러 지원

소년소녀 9명의 교류를 묘사한 육성 시뮬레이션 게임. 히로애락을 조합하는 대화 시스템을 탑재했다. 직접 1위가 되거나, 1위 합격자의 파트너로 선택받는 것이 목적이다.

빛나는 계절로

키드   어드벤처   1999년 4월 1일   6,800엔

플레이어 1인 | 메모리카드 1블록

PC용 게임의 이식작. 내용을 전연령판으로 변경하고 시스템을 사운드 노벨 식으로 바꿨다. 연애 어드벤처의 전형을 확립하고 '최루 게임' 장르를 개척한 작품 중 하나로 꼽힌다.

클래식 로드 2

빅터 인터랙티브 소프트웨어   시뮬레이션   1999년 4월 1일   5,800엔

플레이어 1인 | 메모리카드 13블록 | 아날로그 컨트롤러 지원

인기 경마 게임 시리즈의 제 3탄. 50년의 플레이 기간 내에 마주 겸 조교사로서 말을 육성해, 우수한 혈통마로 만들자. 대전 기능이 있어, 육성한 말끼리의 레이스도 가능하다.

경마 에이트 '99 봄·여름

상그릴라   시뮬레이션   1999년 4월 1일   6,400엔

플레이어 1인 | 메모리카드 15블록 | 마우스 지원

정통 경마 예상 소프트의 1999년 여름판. 레이스 결과 데이터를 풍부하게 수록해, CPU가 순식간에 예상치를 내준다. 데이터 입력이 불필요해 초보자도 간단히 예상 가능.

사가 프론티어 2

스퀘어   RPG   1999년 4월 1일   6,800엔

플레이어 1인 | 메모리카드 1블록 | 아날로그 컨트롤러 지원 | PocketStation 지원 | 메모리카드 +2~4블록

인기 RPG 시리즈의 제 2탄. 하나의 역사를 다양한 시점으로 체험하는 '구축형 프리 시나리오' 시스템을 탑재했다. 수채화풍 터치를 살린 손그림 느낌의 2D 그래픽도 특징이다.

스파이로 더 드래곤

소니컴퓨터엔터테인먼트   액션   1999년 4월 1일   5,800엔

플레이어 1인 | 메모리카드 1블록 | 아날로그 컨트롤러 지원 | PocketStation 지원 | 메모리카드 +10블록

아기 드래곤 '스파이로'가 친구인 잠자리 '스팍스'와 함께 여행하는 액션 게임. 목적은 평화를 위협하는 '내스티'의 퇴치다. 6월드 35스테이지라는 넓은 세계를 만끽해보자.

창고지기 : 난문강습

언밸런스   퍼즐   1999년 4월 1일   4,800엔

플레이어 1인 | 메모리카드 10블록

창고 내에 흩어진 화물을 지정 위치로 옮기는 퍼즐 게임. '난문' 급의 120문제를 수록했다. 리플레이 데이터를 추가한 '창고지기 강좌', 음성으로 설명하는 '조작 가이드'도 있다.

당구 re-mix : 빌리어드 멀티플

애스크   당구   1999년 4월 1일   4,800엔

플레이어 1~8인 | 메모리카드 1블록 | 멀티탭지원 1~8인 | 아날로그 컨트롤러 지원

8명까지 함께 즐길 수 있는 리얼한 당구 게임. 기본 중의 기본인 나인볼을 비롯해 총 4가지 게임을 준비했다. 프로 당구선수인 키무라의 아티스틱 샷도 감상할 수 있다.

두근두근 메모리얼 드라마 시리즈 vol.3 : 여정의 시

 코나미　어드벤처　1999년 4월 1일　5,800엔

플레이어 1인　메모리카드 2블록　마우스 지원　PocketStation 지원　메모리카드 +3블록

드라마 시리즈 제 3탄이자 완결편. 이번엔 후지사키 시오리·타테바야시 미하루의 더블 히로인 구성이다. 졸업을 앞두고 개최되는 풀 마라톤 대회를 중심으로 한 연애 스토리.

노부나가의 야망 : 장성록 with 파워업 키트

코에이　시뮬레이션　1999년 4월 1일　9,800엔

플레이어 1~8인　메모리카드 15블록　아날로그 컨트롤러 지원

「노부나가의 야망 : 장성록」에 신규 시나리오 5종 및 역사 이벤트 추가, 무장 에디터 등을 탑재한 업그레이드판. 가정용 버전에서 삭제됐던 공성전도 다시 추가했다.

버추얼 경정 '99

일본물산　시뮬레이션　1999년 4월 1일　6,800엔

플레이어 1인　메모리카드 3블록　아날로그 컨트롤러 지원　특제 컨트롤러 SLPH00001(남코)지원

98년 후기 데이터를 채용해 당시 현역 선수 약 1,650명을 등록한 경정 게임. '수면 위의 격투기'를 대박력 3D로 재현했다. 경정선수의 인생을 체험하는 등의 모드도 여러 넣었다.

봉신연의 애장판

 코에이　시뮬레이션　1999년 4월 1일　6,800엔

플레이어 1인　메모리카드 1블록　아날로그 컨트롤러 지원

1998년 발매했던 「봉신연외」의 업그레이드판. 태공망이 되어 은나라의 주왕·달기를 물리치는 게 목적이다. 호화 성우진의 음성, 보패 추가 등 여러 신규 요소를 넣었다.

리딩 자키 '99

하베스트 원　레이싱　1999년 4월 1일　5,800엔

플레이어 1~2인　메모리카드 2블록

인기 경마 시리즈의 제 3탄. 기수가 되어 고삐와 채찍으로 말을 조작하자. 목표는 개선문상 제패. 18두 레이스에서의 언덕길이나 직선 주파 등을 현장감 넘치게 표현했다.

VIRUS : THE BATTLE FIELD

 폴리그램　카드 배틀　1999년 4월 8일　4,800엔

플레이어 1~2인　메모리카드 1블록

같은 제목의 TV 애니메이션이 기반인 카드 게임. 2097년의 네오 홍콩을 무대로, 앞에 펼쳐진 의문을 풀어내자. 작품 세계를 망라한 데이터베이스를 수록했고, 대전 플레이도 가능.

오사카 나니와 마천루

 키드　시뮬레이션　1999년 4월 8일　5,800엔

플레이어 1인　메모리카드 15블록　마우스 지원

오사카 한복판에 생긴 가상의 매립지를 자유롭게 개발하는 시뮬레이션 게임. 재개발 시행사의 사장이 되어, 신칸센이나 엑스포를 유치하여 도시와 회사를 발전시켜보자.

가게에서 점주

  테크노 소프트　RPG　1999년 4월 8일　5,800엔

플레이어 1인　메모리카드 2블록

점주를 목표삼아 모험하는 RPG. 자신에 맞는 직업을 찾아 경험을 쌓은 뒤 자기 가게를 차려보자. 모험에서 입수한 '직업 카드'로 전직하면 새로운 세계가 펼쳐진다.

코토부키 그랑프리 : 노려라! 오토바이 킹

 시스컴 엔터테인먼트　레이싱　1999년 4월 8일　5,800엔

플레이어 1~2인　메모리카드 1블록　아날로그 컨트롤러 지원

사이클게 차량으로 상점가를 질주하는 레이싱 게임. 8명의 개성적인 캐릭터 중 하나를 선택해 '코토부키 그랑프리'에 참가하여, 수단과 방법을 가리지 말고 1위를 노리자.

실전 파치슬로 필승법! : 사미 레볼루션 2

   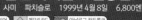 사미　파치슬로　1999년 4월 8일　6,800엔

플레이어 1인　메모리카드 1~6블록　아날로그 컨트롤러 지원

사미 사의 인기 기종들을 수록한 파치슬로 실기 시뮬레이터. 이번 작품에는 '재팬 2'·'빈빈 하느님'·'캇팟파'·'와퍼즈'·'로열 바 2'·'멜론 패닉'을 수록했다.

0부터 배우는 쇼기 : 쇼기유치원 걸음마반

어펙트　쇼기　1999년 4월 8일　5,800엔

플레이어 1~2인 | 메모리 카드 1블록

초보자에게도 친절한 쇼기 게임. 연습·핸디캡전·진급시험이 있는 '유치원', 쇼기에 관한 명언과 격언을 수록한 '자료실', 대전이 가능한 '대국실' 등 다양한 모드를 탑재했다.

전일본 프로레슬링 : 제왕의 혼

휴먼　스포츠　1999년 4월 8일　5,800엔

플레이어 1~2인 | 메모리 카드 4~15블록 | 멀티탭 지원 1~4인 | 아날로그 컨트롤러 지원

전일본 프로레슬링의 컨셉인 '밝고! 즐겁고! 치열한 프로레슬링!'을 재현한 프로레슬링 게임. 사천왕을 비롯해, 당시 인기 레슬러들의 특징과 기술을 충실히 재현했다.

타이거 우즈 99 : PGA TOUR GOLF

일렉트로닉 아츠 스퀘어　스포츠　1999년 4월 8일　5,800엔

플레이어 1~4인 | 메모리 카드 2블록 | 아날로그 컨트롤러 지원

타이거 우즈와 PGA TOUR가 공인한 골프 게임. 타이거 우즈가 되어 플레이하는 9가지 모드와, 타이거 우즈가 직접 지도해주는 모드를 탑재했다.

테스트 드라이브 오프로드 2

캡콤　레이싱　1999년 4월 8일　5,800엔

플레이어 1인 | 메모리 카드 1블록 | 아날로그 컨트롤러 지원

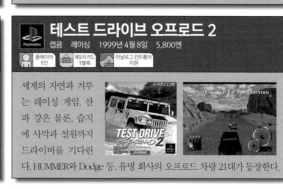

세계의 자연과 겨루는 레이싱 게임. 산과 강은 물론, 습지에 사막과 설원까지 드라이버를 기다린다. HUMMER와 Dodge 등, 유명 회사의 오프로드 차량 21대가 등장한다.

데빌 서머너 소울해커즈

아틀라스　RPG　1999년 4월 8일　6,800엔

플레이어 1인 | 메모리 카드 1~4블록 | PocketStation 지원 | 메모리 카드 +10블록

「진 여신전생」시리즈의 과생작인 RPG. 세가새턴판의 이식작으로서, 신규 이벤트와 카지노, 숨겨진 던전 등을 추가했다. 포켓스테이션으로는 미니게임도 즐길 수 있다.

필살 파친코 스테이션 클래식 : 부활! 추억의 명기들

선 소프트　파친코　1999년 4월 8일　3,980엔

플레이어 1인 | 메모리 카드 1~6블록 | 아날로그 컨트롤러 지원 | 특제 컨트롤러 SLPH0000?7TEN(코나미)지원

왕년의 명기들을 수록한 파친코 실기 시뮬레이터의 클래식판. '프루츠 펀치'·'랩소디'·'팝 컬처'를 실기 그대로 재현했으며, 확률변동 및 핀 조정 모드도 탑재했다.

어둠이 부는 여름 : 제도 이야기, 그 두 번째

비 팩토리　어드벤처　1999년 4월 8일　5,800엔

플레이어 1인 | 메모리 카드 1~5블록 | 아날로그 컨트롤러 지원

아라마타 히로시의 같은 제목 소설을 호러 어드벤처화했다. 풍수가 어긋나 '현실세계'와 '이면세계'의 밸런스가 붕괴된 도쿄를 무대로, 두 세계를 오가며 풍수를 바로잡아야 한다.

사자왕 가오가이거

타카라　어드벤처　1999년 4월 8일　6,800엔

플레이어 1인 | 메모리 카드 1블록 | 아날로그 컨트롤러 지원

TV 애니메이션(원제는 '용자왕 가오가이거')의 외전 스토리를 즐기는 어드벤처 게임. TV판과 연결된 2개 시나리오를 수록했다. 시나리오·동영상 연출은 원작 스탭이 전면 협력했다.

댄스 댄스 레볼루션

코나미　리듬 액션　1999년 4월 10일　5,800엔

플레이어 1~2인 | 메모리 카드 1블록 | 아날로그 컨트롤러 지원 | 특제 컨트롤러 RU017(코나미)지원

아케이드에서 대히트한 리듬 게임의 이식판. 전용 매트 컨트롤러로 실기와 같은 댄스 플레이도 가능하다. 아케이드판보다 선행 수록된 전용 곡도 있다. 플레이스테이션과의 연동 기능을 추가한 아케이드 캐비닛 'DDR 2nd LINK Ver.'에서 특정 곡을 클리어한 후 메모리 카드에 저장하면, 집에서도 해당 곡을 플레이할 수 있게 되는 기능도 마련해 두었다.

월드 스타디움 3

남코 스포츠 1999년 4월 8일 5,800엔

플레이어 1~2인 | 메모리카드 7블록 | 아날로그 컨트롤러 지원 | PocketStation 지원 | 메모리카드 +7블록 | 특제 컨트롤러 SLPH00001(남코) 지원

정통 야구 게임의 제 3탄. 99년 개막시 데이터 기준이며, 오픈전과 리그전 등 총 9종류의 모드를 즐길 수 있다. 호평받은 '땅따먹기 리그' 모드는 막부 말기 편으로 변경했다.

아카가와 지로 마녀들의 잠 : 부활제

빅터 인터랙티브 소프트웨어 어드벤처 1999년 4월 15일 3,800엔

플레이어 1~2인 | 메모리카드 1블록 | 아날로그 컨트롤러 지원

작가 아카가와 지로가 원작·감수를 맡은 서스펜스 호러 사운드 노벨. 원작인 슈퍼 패미컴판을 리뉴얼한 작품이며, '고속 스킵'과 '커플 쇼크' 등의 신기능을 추가했다.

슈퍼로봇대전 F 완결편

반프레스토 시뮬레이션 RPG 1999년 4월 15일 6,800엔

플레이어 1인 | 메모리카드 3~15블록

1998년 발매했던 「슈퍼로봇대전 F」의 완결편. '신세기 에반게리온'·'전설거신 이데온'·'톱을 노려라!'가 신규 참전했고, 스토리가 전작 이상의 장대한 스케일로 전개된다.

간호사 이야기

마이니치 커뮤니케이션즈 시뮬레이션 1999년 4월 15일 5,790엔

플레이어 1인 | 메모리카드 1블록

병원에서 다양한 여성들과 만나는 연애 시뮬레이션 게임. 시설 내를 이동하며 여성 캐릭터와 대화하는 시뮬레이션 파트와, 사랑이 이뤄진 뒤의 어드벤처 모드로 구성했다.

버스트 어 무브 2 : 댄스천국 MIX

에닉스 액션 1999년 4월 15일 5,800엔

플레이어 1~2인 | 메모리카드 1블록 | 아날로그 컨트롤러 지원

1998년 발매했던 「버스트 어 무브」의 속편. 누가 더 멋지게 춤췄는지를 경쟁하는 리듬 액션 게임이다. 안무 동작을 전부 리뉴얼했으며, 신규 캐릭터도 등장한다.

히트백

토미 액션 1999년 4월 15일 5,800엔

플레이어 1~2인 | 메모리카드 1블록 | 멀티탭지원 1~4인 | 아날로그 컨트롤러 지원

통쾌한 플레이가 가능한 배틀 스쿼시 액션 게임. 사신이 깃들어버린 미미루를 구하기 위해, 킥 동료 4명을 조작해 볼 차 적에게 명중시키자. 총 100스테이지를 탑재했다.

GLAY COMPLETE WORKS

핸즈온 엔터테인먼트 기타 1999년 4월 16일 5,800엔

플레이어 1인 | 메모리카드 1블록

일본의 락밴드 'GLAY'의 디스코그래피와 바이오그래피 등 다양한 데이터를 수록한 멀티미디어 소프트. 라이브 영상과 잡지 인터뷰 기사도 찾아볼 수 있다.

사이버 오그

스퀘어 액션 1999년 4월 22일 5,800엔

플레이어 1인 | 메모리카드 3블록 | 아날로그 컨트롤러 지원

3D 격투의 흥분과 퍼즐 풀이의 즐거움을 만끽할 수 있는 액션 게임. 2버튼 조작으로 다양한 콤비네이션 구사가 가능해, 액션 게임 초보자라도 가볍게 즐길 수 있다.

오메가 부스트

 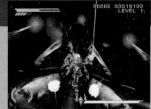 

소니컴퓨터엔터테인먼트 3D 슈팅 1999년 4월 22일 5,800엔

플레이어 1인 | 메모리카드 1~15블록 | 아날로그 컨트롤러 지원

「그란 투리스모」 시리즈의 개발사로 명성을 떨친 폴리포니 디지털이 제작한 3D 슈팅 게임. 우주공간 등의 위아래 개념이 없는 공간을 종횡무진 누비며, 360도 전방위에서 다가오는 적기들과 교전한다. 다채로운 움직임이 가능하지만 조작법 자체는 심플하게 잘 디자인됐기에, 트레이닝 모드를 진행하다 보면 기본적인 전투방법은 제대로 익힐 수 있다.

주변기기 지원 아이콘 플레이어 1~2인 | 메모리카드 1~2블록 | 멀티탭지원 1~4인 | 마우스 지원 | 대전 케이블 2대 | 아날로그 조이스틱 SCPH0111(SCEI) 지원 | 아날로그 컨트롤러 지원 | PocketStation 지원 | 메모리카드 1~2블록 | 휴대전화 접속 케이블 지원 (도코모 모드 휴대전화 지원) | 특제 컨트롤러 SLPH00001(남코) 지원

CINEMA 영어회화 : 이 소년의 삶

석세스 에듀테인먼트 1999년 4월 22일 6,800엔

플레이어 1인 · 메모리카드 1블록

영화를 보며 자연스레 영어를 배우는 소프트. 레오나르도 디카프리오 주연작 '이 소년의 삶'을 수록했고, 사전 등 영어실력 상승을 돕는 모드를 다수 넣었다.

SIMPLE 1500 시리즈 Vol.9 : THE 체스

D3 퍼블리셔 체스 1999년 4월 22일 1,500엔

플레이어 1~2인 · 메모리카드 1블록

전작에 이어, 서양 보드 게임을 소재로 삼았다. 체스 말 이동법 등의 초보적인 규칙부터 금지사항에 이르기까지의 규칙 해설을 수록해, 체스 초보자라도 안심하고 즐길 수 있다.

SIMPLE 1500 시리즈 Vol.10 : THE 당구

D3 퍼블리셔 당구 1999년 4월 22일 1,500엔

플레이어 1~2인

시리즈 10번째 작품. 당구의 수많은 게임 룰 중에서 나인볼·에이트볼·로테이션을 골라 수록했다. 시점 전환 기능과 프랙티스 모드도 탑재했다.

태양의 계시 : 연애·상성·직업·공부… 당신을 점쳐 봅시다

프로그레스 점술 1999년 4월 22일 3,800엔

플레이어 1인 · 메모리카드 1블록 · 아날로그 컨트롤러 지원 · PocketStation 지원 · 메모리카드 +7블록

포켓스테이션을 지원해 언제 어디서나 점술을 볼 수 있는 소프트. 사주풀이 기반으로 자신을 분석해볼 수 있다. 생년월일과 이름만 입력하면 다양한 점술을 보여준다.

도쿄마인학원 롱기담

아스믹 에이스 엔터테인먼트 팬 디스크 1999년 4월 22일 3,800엔

플레이어 1인 · 메모리카드 1~14블록 · 아날로그 컨트롤러 지원

1998년 발매했던 「도쿄마인학원 검풍첩」을 속속들이 즐기는 팬 디스크. 본편에는 없었던 제0화, 외전 스토리 총 5화 등 본편의 팬을 위한 7가지 모드를 수록했다.

배스 낚시를 떠나자!

반프레스토 스포츠 1999년 4월 22일 5,800엔

플레이어 1인 · 메모리카드 3블록 · 아날로그 컨트롤러 지원 · 특제 컨트롤러 SLPH00100(이스키)지원

배스 낚시의 재미를 담은 본격 낚시 시뮬레이션 게임. 배스의 물속 움직임과 서식지 분포, 행동변화 등 배스의 생태를 재현했다. 자신이 배스가 되어 성장하는 모드도 있다.

유구의 에덴

아스키 RPG 1999년 4월 22일 5,800엔

플레이어 1인 · 메모리카드 1~8블록

정육면체들을 다닥다닥 높이 쌓아올린 듯한 필드 디자인이 특징인 RPG. 쿼터뷰 맵의 특성을 살려 퍼즐적 요소도 가미했다. 스위치로 진로를 전환해가면서 공략하자.

아이르톤 세나 카트 듀얼 스페셜

갭스 레이싱 1999년 4월 28일 5,800엔

플레이어 1~2인 · 메모리카드 1블록

1996년 발매했던 「아이르톤 세나 카트 듀얼」의 속편. 카트 특유의 스피드감을 폴리곤으로 재현했다. 게임 모드는 총 6종류이며, 실존했던 야마하 카트도 등장한다.

NBA LIVE 99

일렉트로닉 아츠 스퀘어 스포츠 1999년 4월 28일 5,800엔

플레이어 1~2인 · 메모리카드 1~10블록 · 멀티탭지원 1~8인 · 아날로그 컨트롤러 지원

NBA가 공인한 농구 게임. 당시 NBA 소속 29개 팀의 선수 350명이 실명으로 등장한다. 코트를 가득 메운 관객들의 환성과 야유도 리얼하게 재현했다.

코튼 오리지널

석세스 슈팅 1999년 4월 28일 4,800엔

플레이어 1인 · 메모리카드 1블록 · 아날로그 컨트롤러 지원

과자 'WILLOW'를 좋아하는 귀여운 마법사 소녀가 주인공인 슈팅 게임 「코튼」의 아케이드판 첫 작품을 이식했다. 버튼을 오래 눌러 마법을 발동해 적을 일망타진하자.

쇼기 최강 : 프로에게 배운다

마호　쇼기　1999년 4월 28일　5,800엔

플레이어 1인 / 메모리 카드 1블록

나이토 쿠니오 9단 등의 프로 기사 3명이 감수한 쇼기 게임. 난국 상황에서부터 시작하는 것이 특징인 '쇼기 최강전' 모드가 백미다. 실제 프로 기사와 대결해 겨뤄볼 수 있다.

신 시대극 액션 : 나찰의 검

코나미　액션　1999년 4월 28일　5,800엔

플레이어 1인 / 메모리 카드 1블록 / 아날로그 컨트롤러 지원

다채로운 액션으로 적을 쓰러뜨리는 신감각 3차원 살진(殺陣) 액션 게임. 시퍼런 칼날이 교차하는 긴장감, 거리와 타이밍을 재는 살진 특유의 액션을 즐길 수 있다.

파랜드 사가 : 시간의 길잡이

TGL　RPG　1999년 4월 28일　6,800엔

플레이어 1인 / 메모리 카드 2블록

세가새턴판의 이식작. 시리즈 제 2탄이며, 풀보이스의 드라마틱한 스토리 전개가 특징이다. 대륙의 무역도시가 무대인, 시간을 뛰어넘는 장대한 스토리를 만끽해보자.

마작하자!

코나미　마작　1999년 4월 28일　3,800엔

플레이어 1인 / 메모리 카드 1블록 / 아날로그 컨트롤러 지원

카타야마 마사유키 외 마작만화에서 따온 인기 캐릭터들이 잔뜩 나오는 4인 대국 마작 게임. 토너먼트전과 프리 대전은 물론, 실전에 유용한 여러 미니게임도 준비했다.

유한회사 지구방위대

미디어웍스　시뮬레이션　1999년 4월 28일　6,800엔

플레이어 1인 / 메모리 카드 2블록 / 아날로그 컨트롤러 지원

영화감독 짓소지 아키오가 감수·연출을, 코바야시 마코토가 미술을 맡은 시뮬레이션 게임. 거대 로봇

으로 인명을 구조하거나 테러리스트를 퇴치하며, 회사경영·인재육성도 한다.

컬드셉트 익스팬션

미디어 팩토리　카드 배틀　1999년 5월 1일　5,800엔

플레이어 1~4인 / 메모리 카드 1블록 / 멀티탭지원 1~4인 / 아날로그 컨트롤러 지원

세가새턴용 원작의 업그레이드 이식판. 보드 게임과 카드 배틀을 융합시킨 시스템이 특징이다. 맵

을 계속 돌면서, 크리처를 소환하여 라이벌과 경쟁하며 토지를 쟁탈하자.

A열차로 가자 Z : 노려라! 대륙 횡단

아트딩크　시뮬레이션　1999년 5월 4일　4,800엔

플레이어 1인 / 메모리 카드 7블록 / 아날로그 컨트롤러 지원

「A5 : A열차로 가자 5」의 시스템을 기반으로, 철도왕인 부친의 유지를 이어받아 대륙횡단철도를

완성시킨다는 스토리를 추가했다. 플레이어는 철도 경영에만 집중한다.

드래곤 머니

마이크로캐빈　파티　1999년 5월 4일　5,800엔

플레이어 1~4인 / 메모리 카드 1블록 / 멀티탭지원 1~4인 / 마우스 지원 / 아날로그 컨트롤러 지원 / 특체 컨트롤러 SLPH00001(남코)지원 / 특체 컨트롤러 NPC102(남코)지원

RPG 요소를 첨가한, 4인이 동시에 플레이할 수 있는 보드 게임. 주사위를 던져 필드를 돌

면서, 동료를 늘려 드래곤을 쓰러뜨리자. 이벤트도 풍부하게 준비했다.

노벨즈 : 게임센터 아라시 R

비지트　어드벤처　1999년 5월 4일　5,800엔

플레이어 1인 / 메모리 카드 1~3블록 / 아날로그 컨트롤러 지원

비디오 게임을 다룬 만화로서 1980년대 일본에서 인기가 많았던 '게임센터 아라시'가 PS용 노벨 게임

으로 부활했다. 일러스트·텍스트·사운드로 '게임센터 아라시'의 세계를 즐기자.

포켓 던전

소니컴퓨터엔터테인먼트　RPG　1999년 5월 4일　2,800엔

플레이어 1인 / 메모리 카드 1블록 / PocketStation 필수 / 메모리 카드 +15블록

포켓스테이션이 필수인 본격 RPG. 던전을 탐험하며 몬스터를 배틀로 포획하

자. 버튼을 누르는 타이밍에 따라 공격력·방어력이 결정되는 독특한 시스템을 채용했다.

052　주변기기 지원 아이콘

 플레이어 1~2인 / 메모리 카드 1~2블록 / 멀티탭지원 1~4인 / 마우스 지원 / 대전 케이블 2대 / 아날로그 조이스틱 SCPH0111(SCEI)지원 / 아날로그 컨트롤러 지원 / PocketStation 지원 / 메모리 카드 1~2블록 / 휴대전화 접속 케이블 지원(도코모 i모드 휴대전화지원) / 특체 컨트롤러 SLPH00001(남코)지원

모토 레이서 2
PlayStation
일렉트로닉 아츠 스퀘어　레이싱　1999년 5월 4일　5,800엔

플레이어 1~2인　메모리카드 2블록　아날로그 컨트롤러 지원

1997년 발매됐던 「모토 레이서」의 속편. 시속 300km 이상의 하이스피드로 달리는 '온로드'와, 점프를 활용해 험로를 주파하는 '오프로드'의 2가지 모드가 있다.

로직 마작 : 창룡 4인 대국·3인 대국
PlayStation
니폰이치 소프트웨어　마작　1999년 5월 4일　5,800엔

플레이어 1인　메모리카드 1블록

'4인 대국'과 '3인 대국'을 즐기는 본격 마작 게임. CPU의 사고 루틴을 플레이어가 직접 설정하는 '로직 모드'를 탑재하여, 자기 실력에 CPU를 맞춰놓고 대전할 수 있다.

코나미 80's 아케이드 갤러리
PlayStation
코나미　버라이어티　1999년 5월 13일　5,800엔

플레이어 1~2인　메모리카드 1블록

당시 오락실이나 문방구에서 게임을 즐겼던 사람이라면 추억이 있을. 코나미의 80년대 아케이드 게임 10작품을 수록했다. 세로화면 게임도 가로화면으로 즐길 수 있도록 했다.

프로 마작 츠와모노 2
PlayStation
컬처 브레인　마작　1999년 5월 13일　4,800엔

플레이어 1인　메모리카드 2블록

수많은 대회를 제패해온 프로 마작사의 한수 한수를 재현한 본격파 마작 게임. 프로가 직접 알려주는 '지도 모드'에서는 첫 수부터 끝까지 친절하게 플레이어를 가르쳐준다.

카나자와 쇼기 : 츠키
PlayStation
세타　쇼기　1999년 5월 20일　6,800엔

플레이어 1~2인　메모리카드 1블록　아날로그 컨트롤러 지원

1995년 발매됐던 「카나자와 쇼기 '95」의 진화판. 전작을 능가하는 기력과 속도를 구현했다. 프로 기사가 선정한 지정국면 50국 이상을 수록했고, 판 편집 기능도 탑재했다.

격왕 자염룡
PlayStation
와라시　슈팅　1999년 5월 20일　1,980엔

플레이어 1~2인　아날로그 컨트롤러 지원

아케이드용 종스크롤 슈팅 게임의 이식판. 메인 모드 외에도 '코엔류'·'즈루이류' 등 다양한 이름을 붙인 여러 가지 어레인지 모드를 선택할 수 있다.

달걀로 퍼즐
PlayStation
소니컴퓨터엔터테인먼트　퍼즐　1999년 5월 20일　4,800엔

플레이어 1~2인　메모리카드 1블록　아날로그 컨트롤러 지원

누구나 재미있게 즐기는 낙하계 퍼즐 게임을 더욱 심플하게 디자인한 타이틀. 연쇄 시스템을 한층 직관적으로 다듬은 '달걀 블록'으로 '쌓고 쪼개서 대연쇄!'를 노려보자.

으라차차 전설
PlayStation
KSS　시뮬레이션　1999년 5월 20일　5,800엔

플레이어 1인　메모리카드 3블록　아날로그 컨트롤러 지원

일본의 국기인 '스모'를 테마로 삼은 시뮬레이션 게임. 스모 도장을 경영하며 리키시(선수)를 육성해, 시합에서 우수한 성적을 거둬 훌륭한 요코즈나(천하장사)로 키우자.

마리오넷 컴퍼니
PlayStation
마이크로캐빈　어드벤처　1999년 5월 20일　6,800엔

플레이어 1인　메모리카드 1블록

'마리오넷'이라 불리는 소녀형 로봇을 수리하고 조금씩 각 부를 개량하면서 소통을 거듭해 학습시켜, 로봇과 플레이어가 마음으로 교류하는 과정을 그린 어드벤처 게임.

야가미 히로키의 Game-Taste : 가슴 떨리는 예감
PlayStation
코단샤　시뮬레이션　1999년 5월 20일　5,800엔

플레이어 1인　메모리카드 1블록

'G-taste'로 유명한 만화가 야가미 히로키가 참여한 연애 시뮬레이션 게임. 4개월의 플레이 기간동안 다양한 여성과 연애해보자. 휴일이나 퇴근 후엔 데이트를 즐길 수 있다.

런던 정령탐정단

반다이 RPG 1999년 5월 20일 5,800엔

플레이어 1인 / 메모리카드 2블록

인간과 정령이 공존하는 런던이 무대인 노스탤직 어드벤처 RPG. 주인공과 동료들이 수많은 캐릭터들과 교류하며 사건의 진상을 추적해간다는 스토리다.

아스카 120% 파이널 : BURNING Fest. FINAL

패밀리 소프트 대전격투 1999년 5월 27일 5,800엔

플레이어 1~2인 / 메모리카드 1블록

부활동 대항 예산쟁탈전을 그린 격투 게임 시리즈의 최종작. 시스템을 대폭 변경했으며, 시합 실황중계 담당이었던 후루타치 이치코가 플레이어블 캐릭터로 참전했다.

에이스 컴뱃 3 : 일렉트로스피어

남코 3D 슈팅 1999년 5월 27일 6,800엔

플레이어 1인 / 메모리카드 2블록 / 아날로그 조이스틱 SCPH0111(SCEI) 지원 / 아날로그 컨트롤러 지원 / 특제 컨트롤러 SLPH00001(남코)지원 / 특제 컨트롤러 SLPH00069(남코)지원 / Best

시리즈 3번째 작품. 2040년이라는 근미래를 무대로, 유지아 대륙에서 벌어진 다국적 기업들 간의 분쟁을 그렸다. 등장하는 전투기는 전부 가상의 기체로 바뀌었으며, 프로덕션 I.G가 제작한 애니메이션 동영상 삽입.

멀티 엔딩 시스템, 레트로퓨처 풍으로 디자인한 화면 구성 등 수많은 신규 요소를 도입했다. 시리즈 전체를 통틀어 가장 이색적인 작품이다.

쿨라퀘스트

소니컴퓨터엔터테인먼트 퍼즐 1999년 5월 27일 4,800엔

플레이어 1~2인 / 메모리카드 1블록 / 아날로그 컨트롤러 지원

미로 위를 자유롭게 굴러다닐 수 있는 '쿨라'를 잘 조작해, 제한시간 내에 열쇠를 찾아내 출구를 발견하여 골인하자. 총 150종류 이상의 코스를 수록했다.

CINEMA 영어회화 : 시체들의 새벽

석세스 에듀테인먼트 1999년 5월 27일 6,800엔

플레이어 1인 / 메모리카드 1블록

호러영화의 걸작 '시체들의 새벽'을 보며 영어회화를 배우는 학습용 소프트. 영화 본편은 물론, 자막 영어단어 검색용 사전 등의 실력 상승용 기능을 다수 넣었다.

SuperLite 1500 시리즈 Vol.1 : 스도쿠

석세스 퍼즐 1999년 5월 27일 1,500엔

플레이어 1인 / 메모리카드 1블록 / 아날로그 컨트롤러 지원

숫자로만 구성된 논리퍼즐 '스도쿠'를 마음껏 즐기는 소프트. 초보자부터 상급자까지 커버하는 200문제를 수록했다. 규칙 설명도 탑재해, 처음 접하는 사람이라도 문제없다.

SuperLite 1500 시리즈 Vol.2 : 넘버 크로스워드

석세스 퍼즐 1999년 5월 27일 1,500엔

플레이어 1인 / 메모리카드 1블록

퍼즐잡지 등에서 인기가 많은 퍼즐 '넘버 크로스워드'를 플레이스테이션으로 재현한 타이틀. 초보자부터 상급자까지 누구든 즐길 수 있는 문제를 무려 200개나 수록했다.

SuperLite 1500 시리즈 Vol.3 : 네모네모 로직

석세스 퍼즐 1999년 5월 27일 1,500엔

플레이어 1인 / 메모리카드 1블록

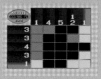

인기 퍼즐 시리즈 제 3탄. 규칙 설명 강좌도 있어 초보자도 안심하고 즐길 수 있다. 이 작품만의 오리지널 문제 200가지를 수록했고, 설정 기능도 탑재했다.

꼬마캐릭터 게임 : 은하영웅전설

토쿠마쇼텐 파티 1999년 5월 27일 5,800엔

플레이어 1~2인 / 메모리카드 2블록

다나카 요시키 원작의 스페이스 오페라를 테이블 게임화했다. 라인하르트·양 웬리 등이 꼬마캐릭터로 등장해 카드 게임과 테이블 게임으로 대전한다. 등장 캐릭터는 총 77명.

주변기기 지원 아이콘 : 플레이어 1~2인 / 메모리카드 1~2블록 / 멀티탭지원 1~4인 / 마우스 지원 / 대전케이블 2대 / 아날로그 조이스틱 SCPH0111(SCEI) 지원 / 아날로그 컨트롤러 지원 / PocketStation 지원 / 메모리카드 1~2블록 / 휴대전화 접속 케이블 지원 (도코모 i모드 휴대전화지원) / 특제 컨트롤러 SLPH00001(남코) 지원

초시공요새 마크로스 : 사랑, 기억하고 있습니까

 반다이 비주얼 슈팅 1999년 5월 27일 6,800엔

플레이어 1인 / 메모리카드 1블록

같은 제목의 인기 애니메이션을 슈팅 게임화했다. 영화의 스토리에 맞춰 스크롤 방향이 변화한다. 막간에는 멋진 동영상도 삽입하여 게임 분위기를 고조시킨다.

70년대풍 로봇 애니메이션 : 겟P-X

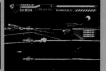 아로마 슈팅 1999년 5월 27일 6,800엔

플레이어 1인 / 메모리카드 1블록 / 아날로그 컨트롤러 지원

70년대 로봇 애니메이션을 의도적으로 흡내낸 횡스크롤 슈팅 게임. 거대 로봇 '겟P-X'를 조종해 지구의 평화를 지켜라. 스테이지가 1화 단위의 TV 애니메이션처럼 진행된다.

비트매니아 어펜드 GOTTAMIX

코나미 리듬 액션 1999년 5월 27일 2,800엔

플레이어 1~2인 / 메모리카드 3블록 / 아날로그 컨트롤러 지원 / 특제 컨트롤러 ASC0515BM(아스키)지원 / 특제 컨트롤러 CT013(코나미)지원

인기 리듬 게임 「비트매니아」 전용 추가 디스크. 인기곡 'HELL SCAPER'와, 센다 미츠오·타니케이가 공동 제작한 곡 등을 수록한 가정용 오리지널 작품이다.

플레이스테이션 코믹 제 5탄 : '버저 비터' (전편)

소니컴퓨터엔터테인먼트 기타 1999년 5월 27일 2,000엔

플레이어 1인 / 아날로그 컨트롤러 지원

'슬램덩크'의 이노우에 타케히코가 그린, 미래의 우주가 무대인 농구만화의 전편. 최고의 우주 리그에 도전하는 지구인 팀에 들어가려 주인공 히데요시가 분투한다는 스토리다.

플레이스테이션 코믹 제 5탄 : '버저 비터' (후편)

 소니컴퓨터엔터테인먼트 기타 1999년 5월 27일 2,000엔

플레이어 1인 / 아날로그 컨트롤러 지원

'슬램덩크' 연재 후 이노우에 타케히코가 그린, 미래의 우주가 무대인 농구만화. 소우주 리그의 정상을 다투는 팀에서 펼쳐지는 새로운 '히데요시 전설'을 목격해 보자.

본격파로 1300엔 : 캐딜락

헤트 퍼즐 1999년 5월 27일 1,300엔

플레이어 1~2인

PS용 신품 게임을 1,300엔이란 염가로 책정해 화제가 되었던 시리즈 중 하나인 '캐딜락'. 떨어지는 트럼프를 포커 패대로 맞춰 없애가는 낙하계 퍼즐 게임이다.

본격파로 1300엔 : 가토 히후미 9단 쇼기 클럽

헤트 쇼기 1999년 5월 27일 1,300엔

플레이어 1~2인 / 메모리카드 2블록 / 마우스 지원

가토 히후미 기사의 감수 하에, 쇼기의 재미를 대중에게 전하겠다는 마음을 담아 제작된 본격 쇼기 게임. 1,300엔이라는 놀라운 염가로 발매되었다.

본격파로 1300엔 : 본격파 4인 대국 마작 클럽

헤트 마작 1999년 5월 27일 1,300엔

플레이어 1인 / 메모리카드 1블록

사기 기술 없이, 완전 셔플로 경쾌하게 즐기는 마작 게임. 룰과 대전 상대의 개성을 자유롭게 설정할 수 있는 대신, 불필요한 기능은 줄였고 연출도 담백한 편이다.

몬스터 컴플리월드

아이디어 팩토리 RPG 1999년 5월 27일 5,800엔

플레이어 1~2인 / 메모리카드 4블록 / 아날로그 컨트롤러 지원 / PocketStation 지원 / 메모리카드 +6블록

다른 게임·음악용 CD를 읽어들여 던전을 생성해 몬스터를 포획하는 RPG. 150종류 이상의 몬스터가 등장한다. 포획한 몬스터를 육성하여 '몬컴 대회'에 출전시키자.

루나 2 : 이터널 블루

카도카와쇼텐 RPG 1999년 5월 27일 6,800엔

플레이어 1인 / 메모리카드 2블록 / 아날로그 컨트롤러 지원

1998년 발매했던 「루나 : 실버스타 스토리」의 속편. 세가 새턴판 기반의 이식작으로서, 풍부한 비주얼을 자랑하며 호화 성우진이 연기한 고품질 이벤트가 펼쳐진다.

NBA 파워 덩커즈 4

코나미　스포츠　1999년 6월 3일　5,800엔

플레이어 1~2인　메모리카드 2~6블록　멀티탭지원 1~8인　아날로그 컨트롤러 지원

인기 농구 게임 시리즈의 1998~99년도 시즌판. NBA의 액션과 박력을 추구한 시리즈로서, 레귤러 시즌은 물론 덩크 콘테스트 및 3점슛 콘테스트도 즐길 수 있다.

건게이지

코나미　3D 슈팅　1999년 6월 3일　5,800엔

플레이어 1인　메모리카드 1블록　아날로그 컨트롤러 지원

순간의 판단과 반사신경이 생사를 가르는 3D 건 슈팅 게임. 스토리 전개가 군의 비밀실험, 이세계로의 문, 마수의 침입, 의문의 초병기 등등 의미심장한 키워드로 가득하다.

원조 패밀리 마작 2

일본물산　마작　1999년 6월 3일　5,800엔

플레이어 1인　아날로그 컨트롤러 지원

간단하고 즐기기 쉬운 마작 게임 「패밀리 마작」 시리즈의 제 2탄. 전작 이상으로 개성이 넘치는 캐릭터들을 다수 넣었고, 단순한 대국뿐만 아니라 미니게임도 추가했다.

최강의 쇼기

언밸런스　쇼기　1999년 6월 3일　7,800엔

플레이어 1~2인　메모리카드 12블록

우수한 쇼기용 사고 프로그램을 탑재한 본격 쇼기 게임. AI는 플레이어가 둔 수를 해석·학습하여 더욱 강해지며, 플레이어 역시 이를 상대하다 보면 강해지도록 제작했다.

아들내미 건드리기

에닉스　버라이어티　1999년 6월 3일　5,800엔

플레이어 1인　메모리카드 1블록　아날로그 컨트롤러 지원

화살표 머리의 '아들내미'를 조작하는 액션 게임. '따님'과 커플이 되고픈 아들내미가, "커서 어른이 되면…"이란 '마마'(이쪽은 기린 머리)의 말을 믿고 행동에 나선다. 게임 도중 여러 단어로 '작문'하면 동영상이 나오고 게임의 세계에 신비한 '물건'이 탄생하며, 탄생한 물건에 따라 행동범위가 넓어진다. CG 작가 아키모토 키츠네의 초차원 세계관이 빛나는 작품.

제일 브레이커

NEC 인터채널　어드벤처　1999년 6월 3일　6,800엔

플레이어 1인　메모리카드 1블록　아날로그 컨트롤러 지원

의문의 대형 감옥 '다이나모'에서 탈출해야 하는 3D 탈옥 어드벤처 게임. 잔인한 살인 간수들의 포위망을 돌파하려면 필사적으로 도망쳐야 한다. 긴장감 넘치는 스토리가 특징.

꼬마 랄프의 대모험

뉴　액션　1999년 6월 3일　4,800엔

플레이어 1인　메모리카드 1블록　아날로그 컨트롤러 지원

뛰어난 자유도가 특징인 횡스크롤 액션 게임. 주인공 '랄프'를 조작하여 소꿉친구를 구하자. 풀 스윙으로 몬스터를 일망타진하는 등, 패나 개성적인 요소도 가득한 작품.

파치슬로 아루제 왕국

아루제　파치슬로　1999년 6월 3일　5,800엔

플레이어 1인　메모리카드 1블록　아날로그 컨트롤러 지원

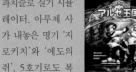 

파치슬로 실기 시뮬레이터. 아루제 사가 내놓은 명기 '지로키치'와 '에도의 쥐', 5호기로도 복각되어 현재도 일본에서 가동중인 '아렉스'를 수록했다.

마작 오공 : 천축 99

샤누아르　마작　1999년 6월 3일　1,800엔

플레이어 1인　메모리카드 1~4블록

유명한 '서유기'에 등장하는 캐릭터들이 수행을 거듭하며 마작 실력을 키운다는 스토리의 마작 게임. 「마작 오공」의 밸런스 조정판이라는 포지션의 작품이다.

주변기기 지원 아이콘　플레이어 1~2인　메모리카드 1~2블록　멀티탭지원 1~4인　마우스 지원　대전 케이블 2대　아날로그 조이스틱 SCPH011(SCEI)지원　아날로그 컨트롤러 지원　PocketStation 지원　메모리카드 1~2블록 　휴대전화 접속 케이블 지원 (도코모 (모드 휴대전화 지원))　특제 컨트롤러 SLPH00001(남코)지원

슈퍼로봇대전 컴플리트 박스

반프레스토　시뮬레이션 RPG　1999년 6월 10일　6,800엔

플레이어 1~2인　메모리카드 2~15블록

패미컴판 「제 2차 슈퍼로봇대전」과 슈퍼 패미컴판 「제 3차 슈퍼로봇대전」・「슈퍼로봇대전 EX」를 「슈퍼로봇대전 F」의 시스템으로 리메이크해 합본 판매한 세트 상품.

팔러 프로 주니어 Vol.1

니혼 텔레네트　파친코　1999년 6월 10일　2,900엔

플레이어 1인

토요마루 산업이 제작했던 명기 'CR 환장하겠네 J-3'의 실기 시뮬레이터. 화면 정중앙에 큼직하게 박힌 디지털 숫자판 하나와, 그 안에 쏙 들어간 숫자판 3개가 인상적이다.

필살 파친코 스테이션 5 : 환장하겠네 & 들어가면 장땡

선 소프트　파친코　1999년 6월 10일　4,900엔

플레이어 1인　메모리카드 1~4블록　아날로그 컨트롤러 지원　특제 컨트롤러 SLPH00007(TEN 연구소) 지원

앞서 소개했던 토요마루 산업의 '환장하겠네' 및 다이이치쇼카이 사의 '들어가면 장땡' 시리즈의 각 기종들을 수록한 실기 시뮬레이터. 이쪽은 선 소프트가 발매했다.

포퓰러스 더 비기닝

일렉트로닉 아츠 스퀘어　시뮬레이션　1999년 6월 10일　5,800엔

플레이어 1인　메모리카드 15블록　아날로그 컨트롤러 지원

PC용 게임의 이식작. 인기 시리즈 제 3탄이자 최초로 풀 3D화된 작품이다. 주술사로서 자신의 부족을 통솔해, 적대 부족을 멸망시키자. 천재지변을 일으키면 일발역전도 가능.

레이싱 라군

스퀘어　RPG　1999년 6월 10일　5,800엔

플레이어 1~2인　메모리카드 1~블록　아날로그 컨트롤러 지원　PocketStation 지원　메모리카드 +2블록

가상의 도시 'YOKOHAMA'가 무대인 드라이빙 RPG. 레이스에서 승리해 차를 튜닝하여, 기량과 속도를 추구하며 스토리의 비밀을 풀어나가자. 독특한 맛이 있는 대사도 특징.

로드 오브 몬스터즈

소니컴퓨터엔터테인먼트　시뮬레이션　1999년 6월 10일　5,800엔

플레이어 1~2인　메모리카드 2~15블록

일본에서 히트했던 브라우저 게임을 이식한 리얼타임 시뮬레이션 게임. 서머너가 되어 몬스터를 소환해, 적 서머너를 물리치자. 1인용인 시나리오 모드와, 대전 모드가 있다.

'99 코시엔

마호　시뮬레이션　1999년 6월 17일　5,800엔

플레이어 1~2인　메모리카드 3블록

인기 야구 게임의 99년도판. 개인 시점을 도입해, 그라운드의 현장감이 넘치는 시합을 즐길 수 있다. 등록된 학교는 4,171개교이며, 유니폼도 100만 종 중에서 선택 가능하다.

오버 드라이빙 IV

일렉트로닉 아츠 스퀘어　레이싱　1999년 6월 17일　5,800엔

플레이어 1~2인　메모리카드 1블록　아날로그 컨트롤러 지원

인기 시리즈 제 4탄. 공공도로를 달리는 드라이빙 시뮬레이션 게임이며, 슈퍼 스포츠 GT의 16개 차종을 준비했다. 전통의 '폴리스 체이스' 모드에선 입장을 바꿔 즐길 수도 있다.

내 시체를 넘어서 가라

소니컴퓨터엔터테인먼트　RPG　1999년 6월 17일　5,800엔

플레이어 1인　메모리카드 6블록　아날로그 컨트롤러 지원

헤이안 시대가 무대인 '세대교체 RPG'. 교토를 어지럽히는 귀신의 두목 '슈텐도지'에게 단명・종절의 저주를 받은 일족이, 108신들과 얽히며 슈텐도지 타토의 일념으로 싸운다는 스토리다. 유능한 신들과 '교신'해 자질을 혈통에 녹여, 수 세대에 걸쳐 우수한 자손을 만드는 '세대교체 시스템'이 최대의 특징. 모든 자손은 계보에 기록되어, 나중에 가계도로 정리된다.

스프리건 : LUNAR VERSE

프롬 소프트웨어　액션　1999년 6월 17일　5,800엔

플레이어 1인　메모리카드 1블록　아날로그 컨트롤러 지원

같은 제목의 인기 만화가 원작인 3D 액션 게임. 게임의 오리지널 주인공을 조작하여 다양한 미션을 수행하자. 격투기·총기를 사용하는 박력 만점의 배틀이 전개된다.

미스틱 드라군

액싱　RPG　1999년 6월 17일　5,800엔

플레이어 1인　메모리카드 2블록

시공을 넘는 장대한 스케일의 RPG. 용수족 소년이 용기사가 되어 전쟁에 투신한다는 스토리다. 전투가 실시간으로 진행되는 '프리 턴 시그널 배틀' 시스템을 채용했다.

메디이블 : 되살아난 갤로미어의 용사

소니컴퓨터엔터테인먼트　어드벤처　1999년 6월 17일　5,800엔

플레이어 1인　메모리카드 1블록　아날로그 컨트롤러 지원

심플한 조작과 멋진 그래픽이 특징인 호러 어드벤처 게임. 갤로미어 왕국을 위기에서 구하려 되살아난 용사의 이야기다. 다양한 무기를 구사해 다채로운 함정을 돌파하자.

멜티랜서 THE 3rd PLANET

코나미　시뮬레이션　1999년 6월 17일　6,800엔

플레이어 1인　메모리카드 2블록　아날로그 컨트롤러 지원

인기 시리즈의 제3 딘. 히로인들이 소속된 은하경찰기구의 라이벌 조직 소속으로서 여러 미션을 수행하자. 디지털 애니메이션이 스토리를 드라마틱하게 연출한다.

아랑전설 WILD AMBITION

SNK　대전격투　1999년 6월 24일　5,800엔

플레이어 1~2인　메모리카드 1블록　아날로그 컨트롤러 지원

아케이드에서 하이퍼 네오지오 64 기반으로 가동됐던, 「아랑전설」 시리즈 유일의 3D 격투 게임. 플레이스테이션판은 덕 킹과 미스터 가라데의 사용이 가능해졌다.

그란디아

게임 아츠　RPG　1999년 6월 24일　5,800엔

플레이어 1인　메모리카드 1블록　아날로그 컨트롤러 지원　PocketStation 지원　메모리카드 +2블록

세가새턴판 게임의 이식작. 2D와 3D가 융합된 아름다운 그래픽과, 전략성과 액션을 양립시킨 전투 시스템을 탑재했다. 공들여 연출해낸 중후한 스토리가 일품이다.

커뮤니티 폼 : 추억을 안고서

패밀리 소프트　RPG　1999년 6월 24일　3,800엔

플레이어 1인　메모리카드 1~3블록

귀엽고 사랑스러운 신비의 생물 '폼'을 중심으로 전개되는 액션 RPG. 견습 마법사 '루루'가 되어, 이곳저곳에 있는 폼을 도와주자. 친해진 폼은 모험을 도와준다.

저지 데빌의 대모험

코나미　액션　1999년 6월 24일　4,980엔

플레이어 1인　메모리카드 1블록　아날로그 컨트롤러 지원

3D화된 필드를 누비는 경이의 360도 전방향 액션 게임. 악몽에 침식당한 마을 '저지 타운'을 구하기 위해, 저지 데빌을 조작하여 Dr.너프를 쓰러뜨리자.

삐뽀사루 겟츄

소니컴퓨터엔터테인먼트　액션　1999년 6월 24일　5,800엔

플레이어 1인　메모리카드 1블록　아날로그 컨트롤러 지원　PocketStation 지원　메모리카드 +12블록

이런저런 시대로 타임 슬립하여, 스펙터가 이끄는 삐뽀사루 군단을 포획하는 액션 게임. 우주 최초의 듀얼쇼크 '전용' 게임으로서, 무기·이동수단인 여러 가챠 메카를 아날로그 스틱으로만 조작해야 한다. 여러 번 플레이해야 하는 스테이지 구성, 어떤 가챠 메카를 가져갈지 잘 생각해야 하는 전략성, 저마다 개성적인 삐뽀사루의 캐릭터성 등으로 호평을 받았다.

주변기기 지원 아이콘　플레이어 1~2인　메모리카드 1~2블록　멀티탭 지원 1~4인　마우스 지원　대전 케이블 2대　아날로그 조이스틱 SCPH0111(SCEI) 지원　아날로그 컨트롤러 지원　PocketStation 지원　메모리카드 1~2블록　휴대전화 접속 케이블 지원 (도코모 모드 휴대전화 지원)　특제 컨트롤러 SLPH00001(낚고) 지원

사립 저스티스 학원: 열혈청춘일기 2

캡콤 　3D 대전격투 　1999년 6월 24일 　5,800엔

플레이어 1~2인 　메모리 카드 1블록 　멀티탭 지원 1~8인 　아날로그 컨트롤러 지원 　PocketStation 지원 　메모리 카드 +10블록

1998년 발매했던 「사립 저스티스 학원」의 속편. 열혈 배틀이 더욱 뜨거워지고, 신 캐릭터도 등장한다. 포켓스테이션으로 3가지 미니게임도 즐길 수 있다.

트윈즈 스토리 : 네게 전하고 싶어서…

판사 소프트웨어 　어드벤처 　1999년 6월 24일 　5,800엔

플레이어 1인 　메모리 카드 2블록 　아날로그 컨트롤러 지원

쌍둥이 여동생과 함께 학창생활을 보내는 연애 육성 시뮬레이션 게임. 남자부·여자부로 나뉜 쿠스하라 학원 고등부에서, 쌍둥이 여동생이 준 히로인의 정보를 바탕으로 접근하자.

초황당 크라이시스!

토쿠마쇼텐 　액션 　1999년 6월 24일 　5,800엔

플레이어 1인 　메모리 카드 1블록 　아날로그 컨트롤러 지원

장대한 스케일로 펼쳐지는 황당무계 귀가 액션 게임. 아버지 '타네오', 어머니 '에츠코', 장녀 '에리카', 장남 '츠요시'가 되어 온갖 위기를 뚫고 할머니의 생신잔칫상까지 당도하자.

파카파카 패션

프로듀스 　리듬 액션 　1999년 6월 24일 　5,800엔

플레이어 1~2인 　메모리 카드 1블록 　특제 컨트롤러 PRO-0001(프로듀스)지원

아케이드 게임의 이식작. 리듬에 맞춰 버튼을 누르는 대전 리듬 액션 게임이다. 아케이드판의 전곡에 오리지널 곡과 신규 스테이지도 추가했다. 협력 플레이도 가능하다.

파치슬로 완전공략 : 아루제 공식 가이드 Volume 4

시스컴 엔터테인먼트 　파치슬로 　1999년 6월 24일 　6,800엔

플레이어 1인 　메모리 카드 1~15블록 　PocketStation 지원 　메모리 카드 +4블록 　특제 컨트롤러 SLPH00098(니혼시스컴)지원

아루제 사의 인기 파치슬로 기기들을 수록한 파치슬로 실기 시뮬레이터. 'B-MAX'·'레인보우 퀘스트'·'WOLF-M X'·'텐 터클즈'·'스컬 헤즈'를 재현했다.

파치슬로 제왕 mini : Dr.A7

미디어 엔터테인먼트 　파치슬로 　1999년 6월 24일 　3,800엔

플레이어 1인 　메모리 카드 1블록 　아날로그 컨트롤러 지원 　PocketStation 지원 　메모리 카드 +2블록

업계 최초로 유효라인 7줄이라는 파격을 선보인 야마사사의 'Dr.A7'을 재현한 실기 시뮬레이터. 버튼 하나만 누르며 간단히 즐기는 모드도 탑재했다.

파이어 프로레슬링 G

휴먼 　스포츠 　1999년 6월 24일 　5,800엔

플레이어 1~2인 　메모리 카드 10블록 　멀티탭 지원 1~4인 　아날로그 컨트롤러 지원 　PocketStation 지원 　메모리 카드 +5블록

인기 프로레슬링 게임의 플레이스테이션판. 프로레슬링은 물론 유도와 가라데, 슛복싱, 킥복싱에 루차 리브레 등까지 망라해, 단체·종목의 벽을 넘은 대전을 즐길 수 있다.

페르소나 2 : 죄

아틀라스 　RPG 　1999년 6월 24일 　6,800엔

플레이어 1인 　메모리 카드 3블록 　아날로그 컨트롤러 지원

1996년 발매했던 「여신이문록 페르소나」의 속편. 소문을 잘 조작해 게임의 흐름을 바꾸는 시스템과 합체마법을 추가했고, 한 번에 여러 캐릭터로 악마 컨택트가 가능해졌다.

메탈기어 솔리드 인테그럴

코나미 　액션 　1999년 6월 24일 　4,980엔

플레이어 1인 　메모리 카드 1~블록 　아날로그 컨트롤러 지원 　PocketStation 지원 　메모리 카드 +4블록

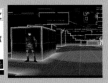

스텔스 액션 게임 「메탈기어 솔리드」의 이벤트·무선 음성을 전부 영어화하고, 'VR 트레이닝' 모드가 수록된 3번째 CD 'VR 디스크'를 추가한 완전판.

UFO : A day in the life

아스키 　기타 　1999년 6월 24일 　5,800엔

플레이어 1인 　메모리 카드 1블록

문어 장난감 형태의 우주인을 조작해 다른 우주인을 구하는 탐색 게임. '촬영'으로 우주인을 구출한다는 전례 없는 시스템과, 훈훈함이 있는 점토공예풍 그래픽이 특징이다.

러브러브 광차

TYO 엔터테인먼트　액션　1999년 6월 24일　4,800엔

플레이어 1~2인 / 메모리카드 1블록 / 아날로그 컨트롤러 지원

남자와 여자가 탄광 광차를 조작하며 모험하는 3D 액션 게임. 개성 만점의 5스테이지를, 서로 호흡을 맞춰 공략하자. 커플간의 협력도를 겨루는 러브러브 모드도 탑재했다.

연애강좌 : REAL AGE

이매지니어　시뮬레이션　1999년 6월 24일　5,800엔

플레이어 1인 / 메모리카드 1블록 / 아날로그 컨트롤러 지원

인기 만화가 에구치 히사시가 캐릭터를 디자인한 연애 시뮬레이션 게임. 40만 명의 데이터베이스를 토대로 진실한 연애를 시뮬레이트한다. 사연이 있는 소녀들과 친해지자.

아쿠아노트의 휴일 2

아트딩크　시뮬레이션　1999년 7월 1일　5,800엔

플레이어 1인 / 메모리카드 1블록 / 아날로그 컨트롤러 지원 / PocketStation 지원 / 메모리카드 4블록

해저를 탐색하는 게임의 속편. 전작보다 그래픽이 대폭 향상되었으며, 생물 종류도 풍성해졌다. 시스템도 강화하여, 더욱 리얼하고 쾌적한 해저 산책을 즐길 수 있다.

알카노이드 R 2000

타이토　액션　1999년 7월 1일　2,000엔

플레이어 1~2인 / 메모리카드 1~2블록 / 마우스 지원 / 아날로그 컨트롤러 지원 / 특제 컨트롤러 SLPH00015(남코)지원

SF 설정을 가미한 블록깨기 게임 「알카노이드 리턴즈」를 2,000엔으로 재발매한 염가판. 재발매하면서 DUALSHOCK의 아날로그 스틱 및 진동 기능 지원도 추가했다.

이나가와 준지 : 공포의 집

비지트　어드벤처　1999년 7월 1일　4,800엔

플레이어 1인 / 메모리카드 1블록 / 아날로그 컨트롤러 지원

일본의 유명한 괴담 전문 연예인, 이나가와 준지가 화자인 실사 사운드 노벨 「대유령 저택」과는 달리 창작 괴담이 소재다. 텍스트와 동영상 등을 사용한 총 19화를 수록했다.

검은 눈동자의 노아

거스트　RPG　1999년 7월 1일　5,800엔

플레이어 1인 / 메모리카드 1블록 / 아날로그 컨트롤러 지원

돌로 변해버린 소꿉친구를 구하려, 주인공이 마수의 힘을 빌려 모험하는 RPG. 경과일수에 따라 이벤트가 발생하는 캘린더 시스템과, 마수를 동료로 삼는 시스템을 탑재했다.

SuperLite 1500 시리즈 Vol.4 : 더 컬링

석세스　스포츠　1999년 7월 1일　1,500엔

플레이어 1~2인

'빙상의 체스'로 불리는 경기, '컬링'을 즐기는 소프트. 6개 팀 중 하나를 선택하여 다른 팀과 대전하는 1인 플레이 모드와, 2인 대전 모드를 탑재하였다.

SuperLite 1500 시리즈 Vol.6 : 아스테로이드

석세스　슈팅　1999년 7월 1일　1,500엔

플레이어 1~2인 / 메모리카드 1블록 / 아날로그 컨트롤러 지원

아타리 사의 대표작인 슈팅 게임. 접근해오는 운석을 격파하여 클리어하자. 3가지 우주선 중 하나를 선택해, 미사일 등의 무기를 발사하여 운석과 UFO를 격추하도록.

슬레이어즈 로얄 2

카도카와쇼텐　RPG　1999년 7월 1일　5,800엔

플레이어 1인 / 메모리카드 3블록 / 아날로그 컨트롤러 지원

1998년 발매했던 「슬레이어즈 로얄」의 속편. 원작의 분위기를 재현한 RPG다. '전설의 나라'라는 레이너드 왕국을 무대로 삼아, 리나 일행이 여섯 탑의 비밀에 도전한다.

성소녀함대 버진 플리트

코나미　어드벤처　1999년 7월 1일　5,800엔

플레이어 1인 / 메모리카드 1블록 / 아날로그 컨트롤러 지원

'버진 에너지'를 다루는 소녀들로 구성된 특수부대가 활약하는 어드벤처 게임이자, 같은 제목 OVA의 속편. 임무 참가 멤버를 선택 가능하며, 조합에 따라 대화가 바뀐다.

주변기기 지원 아이콘 — 플레이어 1~2인 / 메모리카드 1~2블록 / 멀티탭지원 1~4인 / 마우스 지원 / 대전케이블 2대 / 아날로그 조이스틱 SCPH0111(SCEI)지원 / 아날로그 컨트롤러 지원 / PocketStation 지원 / 메모리카드 1~2블록 / 휴대전화 접속 케이블 지원 (도코모드 휴대전화 지원) / 특제 컨트롤러 SLPH00001(남코)지원

디노 크라이시스

캡콤　액션　1999년 7월 1일　5,800엔

플레이어 1인　｜　메모리 카드 1블록　｜　아날로그 컨트롤러 지원

공룡과 싸우는 패닉 호러 어드벤처 게임. 군사시설이 있는 외딴섬에서, 박사 탈환 임무를 수행하자. 다양한 퍼즐과 비밀을 풀면서, 흉포한 공룡들과도 맞서야 한다.

PERFECT PERFORMER : THE YELLOW MONKEY

펀 하우스　액션　1999년 7월 1일　6,800엔

플레이어 1~2인　｜　메모리 카드 1블록　｜　멀티탭지원 1~4인　｜　아날로그 컨트롤러 지원

일본의 락밴드 THE YELLOW MONKEY 가 제작에 협력한 리듬 액션 게임. 음악 게임 최초로 4인 동시 플레이를 구현했으며, 연주가 성공하면 스페셜 스테이지가 출현한다.

필살 파친코 스테이션 6 : 꼬맹이 형사 & 자메이카

선 소프트　파친코　1999년 7월 1일　4,900엔

플레이어 1~4인　｜　메모리 카드 지원　｜　아날로그 컨트롤러 지원　｜　특제 컨트롤러 SLPH00007/TEN연구소 지원

인기 파친코 실기 시뮬레이터의 제 6탄. 산세이 사의 'CR 꼬맹이 형사' 시리즈와 후지쇼지 사의 'CR 자메이카' 시리즈 총 6기종을 수록했고, 공략에 편리한 모드도 탑재했다.

블레이드메이커

쇼에이샤　시뮬레이션　1999년 7월 1일　5,800엔

플레이어 1인　｜　메모리 카드 1블록

플레이어의 경영수완에 따라 여섯 용사의 운명이 바뀌는 무기상점 경영 시뮬레이션 게임. 가게의 경영상태를 개선하며, 각기 목적이 다른 모험들에게 적절한 무기를 팔자.

밀라노의 아르바이트 컬렉션

빅터 인터랙티브 소프트웨어　액션　1999년 7월 1일　5,800엔

플레이어 1인　｜　메모리 카드 2블록　｜　아날로그 컨트롤러 지원

아르바이트로 돈을 모아 필요한 것을 입수하는 꿈의 액션 버라이어티 게임. 아르바이트는 총 9종류가 있으며, 공부나 요리로 주인공의 능력을 올릴 수도 있다.

레스토랑 드림

테이치쿠　시뮬레이션　1999년 7월 1일　5,800엔

플레이어 1인　｜　메모리 카드 1블록

레스토랑 점유율 경쟁과, 마음에 둔 소녀와의 연애를 병행하는 연애 경영 시뮬레이션 게임. 상성이 좋은 '요소'를 5개 연결하면 콤보가 발생한다. 콤보는 무려 50종 이상.

게임으로 외우는 영어 기출단어 1700 : 센터 시험급 강화판

나가세 에듀테인먼트　1999년 7월 2일　2,500엔

플레이어 1~2인　｜　메모리 카드 1블록

골프 게임을 즐기며 센터 시험(한국의 수능시험에 해당)급 영어단어를 마스터하는 학습 소프트. 2P 대전 모드로 영어단어 배틀을 펼치면서, 중요 영어단어를 마스터하자.

애시드

타키 공방　액션　1999년 7월 8일　4,800엔

플레이어 1~2인　｜　메모리 카드 1블록　｜　아날로그 컨트롤러 지원

포물선을 그리는 탄을 조작해 타깃을 노리는 테크노 퍼즐 게임. 벽을 이용하는 반사와 특수탄을 사용해 고득점을 얻자. 스테이지를 클리어할수록 애시드의 비밀이 드러난다.

밴들 하츠 II : 천상의 문

코나미　시뮬레이션 RPG　1999년 7월 8일　5,980엔

플레이어 1인　｜　메모리 카드 2블록

1996년 발매했던 「밴들 하츠」의 속편. 양측 군대가 동시에 전투하는 '듀얼 턴 배틀', 무기와 기술을 합성하는 '웨폰 커스터마이즈' 등의 신규 시스템도 탑재했다.

DX 사장 게임

타카라　파티　1999년 7월 8일　5,800엔

플레이어 1~4인　｜　메모리 카드 1블록　｜　멀티탭지원 1~4인

재산 총액을 늘려 최고의 사장 자리를 노리는 보드 게임. 목표 도시에 가장 먼저 도착하면 상금을 받는다. 설정한 최종년도의 결산에서 재산이 가장 많은 사장이 우승한다.

팜 타운

마이니치 커뮤니케이션즈　파티　1999년 7월 8일　4,800엔

플레이어 1~4인 / 메모리카드 1블록 / 멀티탭 1~4인

필요한 아이템을 구입하며 생활수준을 올려가는 보드 게임. 주사위를 굴려 맵을 진행하면서, 가게에서 아이템을 사 풍족함의 지표인 '파미'를 많이 획득해야 한다.

포켓 패밀리 : 행복의 가족계획

허드슨　시뮬레이션　1999년 7월 8일　5,800엔

플레이어 1인 / 메모리카드 10블록 / 아날로그 컨트롤러 지원 / PocketStation 지원 / 메모리카드 +1~3블록

공동주택 관리인이 되어 유쾌한 입주자들을 케어해주는 육성 시뮬레이션 게임. 간단한 조작의 미니게임도 탑재했고, 입주자의 스트레스를 줄여주거나 소통할 수도 있다.

THE BOOK OF WATERMARKS

소니컴퓨터엔터테인먼트　어드벤처　1999년 7월 15일　6,800엔

플레이어 1인 / 메모리카드 1블록 / 아날로그 컨트롤러 지원

아름다운 건축물이 즐비한 수수께끼의 섬을 모험하며 마법서 12권을 찾는 3D 어드벤처 게임. 셰익스피어의 희곡 '템페스트'의 정수와 17세기의 장대한 세계를 만끽하자.

스타틀링 오디세이 1 : 블루 에볼루션

레이포스　RPG　1999년 7월 15일　6,800엔

플레이어 1인 / 메모리카드 1~5블록 / 아날로그 컨트롤러 지원

PC엔진용 게임의 개변 이식판. 가상의 세계가 무대인 판타지 RPG. 치밀한 캐릭터와 이벤트가 특징으로서, 15분에 달하는 애니메이션을 삽입해 분위기를 띄운다.

성검전설 LEGEND OF MANA

스퀘어　RPG　1999년 7월 15일　6,800엔

플레이어 1~2인 / 메모리카드 2블록 / 아날로그 컨트롤러 지원 / PocketStation 지원 / 메모리카드 +6블록

대인기 액션 RPG의 제 4탄. 만물의 근원 '마나'를 주제로 삼은 시리즈의 외전격 게임이다. 특징은 허허벌판 월드 맵에 정원을 가꾸듯 '아티팩트'를 배치하며 세계를 만드는 '랜드 메이크 시스템'으로서, 아티팩트는 마을·던전 등으로 바뀌어 플레이어가 직접 모험한다. 시나리오 공략 순서도 플레이어의 자유. 신비한 생물들이 서식하는 그림책 같은 세계를 탐색하자.

버거 버거 2

갭스　시뮬레이션　1999년 7월 15일　5,800엔

플레이어 1인 / 메모리카드 4~8블록 / PocketStation 지원 / 메모리카드 +6블록

식재료와 이벤트가 추가된, 시리즈 제 2탄. 버거 황제에게 자신의 햄버거를 인정받기 위해 여행하며 다양한 조건의 맵을 클리어해 가는 시나리오 모드를 추가했다.

핑거 플래싱

어펙트　퍼즐　1999년 7월 15일　4,200엔

플레이어 1~2인 / 메모리카드 1블록 / 아날로그 컨트롤러 지원

가위바위보 룰을 활용한 슈팅 퍼즐 게임. 적별로 대응되는 '가위'·'바위'·'보' 샷을 발사하기만 하면 되는 매우 간단한 시스템이다. 총 10라운드 100스테이지를 탑재했다.

바다의 누시 낚시 : 보물섬을 향하여

빅터 인터랙티브 소프트웨어　RPG　1999년 7월 22일　4,800엔

플레이어 1인 / 메모리카드 2블록 / 아날로그 컨트롤러 지원 / 특제 컨트롤러 SLPH00100(아스키)지원 / 특제 컨트롤러 BANC-0001(반다이)지원

인기 시리즈의 제 3탄. 여동생의 병을 치료하려, 주인공이 대어 '누시'가 서식하는 보물섬으로 간다는 스토리다. 등장 어종은 100종 이상. 낚시를 몰라도 게임 내에서 가르쳐준다.

퀴즈 캐릭터 노래방이당! : 토에이 특촬 히어로 PART 1

반프레스토　퀴즈　1999년 7월 22일　3,800엔

플레이어 1~4인 / 메모리카드 1~15블록

토에이 사의 특촬 히어로 관련 퀴즈 게임. '컬트 퀴즈'·'실루엣 퀴즈'·'도입부 퀴즈' 등에서 정답을 맞히다 보면, 노래를 부르며 즐기는 '캐릭터 노래방 퀴즈'에 도전 가능해진다.

주변기기 지원 아이콘 ｜ 플레이어 1~2인 / 메모리카드 1~2블록 / 멀티탭지원 1~4인 / 마우스 지원 / 대전케이블 2대 / 아날로그 조이스틱 SCPH0111(SCEI)지원 / 아날로그 컨트롤러 지원 / PocketStation 지원 / 메모리카드 1~2블록 / 휴대전화접속 케이블 지원(도코모 J-모드 휴대전화지원) / 특제 컨트롤러 SLPH00001(남코)지원

격주(激走) 토마라너

소니컴퓨터엔터테인먼트 레이싱 1999년 7월 22일 5,800엔

플레이어 1~2인 | 메모리카드 1블록 | 아날로그 컨트롤러 지원

양손을 잘 조작하며 달리는 전대미문의 하이스피드 액션 게임. 점프·수영·메치기 등, 맨몸의 인간을 조작하는 독자적인 액션이 가득하다. 라이벌을 물리치고 골을 노려라.

실황 파워풀 프로야구 '99 개막판

코나미 스포츠 1999년 7월 22일 5,800엔

플레이어 1~2인 | 메모리카드 2~9블록 | 아날로그 컨트롤러 지원

99년도 최신 데이터를 탑재한 시리즈 신작. 당시 화제였던 거물 신인과 주목받던 외국인 선수 등도 등장한다. 호평의 '석세스 모드'는 오리지널 컨텐츠인 '사회인야구 편'이다.

CINEMA 영어회화 : 이노쎈트

석세스 에듀테인먼트 1999년 7월 22일 6,800엔

플레이어 1인 | 메모리카드 1블록

영화를 보며 영어를 배우는 교육 소프트. 분할통치 시대의 베를린을 무대로 러브스토리를 펼치는 영화 '이노쎈트'를 수록했다. 영어회화 실력 상승을 돕는 기능도 탑재했다.

GERMS : 위기의 마을

KAJ 어드벤처 1999년 7월 22일 5,800엔

플레이어 1인 | 메모리카드 1블록

미국의 시골 마을이 무대인 어드벤처 게임. 주인공인 신문기자가 되어, 마을에서 빈발하는 의문의 사건을 조사하자. 전개에 따라서는 적과 아군이 뒤바뀌는 연출도 있다.

SIMPLE 1500 시리즈 Vol.11 : THE 핀볼

D3 퍼블리셔 핀볼 1999년 7월 22일 1,500엔

플레이어 1인 | 메모리카드 1블록 | 아날로그 컨트롤러 지원

오리지널 핀볼 기체를 수록한 핀볼 게임. 수록 기종은 '스피더'와 '익사이팅'이며, 양쪽 모두 난이도를 '쉬움'·'보통' 중에서 선택할 수 있다. 볼 속도도 조정 가능하다.

SIMPLE 1500 시리즈 Vol.13 : THE 레이스

D3 퍼블리셔 레이싱 1999년 7월 22일 1,500엔

플레이어 1인 | 메모리카드 1블록 | 아날로그 컨트롤러 지원

서킷을 달리는 3D 레이싱 게임. 난이도는 초급~상급이며, 저난이도부터 순서대로 도전 가능. 「쵸로Q」시리즈의 실제 개발사인 탐소프트 작품이라 공통점이 많다.

SuperLite 1500 시리즈 Vol.8 : 마작 II

석세스 마작 1999년 7월 22일 1,500엔

플레이어 1인 | 메모리카드 1블록

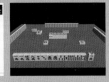

'적패'나 '와레메' 등의 변종 룰도 지원하는 마작 소프트. 프리 대전으로 임의의 캐릭터와 대전하거나, 토너먼트로 진검승부도 할 수 있다. 시점도 3단계로 변경 가능하다.

SuperLite 1500 시리즈 Vol.9 : 그 사람은 어디에 - 엔들리스 시즌

석세스 시뮬레이션 1999년 7월 22일 1,500엔

플레이어 1~4인 | 메모리카드 1블록 | 멀티탭 지원 1~4인 | 아날로그 컨트롤러 지원

대화 패널로 친밀도를 올려 애인을 만들어가는 시뮬레이션 게임 「그 사람은 어디에」의 마이너 체인지판. 원작에서 신 캐릭터 2명과 이벤트 일부를 추가했다.

어디서나 함께

소니컴퓨터엔터테인먼트 커뮤니케이션 1999년 7월 22일 3,800엔

플레이어 1인 | 메모리카드 1블록 | PocketStation 지원 | 메모리카드 15블록

플레이스테이션을 대표했던 인기 캐릭터 '이노우에 토로'의 데뷔작. 포켓스테이션 안에 사는 캐릭터 '포케피'(포켓 피플)와 함께 외출하여 단어를 가르치거나 말을 들어주는 등으로, 포켓스테이션을 휴대하며 어디서나 함께 포케피와 하루하루를 지낸다는 컨셉이 획기적이었던 작품. 포켓스테이션이 게임의 '부록'이 아니라 '핵심'이라는 점도 커다란 특징이었다.

SuperLite 1500 시리즈 Vol.10 : 핀볼 – 골든 로그레스

석서스 핀볼 1999년 7월 22일 1,500엔

플레이어 1인 | 메모리카드 1~6블록 | 아날로그 컨트롤러 지원

아더왕 전설을 모티브로 삼은 핀볼 게임. '카멜롯'·'랜즈 엔드'·'피어 킹' 3종의 기기를 오가며 플레이해, 로그레스 왕국의 부흥을 노려야 한다.

트론과 코붕 : 록맨 DASH 시리즈

캡콤 액션 1999년 7월 22일 5,800엔

플레이어 1인 | 메모리카드 1블록 | 아날로그 컨트롤러 지원 | PocketStation 지원 | 메모리카드 +5블록

인기작 「록맨 DASH」의 악역 '트론'과, 부하인 40명의 '코붕'이 주인공으로 활약하는 액션 게임. 퍼즐과 RPG 요소는 물론, 카지노와 풍부한 미니게임도 넣었다.

바르디시 : 크롬포드의 주민들

이매지니어 RPG 1999년 7월 22일 5,800엔

플레이어 1인 | 메모리카드 1블록 | 아날로그 컨트롤러 지원

마을 주민의 의뢰를 받아 전설의 던전에 도전하는 RPG. 세계에서 가장 오래된 유산이 잠든 마을 '크롬포드'를 무대로, 다양한 던전을 모험하여 '가장 깊은 미궁'에 도달하자.

리모트 컨트롤 댄디

휴먼 액션 1999년 7월 22일 5,800엔

플레이어 1~2인 | 메모리카드 1블록 | 아날로그 컨트롤러 지원 | PocketStation 지원 | 메모리카드 +13블록

리모컨으로 거대 로봇을 조종하는 액션 게임. 도시가 파괴되면 변상해야 하고, 주인공 시점에서 본 거대 로봇의 육중함을 체감시켜주는 등, 리얼한 시스템을 채용했다.

게임으로 외우는 중학영어 기출단어 1200

나가세 에듀테인먼트 1999년 7월 23일 2,800엔

플레이어 1~2인 | 메모리카드 1블록 | 아날로그 컨트롤러 지원

「기출단어」 시리즈의 중학생판. 일본 전국의 교과서에서 900단어를, 고교입시 문제 출제빈도가 높은 300단어를 뽑아 수록했다. 농구 게임을 플레이하며 단어를 외우자.

기타 프릭스

코나미 리듬 액션 1999년 7월 29일 5,800엔

플레이어 1~2인 | 메모리카드 1블록 | 아날로그 컨트롤러 지원 | 특제 컨트롤러 CT01(코나미)지원 | 특제 컨트롤러 ASC0515BM(아스키)지원 | 특제 컨트롤러 RU01B(코나미)지원

「비트매니아」의 일렉트릭 기타 버전. 전용 기타 컨트롤러도 동시 발매해 화제를 모았다. 비트매니아 전용 컨트롤러를 이펙터로 사용하는 매니악한 시스템도 있다.

글린트 글리터

코나미 파티 1999년 7월 29일 5,800엔

플레이어 1~4인 | 메모리카드 1블록 | 멀티탭 지원 1~4인

말판놀이식으로 칸을 이동하며 동료 로봇을 조작해 보물을 탐색하는 보드게임. 탐색 특화형, 전투력 강화형 등등 다양한 기종의 로봇들이 등장한다.

산요 파친코 파라다이스 : 실기 공략 시뮬레이션

아이렘 소프트웨어 엔지니어링 파친코 1999년 7월 29일 4,800엔

플레이어 1~2인 | 메모리카드 1블록 | 아날로그 컨트롤러 지원 | 특제 컨트롤러 SLPH00007(TEN연구소)지원 | 특제 컨트롤러 SLPH00007(TEN연구소)지원

산요 사의 인기 기종을 수록한 파친코 시뮬레이터. 납치당한 인어를 구출해야 하는 'CR 모험도'와, 인기 캐릭터 '마린'이 등장하는 'CR 바다이야기 S5'를 수록했다.

시뮬레이션 프로야구 '99

헥트 시뮬레이션 1999년 7월 29일 5,800엔

플레이어 1인 | 메모리카드 12블록

프로야구팀 감독이 되어 일본 최고의 팀을 만들어야 하는 시뮬레이션 게임. 센트럴·퍼시픽 양대 리그 소속 선수 총 480명이 등장한다. 뛰어난 지휘로 팀을 우승시키자.

중장기병 발켄 2

메사이야 시뮬레이션 1999년 7월 29일 5,800엔

플레이어 1인 | 메모리카드 1블록 | 아날로그 컨트롤러 지원

슈퍼 패미컴으로 발매되었던 「중장기병 발켄」의 속편. 장르를 전략 시뮬레이션으로 변경하여, 정체불명의 적과 지구군 간의 전쟁을 치열한 턴제 배틀로 표현했다.

주변기기 지원 아이콘 | 플레이어 1~2인 | 메모리카드 1~2블록 | 멀티탭 지원 1~4인 | 마우스 지원 | 대전케이블 2대 | 아날로그 조이스틱 SCPH0111(SCEI)지원 | 아날로그 컨트롤러 지원 | PocketStation 지원 | 메모리카드 1~2블록 | 휴대전화 접속 케이블 지원 (도코모 모드 휴대전화 지원) | 특제 컨트롤러 SLPH00001(남코)지원

스트리트 스쿠터즈

TYO 엔터테인먼트　레이싱　1999년 7월 29일　5,800엔

플레이어 1~2인 ｜ 메모리카드 1블록 ｜ 아날로그 컨트롤러 지원 ｜ 특제 컨트롤러 SLPH00001(남코)지원

스트리트 바이크로 질주하는 과격한 동네 배틀 레이싱 게임. 개성적인 캐릭터 8명이 등장해 기발한 스테이지를 달린다. 도로 표지판과 트래픽 콘을 이용해 라이벌을 방해하자.

플레이 스타디움 4 : 불멸의 대 리그 볼

반프레스토　스포츠　1999년 7월 29일　5,800엔

플레이어 1~2인 ｜ 메모리카드 1~7블록 ｜ 아날로그 컨트롤러 지원

인기 야구 게임 시리즈의 제 4탄. 호시 휴마 등, 야구만화 '거인의 별'의 캐릭터가 등장한다. '거인의 별' 모드의 미니게임에서 승리하면 실존 구단에 캐릭터를 편입시킬 수 있다.

팝픈 탱크스!

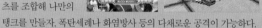

에닉스　액션　1999년 7월 29일　5,800엔

플레이어 1~2인 ｜ 메모리카드 1블록 ｜ 아날로그 컨트롤러 지원

플레이어 기체인 미니 탱크를 개조하며 싸우는 대전 액션 게임. 다양한 파츠를 조합해 나만의 탱크를 만들자. 폭탄세례나 화염방사 등의 다채로운 공격이 가능하다.

모두의 GOLF 2

소니컴퓨터엔터테인먼트　스포츠　1999년 7월 29일　5,800엔

플레이어 1~4인 ｜ 메모리카드 2블록 ｜ 멀티탭 지원 1~4인 ｜ PocketStation 필수 ｜ 메모리카드 +2~9블록

1997년 발매했던 「모두의 GOLF」의 속편. 사계절과 잔디 상태를 변수로 추가해 전략성이 상승했다. 투어에서 승리하여 다양한 능력을 지닌 '기어'를 입수하자.

낙서 쇼타임

에닉스　대전격투　1999년 7월 29일　5,800엔

플레이어 1~2인 ｜ 메모리카드 1블록 ｜ 멀티탭 지원 1~4인 ｜ 아날로그 컨트롤러 지원

노트에 그린 낙서가 캐릭터로 바뀌어 게임 속에서 날뛴다! 간단한 조작으로 다양한 기술을 발동시켜 라이벌을 날려버리는 등, 다채로운 액션을 즐길 수 있는 대전 게임.

룸메이트 : 이노우에 료코

데이텀 폴리스타　시뮬레이션　1999년 7월 29일　5,800엔

플레이어 1인 ｜ PocketStation 필수 ｜ 메모리카드 6블록

세가새턴용 게임의 이식작. 고교생 '이노우에 료코'와 둘이서 한지붕 아래 두근거리는 생활을 시작해보자. 히로인이 마음을 열어가는 과정을 그린 동거 시뮬레이션 게임이다.

애니메틱 스토리 게임 1 : 카드캡터 체리

아리카　어드벤처　1999년 8월 5일　6,300엔

플레이어 1~2인 ｜ 메모리카드 1블록 ｜ PocketStation 지원 ｜ 메모리카드 +14블록

인기 애니메이션(원제는 '카드캡터 사쿠라')의 게임판. 세계에 흩어진 크로우 카드를 모으기 위해 체리가 대활약한다. 애니메이션 스토리 기반의 미니게임과 이벤트를 수록했다.

영관은 그대에게 4

아트딩크　시뮬레이션　1999년 8월 5일　5,800엔

플레이어 1~2인 ｜ 메모리카드 5블록

인기 고교야구 시뮬레이션 게임의 제 4탄. 고교 야구부 감독으로서 부원을 단련시켜 코시엔을 노린다. 98년도 데이터 기반이며, 거물 선수 입학 등의 이벤트도 준비했다.

에코 나이트 #2 : 잠의 지배자

프롬 소프트웨어　어드벤처　1999년 8월 5일　5,800엔

플레이어 1인 ｜ 메모리카드 2블록 ｜ 아날로그 컨트롤러 지원

더욱 연출에 공을 들인, 시리즈 제 2탄. 전작과는 독립된 스토리로서, 이번엔 서양식 저택이 무대다. 망령들의 혼을 해방시켜주며, 실종된 연인을 찾아내야 한다.

MDK

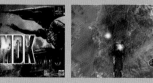

소니컴퓨터엔터테인먼트　3D 슈팅　1999년 8월 5일　5,800엔

플레이어 1인 ｜ 메모리카드 1블록 ｜ 아날로그 컨트롤러 지원

주인공도 적도 뭔가 나사가 몇 개 빠져 있는 3D 슈팅 게임. 스톰 트루퍼즈에게 침략당한 지구를, 본의는 아니지만 구해보자. 서바이벌 액션과 퍼즐 등, 온갖 요소를 섞었다.

L의 계절

톤킨 하우스　어드벤처　1999년 8월 5일　6,500엔

플레이어 1인　메모리카드 1블록

서로 다른 두 세계를 무대로 삼은 비주얼 노벨. 플레이어의 의견을 반영하는 '참견 시스템'을 탑재해 주인공의 생각을 바꿀 수 있어, 이를 이용해 스토리를 변화시킨다.

소년탐정 김전일 3 : 청룡전설 살인사건

코단샤　어드벤처　1999년 8월 5일　5,800엔

플레이어 1인　메모리카드 1블록　아날로그 컨트롤러 지원

같은 제목의 인기 만화가 원작인 본격 추리 어드벤처 게임의 제 3탄. 류가사키 온천에서 일어나는 여러 사건을 해결한다. 현장은 '360도 조사 시스템'으로 신중하게 조사하자.

사이버네틱 엠파이어

니혼 텔레네트　액션　1999년 8월 5일　5,800엔

플레이어 1인　메모리카드 1블록　아날로그 컨트롤러 지원

대테러 부대의 멤버가 되어 국제 테러 조직과 싸우는 3D 액션 어드벤처 게임. 상황에 맞춰 캐릭터를 교대해, 테러리스트의 음모와 의문의 유적이 가진 비밀을 밝혀내자.

장갑기동대 L.A.P.D.

일렉트로닉 야츠 스퀘어　액션　1999년 8월 5일　5,800엔

플레이어 1~2인　메모리카드 1블록　아날로그 컨트롤러 지원

로봇을 타고 테러조직과 싸우는 액션 게임. 황폐해진 로스앤젤레스를 무대로 스토리를 전개하는 '테러리스트 진압'과, 고차원의 전략을 즐기는 '점령 작전' 모드를 탑재했다.

탐정 진구지 사부로 Early Collection

데이터 이스트　어드벤처　1999년 8월 5일　4,200엔

플레이어 1인　메모리카드 1블록

패미컴판 「신주쿠 중앙공원 살인사건」·「요코하마 항 연쇄살인사건」·「위험한 두 사람」·「시간이 흐르는 대로…」를 이식 합본했다. 추리 게임 초보자용 힌트 기능도 추가했다.

쵸로Q 원더풀!

타카라　레이싱　1999년 8월 5일　5,800엔

플레이어 1~2인　메모리카드 1블록　아날로그 컨트롤러 지원　PocketStation 지원　메모리카드 +5블록

1998년 발매했던 「쵸로Q 3」의 속편. 전작에선 미니게임이었던 「쵸로Q 시티」를 확장하여, 레이스에서 승리해 이벤트를 클리어하는 RPG의 성격이 강한 작품이 되었다.

파네킷

소니컴퓨터엔터테인먼트　개발툴　1999년 8월 5일　5,800엔

플레이어 1~2인　메모리카드 4블록　아날로그 컨트롤러 지원

다양한 부품을 조립해 차나 비행기를 만들어 직접 조종하는 개발계 소프트. 정사각형 패널과 조인트·타이어·모터 등을 조합해, 나만의 기계를 만들어보자.

피노치아가 꾸는 꿈

타카라　시뮬레이션　1999년 8월 5일　2,800엔

플레이어 1인　메모리카드 1블록

성장하는 인형 '피노치아'를 육성하는 연애 육성 시뮬레이션 게임. 피노치아는 육성하기에 따라 소년도 소녀도 될 수 있다. 애정을 담아 육성하여, 함께 이벤트를 체험하자.

머메노이드

엑싱　RPG　1999년 8월 5일　5,800엔

플레이어 1인　메모리카드 1~4블록

3D CG로 표현한 아름다운 해저 세계가 무대인 판타지 RPG. 여성 인어뿐인 세계에서 태어난 남성 인어가 주인공으로서, 개성적인 캐릭터들이 전개하는 장대한 스토리가 특징.

마리아 2 : 수태고지의 수수께끼

액셀라　어드벤처　1999년 8월 5일　6,800엔

플레이어 1인　메모리카드 1블록

1997년 발매했던 「마리아」의 속편. 선택지에 따라 스토리가 바뀌는 멀티 시나리오·멀티 엔딩을 채용했다. '마리아'의 입장에서, 전작에선 해명되지 않았던 의문을 밝혀내자.

주변기기 지원 아이콘　 플레이어 1~2인　 메모리카드 1~2블록　 멀티탭지원 1~4인　 마우스 지원　 대전케이블 2대　 아날로그 조이스틱 SCPH0111(SCE) 지원　 아날로그 컨트롤러 지원　 PocketStation 지원　메모리카드 1~2블록　휴대전화 접속 케이블 지원 (도코모 모드 휴대전화 지원)　특제 컨트롤러 SLPH00001(남코) 지원

미야케 유지 프로듀스 : 기적의 마야 점술

오라시온　점술　1999년 8월 5일　2,800엔

플레이어 1인　메모리 카드 2블록

텔런트 미야케 유지가 프로듀스한 점술 게임. 고대 마야문명이 기원인 '마야 점술'로 수호신·수호수를 알려주며, 궁합 점술·다인수 점술 등 다양한 점술도 수록했다.

노려라! 에어라인 파일럿

트와일라이트 익스프레스　시뮬레이션　1999년 8월 5일　6,800엔

플레이어 1인　메모리 카드 1블록　아날로그 컨트롤러 지원

힘든 훈련을 통과해 항공기 기장이 되는 것이 목표인 플라이트 시뮬레이터. 실제 항공기를 충실히 재현해, 부조종사의 콜과 관제무선 등 현장감 만점의 파일럿 체험을 제공한다.

록맨

캡콤　액션　1999년 8월 5일　2,800엔

플레이어 1인　메모리 카드 1블록　아날로그 컨트롤러 지원　PocketStation 지원　메모리 카드 +13블록

'컴플리트 웍스' 시리즈의 일환인 패미컴판 이식 발매 제1탄. 메모리 카드 덕에 원작에선 없었던 플레이 도중 중단을 지원하며, 진행 힌트를 주는 내비게이션 모드를 추가했다.

SD건담 G제네레이션 제로

반다이　시뮬레이션 RPG　1999년 8월 12일　6,980엔

플레이어 1~4인　메모리 카드 3~12블록　멀티탭지원 2~4인　아날로그 컨트롤러 지원

'기동전사 건담' 시리즈를 재현한 시뮬레이션 게임. CG·동영상·컷인 등의 연출을 강화했고, 등장하는 MS 및 캐릭터들의 볼륨도 대폭 늘렸다.

사이폰 필터

스파이크　액션　1999년 8월 12일　5,800엔

플레이어 1인　메모리 카드 1블록　아날로그 컨트롤러 지원

리얼한 세계를 무대로 삼은 서바이벌 액션 게임. 특무기관의 요원이 되어 흉악한 군사 테러집단에 맞서야 한다. 13종의 미션과 20종의 스테이지를 준비했다.

SIMPLE 1500 시리즈 Vol.12 : THE 퀴즈

D3 퍼블리셔　퀴즈　1999년 8월 12일　1,500엔

플레이어 1~2인　메모리 카드 1블록

대중문화·역사 등 15가지 장르의 총 15,000문제를 수록한 퀴즈 게임. 모든 장르의 문제가 출제되는 일본 일주 모드와, 규칙·장르를 지정하는 트라이 모드가 있다.

SIMPLE 1500 시리즈 Vol.14 : THE 블록깨기

D3 퍼블리셔　액션　1999년 8월 12일　1,500엔

플레이어 1~2인　메모리 카드 1블록　아날로그 컨트롤러 지원

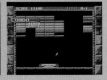

총 100스테이지를 수록한 블록깨기 게임. 모드는 '심플'·'어레인지' 2종류와, 조건을 만족시키면 출현하는 '엑스트라'가 있다. 콤보·비트 등의 스코어 어택 요소도 있다.

투신전 스바루

타카라　3D 대전격투　1999년 8월 12일　5,800엔

플레이어 1~2인　메모리 카드 1블록　아날로그 컨트롤러 지원

「투신전 3」의 10년 후를 그린 시리즈 최종작. 스토리 모드는 3명으로 한 팀을 짜는 방식이 되었으며, 프랙티스·서바이벌 등의 게임 모드도 충실해졌다.

포켓 튜너

리버힐 소프트　기타　1999년 8월 12일　2,800엔

플레이어 1인　PocketStation 지원　메모리 카드 2~10블록

음감과 청각, 리듬감을 키워주는 트레이닝 소프트. 음악 관련 미니게임들은 전부 포켓스테이션을 지원하므로, 언제 어디서나 소리 트레이닝이 가능하다.

리얼 로봇 전선

반프레스토　시뮬레이션 RPG　1999년 8월 12일　6,800엔

플레이어 1인　메모리 카드 1~15블록

선라이즈 사의 리얼 로봇이 테마인 시뮬레이션 RPG. 전투 장면을 전부 폴리곤으로 묘사하여, 등장하는 메카닉들이 원작 애니메이션을 능가하는 리얼한 전투를 전개한다.

HARDWARE

1994
1995
1996
1997
1998
1999
2000
2001
2002
2003
2004
INDEX

타이코 입지전 III

코에이	시뮬레이션 1999년 8월 19일 6,800엔

플레이어 1인 | 메모리카드 3블록 | 아날로그 컨트롤러 지원

토요토미 히데요시의 삶을 그린 시뮬레이션 RPG. '파벌 시스템'을 도입했고, 실제 히데요시처럼 '사람 홀리기'를 재현할 수 있다. 시바타 카츠이에의 양자로도 플레이 가능해졌다.

미스터 프로스펙터 : 발굴 군

애스크	RPG 1999년 8월 19일 3,800엔

플레이어 1인 | 메모리카드 1블록 | 아날로그 컨트롤러 지원 | PocketStation 지원 | 메모리카드 +3블록

주인공 '발굴 군'이 일곱 광산에 잠든 보물을 찾아 하염없이 이 땅을 파는 RPG. 보물은 무려 256가지나 있으며, 난관이 많은 광산일수록 레어한 아이템이 묻혀있다.

언젠가 하나 될 미래로 : 사유리 편

소니뮤직엔터테인먼트	시뮬레이션 1999년 8월 26일 5,800엔

플레이어 1인 | 메모리카드 1블록 | 아날로그 컨트롤러 지원

파일럿 후보생이 되어 훈련을 받는 육성 시뮬레이션 게임. 적과 결전하는 그 날이 올 때까지 슈퍼 히로인이 되어야만 한다. 전투기술을 연마하며 동료와 인연을 쌓아가자.

언젠가 하나 될 미래로 : 시로 편

소니뮤직엔터테인먼트	시뮬레이션 1999년 8월 26일 5,800엔

플레이어 1인 | 메모리카드 1블록 | 아날로그 컨트롤러 지원

치밀한 설정이 배경에 깔려있는 육성 시뮬레이션 게임. 사관학교에 입학한 파일럿 후보생으로서, 히어로에 어울리는 인물이 되어보자. 능력치에 따라 스토리가 분기된다.

ABE '99

리버힐 소프트	액션 1999년 8월 26일 6,800엔

플레이어 1~2인 | 메모리카드 1블록

1997년 발매했던 「에이브 어 고고」의 속편. 주인공 에이브를 조작해, 같은 종족인 무도컨 족을 구출하자. 스테이지 곳곳에는 퍼즐성이 강한 온갖 함정들이 숨어있다.

갈레리언즈

아스키	어드벤처 1999년 8월 26일 6,800엔

플레이어 1인 | 메모리카드 1~3블록 | 아날로그 컨트롤러 지원

근미래 도시를 무대로, 인공적으로 만들어진 뮤턴트들이 싸우는 사이킥 액션 어드벤처 게임. 초능력이 발현되는 악을 이용해 적과 싸우면서, 잊혀진 기억을 되찾아라.

슈퍼 배스 피싱

킹 레코드	스포츠 1999년 8월 26일 5,800엔

플레이어 1~2인 | 메모리카드 1블록 | 아날로그 컨트롤러 지원 | 특제 컨트롤러 SLPH00100(아스키)지원 | 특제 컨트롤러 BANC-0001(반다이)지원

대전 플레이가 가능한 본격 배스 낚시 시뮬레이션 게임. 2인 대전은 물론 토너먼트 전, 루어·낚싯대를 구입하면 업그레이드도 가능한 프리 피싱 모드도 탑재돼 있다.

SuperLite 1500 시리즈 : 앙골모아 99

석세스	테이블 1999년 8월 26일 1,500엔

플레이어 1인 | 메모리카드 1블록

노스트라다무스의 대예언을 모티브로 삼고, 현실사회의 패러디를 가미한 카드 게임. 강호가 득실대는 예선을 돌파해, 앙골모아 4인방과 겨뤄 승리하는 것이 목적이다.

SuperLite 1500 시리즈 : 판게아

석세스	RPG 1999년 8월 26일 1,500엔

플레이어 1~2인 | 메모리카드 1블록 | 멀티탭지원 1~4인 | 아날로그 컨트롤러 지원

말판놀이풍으로 즐기는 간편한 RPG. 전사·마법사 등으로 파티를 편성해 던전을 탐색하자. 전투나 함정 해체 등, 던전 내에서 하는 모든 행동을 주사위 굴림으로 결정한다.

SuperLite 1500 시리즈 : 마크 야자키의 서양점성술

석세스	점술 1999년 8월 26일 1,500엔

플레이어 1인 | 메모리카드 1블록

이름·생년월일·출생시각 등의 정보를 입력하면 플레이어의 천궁도를 만들어 주는 점술 소프트. '당신의 운명'·'오늘의 운세'·'상성 진단'의 3가지 점술을 볼 수 있다.

주변기기 지원 아이콘 | 플레이어 1~2인 | 메모리카드 1~2블록 | 멀티탭지원 1~4인 | 마우스 지원 | 대전 케이블 2대 | 아날로그 조이스틱 SCPH0111(SCEI)지원 | 아날로그 컨트롤러 지원 | PocketStation 지원 | 메모리카드 1~2블록 | 휴대전화접속 케이블 지원 (도코모 i모드 휴대전화지원) | 특제 컨트롤러 SLPH00001(남코)지원

SuperLite 1500 시리즈 : 리버시 II

석세스　리버시　1999년 8월 26일　1,500엔

플레이어 1~2인　메모리 카드 1블록

'오델로'로도 유명한 테이블 게임을 마음껏 즐기자. 과도한 장식을 배제한 본격파 게임이다. 강해지는 요령을 알려주는 '리버시 강좌'가 있으며, CPU 난이도도 8단계로 설정 가능.

스펙트럴 포스 : 사랑스러운 사악

아이디어 팩토리　시뮬레이션 RPG　1999년 8월 26일　5,800엔

플레이어 1인　메모리 카드 3블록　아날로그 컨트롤러 지원

인기 시리즈의 제 3탄. 판타지 세계 '네버랜드'에서의 전쟁을 그린 시뮬레이션 RPG다. 전작으로부터 3년 후가 무대로서, 40명 이상의 신 캐릭터와 이벤트가 펼쳐진다.

댄스 댄스 레볼루션 2nd ReMIX

코나미　리듬 액션　1999년 8월 26일　5,800엔

플레이어 1~2인　메모리 카드 2블록　특제 컨트롤러 지원　RU017(코나미)지원

리듬 게임 제 2탄. 아케이드판 「3rd」의 선행 수록곡을 비롯한 다수의 곡을 추가했으며, 디스크 체인지 기능을 이용해 1편의 곡을 「2nd」의 시스템으로 즐길 수도 있다.

도쿄 행성 : 플래니토키오

아스믹 에이스 엔터테인먼트　어드벤처　1999년 8월 26일　5,800엔

플레이어 1인　메모리 카드 1블록

공중 부유 도시 '플래니토키오'가 무대인 초차원 어드벤처 게임. 주인공이 되어 아키바 섬·시부야 섬 등을 배달용 오토바이로 왕복하며 컬렉트 성인과 맞서 싸우자.

니시진 파친코 천국 EX

KSS　파친코　1999년 8월 26일　5,800엔

플레이어 1인　메모리 카드 1블록　아날로그 컨트롤러 지원

니시진 사 왕년의 명기와 CR 기기를 수록한 파친코 시뮬레이터. 'CR 파친픽 Z'·'CR 메탈 아미 V2'·'미라클 포스 SP'까지 총 3개 기종을 즐길 수 있다.

파치슬로 제왕 2 : 카게츠·투 페어·비버 X

미디어 엔터테인먼트　파치슬로　1999년 8월 26일　5,800엔

플레이어 1인　메모리 카드 1블록　아날로그 컨트롤러 지원　PocketStation 지원　메모리 카드 +3블록

야마사 사의 인기 기종을 수록한 파친코 시뮬레이터. '카게츠'·'투 페어'·'비버 X'를 수록했으며, 릴 기능, 확대 표시, 타이밍 기능 등 공략을 도와주는 기능도 탑재했다.

FIFA 99 : 유럽 리그 사커

일렉트로닉 아츠 스퀘어　스포츠　1999년 8월 26일　5,800엔

플레이어 1~2인　메모리 카드 2~14블록　멀티탭 지원 1~8인　아날로그 컨트롤러 지원

나카타 히데토시가 공인하고, 세계가 인정한 축구 게임의 대표작. 유럽 주요 리그 팀과 선수가 전부 실명으로 등장하며, 프랑스 월드컵 진출국 및 강호국 총 14개국이 출전한다.

로드 오브 피스트

미디어웍스　RPG　1999년 8월 26일　5,800엔

플레이어 1~2인　메모리 카드 1블록　멀티탭 지원 1~8인　아날로그 컨트롤러 지원

중국대륙을 무대로 삼아 본격 권법을 재현한 대전격투 RPG. 등장 권법은 소림권·절권도·태극권·팔극권·홍가권·취권 6종이다. RPG 모드에서는 주인공 성별을 선택 가능.

월드 투어 컨덕터 : 꿈의 세계기행

TYO 엔터테인먼트　어드벤처　1999년 8월 26일　5,800엔

플레이어 1인　메모리 카드 1블록　아날로그 컨트롤러 지원

투어 인솔자가 되어 세계 9개 도시를 오가는 해외여행 어드벤처 게임. 동승하는 투어에 따라 참가자가 달라지며, 플레이어의 행동에 따라 참가자와의 이벤트가 발생한다.

크록 어드벤처

코에이　액션　1999년 9월 2일　4,800엔

플레이어 1인　메모리 카드 1블록　아날로그 컨트롤러 지원

전 세계 250만 장의 판매량에 빛나는 악어 '크록'이 주인공인 액션 게임. 드넓은 필드를 달리며 다채로운 액션을 즐기자. 아이템을 입수하면 숨겨진 스테이지로 잠입할 수 있다.

제레미 맥그래스 SUPERCROSS 98

어클레임 재팬　레이싱　1999년 9월 2일　2,000엔

플레이어 1~2인　메모리카드 1~3블록　아날로그 컨트롤러 지원

최강의 모터크로스 라이더, 제레미 맥그래스가 감수한 타이틀. 익사이팅한 질주와 박력 만점의 점프 등, 모터크로스 경기의 매력을 3D로 현장감 넘치게 재현했다.

네오 아틀라스 2

아트딩크　시뮬레이션　1999년 9월 2일　5,800엔

플레이어 1인　메모리카드 6블록　아날로그 컨트롤러 지원

대항해시대가 배경인 지도 제작 시뮬레이션 게임의 제2탄. 에피소드 가이드와 교역소가 추가되었고, 전용 튜토리얼 모드도 신설해 더욱 플레이하기 쉬워졌다.

버추어 파치슬로 V : 야마사·키타 덴시·올림피아

맵 재팬　파치슬로　1999년 9월 2일　6,800엔

플레이어 1인　메모리카드 1블록　아날로그 컨트롤러 지원　특제 컨트롤러 SLPH00098(니혼시스컴)지원

야마사 등의 인기 기종을 수록한 파친코 시뮬레이터. '아스트로 라이너 7'·'닥터 A7'·'비너스 7'·'레전더'를 수록했다. 4대에서 동시에 데이터를 수집하는 것도 가능하다.

비시바시 스페셜 2

코나미　버라이어티　1999년 9월 2일　4,800엔

플레이어 1~2인　아날로그 컨트롤러 지원

아케이드판 「하이퍼 비시바시 챔프」와 「가차가챔프」를 합본 이식했다. 2인 대전 게임으로 개변시킨 대신, 46종의 미니게임을 연속 플레이하는 모드를 탑재했다.

포세이큰

어클레임 재팬　3D 슈팅　1999년 9월 2일　2,000엔

플레이어 1~2인　아날로그 컨트롤러 지원

시점이 360도로 전환되는 완전한 3D를 구현한 SF 슈팅 게임. 광대한 우주 공간을 자유롭게 돌아다닐 수 있다. 빗발치는 레이저, 폭발 등의 화려한 연출도 볼거리다.

프론트 미션 3

스퀘어　시뮬레이션 RPG　1999년 9월 2일　6,800엔

플레이어 1인　메모리카드 2~6블록　아날로그 컨트롤러 지원

인기 시뮬레이션 RPG 시리즈의 제3탄. 분기에 따라 히로인과 시나리오가 바뀌는 '더블 피처 시나리오'와, 파츠별 획득 스킬 변화 등의 신규 시스템을 탑재했다.

마이 가든

테크노 소프트　시뮬레이션　1999년 9월 2일　5,800엔

플레이어 1인　메모리카드 3블록

다리와 허리가 불편해진 할머니를 대신해 정원을 돌보고 화초를 기르는 시뮬레이션 게임. 정원을 잘 가꿔내, 계절마다 피는 꽃을 즐기면서 콘테스트 우승도 노린다.

마크로스 VF-X 2

반다이 비주얼　3D 슈팅　1999년 9월 2일　6,800엔

플레이어 1인　메모리카드 1블록　아날로그 컨트롤러 지원　아날로그 조이스틱 SCPH0111(SCEI) 지원

적기와 플레이어 기체를 카메라에 동시 포착하는 '배리어블 뷰'를 채용한 SF 슈팅 게임. 3단계로 변신 가능한 전투기 '발키리'를 조종해, 궁극의 도그파이트를 만끽하자.

리틀 러버즈 : 시소 게임

NTT 출판　테이블　1999년 9월 2일　6,800엔

플레이어 1~2인　메모리카드 3~15블록　멀티탭 지원 1~4인　아날로그 컨트롤러 지원

4인 1조로 캘린더형 보드를 돌며 소녀 하나를 쟁탈해야 하는 보드 게임. 등장하는 6명의 히로인 중 하나를 선택해, 고교생활 3년 동안 다양한 이벤트를 체험하자.

록맨 2 : Dr.와일리의 수수께끼

캡콤　액션　1999년 9월 2일　2,800엔

플레이어 1인　메모리카드 1블록　아날로그 컨트롤러 지원　PocketStation 지원　메모리카드 +13블록

패미컴판 게임을 이식한 시리즈 제2탄. 포켓스테이션으로 주인공을 육성하는 '포켓록 모드'를 탑재했으며, 이것으로 육성한 데이터를 게임 본편과 연동시킬 수도 있다.

주변기기 지원 아이콘　플레이어 1~2인　메모리카드 1~2블록　멀티탭 지원 1~4인　마우스 지원　대전케이블 2대　아날로그 조이스틱 SCPH0111(SCEI) 지원　아날로그 컨트롤러 지원　PocketStation 지원　메모리카드 1~2블록　휴대전화 접속 케이블 지원 (도코모 모드 휴대전화 지원)　특제 컨트롤러 SLPH00001(남코) 지원

월드 사커 실황 위닝 일레븐 4

코나미　스포츠　1999년 9월 2일　5,800엔

플레이어 1~2인　메모리 카드 2블록　멀티탭 지원 1~4인　아날로그 컨트롤러 지원

인기 축구 게임의 제4탄. 포메이션 메뉴에서 선수 배치 변경이 가능해진 덕에 작전의 자유도가 큰 폭으로 넓어졌다. 에디트 기능도 탑재해, 오리지널 선수 제작도 가능하다.

와일드 암즈 2nd IGNITION

소니컴퓨터엔터테인먼트　RPG　1999년 9월 2일　6,800엔

플레이어 1인　메모리 카드 1블록

SF 서부극의 세계를 그린 「와일드 암즈」의 2번째 작품. 테마는 '영웅'으로서, 흑기사 '나이트 브레이저'로 변신 가능해진 애슐리가 세계 멸망을 막으러 동료들과 함께 싸운다.

나의 요리

소니컴퓨터엔터테인먼트　액션　1999년 9월 9일　5,800엔

플레이어 1~2인　메모리 카드 1블록　아날로그 컨트롤러 지원

아날로그 컨트롤러 '전용' 게임. 좌우 아날로그 스틱을 요리 기구 삼아, 직감 조작으로 요리를 만들어야 한다. 계속 들어오는 고객의 흐름이 끊기지 않도록 요리를 제공하자.

겟타로보 대결전!

반다이 비주얼　시뮬레이션 RPG　1999년 9월 9일　6,800엔

플레이어 1인　메모리 카드 1블록　아날로그 컨트롤러 지원

인기 만화 '겟타로보'가 소재인 시뮬레이션 RPG. '합체!'라는 뜨거운 외침과 열혈 성장 시스템을 조합했다. 배틀 액션 장면은 3만 패턴 이상의 조합이 가능하다.

스타 익시옴

남코　3D 슈팅　1999년 9월 9일　5,800엔

플레이어 1인　메모리 카드 5블록　아날로그 컨트롤러 지원　아날로그 조이스틱 SCPH0111(SCEI) 지원

패미컴용 게임 「스타 러스터」의 설정을 계승한 전략 슈팅 게임. 「갤럭시안」의 '갤럭십'과 「스타블레이드」의 '지오소드' 등, 팬에겐 반가울 역대 남코 작품의 기체도 나온다.

STRAY SHEEP : 포와 메리의 대모험

로봇　어드벤처　1999년 9월 9일　5,800엔

플레이어 1인　메모리 카드 1블록　아날로그 컨트롤러 지원

일본 후지TV의 인기 캐릭터 '스트레이십'의 세계가 소재인 어드벤처 게임. 액션 게임에 익숙하지 않은 사람이라도 간단히 엔딩까지 갈 수 있는 '반칙 룰' 모드가 있다.

다나카 토라히코의 울트라 류 쇼기 : 앉은비차 굴곰 편

아크시스템웍스　쇼기　1999년 9월 9일　3,800엔

플레이어 1~2인　메모리 카드 1블록

'초반의 에디슨'이란 별명으로 유명한 다나카 토라히코 9단이 감수한 쇼기 게임. 6가지 모드를 즐기며 착실히 실력을 올릴 수 있다. 기사 본인이 나레이션한 해설도 수록했다.

노부나가의 야망 : 열풍전

코에이　시뮬레이션　1999년 9월 9일　9,800엔

플레이어 1~8인　메모리 카드 10블록　아날로그 컨트롤러 지원

시리즈 8번째 작품. 정원식 내정 시스템은 계승했으며, 군세의 강약으로 규모가 변화하는 '진형', 전략·외교의 성공률에 영향을 끼치는 '위신' 등의 요소가 추가되었다.

비트매니아 어펜드 4th MIX

코나미　리듬 액션　1999년 9월 9일　2,800엔

플레이어 1~2인　메모리 카드 5블록　아날로그 컨트롤러 지원　전용 컨트롤러 ASC0515BM(아스키)지원　전용 컨트롤러 CT013(코나미)지원

「비트매니아」용 추가 디스크 제 3탄. 아케이드판 「4th MIX」의 신곡은 물론, 보너스 트랙으로서 미수록곡 9곡도 추가했다. 이 디스크만으로는 단독 플레이할 수 없다.

포뮬러 니폰 '99

TYO 엔터테인먼트　레이싱　1999년 9월 9일　5,800엔

플레이어 1~2인　메모리 카드 1~4블록　아날로그 컨트롤러 지원　전용 컨트롤러 SLPH00001(남코)지원　전용 컨트롤러 SLPH00126(남코)지원　핸들 콕핏 BIG 쇼크 지원

일본 카레이스의 최고봉을 99년도 데이터 기반으로 완전 게임화했다. 일본의 인기 서킷 및 유명 감독도 전부 실명 등장한다. 신인이 톱 드라이버로 성장하는 시나리오 모드도 있다.

HARDWARE
1994
1995
1996
1997
1998
1999
2000
2001
2002
2003
2004
INDEX

너의 감정, 나의 마음

타카라　어드벤처　1999년 9월 14일　5,800엔

플레이어 1인 | 메모리카드 1블록 | 아날로그 컨트롤러 지원

'빙의'를 이용해 여자 친구의 비밀을 엿보는, 조금 엉뚱한 초능력 러브 코미디 게임. 애완동물에 빙의해 함께 목욕하거나 노는 등, 일반적으론 불가능한 경험을 간접 체험해보자.

디지털 글라이더 에어맨

애스크　시뮬레이션　1999년 9월 14일　5,800엔

플레이어 1인 | 메모리카드 2블록 | 아날로그 컨트롤러 지원 | 아날로그 조이스틱 SCPH0111(SCEI) 지원

넓은 하늘을 새처럼 활공하는 글라이더가 소재인 플라이트 시뮬레이터. 항공역학에 기반한 비행과 설정을 즐겨보자. 초보자가 설계한 비행기라도 조정법을 조언해준다.

바이오하자드 3 : LAST ESCAPE

캡콤　액션　1999년 9월 14일　6,800엔

플레이어 1인 | 메모리카드 1블록 | 아날로그 컨트롤러 지원

서바이벌 호러 게임의 제 3탄. 전작과 무대를 일부 공유하며, 주인공 '질'을 조작해 전작과 겹치는 시간대의 라쿤 시티에서 탈출한다는 스토리. 오리지널 요소로는 구역을 무시하고 악착같이 좇아오는 '추적자'와 향후의 전개가 변화하는 '라이브 셀렉션'이 있어, 전작과 같은 배경이지만 새로운 스릴이 느껴진다. 건파우더로 탄약을 조합하는 시스템도 독특하다.

푸루무이 푸루무이

컬처 퍼블리셔즈　RPG　1999년 9월 14일　3,000엔

플레이어 1인 | 메모리카드 1블록 | PocketStation 지원 | 메모리카드 +11블록

폴리곤 캐릭터를 '모핑'시키는 RPG. 파트너 '무이'는 과자를 주면 다양한 형태로 변신한다. 세계 각지에 흩어진 전설의 레시피를 모아, 무이를 여러 가지로 변신시켜보자.

팝픈 뮤직 2

코나미　리듬 액션　1999년 9월 14일　4,800엔

플레이어 1~2인 | 메모리카드 1블록 | 아날로그 컨트롤러 지원 | PocketStation 지원 | 메모리카드 +5블록 | 특제 컨트롤러 RU014(코나미) 지원

대히트한 전작에 '파티 모드'를 새로 추가한 시리즈 제 2탄. 아케이드판의 재미는 그대로 유지하면서도, 신규 오리지널곡을 포함해 40곡 이상을 즐길 수 있다.

본격파로 1300엔 : TSUMU LIGHT

헥트　퍼즐　1999년 9월 14일　1,300엔

플레이어 1인 | 메모리카드 1블록

1998년 발매했던 「TSUMU」의 업그레이드판. 햄스터를 조작해 화물을 쌓아 올리는 퍼즐 게임이다. 시스템을 조정했고, 유저 공모로 선정한 우수작 스테이지도 수록했다.

본격파로 1300엔 : 직소 월드

헥트　퍼즐　1999년 9월 14일　1,300엔

플레이어 1~2인 | 메모리카드 1블록 | 마우스 지원

직소 퍼즐 기반의 액션 퍼즐 게임. 대전형인 '대전 직소', 소설 '거울 나라의 앨리스'를 기반으로 디자인한 '직소 나라의 앨리스' 등 6가지 게임 모드를 탑재했다.

레이크 마스터즈 PRO : 일본 종단 블랙배스 기행

넥서스 인터랙트　스포츠　1999년 9월 14일　5,800엔

플레이어 1인 | 메모리카드 1~3블록 | 아날로그 컨트롤러 지원 | PocketStation 지원 | 메모리카드 +8블록 | 특제 컨트롤러 SLPH0010(마스키) 지원 | 특제 컨트롤러 BANC-0001(반다이) 지원

일본의 호수 18곳을 실사 그래픽으로 재현한 낚시 시뮬레이션 게임. 호수를 도보로 돌며 낚시하는 '트래블 모드'를 처음 수록했다. 투어를 자작해 포켓스테이션으로 육성도 가능.

록맨 3 : Dr.와일리의 최후!?

캡콤　액션　1999년 9월 14일　2,800엔

플레이어 1인 | 메모리카드 1블록 | 아날로그 컨트롤러 지원 | PocketStation 지원 | 메모리카드 +13블록

패미컴판 원작을 이식한 시리즈 제 3탄. 버튼 설정에 오토 연사를 추가했으며, 입수한 무기를 L1·R1 버튼으로 즉시 변경할 수 있는 등, 곳곳에 개량을 가했다.

주변기기 지원 아이콘　플레이어 1~2인 | 메모리카드 1~2블록 | 멀티탭 지원 1~4인 | 마우스 지원 | 대전케이블 2대 | 아날로그 조이스틱 SCPH0111(SCEI) 지원 | 아날로그 컨트롤러 지원 | PocketStation 지원 | 메모리카드 1~2블록 | 휴대전화 접속 케이블 지원 (도코모 I모드 휴대전화 지원) | 특제 컨트롤러 SLPH00001(남코) 지원

드래곤 퀘스트 캐릭터즈 토르네코의 대모험 2 : 이상한 던전

에닉스　RPG　1999년 9월 15일　6,800엔

플레이어 1인　메모리카드 2블록　아날로그 컨트롤러 지원

플레이할 때마다 미궁의 구조가 바뀌는 인기 시리즈의 제 2탄. 주인공 '토르네코'가 본래 직업인 상인 외에도 전사·마법사 등으로 전직 가능해, 다른 롤로 미궁에 도전할 수 있다.

위닝 포스트 4

코에이　시뮬레이션　1999년 9월 18일　6,800엔

플레이어 1인　메모리카드 14블록

인기 경마 시리즈 제 4탄. 450종에 달하는 외국의 중상 레이스도 출주 가능해졌고, 외국에서 수입한 말로도 번식할 수 있도록 했다. 강한 말을 육성해 레이스에서 승리하자.

아포칼립스

석세스　액션　1999년 9월 22일　4,800엔

플레이어 1인　메모리카드 1블록　아날로그 컨트롤러 지원

배우 브루스 윌리스가 주인공으로 등장하는 3D 액션 슈팅 게임. 머신건·화염방사기·레이저포 등 등의 8가지 무기를 구사하여, 총 16스테이지를 모두 클리어해보자.

AI 쇼기 2 디럭스

소프트뱅크　쇼기　1999년 9월 22일　4,800엔

플레이어 1인　메모리카드 2블록

1987년작인 「AI 쇼기 2」에, 일본박보장기연맹 회장 오카다 빈이 고안한 박보장기 130문제를 수록한 종합 쇼기 게임. 고속 사고의 '대국 쇼기'와 '걸작 박보장기'를 모두 즐긴다.

구! 구! 사운디

코나미　리듬 액션　1999년 9월 22일　4,800엔

플레이어 1인　메모리카드 2블록　특제 컨트롤러 RU017(코나미)지원

임의의 음악 CD를 넣고 춤출 수 있는 리듬 액션 게임. 리듬만 있다면 어떤 곡이든 댄스가 가능. 별매인 '댄스 댄스 레볼루션 전용 컨트롤러'도 지원하니 즐겁게 춤춰보자.

SuperLite 1500 시리즈 : 카드 II

석세스　테이블　1999년 9월 22일　1,500엔

플레이어 1~2인　메모리카드 1블록

널리 알려진 트럼프 카드 게임 6종을 즐기는 소프트. '블랙잭'·'대부호'·'포커'·'피라미드'·'신경쇠약'·'스피드'까지, 유명한 트럼프 게임을 가볍게 즐길 수 있다.

SuperLite 1500 시리즈 : 사주팔자 – 마크 야자키 감수

석세스　점술　1999년 9월 22일　1,500엔

플레이어 1인　메모리카드 1블록

당시 잡지 등에서 활약했던 일본점술협회의 마크 야자키가 감수한 소프트. 생년월일을 입력해 사주를 뽑아보자. '출생운'·'상성'·'운세'의 3가지 모드를 탑재했다.

PAQA

소니컴퓨터엔터테인먼트　커뮤니케이션　1999년 9월 22일　3,800엔

플레이어 1인　PocketStation 필수　메모리카드 10~15블록

우주인 'PAQA'(파콰)와 대화하는, 포켓스테이션 전용 커뮤니케이션 소프트. 목소리와 문자로 말을 걸어오는 PAQA에게 'YES'·'NO'·숫자로 대답해 주자.

필살 파친코 스테이션 프티

선 소프트　파친코　1999년 9월 22일　1,500엔

플레이어 1인　아날로그 컨트롤러 지원　특제 컨트롤러 SLPH00007(TEN연구소)지원　특제 컨트롤러 SLPH00007(TEN연구소)지원

토요마루 사의 인기 기종 '나나시'를 철저하게 파고들 수 있는 파친코 시뮬레이터. 디테일한 핀 조정 기능과, 임의의 투입구에 임의의 타이밍으로 구슬을 넣는 모드를 탑재했다.

Fish on! BASS

포니 캐년　스포츠　1999년 9월 22일　5,800엔

플레이어 1인　메모리카드 1블록　아날로그 컨트롤러 지원　특제 컨트롤러 SLPH00100(아스키)지원　특제 컨트롤러 BANC-0001(반다이)지원

실력파 앵글러, 미야모토 히데히코가 감수한 배스 낚시 게임. 교각·갈대밭 등 다양한 포인트가 등장하며, 물밑 구조를 알려주는 소나 화면 덕에 배스를 간단히 찾을 수 있다.

BOYS BE··· 2nd Season

코단샤　시뮬레이션　1999년 9월 22일　5,800엔

플레이어 1인 | 메모리카드 1블록 | 아날로그 컨트롤러 지원 | PocketStation 지원 | 메모리카드 +3블록

인기 학교 러브코미디 만화가 원작인 연애 육성 시뮬레이션 게임. 원작자가 직접 쓴 오리지널 스토리를 즐길 수 있다. 소녀의 휴대폰 번호를 따내 데이트까지 성공시키자.

마알 왕국의 인형공주＋1

니폰이치 소프트웨어　RPG　1999년 9월 22일　3,800엔

플레이어 1인 | 메모리카드 1블록

1998년 발매되었던 「마알 왕국의 인형공주」에 '보너스 디스크'를 덧붙인 신장판. 보너스 디스크에는 고해상도 일러스트와 속편 「리틀 프린세스」의 체험판을 수록했다.

무라코시 세이카이의 폭조 일본열도 : 낚시콘 지원판

빅터 인터랙티브 소프트웨어　스포츠　1999년 9월 22일　5,800엔

플레이어 1인 | 메모리카드 1~4블록 | 아날로그 컨트롤러 지원 | 특제 컨트롤러 SLPH00100(아스키)지원

1998년 발매되었던 「폭조 일본열도」의 낚시콘 지원판. 일본의 특색 있는 낚시터 11곳을 돌면서 지역의 토종 물고기를 낚는 낚시 시뮬레이션 게임. 물고기 25종이 등장한다.

모리타 카즈로의 쇼기 도장

유키 엔터프라이즈　쇼기　1999년 9월 22일　3,800엔

플레이어 1~2인 | 메모리카드 5블록

 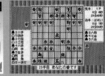

AI 프로그래머 모리타 카즈로의 사고루틴을 탑재한 정통파 다기능 쇼기 게임. 약 1만 국의 정석을 탑재해 초반전을 강화했고, 현재 국면을 정석에서 검색해 기보 추가도 가능.

모리타 카즈로의 리버시

유키 엔터프라이즈　리버시　1999년 9월 22일　1,500엔

플레이어 1~2인 | 메모리카드 4블록

학습 기능으로 강해지는 '모리타 사고'를 탑재한 테이블 게임. 전통의 '리버시'를 6단계 레벨로 플레이할 수 있다. 대전 결과는 메모리 카드에 저장되므로 언제든지 열람 가능.

익사이팅 배스 2

코나미　스포츠　1999년 9월 30일　4,800엔

플레이어 1~2인 | 메모리카드 1블록 | 아날로그 컨트롤러 지원 | 특제 컨트롤러 SLPH00100(아스키)지원

아케이드용 게임 「배스 앵글러」의 이식판. 비와 호수·카와구치 호수 등 일본의 유명 낚시터를 충실히 재현했고, 세계 각국의 몬스터 피시에도 도전 가능하다. 대전 플레이도 지원.

퀴즈가 한가득 인생게임 : 운과 두뇌로 대부호!?

타카라　파티　1999년 9월 30일　5,800엔

플레이어 1~4인 | 메모리카드 2블록 | 멀티탭지원 1~4인

퀴즈에 답하며 캐릭터를 육성하는 새로운 타입의 '인생게임'. 나이 핸디캡 시스템을 도입해, 플레이 시작시 나이를 입력하면 그 연령대에 맞는 문제의 출제 확률이 오른다.

클릭 만화 : 오페라의 유령

토쿠마쇼텐　기타　1999년 9월 30일　1,800엔

플레이어 1인 | 메모리카드 1블록 | 아날로그 컨트롤러 지원

만화 특유의 컷·말풍선 표현법에 게임만의 인터랙티브성을 결합시킨 디지털 코믹. 프랑스의 작가 가스통 르루의 원작에 기반해, 만화가 카키노우치 나루미가 작화했다.

클릭 만화 : 은하영웅전설 1 - 영원한 밤 속에서

토쿠마쇼텐　기타　1999년 9월 30일　1,800엔

플레이어 1인 | 메모리카드 1블록 | 아날로그 컨트롤러 지원

소설가 다나카 요시키 원작의 인기 스페이스 오페라를 디지털 코믹화했다. 원작 제 1권의 아스타테 회전을 그린 작품으로서, 주인공인 라인하르트와 양의 첫 대결을 다뤘다.

클릭 만화 : 다이내믹 로봇 대전 1 - 출격! 경이의 로봇 군단!!

토쿠마쇼텐　기타　1999년 9월 30일　2,000엔

플레이어 1인 | 메모리카드 1블록 | 아날로그 컨트롤러 지원

만화가 나가이 고 원작의 슈퍼로봇들이 총출동하는 디지털 코믹. '마징가 Z'와 '겟타로보'가 힘을 합쳐, 되살아난 숙적들과 싸운다는 오리지널 스토리가 전개된다.

SIMPLE 1500 시리즈 Vol.17 : THE 바이크 레이스

D3 퍼블리셔　레이싱　1999년 9월 30일　1,500엔

플레이어 1인 / 메모리카드 1블록 / 아날로그 컨트롤러 지원

오프로드 바이크 레이싱 게임. 일본 4대 바이크 제조사의 실차 16대가 엔진음까지 실물 느낌 그대로 등장한다. 성능이 다른 라이더 5명 중 하나를 골라, 각종 코스에 도전하자.

장갑기병 보톰즈 : 강철의 군세

타카라　시뮬레이션　1999년 9월 30일　6,800엔

플레이어 1인 / 메모리카드 1블록 / 아날로그 컨트롤러 지원

인기 애니메이션의 세계관을 재현한 전략 시뮬레이션 게임. 스코프 독이 개발되기까지의 역사가 밝혀진다. AT는 파일럿 및 미션에 맞춰 커스터마이즈할 수 있다.

더비 스탤리언 99

아스키　시뮬레이션　1999년 9월 30일　4,800엔

플레이어 1인 / 메모리카드 5~15블록 / PocketStation 지원 / 메모리카드 +7블록

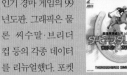 

인기 경마 게임의 99년도판. 그래픽은 물론 씨수말·브리더컵 등의 각종 데이터를 리뉴얼했다. 포켓스테이션도 지원해, 이를 이용한 대전 플레이와 데이터 교환도 가능하다.

초발명 BOY 카니팡 : 번뜩이는☆원더랜드

타이토　RPG　1999년 9월 30일　5,800엔

플레이어 1인 / 메모리카드 1블록 / 아날로그 컨트롤러 지원

같은 제목의 애니메이션이 모티브인 발명 RPG. 오리지널 '로보토'를 조작해, 로보토 배틀에서 승리하자. 모은 재료를 가공해 새 아이템을 만드는 '발명 시스템'을 탑재했다.

픽시가든

에스코트　시뮬레이션　1999년 9월 30일　6,300엔

플레이어 1인 / 메모리카드 4블록 / 아날로그 컨트롤러 지원

미개척된 행성에 '정령력'을 채우기 위해 파견된 요정을 육성하는 시뮬레이션 게임. 정원 내에 오브제를 배치하고 환경을 관리하여, 요정에 변화를 일으켜야 한다.

필살 파친코 스테이션 now

선 소프트　파친코　1999년 9월 30일　2,800엔

플레이어 1인 / 아날로그 컨트롤러 지원 / 특제 컨트롤러 SLPH00007TEN연구쇼지원 / 특제 컨트롤러 SLPH00007TEN연구쇼지원

토요마루 사의 인기 기종을 수록한 파친코 시뮬레이터. 'CR 진 피카이치 천국' 계열 2기종을 수록했다. 공략 모드에서는 회전수와 리치 수, 잭팟 수 등을 확인할 수 있다.

파이팅 일루전 V : K-1 그랑프리 '99

엑싱　스포츠　1999년 9월 30일　5,800엔

플레이어 1~2인 / 메모리카드 1블록 / 아날로그 컨트롤러 지원

최강의 입식 종합격투기 이벤트 'K-1' 게임의 99년도판. 글라우베 페이토자, 나카사코 츠요시 등의 신규 선수가 등장한다. 모션 데이터를 개량해 원활한 공방을 구현했다.

메모리즈 오프

키드　어드벤처　1999년 9월 30일　6,800엔

플레이어 1인 / 메모리카드 2블록

시리즈의 첫 작품. 애인을 사고로 잃고 상심한 주인공, 그를 옆에서 지켜보는 소꿉친구, 그리고 새로 만난 소녀 4명간의 관계를 그린, 애절하고도 가슴 찡한 연애 어드벤처 게임.

모나코 그랑프리 레이싱 시뮬레이션 2

UBISOFT　레이싱　1999년 9월 30일　5,800엔

플레이어 1~4인 / 메모리카드 1~15블록 / 대전 케이블 2대 / 아날로그 컨트롤러 지원 / 옴택 곽핏 BIG 쇼크 지원

모나코의 시가지 서킷을 완벽하게 재현한 레이싱 게임. 프로 드라이버도 절찬한 주행감과 르노 사가 직접 감수한 세팅 덕에, 최고의 레이스 체험을 만끽할 수 있다.

요시모토 무치코 대결전

소니뮤직엔터테인먼트　액션 RPG　1999년 9월 30일　4,800엔

플레이어 1인 / 메모리카드 1블록 / 아날로그 컨트롤러 지원 / PocketStation 지원 / 메모리카드 +2블록

일본의 연예기획사인 요시모토 흥업의 오리지널 캐릭터 '무치코'가 주인공인 액션 RPG. 원작 애니메이션의 개성만점 캐릭터들이 집합해, 남쪽 섬에서 대결전을 벌인다.

Zill O'll

코에이　RPG　1999년 10월 7일　6,800엔

플레이어 1인　메모리카드 2블록　아날로그 컨트롤러 지원

중세 유럽풍의 판타지 세계 '바이아시온 대륙'이 무대인 프리 시나리오 RPG. 다층적으로 전개되는 두터운 스토리 연출이 특징으로서, 대륙의 역사는 물론이고 던전과 도시의 내력, 특정 캐릭터의 과거 및 플레이어와의 인연 등을 매우 상세히 설정하여 중후한 세계를 구축했다. 이벤트·엔딩도 다수 마련했으며, 캐릭터 개별 엔딩 중엔 적과의 엔딩마저 존재한다.

우주기동 반아크

아스믹 에이스 엔터테인먼트　슈팅　1999년 10월 7일　5,800엔

플레이어 1인　메모리카드 1블록　아날로그 컨트롤러 지원

1996년에 발매했던 게임 「사이드와인더」의 개발진들이 제작한 3D 슈팅 어드벤처 게임. 다채로운 스테이지를 공략하면서 조직의 음모를 추적해보자.

나의 요트

토미　레이싱　1999년 10월 7일　5,800엔

플레이어 1인　메모리카드 1블록　아날로그 컨트롤러 지원

요트의 선장이 되어, 각종 레이스에 도전하며 챔피언을 노리는 요트 레이싱 게임. 바람 방향을 읽어내고 라이벌과의 신경전을 즐기며 드넓은 바다로 나가보자!

사이킥 포스 2

타이토　3D 대전격투　1999년 10월 7일　5,800엔

플레이어 1~2인　메모리카드 1블록　아날로그 컨트롤러 지원　PocketStation 지원　메모리카드 +4블록

아케이드판 「사이킥 포스 2012」의 개변 이식작. 8가지 모드가 있고 16명의 사이키커가 등장한다. 초능력을 획득하는 육성 요소가 있으며, 각 모드나 대전에서 사용도 가능.

삼국지 VI with 파워업 키트

코에이　시뮬레이션　1999년 10월 7일　9,800엔

플레이어 1~8인　메모리카드 7블록

인기 역사 시뮬레이션 게임의 제 6탄. 성의 입지와 경제요인 등, 드넓은 대륙에 걸맞은 디테일한 전략성을 구현했다. 전투 시스템을 리뉴얼해, 적과 아군이 동시에 행동한다.

지팡구 섬 : 운명은 주사위가 결정한다!?

휴먼　파티　1999년 10월 7일　4,800엔

플레이어 1~4인　메모리카드 2블록　멀티탭지원 1~4인　아날로그 컨트롤러 지원

전략성과 높은 자유도를 겸비한 중세 일본풍 보드게임. 자금을 조달해 성·도로를 만들고 병력을 증강하여 영지를 확장하자. 전략과 공방을 구사해 100만 석을 넘겨야 한다.

실버 사건

아스키　어드벤처　1999년 10월 7일　5,800엔

플레이어 1인　메모리카드 1블록　아날로그 컨트롤러 지원

특별자치구 '24구'에서 벌어진 살인사건을, 두 명의 주인공 시점에서 각각 추적하는 어드벤처 게임. 가변 윈도우를 다중으로 띄우는 '필름 윈도우 시스템'이란 연출이 특징이다.

SIMPLE 1500 시리즈 Vol.15 : THE 파친코

D3 퍼블리셔　파친코　1999년 10월 7일　1,500엔

플레이어 1인　메모리카드 1블록

오리지널 기기 3대를 즐기는 파친코 게임. 연애 드라마풍의 'CR 러브러브 프로젝트 2', 스페이스 오페라풍의 'CR 스타 로봇', 바다가 모티브인 '서핑 아일랜드'를 수록했다.

제우스 II : 카니지 하트

아트딩크　시뮬레이션　1999년 10월 7일　6,800엔

플레이어 1인　메모리카드 7~14블록　아날로그 컨트롤러 지원

전작 「제우스」에서 튜토리얼을 보강하고 신 기체를 추가했으며, 게임 밸런스도 개선한 속편. 스토리는 전작의 첫 번째 루트에서 이어지도록 구성했다.

주변기기 지원 아이콘　플레이어 1~2인　메모리카드 1~2블록　멀티탭지원 1~4인　마우스 지원　대전케이블 2대　아날로그 조이스틱 SCPH0111(SCEI) 지원　아날로그 컨트롤러 지원　PocketStation 지원　메모리카드 1~2블록　휴대전화 접속 케이블 지원(도코모/모드 대전화지원)　특제 컨트롤러 SLPH00001(남코) 지원

속 미카구라 소녀탐정단 완결편

휴먼　어드벤처　1999년 10월 7일　5,800엔

플레이어 1인 / 메모리카드 1블록 / 아날로그 컨트롤러 지원

1998년 발매했던 「미카구라 소녀탐정단」의 속편. 다이쇼~쇼와 초기를 배경으로 엽기 살인사건을 해결하는 스토리다. 시나리오를 대폭 늘렸고 시스템도 더욱 쾌적하게 다듬었다.

PET PET PET

마호　시뮬레이션　1999년 10월 7일　5,800엔

플레이어 1인 / 메모리카드 1~11블록 / 아날로그 컨트롤러 지원

애완동물 가게를 경영하는 시뮬레이션 게임. 수많은 고객들에게 귀여운 동물과의 만남의 장을 제공하면서, 상품 매입과 동물 케어 등도 병행해야 한다.

땅거미 거리 탐험대

스파이크　어드벤처　1999년 10월 7일　5,800엔

플레이어 1인 / 메모리카드 2블록 / 아날로그 컨트롤러 지원

호기심이 왕성한 중학생 3명이 자신들 주변에서 들려오는 소문의 진위를 조사하는 횡스크롤 액션 어드벤처 게임. 학교·동네 곳곳을 조사하며 다양한 의문을 풀어내보자.

라멘바시

토미　시뮬레이션　1999년 10월 7일　5,800엔

플레이어 1인 / 메모리카드 1블록 / 아날로그 컨트롤러 지원 / PocketStation 지원 / 메모리카드 +2블록

'내 인생, 라멘에 건다!'라는 간판을 걸고 '나미다바시 골목'에 라멘가게를 차린 주인공. 면을 삶는 최적의 타이밍을 익혀, 손님 입에서 "맛있군!"이란 말이 나오게 하자.

멍더 비클즈 : 도기 본 대작전

선 소프트　시뮬레이션　1999년 10월 7일　5,800엔

플레이어 1인 / 메모리카드 1블록 / 아날로그 컨트롤러 지원

라이트한 감각의 전략 시뮬레이션 게임. 귀여운 동물 캐릭터를 조작해 아군을 승리로 이끌자. 유닛의 특성을 '가위바위보'에 빗대 직감적으로 알려주는 시스템을 채용했다.

듀프리즘

스퀘어　액션 RPG　1999년 10월 14일　5,800엔

플레이어 1인 / 메모리카드 1블록 / 아날로그 컨트롤러 지원

어떤 소원이든 이뤄준다는 '궁극의 유산'을 찾는 소년 '루우'와 소녀 '민트' 중 하나를 골라 모험하는 액션 RPG. 스토리는 동일하지만 주인공의 성향이 정반대라 두 번 즐길 수 있다.

브라이티스

소니컴퓨터엔터테인먼트　액션 RPG　1999년 10월 14일　5,800엔

플레이어 1인 / 메모리카드 1블록 / 아날로그 컨트롤러 지원 / PocketStation 메모리카드 +9블록

적의 대륙에 고립된 병사가 되어 생존을 위해 싸우는 서바이벌 액션 RPG. 빛에 의지해 어두운 던전 내부를 탐색하고, 빛을 사용해 퍼즐을 푸는 독자적인 시스템을 탑재했다.

유구환상곡 보존판 : Perpetual Collection

미디어웍스　시뮬레이션　1999년 10월 14일　8,800엔

플레이어 1인 / 메모리카드 1블록

미소녀 육성 시뮬레이션 게임 「유구환상곡」의 모든 것을 만끽하는 세트 상품. 「유구환상곡」·「유구환상곡 : 2nd Album」·「유구환상곡 ensemble 1·2」 등을 하나로 합본했다.

죠죠의 기묘한 모험

캡콤　대전격투　1999년 10월 14일　5,800엔

플레이어 1~2인 / 메모리카드 1블록 / 아날로그 컨트롤러 지원 / PocketStation 지원 / 메모리카드 +13블록

아케이드용 게임의 이식작. 아라키 히로히코의 초인기 만화가 원작인 대전격투 게임이다. 아케이드판 「죠죠의 기묘한 모험」에 속편 「미래를 위한 유산」의 요소를 추가한 작품으로서, 스탠드를 활용한 화려한 공방이 펼쳐진다. 스토리 모드는 3부 '스타더스트 크루세이더즈' 편을 재현해, 원작에서 싸웠던 적·스탠드 전원이 등장한다. 일부 캐릭터는 음성도 있다.

로빗 몽 듀

소니컴퓨터엔터테인먼트　액션　1999년 10월 14일　5,800엔

플레이어 1인 / 메모리카드 1블록 / 아날로그 컨트롤러 지원

「점핑 플래시!」 시리즈의 제 3탄. 하나마우 별이 무대로서, 우주 시청 공무원이 되어 봇 말리는 주민들의 의뢰를 해결해줘야 한다. 3단 점프의 부유감을 만끽해보자.

로봇×로봇

네메시스　시뮬레이션　1999년 10월 14일　5,800엔

플레이어 1인 / 메모리카드 9블록

로봇의 무기·부품을 조합하고 모션을 프로그래밍하여 대전시키는 로봇 시뮬레이션 게임. 부품 종류가 풍부해, 전략에 맞춰 고를 수 있다. 적을 물리치면 새로운 부품도 얻는다.

개구리의 그림책 : 잃어버린 기억을 찾아서

빅터 인터랙티브 소프트웨어　RPG　1999년 10월 21일　5,800엔

플레이어 1인 / 메모리카드 1블록 / 아날로그 컨트롤러 지원

자신의 모험이 그림책에 기록되는 멀티 시나리오 육성 RPG. 일정을 짜 캐릭터를 육성하고, 술집에서 의뢰를 받아 모험하자. 종료 후엔 모험 내용을 그림책으로 만들어준다.

퀴즈 캐릭터 노래방이당! : 토에이 특촬 히어로 PART 2

반프레스토　퀴즈　1999년 10월 21일　3,800엔

플레이어 1~4인 / 메모리카드 1블록 / 멀티탭 지원 1~4인 / 아날로그 컨트롤러 지원

토에이의 특촬 히어로를 테마로 삼은 퀴즈 게임의 제 2탄. 신규 히어로는 물론 히로인도 등장한다. 퀴즈에서 승리하면 추억의 특촬 프로 주제가가 노래방 모드에 추가된다.

크로스 탐정 이야기

워크잼　어드벤처　1999년 10월 21일　6,800엔

플레이어 1인 / 메모리카드 1블록

세가새턴용 본격 추리 어드벤처 게임의 이식작. 정의로운 수습 탐정 '쿠로스'가 사건을 추적하는 총 7화의 스토리다. PS판은 쿠로스의 음성을 추가했고 그래픽·전개 일부를 변경했다.

경마 필승의 법칙 '99 가을·겨울

샹그릴라　시뮬레이션　1999년 10월 21일　2,800엔

플레이어 1인 / 메모리카드 15블록 / 아날로그 컨트롤러 지원

경마 예상 소프트 시리즈의 신작. 과거 15년간의 레이스 데이터, 경주마·기수·훈련소 정보를 수록했다. 우승마 예상은 물론이고 3D 레이스 시뮬레이션으로 시각적인 재미도 준다.

버추어 파치슬로 EX

맵 재팬　파치슬로　1999년 10월 21일　6,800엔

플레이어 1인 / 메모리카드 1블록 / 아날로그 컨트롤러 지원 / 특제 컨트롤러 SLPH00098(니혼시스템)지원

당시의 인기 기종을 수록한 파치슬로 실기 시뮬레이터. '스노우키'·'클레오파트라'·'다이노 2'·'빅웨이브'·'킹 샤크 2'까지 총 5개 기종을 재현했다.

포뮬러 원 99

소니컴퓨터엔터테인먼트　레이싱　1999년 10월 21일　5,800엔

플레이어 1~2인 / 메모리카드 2블록 / 아날로그 컨트롤러 지원 / 특제 컨트롤러 SLPH00001~00069(남코)지원

F1 경기를 테마로 삼은 시리즈의 신작으로서, 일본 발매작으로는 3번째에 해당한다. 1999년도 데이터를 수록했다. 퀵 레이스·그랑프리는 물론, 2인 대전 모드도 있다.

플래닛 라이카

에닉스　RPG　1999년 10월 21일　6,800엔

플레이어 1인 / 메모리카드 1블록 / 아날로그 컨트롤러 지원

악의로 물든 화성이 무대인 사이코드라마 RPG. 다중인격자 주인공이 자신과 화성에 얽힌 비밀을 풀어나간다는 스토리다. 인격 교체 시스템을 이용해 '5가지 예언'을 찾아내자.

포켓단

소니컴퓨터엔터테인먼트　에듀테인먼트　1999년 10월 21일　2,800엔

플레이어 1인 / 메모리카드 1블록 / PocketStation 지원 / 메모리카드 +14블록

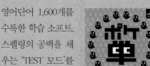

영어단어 1,600개를 수록한 학습 소프트. 스펠링의 공백을 채우는 'TEST 모드'를 비롯해 총 3가지 학습 모드가 있으며, 포켓스테이션을 단어장으로 만들어주는 기능도 있다.

주변기기 지원 아이콘　플레이어 1~2인 　메모리카드 1~2블록 　멀티탭지원 1~4인 　마우스 지원 　대전케이블 2대 　아날로그 조이스틱 SCPH0111(SCEI)지원 　아날로그 컨트롤러 지원　PocketStation 지원　메모리카드 1~2블록　휴대전화접속 케이블 지원 (도코모 D모드 휴대전화 지원)　특제 컨트롤러 SLPH00001(남코)지원

매지컬 드롭 F
데이터 이스트　퍼즐　1999년 10월 21일　5,800엔
플레이어 1~2인 | 메모리 카드 1블록 | 아날로그 컨트롤러 지원

인기 시리즈의 제 4
탄. '드롭'을 뽑아내
다른 위치에 쏘아가
며 없애는 액션 퍼즐
게임이다. 전작에서
캐릭터 디자인을 바꿨고, 아이템을 얻을 수 있는 '스토리 모드'를 탑재했다.

숲의 왕국
아스믹 에이스 엔터테인먼트　시뮬레이션 RPG　1999년 10월 21일　5,800엔
플레이어 1인 | 메모리 카드 3블록 | 아날로그 컨트롤러 지원

요정의 선택을 받은
소년들의 모험을 그
린 판타지 시뮬레이
션 RPG. 숲과 요정의
나라를 무대로 삼아,
여왕 납치사건을 해결하고 전쟁을 막아야 한다. 전투는 턴제로 진행된다.

라이트 판타지 외전 : 야옹야옹 야오옹
톤킨 하우스　RPG　1999년 10월 21일　5,800엔
플레이어 1인 | 메모리 카드 1블록 | 아날로그 컨트롤러 지원

슈퍼 패미컴으로 발
매됐던 「라이트 판
타지」의 외전작. 고
양이 마을의 소녀가
주인공인 어드벤처
+RPG다. 어른이 되려면 '스케코마'라는 능력을 얻어야 한다는데……

아크 더 래드 III
소니컴퓨터엔터테인먼트　RPG　1999년 10월 28일　6,800엔
플레이어 1인 | 메모리 카드 1~15블록 | 아날로그 컨트롤러 지원 | PocketStation 지원 | 메모리 카드 +14블록

인기 RPG 시리즈의
제 3탄. 전작의 주
인공인 엘크 일행이
어둠의 지배자를 봉
인한 대가로 세계에
대재앙이 일어난 지 3년 후를 무대로, 새 주인공 '알렉'의 모험을 그렸다.

위저드리 : 뉴 에이지 오브 릴가민
로커스　RPG　1999년 10월 28일　5,800엔
플레이어 1인 | 메모리 카드 4블록 | 아날로그 컨트롤러 지원

「위저드리」 시리즈
의 시나리오 #4~#5
를 합본한 작품. 시나
리오 #4는 오리지널
판과 어레인지판을
선택할 수 있으며, 지금 다시 즐겨도 괜찮을 만큼 난이도 균형이 적절하다.

클릭 만화 : 클릭의 날
토쿠마쇼텐　기타　1999년 10월 28일　2,000엔
플레이어 1인 | 메모리 카드 1블록 | 아날로그 컨트롤러 지원

만화의 표현방법에
오디오와 인터랙티
브성을 가미한 디지
털 코믹. 인기 만화
가인 타케모토 이즈
미가 원화부터 연출까지 모두 담당한 오리지널 작품 7종을 즐길 수 있다.

사일런트 바머
반다이　액션　1999년 10월 28일　5,800엔
플레이어 1인 | 메모리 카드 1블록 | 아날로그 컨트롤러 지원

무한 설치 가능한 폭
탄과 유한한 특수무
기로 적의 헬기·거
대전차를 폭파하는
액션 게임. 폭탄을
겹쳐 깔거나 적을 조준하는 등, 다양한 액션을 잘 활용하는 게 중요하다.

실전 파치슬로 필승법! 싱글 : 입실론 R
맥스벳　파치슬로　1999년 10월 28일　1,980엔
플레이어 1인 | 메모리 카드 1~6블록 | 아날로그 컨트롤러 지원

당시의 최신작 '입
실론 R'로만 수록
기종을 집중해 조기
발매를 성공시킨 파
치슬로 게임. 릴을
확대하는 슈퍼 줌 화면, 경품을 노리는 챌린지 모드가 게임의 핵심이다.

실전 파치슬로 필승법! 싱글 : 가면라이더 & 갤롭
맥스벳　파치슬로　1999년 10월 28일　2,500엔
플레이어 1인 | 메모리 카드 1~6블록 | 아날로그 컨트롤러 지원

수록 기종을 의도적
으로 줄여 최신기종
의 조기 발매에 성공
한 파치슬로 게임 시
리즈 중 하나. 특촬
물 원작의 '가면라이더'와, 경마 예상 게임을 탑재한 '갤롭'을 즐길 수 있다.

실전 파치슬로 필승법! 싱글 : 가면라이더 V3
맥스벳　파치슬로　1999년 10월 28일　2,500엔
플레이어 1인 | 메모리 카드 1~6블록 | 아날로그 컨트롤러 지원

수록 기종을 의도적
으로 줄여 최신기종
의 조기 발매에 성공
한 파치슬로 게임 시
리즈 중 하나. 사미
사의 '가면라이더 V3'를 수록했다. 이 게임으로 타이밍 잡는 감각을 익히자.

SuperLite 1500 시리즈 : 쇼기 II

석세스　쇼기　1999년 10월 28일　1,500엔

플레이어 1~2인　메모리카드 1블록

불필요한 연출을 배제하고 재미와 본질에 집중한 쇼기 게임의 제 2탄. 18가지 전술을 해설한 '전법 연구' 모드에서는, 해설 도중에도 대국 모드로 언제든지 전환할 수 있다.

SuperLite 1500 시리즈 : 화투 II

석세스　화투　1999년 10월 28일　1,500엔

플레이어 1인　메모리카드 1블록

일본의 대중적인 화투 게임 4종인 코이코이·하나아와세·하치하치·오이초카부를 수록한 테이블 게임. 불필요한 연출을 없애고, 화투 본래의 재미와 본질에 집중했다.

다크 테일즈

사미　어드벤처　1999년 10월 28일　5,800엔

플레이어 1인　메모리카드 1블록

3가지 에피소드로 구성된 비주얼·오디오 드라마. 오오츠카 치카오를 비롯한 유명 성우들의 모놀로그와 20,000컷이 넘는 이미지로 구성된 치밀한 스토리를 즐길 수 있다.

전설수의 소굴 : 몬스터 컴플리월드 Ver.2

아이디어 팩토리　RPG　1999년 10월 28일　3,979엔

플레이어 1~2인　메모리카드 4블록　아날로그 컨트롤러 지원　PocketStation 지원　메모리카드 +6블록

「몬스터 컴플리월드」의 개량판. 주인공을 2명 중에서 선택 가능해졌으며, 어느 쪽을 고르느냐로 몬스터 입수율이 달라지는 등의 새로운 컨텐츠·기능도 추가했다.

톰바! 더 와일드 어드벤처

우피 캠프　액션　1999년 10월 28일　5,800엔

플레이어 1인　메모리카드 1블록　아날로그 컨트롤러 지원

야생 소년 '톰바'가 주인공인 액션 RPG의 제 2탄. 3D화되어 올라타기·차기·매달리기 등 액션이 파워 업했다. 퀘스트를 클리어하면 스토리가 바뀌는 요소도 강화되었다.

할렘 비트

코나미　시뮬레이션　1999년 10월 28일　5,800엔

플레이어 1인　메모리카드 1블록

농구 만화가 원작인 육성 시뮬레이션 게임. 원작 주인공 혹은 남·녀 매니저 중 하나가 되어, 죠난 고교를 인터 하이에 보내자. 여성용 게임의 요소가 있어 여성층에 인기가 많았다.

벅스 라이프

코나미　액션　1999년 10월 28일　5,800엔

플레이어 1인　메모리카드 1블록　아날로그 컨트롤러 지원

같은 제목의 영화가 원작인 3D 액션 게임. 열매를 투척해 공격하거나, 버섯이나 잎사귀를 발판 삼아 이동하며 스토리를 진행한다. 아이템 수집 시스템과 동영상 감상 기능도 있다.

바로크 : 일그러진 망상

스팅　RPG　1999년 10월 28일　6,800엔

플레이어 1인　메모리카드 3블록　아날로그 컨트롤러 지원

'대열파'로 인간과 만물이 왜곡된 세계에서, 신이 있다는 '신경탑' 정복에 도전하는 액션 RPG. 천사와 괴물이 방황하는 독특한 세계관에, 아이템도 뼈·심장 등 기묘한 것이 많다.

필살 파치슬로 스테이션 2 : 폭등! 상식파괴의 2타입

선 소프트　파치슬로　1999년 10월 28일　4,800엔

플레이어 1인　메모리카드 1블록　아날로그 컨트롤러 지원　특제 컨트롤러 SLPH00098(니혼시스템)지원

인기 파치슬로 실기 시뮬레이터의 제 2탄. 이번엔 4릴 슬롯을 탑재한 야마사 사의 '시 마스터 X'와, 연동장치를 탑재한 올림피아 사의 '가이 키즈'까지 두 대를 재현했다.

표류기

KSS　시뮬레이션　1999년 10월 28일　5,800엔

플레이어 1인　메모리카드 2블록

표류해온 무인도에서 탈출하는 것이 목적인 서바이벌 시뮬레이션 게임. 실시간으로 캐릭터를 조작해 탐험과 식량 확보에 매진하자. 이벤트 장면은 큼직한 일러스트로 표현했다.

주변기기 지원 아이콘　 플레이어 1~2인　 메모리카드 1~2블록　 멀티탭지원 1~4인　 마우스 지원　 대전케이블 2대　 아날로그 조이스틱 SCPH0111(SCEI)지원　 아날로그 컨트롤러 지원　 PocketStation 지원　 메모리카드 1~2블록　 휴대전화 접속 케이블 지원 (도코모)(모드 휴대전화 지원)　 특제 컨트롤러 SLPH00001(남코)지원

프리즈머티컬리제이션

아크시스템웍스　어드벤처　1999년 10월 28일　5,800엔

플레이어 1인 | 메모리 카드 1블록

'서큘레이트 어드벤처'란 장르명을 표방한 루프물 어드벤처 게임. 고정된 하루를 계속 반복하면서, '기록'과 '해방'을 구사해 루프에서 탈출해야만 한다.

프로 마작 키와메 : 천원전 편

아테나　마작　1999년 10월 28일　5,800엔

플레이어 1인 | 메모리 카드 1~2블록 | 아날로그 컨트롤러 지원

본격파 마작 게임 시리즈의 상급편. 유명 프로 작사 16명이 등장하는 4인 대국 마작 게임이다. 7종의 대국을 온갖 전략으로 제패하는 모드와, 프리 대전 모드가 있다.

프로야구 시뮬레이션 : 덕아웃 '99

디지큐브　시뮬레이션　1999년 10월 28일　5,800엔

플레이어 1인 | 메모리 카드 6블록 | 아날로그 컨트롤러 지원 | PocketStation 지원 | 메모리 카드 +4~9블록

막대한 데이터량으로 리얼리티를 추구한 프로야구 시뮬레이션 게임. 800명 이상의 선수 데이터를 수록했고, 1·2군 교체와 선발멤버 결정, 시합 도중 지휘 등이 가능하다.

포케러

아틀라스　커뮤니케이션　1999년 10월 28일　2,800엔

플레이어 1인 | 메모리 카드 15블록 | PocketStation 지원 | 메모리 카드 15블록

포켓스테이션을 패키지에 동봉된 스탠드에 올려 캐릭터처럼 세워놓고 즐기는 커뮤니케이션 소프트. TV 리모컨을 통한 대화, 스케줄 관리, 얼굴 화면 편집 등이 가능.

몬스터 컬렉션 : 가면의 마도사

카도카와쇼텐　카드 배틀　1999년 10월 28일　5,800엔

플레이어 1인 | 메모리 카드 1블록

인기 트레이딩 카드 게임이 원작인 RPG. 던전을 모험하며, 전투는 카드 배틀로 진행한다. 등장하는 카드가 총 300장 이상이라, 폭넓게 전략을 세울 수 있다.

록맨 4 : 새로운 야망!!

캡콤　액션　1999년 10월 28일　2,800엔

플레이어 1인 | 메모리 카드 1블록 | 아날로그 컨트롤러 지원 | PocketStation 지원 | 메모리 카드 +13블록

패미컴 이식작 제4탄. 도감 모드에서는 본편에서 격파한 적들이 등록되므로 데이터베이스 형태로 참조할 수 있다. 신규 요소로서 타임 어택 모드도 탑재했다.

일격 : 강철의 사나이

반다이　3D 대전격투　1999년 11월 2일　5,800엔

플레이어 1~2인 | 메모리 카드 2블록 | 아날로그 컨트롤러 지원 | PocketStation 지원 | 메모리 카드 +4블록

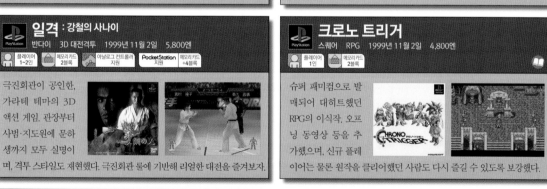

극진회관이 공인한, 가라테 테마의 3D 액션 게임. 관장부터 사범·지도원에 문하생까지 모두 실명이며, 격투 스타일도 재현했다. 극진회관 룰에 기반해 리얼한 대전을 즐겨보자.

크로노 트리거

스퀘어　RPG　1999년 11월 2일　4,800엔

플레이어 1인 | 메모리 카드 2블록

슈퍼 패미컴으로 발매되어 대히트했던 RPG의 이식작. 오프닝 동영상 등을 추가했으며, 신규 플레이어는 물론 원작을 클리어했던 사람도 다시 즐길 수 있도록 보강했다.

서브마린 헌터 샤치

빅터 인터랙티브 소프트웨어　시뮬레이션　1999년 11월 2일　5,800엔

플레이어 1인 | 메모리 카드 1블록 | 아날로그 컨트롤러 지원

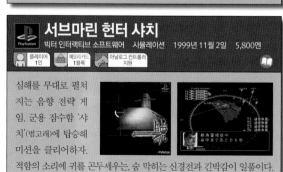

심해를 무대로 펼쳐지는 음향 전략 게임. 군용 잠수함 '샤치'(범고래)에 탑승해 미션을 클리어하자. 적함의 소리에 귀를 곤두세우는, 숨 막히는 신경전과 긴박감이 일품이다.

SIMPLE 1500 시리즈 Vol.16 : THE 파치슬로

D3 퍼블리셔　파치슬로　1999년 11월 2일　1,500엔

플레이어 1인 | 메모리 카드 4블록

가이드 기능이 있는 파치슬로 소프트. 인기작 '뉴 펄서'와, 잡지 '파치슬로 필승가이드'와 협력 제작한 오리지널 기기 'CR 킨카쿠지 3'를 수록했다. 40스테이지 도전 모드도 있다.

팔러 프로 주니어 Vol.2

미쓰이물산　파친코　1999년 11월 2일　3,200엔

플레이어 1인 / 메모리카드 1블록

산쿄 사의 'CR 루팡 3세 K'를 수록한 파치슬로 실기 시뮬레이터. 화면 확대·축소 기능과 8방향을 지원하는 핀 조정 등, 실기 공략을 도와주는 기능을 다수 탑재했다.

팩맨 월드 : 20th 애니버서리

남코　어드벤처　1999년 11월 2일　4,800엔

플레이어 1인 / 메모리카드 1블록 / 아날로그 컨트롤러 지원 / 특제 컨트롤러 SLPH00126(남코) 지원

'팩맨' 탄생 20주년 기념 타이틀. 멋진 3D 그래픽으로 리뉴얼했고, 다채로운 액션도 추가했다. 경쾌한 게임성을 유지하면서도, 원작의 매력을 남김없이 재현한다.

브레이크 발리

아쿠아 루즈　스포츠　1999년 11월 2일　4,800엔

플레이어 1·2인 / 메모리카드 1블록 / 멀티탭지원 1~4인 / 아날로그 컨트롤러 지원

현실적인 템포로 쾌적하게 진행되는 3D 배구 게임. 체육관부터 백화점 옥상에 우주까지, 다채로운 배경의 코트를 준비했다. 2-on-2 스타일의 4인 동시 플레이도 지원한다.

프로 마작 츠와모노 시리즈 여류 작사에게 도전 : 우리에게 도전해봐!

컬처 브레인　마작　1999년 11월 2일　1,980엔

플레이어 1인

실사로 등장하는 여성 작사 6인과 대전하는 4인 대국 마작 게임. 「츠와모노」 시리즈 최고봉의 사고 루틴이 작사의 작풍을 재현한다. 작패·작탁 색상도 자유롭게 변경 가능.

와일드 보터

타오 휴먼 시스템즈　레이싱　1999년 11월 2일　3,900엔

플레이어 1인 / 아날로그 컨트롤러 지원

카약으로 강을 타고 내려가는 레저 '다운리버'가 소재인 세계 최초의 게임. 카약의 패들링 감각을 조작계에 반영해, 탁 트인 대자연과 폭포·급류의 스릴을 체험한다.

더 점술 : 연애 별자리 점술

비지트　점술　1999년 11월 11일　1,800엔

플레이어 1인

'연애'를 테마로 삼은 점술을 간편히 즐길 수 있는 소프트. '별자리별 기본 진단'과 '오늘의 연애지수', '애정 진단'과 '상황별 Q&A'까지 4가지 점술 모드가 있다.

사이드 바이 사이드 스페셜 2000

타이토　레이싱　1999년 11월 11일　1,980엔

플레이어 1인 / 메모리카드 1블록 / 아날로그 컨트롤러 지원 / 특제 컨트롤러 SLPH00001(남코) 지원

「사이드 바이 사이드 스페셜」에서 일부 모드를 삭제하고, 대신 자잘한 거동과 문제점·난이도 등을 조정한 리뉴얼판. 한 번 우승한 코스는 역방향으로도 돌아볼 수 있다.

서유기

코에이　시뮬레이션 RPG　1999년 11월 11일　6,800엔

플레이어 1인 / 메모리카드 1블록 / 아날로그 컨트롤러 지원

중국 4대기서 중 하나로 꼽히는 모험 활극이 원작인 시뮬레이션 RPG. 삼장법사가 되어 손오공 등의 제자 3명과 천축으로 향하자. '신장소환'이란 오리지널 시스템을 탑재했다.

실전 파치슬로 필승법! 싱글 : 시 마스터 X

맥스벳　파치슬로　1999년 11월 11일　2,500엔

플레이어 1인 / 메모리카드 1~6블록 / 아날로그 컨트롤러 지원

수록 기종을 의도적으로 줄여 조기 발매에 중점을 둔 파치슬로 시뮬레이터. 야마사 사의 인기 기종 '시 마스터 X'를 완전 재현해, 집에서의 선행 공략·특훈이 가능해졌다.

빛의 새

어펙트　어드벤처　1999년 11월 11일　5,800엔

플레이어 1인 / 메모리카드 1블록 / 아날로그 컨트롤러 지원

3명의 주인공을 적절히 교체하며 진행하는 액션 어드벤처 게임. 맵에 숨겨진 수많은 퍼즐을 풀고 '빛나는 꽃'을 찾아내자. 주인공들의 고유 능력을 잘 활용해야 한다.

주변기기 지원 아이콘　 플레이어 1~2인　 메모리카드 1~2블록　 멀티탭지원 1~4인　 마우스 지원　 대전케이블 2대　 아날로그 조이스틱 SCPH0111(SCEI)지원　 아날로그 컨트롤러 지원　PocketStation 지원　메모리카드 1~2블록　휴대전화 접속 케이블 지원(도코모 [모드 휴대전화 지원])　 특제 컨트롤러 SLPH00001(남코) 지원

FEVER : SANKYO 공식 파친코 시뮬레이션

인터내셔널 카드 시스템　파친코　1999년 11월 11일　4,800엔

플레이어 1인　메모리 카드 1블록　아날로그 컨트롤러 지원　특제 컨트롤러 SLPH00007TEN(연구소)지원　특제 컨트롤러 SLPH00007TEN(연구소)지원

산쿄·다이도 사의 인기 기종을 수록한 파친코 실기 시뮬레이터. 'CR 피버 제우스 SX'·'CR 피버 카지노 RX' 등, 당시의 인기 기종 4대를 완전 재현하였다.

브리딩 스터드 '99

코나미　시뮬레이션　1999년 11월 11일　4,800엔

플레이어 1인　메모리 카드 5~13블록

목장을 경영하는 경마 육성 시뮬레이션 게임. 일단 목장주와 비서, 레이스용 고유 복장 등을 설정한 다음, 조교와 교배를 반복하여 명마를 배출해내자.

프리즈너

마이니치 커뮤니케이션즈　RPG　1999년 11월 11일　5,800엔

플레이어 1인　메모리 카드 1블록　아날로그 컨트롤러 지원

폐쇄된 세계에서 탈출하는 것이 목적인 본격 던전 어드벤처 게임. 주인공이 되어 수많은 함정을 헤쳐 나와야 한다. 많은 캐릭터들을 동료로 삼으면 엔딩이 변화한다.

Pet in TV : With my dear Dog

소니컴퓨터엔터테인먼트　시뮬레이션　1999년 11월 11일　5,800엔

플레이어 1인　메모리 카드 2~15블록

애정을 담아 강아지를 키우는 개 육성 시뮬레이션 게임. 3D 폴리곤으로 모델링된 귀여운 강아지가 화면 내를 누빈다. 성견까지 성장하면 콘테스트 등에 출장시킬 수도 있다.

마블 VS. 캡콤 : 클래시 오브 슈퍼 히어로즈 EX EDITION

캡콤　대전격투　1999년 11월 11일　5,800엔

플레이어 1~2인　메모리 카드 1블록　아날로그 컨트롤러 지원

마블 코믹스의 히어로들과 캡콤의 캐릭터들이 격돌하는 대전격투 게임. 아케이드판의 개변 이식작이며, 신 시스템인 '배리어블 크로스'는 원작과는 사양이 조금 달라졌다.

입체닌자활극 천주 : 시노비 백선

소니뮤직엔터테인먼트　액션　1999년 11월 11일　2,500엔

플레이어 1인　메모리 카드 1블록　아날로그 컨트롤러 지원

「천주」의 파생작. 리키마루와 아야메로 임무에 도전하자. 유저가 전작 「시노비 개선」의 '비법서 모드'로 제작한 임무를 일본 전국에서 모집, 100종을 엄선 수록했다.

알런드라 2 : 마진화의 수수께끼

소니컴퓨터엔터테인먼트　액션 RPG　1999년 11월 18일　5,800엔

플레이어 1인　메모리 카드 1블록　아날로그 컨트롤러 지원

1997년 발매되었던 액션 RPG「알런드라」의 속편. 모든 그래픽을 3D CG로 표현했고, 두뇌와 반사신경을 풀로 회전시켜 클리어해야 하는 트랩도 전작보다 강화시켰다.

에비 지지!

니혼 어플리케이션　퍼즐　1999년 11월 18일　4,800엔

플레이어 1~2인　메모리 카드 1블록　아날로그 컨트롤러 지원

저질 개그가 난무하는 퍼즐 게임. 몬스터 5마리를 잘 피하며 제한된 턴 내로 골에 도착하는 것이 목적이다. 5마리의 몬스터와 접촉하면 매우 지저분한 연출이 화면을 수놓는다.

클릭 만화 : 은하영웅전설 2

토쿠마쇼텐　기타　1999년 11월 18일　1,800엔

플레이어 1인　메모리 카드 1블록　아날로그 컨트롤러 지원

만화의 스토리성에 오디오·비주얼·인터랙티브 요소를 가미한 디지털 코믹. 이번 작품에서는, 자유행성동맹의 양 웬리가 이제르론 요새 공략에 도전한다.

크로노 크로스

스퀘어　RPG　1999년 11월 18일　6,800엔

플레이어 1인　메모리 카드 1블록　아날로그 컨트롤러 지원

슈퍼 패미컴으로 발매되어 대히트했던 「크로노 트리거」의 속편에 해당하는 RPG. 아름다운 영상과 음악에 장대한 스토리를 응축시켜, CD 2장의 볼륨으로 발매했다.

HARDWARE
1994
1995
1996
1997
1998
1999
2000
2001
2002
2003
2004
INDEX

더 점술 2 : 매일매일 타로 점술

비지트 점술 1999년 11월 18일 1,800엔

플레이어 1인

타로 카드를 사용하는 점술 소프트. 아침·점심·저녁의 3가지 시간대로 점괘를 보는 '포춘 슬롯'부터, 당일부터의 1주일간을 점치는 '주간 점술'까지 4종의 점술 모드가 있다.

최강 토다이 쇼기 2

마이니치 커뮤니케이션즈 쇼기 1999년 11월 18일 6,800엔

플레이어 1~2인 | 메모리 카드 1~15블록 | 아날로그 컨트롤러 지원

1998년 발매했던 「최강 토다이 쇼기」의 속편. 당시 최강을 자랑했던 사고 엔진 'IS'를 탑재해, 더욱 인간적인 사고패턴을 보여준다. 신 모드 '쇼기 대회'를 탑재했다.

산요 파친코 파라다이스 2

아이렘 소프트웨어 엔지니어링 파친코 1999년 11월 18일 3,800엔

플레이어 1인 | 메모리 카드 2~4블록 | 아날로그 컨트롤러 지원 | 특제 컨트롤러 SLPH00007(TEN연구소)지원 | 특제 컨트롤러 SLPH00070(TEN연구소)지원

산요 사의 인기 시리즈를 수록한 실기 파친코 시뮬레이터. 당시 홀에서 호평받았던 '바다이야기' 4개 기종을 완전 재현했고, 마스코트 캐릭터 '마린'의 프로필 등도 수록했다.

SIMPLE 1500 시리즈 Vol.18 : THE 볼링

D3 퍼블리셔 스포츠 1999년 11월 18일 1,500엔

플레이어 1~4인 | 메모리 카드 1블록

최대 4명까지 즐기는 볼링 게임. 평범한 볼링뿐만 아니라 볼링핀이 45개인 모드도 수록했다. 어려운 핀 배치에 도전하는 퀘스트 모드로 실력을 키울 수도 있다.

SIMPLE 1500 시리즈 Vol.19 : THE 말판놀이

D3 퍼블리셔 파티 1999년 11월 18일 1,500엔

플레이어 1~4인

맵이 3종류인 주사위 말판놀이 게임. 상점가·세계탐험·우주 맵을 최대 4명이 즐기며, 서로 보물을 쟁탈한다. 골인 경쟁과 종합득점 경쟁의 2가지 모드를 수록했다.

SIMPLE 1500 시리즈 Vol.20 : THE 퍼즐

D3 퍼블리셔 퍼즐 1999년 11월 18일 1,500엔

플레이어 1~2인

소리구슬을 발사해 쌓아가며 없애는 퍼즐 게임 「파스텔 뮤즈」의 재발매판. 4스테이지마다 보스 배틀이 있는 '혼자서 퍼즐', 시간 내에 클리어하는 '타임으로 퍼즐' 모드 등이 있다.

디지털 뮤지엄 : 히로 야마가타

이매지니어 기타 1999년 11월 18일 7,800엔

플레이어 1인

일본이 자랑하는 현대미술의 거장, 히로 야마가타의 첫 디지털 화집. 1979~97년간 그린 176작품을 수록했다. BGM은 작곡가 토키 히데키의 완전 오리지널 곡이다.

판도라 MAX 시리즈 VOL.1 : 드래곤 나이츠 글로리어스

판도라 박스 RPG 1999년 11월 18일 1,980엔

플레이어 1인 | 메모리 카드 1블록 | 아날로그 컨트롤러 지원

염가로 즐기는 본격 RPG. 주인공이 되어, 용을 자유로이 다루는 기사단 '드래곤 나이츠'에 입단해야 한다. 멀티 엔딩을 채용하여, 25가지 결말을 준비했다.

fun! fun! Pingu : 어서 오세요! 남극에

소니컴퓨터엔터테인먼트 어드벤처 1999년 11월 18일 4,800엔

플레이어 1인 | 메모리 카드 2블록 | 아날로그 컨트롤러 지원 | PocketStation 지원 | 메모리 카드 +11블록

당시 인기였던 클레이 애니메이션이 원작인 어드벤처 게임. 스위스의 원작 스탭들의 협력을 받아, 핑구 월드를 충실히 재현했다. 핑구를 조작해 다양한 미니게임을 즐겨보자.

플래닛 돕

허드슨 기타 1999년 11월 18일 5,800엔

플레이어 1인 | 메모리 카드 1블록 | 아날로그 컨트롤러 지원

팝 & 사이키델릭한 공간에서 음악을 즐기는 슈퍼 라운징 소프트. 3D 공간으로 구축된 팝 시티에서 주민들과 대화하며 소리를 모으자. 9가지 미니게임도 수록했다.

주변기기 지원 아이콘 | 플레이어 1~2인 | 메모리 카드 1~2블록 | 멀티탭 지원 1~4인 | 마우스 지원 | 대전 케이블 2대 | 아날로그 조이스틱 SCPH0111(SCEI) 지원 | 아날로그 컨트롤러 지원 | PocketStation 지원 | 메모리 카드 1~2블록 | 휴대전화 접속 케이블 지원 (도코모 모드 휴대전화 지원) | 특제 컨트롤러 SLPH00001(남코) 지원

맥스 서핑 2000

KSS 스포츠 1999년 11월 18일 5,800엔

플레이어 1인 | 메모리카드 1블록 | 아날로그 컨트롤러 지원

세계적인 서핑 대회 'WQS'가 모티브인 본격 서핑 게임. 세계 각지를 돌며 챔피언을 노려보자. 출렁이는 파도와 주변을 헤엄치는 돌고래까지, CG로 멋지게 재현했다.

런어바웃 2

클라이맥스 액션 1999년 11월 18일 5,800엔

플레이어 1인 | 메모리카드 1블록 | 아날로그 컨트롤러 지원 | 특제 컨트롤러 SLPH00001(남코)지원

1997년 발매했던 「런어바웃」의 속편. 총 31차종과 13곳 이상의 스테이지를 탑재해, 전작보다 볼륨이 대폭 늘었다. '갈아타기' 시스템 덕에 다채로운 공격이 가능해졌다.

AI 마작 2000

아이포 마작 1999년 11월 25일 6,800엔

플레이어 1인 | 메모리카드 1블록

연산력에만 의존하는 부조리한 고난이도에서 탈피해, 진검승부의 충실감을 추구한 마작 게임. 상세한 룰 설정과 힌트 기능, 1국 단위 저장 등의 편리한 기능도 다수 탑재했다.

클레이맨 건 하키

리버힐 소프트 액션 1999년 11월 25일 3,800엔

플레이어 1~2인 | 메모리카드 1블록 | 아날로그 컨트롤러 지원

「클레이맨」 시리즈의 제 3탄. 찰흙으로 만들어진 필드를 무대 삼아, 건펌을 레이저 건으로 쏴 날려서 상대의 골에 꽂아 넣자. 아이템을 쓰면 일발역전도 가능하다.

그로우랜서

아틀라스 RPG 1999년 11월 25일 6,800엔

플레이어 1인 | 메모리카드 2블록

필드나 전투 등, 다양한 상황에서 이벤트가 발생하는 논스톱 드라마틱 RPG. 동료와 친목을 쌓는 '휴가 시스템'과, 에어리어 단위의 전투 시스템을 탑재했다.

주간 Gallop : 블러드 마스터

포니 캐년 시뮬레이션 1999년 11월 25일 6,800엔

플레이어 1인 | 메모리카드 6블록

일본의 경마잡지 '주간 Gallop'이 기획·감수한 경마 시뮬레이션 게임. 혈통을 중시하는 시스템으로서, 플레이어가 독자적인 혈통을 구축해 최강마를 만들 수 있다.

청순가련 메이마이 기사단 : 스펙트럴 포스 성소녀 외전

아이디어 팩토리 시뮬레이션 1999년 11월 25일 5,800엔

플레이어 1인 | 메모리카드 3블록 | 아날로그 컨트롤러 지원

1997년 발매했던 「스펙트럴 포스」의 외전작. 메이마이국의 소녀들과 협력해 전쟁을 승리로 이끌자. 전투의 막간에는 소녀들과의 훈훈한 이벤트가 잔뜩 펼쳐진다.

진 마장기신 : PANZER WARFARE

반프레스토 시뮬레이션 RPG 1999년 11월 25일 6,800엔

플레이어 1인 | 메모리카드 2~15블록 | 아날로그 컨트롤러 지원

'마장기신 사이바스터'를 소재로 삼은 시뮬레이션 RPG. 가상의 세계 '아 제레스'를 무대로, 주인공인 마장기사 일행이 평화를 되찾으려 마장기신을 조종해 싸운다는 스토리다.

SuperLite 1500 시리즈 : 신생 화장실의 하나코 씨

석세스 어드벤처 1999년 11월 25일 1,500엔

플레이어 1인

유명한 학교 괴담 '화장실의 하나코 씨'가 테마인 어드벤처 게임. 학교에서 담력시험 도중 행방불명된 언니를 찾기 위해 하나코 씨의 비밀을 파고드는 총 4장의 스토리다.

댄스 댄스 레볼루션 2nd ReMIX : APPEND CLUB VERSION Vol.1

코나미 리듬 액션 1999년 11월 25일 2,800엔

플레이어 1~2인 | 메모리카드 1~15블록 | 아날로그 컨트롤러 지원 | 특제 컨트롤러 RU017(코나미)지원

구동하려면 PS판 「댄스 댄스 레볼루션」의 2nd 혹은 3rd판 시스템 디스크가 필요한 어펜드 디스크. 「비트매니아 IIDX」에 수록되었던 '클럽 버전'의 곡이 핵심 컨텐츠다.

탐정 진구지 사부로 : 등불이 꺼지기 전에

데이터 이스트　어드벤처　1999년 11월 25일　5,800엔

플레이어 1인　메모리 카드 1블록

인기 어드벤처 게임 시리즈의 제 7탄. 처음엔 별개였던 세 사건이 점차 밀접하게 얽혀가며 스토리가 펼쳐진다. 실시간 경과 시스템을 도입한 탓에, 시간제한 이벤트도 있다.

벨소리라구

빙　기타　1999년 11월 25일　1,980엔

플레이어 1인　메모리 카드 1블록

성우 호리에 유이의 영상·음성 지시를 받으며, 소프트가 지원하는 당시 휴대폰의 벨소리 멜로디를 간단히 만드는 보조 툴. 애니송 등의 인기 멜로디 200곡과, 작곡 기능이 있다.

차르멜라

빅터 인터랙티브 소프트웨어　시뮬레이션　1999년 11월 25일　5,800엔

플레이어 1인　메모리 카드 2블록

목표는 일본 최고의 라멘포차! 일본 묘조 식품의 라멘 브랜드 '차르멜라'와 협업해 제작한, 라멘 조리를 테마로 삼은 게임. 차르멜라 아저씨가 되어 맛있는 라멘을 만들어보자.

트루 러브 스토리 : 팬 디스크

아스키　팬 디스크　1999년 11월 25일　4,800엔

플레이어 1인　메모리 카드 1블록　PocketStation 지원 +3~10블록

「트루 러브 스토리」 시리즈 3개 작품의 팬 디스크. 역대 발매작들 관련 이벤트·판촉상품 사진을 수록했으며, 각 작품별 연동·생과의 대화 데이트도 가능해졌다.

두근두근 메모리얼 2

코나미　시뮬레이션　1999년 11월 25일　6,800엔

플레이어 1인　메모리 카드 3블록　마우스 지원　아날로그 컨트롤러 지원　PocketStation 지원　메모리 카드 +15블록

미소녀 게임 장르를 대유행시킨 명작 「두근두근 메모리얼」의 속편. CD 5장이란 엄청난 볼륨으로서, 공략대상 소녀도 시리즈 최다급인 13명이다. 기본 시스템은 전작을 답습했으나 그래픽 품질이 올라갔고, 히로인이 유저의 이름을 음성합성으로 불러주는 'EVS' 등의 신 기능을 다수 탑재했다. 마음에 둔 소녀가 고백해오게끔, 스포츠·공부로 자신을 갈고닦자.

팔러 프로 주니어 Vol.3

CBC / 니혼 텔레네트　파친코　1999년 11월 25일　2,900엔

플레이어 1인

'CR 진 피카이치 천국'의 재미를 체험해 보는 실기 시뮬레이터. 기관의 핀을 자유롭게 조정하거나 모든 리치 액션을 감상할 수 있으며, 잭팟 확률도 자유 설정이 가능하다.

하이스쿨 오브 블리츠

미디어웍스　어드벤처　1999년 11월 25일　5,800엔

플레이어 1인　메모리 카드 1블록　아날로그 컨트롤러 지원

아카호리 사토루가 프로듀스한 여고생 카드 배틀 어드벤처 게임. 인간·요정·마족이 공존하는 세계의 여자고교 교사가 되어, 대전 상대보다 먼저 학생 3명을 졸업시키자.

파치슬로 아루제 왕국 2

아루제　파치슬로　1999년 11월 25일　5,800엔

플레이어 1인　메모리 카드 2블록　아날로그 컨트롤러 지원

'HANABI'·'아스테카'·'B-MAX' 등의 당시 인기 기종을 수록한 실기 시뮬레이터. 기술 개입 시에 필요한 BIG 보너스 시의 리플레이 넘기기 연습에 활용할 수도 있다.

파치로 상투 : 파친코 실기 시뮬레이션

핵베리　파친코　1999년 11월 25일　5,200엔

플레이어 1인　메모리 카드 1블록

코라쿠 사가 공인한 파친코 시뮬레이터. 'CR 지화자 응원단 Z2'·'CR C.C. 걸즈 X1'을 수록했으며, 홀의 영업형태를 '럭키 넘버 에디트' 기능으로 재현했다.

주변기기 지원 아이콘　 플레이어 1~2인　 메모리 카드 1~2블록　 멀티탭 지원 1~4인　 마우스 지원　 대전 케이블 2대　 아날로그 조이스틱 SCPH0111(SCEI) 지원　 아날로그 컨트롤러 지원　 PocketStation 지원　메모리 카드 1~2블록　 휴대전화 접속 케이블 지원 (도코모 모드 휴대전화 지원)　특제 컨트롤러 SLPH00001(남코)지원

필살 파친코 스테이션 7 : 츄미 하우스·배틀 히어로 V·파인 플레이

선 소프트　파친코　1999년 11월 25일　4,900엔

플레이어 1인 / 메모리카드 1~2블록 / 아날로그 컨트롤러 지원 / 특제 컨트롤러 지원 SLPH0000/XTEN(연구소)시판 / 특제 컨트롤러 SLPH0000/XTEN(연구소)지원

다이이치쇼카이·마루혼 사의 인기 기기를 수록한 파친코 실기 시뮬레이터. 'CR 츄미 하우스'·'CR 배틀 히어로 V'·'파인 플레이' 3개 기종을 즐길 수 있다.

화이트 다이아몬드

에스코트　RPG　1999년 11월 25일　6,300엔

플레이어 1인 / 메모리카드 1블록 / 아날로그 컨트롤러 지원

연애 시뮬레이션 요소도 가미한 판타지 RPG. 주인공인 기사가 되어, 퀘스트를 수행하며 소녀들과 친교를 쌓아야 한다. 누구와 관계가 깊어지느냐로 엔딩이 변화한다.

메다로트 R

이매지니어　RPG　1999년 11월 25일　5,800엔

플레이어 1~2인 / 메모리카드 2블록 / 아날로그 컨트롤러 지원

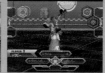

게임보이용 원작의 리메이크 이식판. 3D화되어 더욱 리얼하고 호쾌한 로보틀이 전개된다. 메다로트가 100종류 이상 등장하며, 풍부한 파츠를 활용해 강화시킬 수 있다.

리틀 프린세스 : 마알 왕국의 인형공주 2

니폰이치 소프트웨어　RPG　1999년 11월 25일　5,800엔

플레이어 1인 / 메모리카드 1블록

1998년 발매했던 「마알 왕국의 인형공주」의 속편. 코믹하면서도 약간은 애절한 소녀의 마음을 잘 묘사했다. 전작에서 호평받던 뮤지컬 장면은 곡수를 늘려 업그레이드했다.

링 라이즈

에포크 사　RPG　1999년 11월 25일　5,800엔

플레이어 1인 / 메모리카드 1블록 / 아날로그 컨트롤러 지원

신비한 생물 '링'을 육성시켜 싸우는 액션 RPG. 링들의 다채로운 기술을 구사하며 대자연을 누벼 보자. 링은 친구이자 플레이어를 지켜주는 무기로서 동고동락한다.

록맨 5 : 블루스의 함정!?

캡콤　액션　1999년 11월 25일　2,800엔

플레이어 1인 / 메모리카드 1블록 / 아날로그 컨트롤러 지원 / PocketStation 지원 / 메모리카드 +13블록

패미컴판 이식작 제5탄. 신규 서포트 캐릭터로서 '비트'가 추가되었으며, 라이프와 무기 에너지를 동시에 회복시켜주는 '미스터리 캔'도 이 작품부터 나온다.

이데 요스케의 마작교실

아테나　마작　1999년 12월 2일　4,800엔

플레이어 1인 / 메모리카드 1블록 / 아날로그 컨트롤러 지원

이데 요스케 명인이 등장하는 마작 게임. 작패 명칭부터 점수 계산까지, 이 게임으로 마작을 기초부터 배울 수 있다. '마작교실'·'프리 마작'·'토너먼트' 세 모드를 탑재했다.

All Star Tennis '99

UBISOFT　스포츠　1999년 12월 2일　5,800엔

플레이어 1~2인 / 메모리카드 1~8블록

마이클 창 등의 유명 프로 선수 8명이 등장하는 본격 3D 테니스 게임. 프로 선수의 고유한 공놀림을 모션 캡처로 수록하여, 리얼한 3D 그래픽으로 충실히 재현했다.

어른의 놀이 : 니치부츠 컬렉션 2000

일본물산　테이블　1999년 12월 2일　3,800엔

플레이어 1인 / 아날로그 컨트롤러 지원

초보자부터 숙련자까지 포괄하는, 그야말로 '어른의 놀이'(?)라 할 만한 고전적인 게임들을 즐길 수 있다. 화투(코이코이)·블랙잭·마작 3종류의 게임을 수록했다.

쿠클로테아트로 : 유구의 눈동자

선 소프트　RPG　1999년 12월 2일　5,800엔

플레이어 1인 / 메모리카드 1블록 / 아날로그 컨트롤러 지원

진화하며 싸우는 '머펫 몬스터'의 도움으로 세계의 평화를 되찾아야 하는 RPG. 머펫 몬스터는 보석의 힘으로 진화한다. 일러스트레이터 오세 코히메가 캐릭터 디자인을 맡았다.

실황 J리그 1999 퍼펙트 스트라이커

코나미　스포츠　1999년 12월 2일　5,800엔

플레이어 1~2인　메모리카드 5블록　멀티탭지원 1~4인　아날로그 컨트롤러 지원

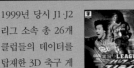

1999년 당시 J1·J2 리그 소속 총 26개 클럽들의 데이터를 탑재한 3D 축구 게임. 다채로운 액션을 구사할 수 있어, 자신만의 플레이스타일로 시합 전개가 가능하다.

타잔

고니미　액션　1999년 12월 2일　5,800엔

플레이어 1인　메모리카드 1블록　아날로그 컨트롤러 지원

같은 제목 디즈니 극장판 애니메이션의 3D 액션 게임판. 일본 개봉에 앞서 발매되었다. 동물들 사이에서 자라난 야생소년 타잔을 조작해, 다채로운 총 14스테이지를 공략하자.

제 2차 슈퍼로봇대전

반프레스토　시뮬레이션 RPG　1999년 12월 2일　2,000엔

플레이어 1인　메모리카드 2 15블록

패미컴으로 발매된 원작을 「슈퍼로봇대전 F」의 시스템 기반으로 리메이크한 작품. 컴플리트 박스 버전보다 획득하는 자금이 많아지도록 밸런스를 조정했다.

대항해시대 IV : PORTO ESTADO

코에이　시뮬레이션　1999년 12월 2일　6,800엔

플레이어 1인　메모리카드 5블록　아날로그 컨트롤러 지원

인기 시뮬레이션 게임의 제 4탄. 3명의 주인공 중에서 하나를 골라 7대양을 누벼보자. 세계 각지를 모험하면서 유적의 비밀을 풀어내, '패자의 증표'를 입수해야 한다.

DX 인생게임 III

타카라　파티　1999년 12월 2일　5,800엔

플레이어 1~4인　메모리카드 2블록　멀티탭지원 1~4인　아날로그 컨트롤러 지원

인기 시리즈 제 3탄. '인생게임' 팬을 위해, 시리즈의 장점만 모은 초강력 파워업판이다. 보너스 모드와 미니게임도 있고, 맵 에디트 기능으로 언제든 신선한 맵을 즐길 수 있다.

어디서나 함께 : 포켓스테이션도 함께

소니컴퓨터엔터테인먼트　커뮤니케이션　1999년 12월 2일　6,800엔

플레이어 1인　메모리카드 1블록　PocketStation 지원 15블록

같은 해 7월 22일 발매됐던 「어디서나 함께」와 포켓스테이션을 합본한 염가판. 이 패키지 하나면 포켓스테이션 안의 포케피와 어디서나 대화를 즐길 수 있다.

드래곤 밸러

남코　액션　1999년 12월 2일　6,800엔

플레이어 1인　메모리카드 1블록　아날로그 컨트롤러 지원

「드래곤 버스터」의 세계관을 기반으로 제작한 3D 액션 게임. 멸룡사(滅龍士)인 주인공이, 각 장별로 여러 세대에 걸쳐 드래곤과의 장대한 싸움을 펼친다.

파치슬로 제왕 3 : 시 마스터 X·입실론 R·와글와글 펄서 2

미디어 엔터테인먼트　파치슬로　1999년 12월 2일　5,800엔

플레이어 1인　메모리카드 1블록　아날로그 컨트롤러 지원　PocketStation 지원 메모리카드 +3블록

야마사 사의 3개 기종을 수록한 파친코 실기 시뮬레이터. '시 마스터 X'·'입실론 R'·'와글와글 펄서 2'를 수록했으며, 실기 공략에 필요불가결한 기능도 탑재했다.

마이 홈 드림 2

빅터 인터랙티브 소프트웨어　시뮬레이션　1999년 12월 2일　5,800엔

플레이어 1인　메모리카드 6블록

나만의 꿈의 집을 설계하고 맨션도 경영해볼 수 있는 시뮬레이션 게임. 일단 주택전시장에서 취향에 맞는 디자인의 집을 찾아낸 다음, 이를 참고해 설계를 시작해보자.

루나틱 돈 오디세이

아트딩크　RPG　1999년 12월 2일　5,800엔

플레이어 1인　메모리카드 7블록

환상의 대륙 '아크엘드'가 무대인 인기 시리즈의 속편. 높은 자유도가 특징으로서, 플레이어의 선택에 따라 용사로 유명해질 수도 있고, 어둠의 제왕으로 군림할 수도 있다.

주변기기 지원 아이콘　 플레이어 1~2인　 메모리카드 1~2블록　 멀티탭지원 1~4인　 마우스 지원　 대전케이블 지원 2대　 아날로그 조이스틱 SCPH0111(SCEI) 지원　아날로그 컨트롤러 지원　PocketStation 지원 메모리카드 1~2블록　휴대전화 접속 케이블 지원 (도코모 (모드 휴대전화)지원)　특제 컨트롤러 SLPH00001(남코) 지원

레전드 오브 드라군

소니컴퓨터엔터테인먼트　RPG　1999년 12월 2일　6,800엔

플레이어 1인 | 메모리카드 1블록 | 아날로그 컨트롤러 지원 | PocketStation 지원 | 메모리카드 +9블록

플레이스테이션으로는 최고 수준의 미려한 그래픽이 특징인 RPG. 타이밍에 맞춰 버튼을 누르는 연속공격과 드라군으로의 변신 등, 참신한 시스템을 다수 탑재했다.

액션 배스

시스컴 엔터테인먼트　스포츠　1999년 12월 9일　4,800엔

플레이어 1인 | 메모리카드 1블록 | 아날로그 컨트롤러 지원 | 특제 컨트롤러 SLPH00100(아스키)지원

심플한 조작으로 초보자라도 루어 낚시를 마음껏 즐길 수 있도록 한, 액션성이 강한 낚시 게임. 물고기(배스)와 낚싯줄을 통해 신경전을 벌여, 대어를 잔뜩 낚아보자.

가족용 엔터테인먼트 시리즈 : TV 종이인형극 Vol.1

코나미　기타　1999년 12월 9일　2,800엔

플레이어 1인 | 메모리카드 1블록

세계의 유명한 어린이용 동화를 부모·자식이 함께 즐기는 것이 목적인 작품. '엄지공주'·'아기돼지 3형제'·'백설공주' 3개 작품의 낭독 모드와 미니게임을 수록했다.

SIMPLE 1500 시리즈 Vol.22 : THE 프로레슬링

D3 퍼블리셔　스포츠　1999년 12월 9일　1,500엔

플레이어 1~2인 | 메모리카드 1블록

풀 폴리곤으로 제작된 레슬러 20명이 등장하는 프로레슬링 게임. 싱글 매치·데스매치·배틀 로얄·타이틀 매치 등을 즐길 수 있으며, 에디트 기능도 있다.

SIMPLE 1500 시리즈 Vol.23 : THE 게이트볼

D3 퍼블리셔　스포츠　1999년 12월 9일　1,500엔

플레이어 1~2인

일본이 발상지인 스포츠, 게이트볼을 즐기는 타이틀. 게임 모드는 '프리 대전'과 '대회'로 나뉘며, 25명의 캐릭터로 승리를 다툰다. 규칙 해설 모드도 수록했다.

SIMPLE 1500 시리즈 Vol.24 : THE 건 슈팅

D3 퍼블리셔　건 슈팅　1999년 12월 9일　1,500엔

플레이어 1~2인 | 메모리카드 1블록 | 특제 컨트롤러 SLPH00034(남코)지원

시리즈 최초의 슈팅 게임. 세계관 디자인을 타츠노코 프로덕션이 맡았으며, 아프리카 대륙을 무대로 기계병기를 조작하는 밀렵단과의 싸움을 벌인다는 스토리가 전개된다.

스타워즈 에피소드 1 : 보이지 않는 위험

일렉트로닉 아츠 스퀘어　어드벤처　1999년 12월 9일　5,800엔

플레이어 1인 | 메모리카드 1블록 | 아날로그 컨트롤러 지원

같은 제목 인기 영화의 세계를 완전 게임화했다. 스크린으로 펼쳐졌던 모험 전체를 게임 내에서도 재현한다. 오비완 혹은 콰이곤을 조작하여, 최초의 스토리를 다시 체험해보자.

창마등

테크모　액션　1999년 12월 9일　5,800엔

플레이어 1인 | 메모리카드 1블록 | 아날로그 컨트롤러 지원

「각명관」 시리즈의 제 3탄. 플레이어가 악을 행한다는 역발상으로 탄생한 트랩 액션 게임이다. 함정 커스터마이징이 가능해져 자유도가 향상됐고, 그래픽 퀄리티도 올라갔다.

댄싱 스테이지 featuring TRUE KiSS DESTiNATiON

코나미　리듬 액션　1999년 12월 9일　4,800엔

플레이어 1~2인 | 메모리카드 1블록 | 특제 컨트롤러 RU017(코나미)지원

타이틀명대로, 코무로 테츠야·요시다 아사미의 유닛을 피처링한 댄스 게임. 전용 동영상과 함께 수록된 총 11곡을 다양한 난이도로 댄스하며 즐길 수 있다.

전차로 GO! : 프로페셔널 사양

타이토　시뮬레이션　1999년 12월 9일　5,800엔

플레이어 1인 | 메모리카드 1블록 | 아날로그 컨트롤러 지원 | PocketStation 지원 | 메모리카드 +3블록 | 특제 컨트롤러 SLPH00051(톤타와)지원

인기 전철 운전 시 플레이어의 가정용 오리지널 작품. 수록 노선수가 매우 많아 도전할 맛이 나는 게임이다. 포켓스테이션으로는 미니게임 '전GO'를 즐길 수 있다.

트랜스포머 : 비스트 워즈 메탈스 -격돌!한바탕 배틀

타카라　액션　1999년 12월 9일　4,800엔

플레이어 1~2인 / 메모리 카드 1블록 / 아날로그 컨트롤러 지원

같은 제목 3D 애니메이션의 게임판이자, 옵티머스 프라임·메가트론 등이 한바탕 날뛰는 대전 액션 게임. 한쪽 진영을 골라 10개 스테이지를 클리어하자. 캐릭터 음성도 나온다.

팔러 프로 8

남코 / 니혼 텔레네트　파친코　1999년 12월 9일　5,200엔

플레이어 1인 / 메모리 카드 1블록

구슬 대량 획득기와 시간단축 디지파치 등, 당시에는 없었던 기능이 많아 대히트했던 '매지컬 체이서 3' 등의 3개 기종을 수록한 파친코 실기 시뮬레이터.

뱀파이어 헌터 D

빅터 인터랙티브 소프트웨어　액션　1999년 12월 9일　5,800엔

플레이어 1인 / 메모리 카드 1블록 / 아날로그 컨트롤러 지원

키쿠치 히데유키의 초인기 소설을 게임화했다. 멀티 시나리오로 전개되는 흡혈귀 호러 액션 게임. 원작 소설의 제 3권 'D-요살행' 기반의 오리지널 스토리가 펼쳐진다.

비브리본

소니컴퓨터엔터테인먼트　리듬 액션　1999년 12월 9일　4,800엔

플레이어 1인 / 아날로그 컨트롤러 지원

음악에 맞춰 생성된 장애물을, 대응 버튼을 정확한 타이밍에 눌러 돌파하자. 다른 음악 CD를 넣으면 장애물을 자동 생성하는 기능 덕에, 좋아하는 곡으로 플레이할 수 있다.

HEIWA 파친코 그래피티 Vol.1

아쿠아 루주　파친코　1999년 12월 9일　3,800엔

플레이어 1인 / 메모리 카드 2블록

디지파치 계 기기가 가장 인기였던 시절의 명기를 수록한 실기 시뮬레이터. 잭팟 종료 후의 보류 구슬 연장으로 유저를 매료시켰던 대히트 기종 '마작 이야기' 등을 수록했다.

HEIWA 파친코 그래피티 Vol.2

아쿠아 루주　파친코　1999년 12월 9일　3,800엔

플레이어 1인 / 메모리 카드 2블록

다채로운 리치 액션, 연장으로 얻는 구슬의 사출 성능으로 인기를 얻은 '요코도리 이야기' 등의 3개 기종을 수록한 실기 시뮬레이터. 사운드 모드에서는 BGM도 들어볼 수 있다.

유희왕 진 듀얼몬스터즈 : 봉인된 기억

코나미　카드 배틀　1999년 12월 9일　5,800엔

플레이어 1~2인 / 메모리 카드 1블록 / PocketStation 지원 / 메모리 카드 +4블록

같은 제목의 인기 만화를 게임화했다. 카드 배틀을 3D화해 원작 만화의 '이 매지네이션 배틀'을 재현한다. 입체환상화된 600종 이상의 몬스터들이 화면 내에서 날뛴다.

랜드 메이커

타이토　퍼즐　1999년 12월 9일　4,800엔

플레이어 1~2인 / 메모리 카드 1블록 / 아날로그 컨트롤러 지원 / PocketStation 지원 / 메모리 카드 +4블록

고대 중국이라는 세계관으로 진행되는 대전 퍼즐 게임. 비슷한 바둑판 모양의 필드에 피스를 발사해 같은 색의 정사각형 건물을 만들어 없애면, 적에게 방해 블록을 보낸다.

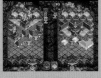

레 콘체르트 : 피아니시모

와라시　리듬 액션　1999년 12월 9일　4,800엔

플레이어 1인 / 메모리 카드 1블록 / 아날로그 컨트롤러 지원

지휘자가 되어 지휘봉을 휘두르며 오케스트라를 지휘하는 음악 시뮬레이션 게임. 타이밍에 맞춰 버튼을 눌러 지휘하자. 차이코프스키와 슈트라우스의 명곡을 수록했다.

레 콘체르트 : 포르티시모

와라시　리듬 액션　1999년 12월 9일　4,800엔

플레이어 1인 / 메모리 카드 1블록 / 아날로그 컨트롤러 지원

손쉽게 지휘자 기분을 낼 수 있는 세계 최초의 오케스트라 시뮬레이션 게임. 「피아니시모」의 어나더 버전이며, 이쪽은 모차르트와 비제의 주옥같은 클래식 명곡을 수록했다.

주변기기 지원 아이콘　플레이어 1~2인　메모리 카드 1~2블록　멀티탭 지원 1~4인　마우스 지원　대전 케이블 2대　아날로그 조이스틱 SCPH0111(SCEI)지원　아날로그 컨트롤러 지원　PocketStation 지원　메모리 카드 1~2블록　휴대전화 접속 케이블 지원 (도코모 i 모드 휴대전화 지원)　특제 컨트롤러 SLPH00001(남코)지원

록맨 6 : 사상 최대의 싸움!!

캡콤　액션　1999년 12월 9일　2,800엔

플레이어 1인 / 메모리 카드 1블록 / 아날로그 컨트롤러 지원 / PocketStation 지원 / 메모리 카드 +13블록

패미컴판 이식작 제6탄. 러시와 합체하여 '제트 록맨'·'파워 록맨'으로 변신이 가능해졌다. 배경음악은 원곡 버전과 편곡 버전 중에서 선택할 수 있다.

서던 올 스타즈 : SPACE MOSA

오라시온　기타　1999년 12월 10일　7,800엔

플레이어 1인

일본의 국민적인 인기 록 밴드 '서던 올 스타즈'의 활약을 집약한 데이터베이스 소프트. 데뷔 후부터 당시까지 발표했던 총 221곡을 수록했으며, 음반 재킷·가사도 보여준다.

그란 투리스모 2

소니컴퓨터엔터테인먼트　레이싱　1999년 12월 11일　6,800엔

플레이어 1~2인 / 메모리 카드 4~15블록 / 아날로그 컨트롤러 지원 / 특제 컨트롤러 SLPH00001~00069(넘)(코)(파)

인기 레이싱 게임 「그란 투리스모」 시리즈의 2번째 작품. 레이스에서 획득한 상금으로 차를 구입하고 튜닝하여 다음 상위 레이스의 클리어를 노리는 '그란 투리스모 모드', 일반적인 레이싱 게임처럼 즐기는 '아케이드 모드'라는 2가지 플레이스타일을 제공했다. CD 2장 용량에 걸맞게, 무려 전작의 5배인 500차종 이상이라는 압도적인 수의 차량을 수록했다.

아트 카미온 : 예술전

TYO 엔터테인먼트　레이싱　1999년 12월 12일　5,800엔

플레이어 1~2인 / 메모리 카드 1~15블록 / 아날로그 컨트롤러 지원

천하제일의 트럭 사나이가 목표인 '데코토라' 게임. 아트 트럭계의 카리스마 화가 세키쿠치 미사오가 감수했고, 트럭 부품도 2만 종 이상 나온다. 나만의 '데코토라'로 폭주해보자!

근육 랭킹 Vol.1 : 내가 최강의 남자다!

코나미　스포츠　1999년 12월 16일　5,800엔

플레이어 1~2인 / 메모리 카드 2블록 / 아날로그 컨트롤러 지원

일본 TBS 계열의 인기 프로 '근육 랭킹'을 게임화했다. 프로에서 인기가 많았던 '삼진 아웃'·'몬스터 박스' 등 8종의 경기를 즐길 수 있다. 실황은 후루타치 이치로가 맡았다.

쿠델카

SNK　RPG　1999년 12월 16일　6,800엔

플레이어 1인 / 메모리 카드 1블록 / 아날로그 컨트롤러 지원

19세기 말엽의 영국이 무대인 고딕 호러 RPG. 주인공인 소녀 '쿠델카'를 조작해 건물 안을 탐색하자. 모션 캡처로 만들어낸 근사한 캐릭터 모션이 특징이다.

크래시 밴디쿳 레이싱

소니컴퓨터엔터테인먼트　레이싱　1999년 12월 16일　5,800엔

플레이어 1~2인 / 메모리 카드 1~15블록 / 멀티탭 지원 1~4인 / 아날로그 컨트롤러 지원 / 특제 컨트롤러 SLPH00001~00069(넘)(코)(파)

시리즈의 캐릭터들이 등장하는 레이싱 게임. 드리프트 도중에 3회까지 가속되는 '터보 부스트'가 특징으로서, 직선로에서도 드리프트를 잘 활용하면 상쾌한 가속이 가능하다.

클릭 만화 : 다이내믹 로봇 대전 2 - 공포! 악마족 부활

토쿠마쇼텐　기타　1999년 12월 16일　2,000엔

플레이어 1인 / 메모리 카드 1블록 / 아날로그 컨트롤러 지원

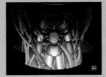

나가이 고 원작의 슈퍼로봇들이 활약하는 디지털 코믹의 제2탄. 이번에도 오리지널 스토리로서, 데빌맨도 참전한다. 데몬 일족까지도 엮이는 등, 수수께끼가 더욱 깊어진다.

군페이

반다이　퍼즐　1999년 12월 16일　3,800엔

플레이어 1~2인 / 메모리 카드 3블록 / 아날로그 컨트롤러 지원

아래에서 서서히 밀려올라오는 선을 좌단에서 우단까지 연결시켜 없애나가는 퍼즐 게임. 없어지기 전에 또 연결하면 연쇄도 가능. '무한'·'스테이지'·'퍼즐'·'대전' 모드가 있다.

게이트 키퍼즈

카도카와쇼텐　시뮬레이션 RPG　1999년 12월 16일　6,800엔

플레이어 1인 | 메모리카드 1블록 | 아날로그 컨트롤러 지원

같은 제목의 미디어믹스 작품 중 하나. 고도성장기의 일본을 무대로, 인베이더와 싸우는 시뮬레이션 RPG. 히로인들과 대화해 깊은 사이가 되어, 배틀을 유리하게 전개하자.

더 넥스트 테트리스 디럭스

BPS　퍼즐　1999년 12월 16일　4,800엔

플레이어 1~2인 | 메모리카드 3블록 | 아날로그 컨트롤러 지원

정통 낙하계 퍼즐 게임. 이번엔 블록 하나만 색이 다른 테트리미노가 나오며, 줄이 없어질 때 아래가 비어있으면 그 틈으로 떨어져 쌓이는 신규 룰 덕에 플레이가 신선해졌다.

증기기관차 운전 시뮬레이션: SL로 가자! II 하코다테 본선편

토미　시뮬레이션　1999년 12월 16일　5,800엔

플레이어 1~2인 | 메모리카드 1블록 | 아날로그 컨트롤러 지원

1998년 발매되었던 「SL로 가자!」의 속편. 일본 국철 사상 최대·최고속 SL인 'C62'를 실제 운용했던 하코다테 본선(오타루~니세코 구간)의 영상을 관람하며 주행할 수 있다.

마이크로맨: 제네레이션 2000

타카라　어드벤처　1999년 12월 16일　5,800엔

플레이어 1~2인 | 메모리카드 1블록 | 아날로그 컨트롤러 지원

타카라의 완구(원제는 '초자력전사 미크로맨')가 원작인 어드벤처 게임. 아크로이어 군단에 사로잡힌 마이크로맨을 구하러, 플레이어가 직접 마이크로맨이 되어 싸운다는 스토리.

네오룬드: 각인된 문장

테크노 소프트　RPG　1999년 12월 16일　5,800엔

플레이어 1인 | 메모리카드 1블록 | 마우스 지원 | 아날로그 컨트롤러 지원

리딩 RPG 시리즈의 제 3탄. 2편의 수년 후 세계에서, 신규 멤버들로 구성된 파티가 새로운 모험을 떠난다. 파티를 분할해 개별 행동할 수 있는 '분산 시스템'을 채택했다.

폭주 데코토라 전설 2: 남아의 인생은 꿈의 외길

스파이크　레이싱　1999년 12월 16일　5,800엔

플레이어 1~2인 | 메모리카드 8블록 | 아날로그 컨트롤러 지원

엔카를 크게 틀고 장거리 트럭으로 일본 국도를 내달리는 타이틀의 속편. 화물과 적재량을 변경하는 신규 요소 탓에, 트럭의 주행능력과 상금액을 저울질하며 진행해야 한다.

패러사이트 이브 2

스퀘어　어드벤처　1999년 12월 16일　6,800엔

플레이어 1인 | 메모리카드 1블록 | 아날로그 컨트롤러 지원

게임 장르를 '시네마틱 어드벤처'로 바꾼, 시리즈 2번째 작품. 주인공 '아야 블레어'는 전작으로부터 3년 후에 벌어진 새로운 사건에 휘말리게 된다.

필살 파치슬로 스테이션 SP: 야마사★베스트 초이스

선 소프트　파치슬로　1999년 12월 16일　2,800엔

플레이어 1인 | 아날로그 컨트롤러 지원 | 특제 컨트롤러 오버H00098(닌혼시스템)지원

수많은 명기를 배출한 야마사 사의 파치슬로 기기 중, '뉴 펄서'·'퍼카고로'·'카게츠' 등을 수록한 실기 시뮬레이터. 초보자용 기능으로서, 릴의 속도 변경도 가능하다.

뿌요뿌욘: 카 군과 함께

컴파일　퍼즐　1999년 12월 16일　4,980엔

플레이어 1~2인 | 메모리카드 1블록 | 아날로그 컨트롤러 지원 | PocketStation 지원 | 메모리카드 +14블록

시리즈 4편인 「뿌요뿌욘」에, 배틀로 카레 재료를 모으는 '카레 스토리' 등의 신규 모드를 추가한 타이틀. 포켓스테이션이 있으면 카뷰클을 담아 외출할 수도 있다.

목장이야기: 하베스트 문

빅터 인터랙티브 소프트웨어　시뮬레이션　1999년 12월 16일　5,800엔

플레이어 1인 | 메모리카드 4블록 | 아날로그 컨트롤러 지원 | PocketStation 지원 | 메모리카드 +10블록

목장을 경영하며 느긋하게 생활하는 시뮬레이션 게임 시리즈의 5번째 작품. 목장 일을 돕는 '코로보쿠르'를 포켓스테이션으로 육성 가능해졌고, 신규 채소·요리 등도 추가했다.

주변기기 지원 아이콘 | 플레이어 1~2인 | 메모리카드 1~2블록 | 멀티탭지원 1~4인 | 마우스 지원 | 대전케이블 2대 | 아날로그 조이스틱 SCPH0111(SCEI) 지원 | 아날로그 컨트롤러 지원 | PocketStation 지원 | 메모리카드 1~2블록 | 휴대전화 접속 케이블 지원 (도코모)(모드 휴대전화지원) | 특제 컨트롤러 SLPH00001(남코) 지원

포켓여친 : 아이다 유미

데이텀 폴리스타   시뮬레이션   1999년 12월 16일   3,800엔

플레이어 1인 | 아날로그 컨트롤러 지원 | PocketStation 필수 | 메모리 카드 8블록

옆집의 소녀를 7년간 (현실 시간으론 7일간) 육성하는 실시간 육성 시뮬레이션 게임. 포켓스테이션으로 육성하고 PS 본체에 연결하면, 시간·육성내용별로 다양한 이벤트가 나온다.

포켓여친 : 우에노 후미오

데이텀 폴리스타   시뮬레이션   1999년 12월 16일   3,800엔

플레이어 1인 | 아날로그 컨트롤러 지원 | PocketStation 필수 | 메모리 카드 8블록

포켓스테이션으로 소녀를 육성하고, PS 본체에서 이벤트를 보는 육성 시뮬레이션 게임. 히로인별로 3가지 버전이 나왔으며, 이 작품은 활발하고 보이시한 후미오가 히로인이다.

포켓여친 : 호죠인 시즈카

데이텀 폴리스타   시뮬레이션   1999년 12월 16일   3,800엔

플레이어 1인 | 아날로그 컨트롤러 지원 | PocketStation 필수 | 메모리 카드 8블록

포켓스테이션으로 소녀를 육성하고, PS 본체로는 시간·육성 상황이 반영된 다양한 이벤트를 보는 육성 시뮬레이션 게임. 이 작품에선 땋은머리 안경소녀인 시즈카가 히로인이다.

모모타로 전철 V

허드슨   파티   1999년 12월 16일   5,800엔

플레이어 1~4인 | 메모리 카드 1~3블록 | 멀티탭 지원 1~4인 | PocketStation 지원 | 메모리 카드 11블록

인기 보드 게임 시리즈 작품의 신작. 언제나처럼 재산을 늘려가는 일반 룰은 물론, 오히려 재산 마이너스를 경쟁하거나 모든 역 건물을 찍고 가는 등의 변칙 룰도 준비했다.

'모리타 사고' 탑재 시리즈 : 모리타 카즈로의 오목과 렌쥬

유키 엔터프라이즈   테이블   1999년 12월 16일   1,500엔

플레이어 1~2인 | 메모리 카드 1블록

컴퓨터용 테이블 게임의 권위자였던 모리타 카즈로가 개발한 사고루틴을 탑재한 타이틀. 4단계 난이도의 CPU를 상대로 오목·렌쥬 대결을 펼친다. 규칙 설명도 수록했다.

'모리타 사고' 탑재 시리즈 : 모리타 카즈로의 체스

유키 엔터프라이즈   체스   1999년 12월 16일   1,500엔

플레이어 1~2인 | 메모리 카드 1블록

모리타 카즈로의 사고루틴을 탑재한 컴퓨터 체스 게임. 수 물리기와 조언 기능을 탑재했으며, 4단계 난이도의 CPU에 도전하면서 실력을 연마한다. 2인 대전도 지원한다.

'모리타 사고' 탑재 시리즈 : 모리타 카즈로의 화투

유키 엔터프라이즈   화투   1999년 12월 16일   1,500엔

플레이어 1인 | 메모리 카드 1블록

모리타 카즈로가 개발한 사고루틴을 탑재한 컴퓨터 화투 게임. 하나아와세·코이코이·오이쵸카부 3종의 게임을 탑재했다. 규칙 해설과 대전 성적 확인 기능도 있다.

몬스터 퍼니시

테이치쿠   파티   1999년 12월 16일   4,800엔

플레이어 1~4인 | 메모리 카드 1블록 | 멀티탭지원 1~4인 | 아날로그 컨트롤러 지원

몬스터가 들끓는 마을에서, 헌터들 간의 뜨거운 배틀과 진흙탕 싸움이 펼쳐지는 4인제 보드 게임. 받은 패를 최대한 잘 활용하면서, 제한시간 내에 최고 포인트를 벌어보자.

LOVE & DESTROY

소니컴퓨터엔터테인먼트   3D 슈팅   1999년 12월 16일   5,800엔

플레이어 1인 | 메모리 카드 1블록 | 아날로그 컨트롤러 지원

소녀의 호감도가 로봇의 성능과 연동되는 연애 슈팅 게임. 액션 신에서 고득점을 올리면 소녀의 호감도가 오른다. 캐릭터는 카츠라 마사카즈, 애니메이션은 프로덕션 IG가 맡았다.

카운트다운 뱀파이어즈

반다이   액션   1999년 12월 22일   6,800엔

플레이어 1인 | 메모리 카드 3블록 | 아날로그 컨트롤러 지원

카지노 호텔에서의 파티 도중 갑자기 뱀파이어화돼 버린 사람들을 구해야 하는 호러 액션 게임. 주인공 형사가 되어, 마취총과 '하얀 물'로 뱀파이어화된 사람들을 구출하자.

발키리 프로파일

에닉스　RPG　1999년 12월 22일　6,800엔

플레이어 1인　메모리카드 2블록　아날로그 컨트롤러 지원

북유럽 신화가 모티브로서, 종말전쟁을 위해 영웅의 혼을 모으는 발키리의 사명과 결단을 그린 RPG. 일정 기간 내에 혼을 육성해 신계로 보내면 신계의 전황이 변화하여, 최종적으로 3가지 엔딩 중 하나로 분기된다. 동료로 남길 영웅과 신계로 보낼 영웅의 밸런스 조절이 중요하다. 영웅이 어떻게 죽었는지까지 세세히 묘사한 애절한 스토리로 인기를 얻었다.

귀안성

코단샤　어드벤처　1999년 12월 22일　5,800엔

플레이어 1인　메모리카드 1블록　아날로그 컨트롤러 지원

납치된 소녀를 구출하려, 주인공이 난공불락의 귀안성에 도전하는 본격 시대극 어드벤처 게임. 숨겨진 문·낙석 등의 여러 함정을 피하거나 이용하며 스테이지를 공략한다.

글로컬 헥사이트

로커스　퍼즐　1999년 12월 22일　3,800엔

플레이어 1~7인　메모리카드 1블록

7종류의 패널을 정해진 조건에 따라 보드 위에 교대로 배치하며 점수를 겨루는 대전 퍼즐 게임. 플레이스테이션판은 스토리 모드를 수록해, 혼자서도 즐길 수 있다.

검객이문록 : 되살아나는 창홍의 칼날 - 사무라이 스피리츠 신장

SNK　3D 대전격투　1999년 12월 22일　5,800엔

플레이어 1~2인　메모리카드 1블록　아날로그 컨트롤러 지원　PocketStation 지원　메모리카드 +14블록

무기로 겨루는 대전 격투 게임 「사무라이 스피리츠」 시리즈의 외전작. 「아수라 참마전」의 20년 후를 무대로, 새로운 주인공 '쿠키 세이시로'가 활약한다. 등장 캐릭터는 23명.

더 심리 게임 5

비지트　점술　1999년 12월 22일　1,500엔

플레이어 1~2인

장기 시리즈화된 작품의 제 5탄. '당신이라면 어떻게?', 'YES·NO', '상성 진단', 커서를 움직이며 즐기는 '크리크리 클릭', 다인용 모드 '당신이 No.1'을 수록했다.

XI[sai] JUMBO

소니컴퓨터엔터테인먼트　퍼즐　1999년 12월 22일　5,800엔

플레이어 1~2인　메모리카드 1~5블록　아날로그 컨트롤러 지원

액션 퍼즐 게임 「XI[sai]」에 신규 액션 등을 추가한 타이틀. 주사위 위에 주사위를 쌓는 '예약 체인', 강적이 등장하는 새로운 배틀 등, 신규 시스템·요소를 잔뜩 넣었다.

J리그 사커 실황 서바이벌 리그

테크모　스포츠　1999년 12월 22일　5,800엔

플레이어 1~2인　메모리카드 1~3블록　아날로그 컨트롤러 지원

J1·J2 리그 총 26개 팀의 선수들이 실명으로 등장하는 축구 게임. 플레이 내용을 실시간으로 체크해 선수의 평가·비평이 '실황' 내용에 반영되는 것으로도 화제가 된 타이틀이다.

SuperLite 1500 시리즈 : UNO

석세스　테이블　1999년 12월 22일　1,500엔

플레이어 1~2인　메모리카드 1블록

전 세계에서 사랑받는 보드 게임 'UNO'를 플레이스테이션으로 간단히 즐긴다. 기본인 대인전을 비롯해, 스토리까지 들어간 '어드밴스 모드'로 CPU와의 승부도 즐겨보자.

SuperLite 1500 시리즈 : 슈퍼 카지노

석세스　테이블　1999년 12월 22일　1,500엔

플레이어 1~2인　메모리카드 1블록　멀티탭 지원 1~4인

카지노에서 7종류의 게임을 즐길 수 있는 테이블 게임. '바카라'·'룰렛'·'렛잇 벳'·'블랙잭'·'비디오 포커'·'슬롯머신'·'키노'를 수록하였다.

주변기기 지원 아이콘　플레이어 1~2인　메모리카드 1~2블록　 멀티탭 지원 1~4인　 마우스 지원　 대전 케이블 2대　 아날로그 조이스틱 SCPH0111(SCE) 지원　 아날로그 컨트롤러 지원　 PocketStation 지원 메모리카드 1~2블록　 휴대전화 접속 케이블 지원(도코모 모드 휴대전화 지원)　특제 컨트롤러 SLPH00001(남코) 지원

SuperLite 1500 시리즈 : 배틀 말판놀이 '헌터'

석세스　파티　1999년 12월 22일　1,500엔

플레이어 1~4인　메모리 카드 1블록　멀티탭 지원 1~4인　아날로그 컨트롤러 지원

AI의 반역으로 문명이 붕괴된 후의 세계를 그린 말판놀이 RPG. 손패와 주사위를 조합하여 이동과 배틀을 펼치며, 과거의 유산을 회수하는 헌터로서의 임무를 완수하자.

스트리트 파이터 EX2 PLUS

캡콤　3D 대전격투　1999년 12월 22일　5,800엔

플레이어 1~2인　메모리 카드 1~8블록

3D 그래픽의 2D 대전형 격투 게임 제 2탄. 액슬 시스템으로 자신만의 오리지널 콤보를 만들 수 있다. 플레이스테이션판은 아케이드판에서 삭제됐던 캐릭터도 부활시켰다.

스펙트럴 블레이드

아이디어 팩토리　RPG　1999년 12월 22일　5,800엔

플레이어 1인　메모리 카드 1~2블록　아날로그 컨트롤러 지원

「스펙트럴 포스」와 동일한 세계 '네버랜드'가 무대인 RPG. 장비한 무기의 조합에 따라 특성 및 기술이 변화하며, 기합을 모아 행동하는 전투 시스템을 탑재하였다.

제 3차 슈퍼로봇대전

반프레스토　시뮬레이션 RPG　1999년 12월 22일　2,000엔

플레이어 1인　메모리 카드 2~15블록

슈퍼 패미컴판의 원작을 「슈퍼로봇대전 F」의 시스템 기반으로 리메이크한 작품. 컴플리트 박스 버전보다 획득하는 자금이 많아지도록 밸런스를 조정했다.

댄스 댄스 레볼루션 2nd ReMIX : APPEND CLUB VERSION Vol.2

코나미　리듬 액션　1999년 12월 22일　2,800엔

플레이어 1~2인　메모리 카드 1~15블록　아날로그 컨트롤러 지원　특제 컨트롤러 RU017(코나미)지원

구동하려면 PS판 「댄스 댄스 레볼루션」의 2nd 혹은 3rd판 시스템 디스크가 필요한 어펜드 디스크. Vol.1의 미수록곡과, 2P·어나더 선택시 변화되는 곡 등을 수록했다.

초코보 컬렉션

스퀘어　기타　1999년 12월 22일　7,800엔

플레이어 소프트별 다름　메모리 카드 소프트별 다름

같은 날 발매된 「초코보 스탈리온」과 이전 발매했던 「초코보 레이싱」두 게임에, 오리지널 신작 「주사위로 초코보」까지 합본했다! 초코보 등장 10주년 기념 타이틀.

초코보 스탈리언

스퀘어　시뮬레이션　1999년 12월 22일　4,800엔

플레이어 1인　메모리 카드 9블록　PocketStation 지원　메모리 카드 +5블록

초코보를 경주용 새로 삼아 레이스에 출주시키고 육성시킬 수도 있는 목장 경영 시뮬레이션 게임. 동시 발매된 「초코보 컬렉션」에도 수록된 타이틀이다.

디지몬월드 : 디지털 카드 배틀

반다이　카드 배틀　1999년 12월 22일　5,800엔

플레이어 1~2인　메모리 카드 1~3블록

카드별로 위력이 정해지는 디지털 월드를 무대로 삼아, 전설의 '세븐즈 카드'를 찾아내자. 인기 디지몬들이 카드에서 튀어나와 박력 넘치는 3D 배틀을 전개한다.

톨 ∞(언리미티드)

테크노 솔레유　퍼즐　1999년 12월 22일　3,800엔

플레이어 1인　메모리 카드 1블록

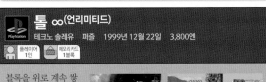

블록을 위로 계속 쌓아올리는 액션 퍼즐 게임. 4가지 색상의 블록을 굴려 같은 색면끼리 붙이면, 블록이 증식하여 탑이 위로 뻗어나간다. 탑을 계속 키워 우주로 나가보자.

나이나이의 멍탐정

남코　어드벤처　1999년 12월 22일　5,800엔

플레이어 1인　메모리 카드 1블록　아날로그 컨트롤러 지원

일본의 인기 코미디언 콤비 '나인티 나인'이, 계속 이어지는 난해한 사건들을 해결한다!? 오카무라의 폭주를 파트너 아베의 '펀치'으로 막아내며 개그 만점 스토리를 즐기자.

일본프로마작연맹 공인 : 도장 깨기 2

나그자트 마작 1999년 12월 22일 5,800엔

플레이어 1인 | 메모리카드 1블록

프로 작사가 친 1만 국 이상의 방대한 패 보 데이터를 수록한 마작 게임. 일본프로 마작연맹 공인 작품 으로서, 프로의 기록에 도전하는 모드와 비교·연구하는 모드도 탑재했다.

팔러 프로 주니어 Vol.4

CBC / 니혼 텔레네트 파친코 1999년 12월 22일 2,900엔

플레이어 1인

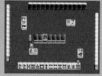

「팔러 프로 주니어」 시리즈의 제 4탄. 디지털 표시로 구 현한 다채로운 리치 액션으로 유명했던 '선더 스켈톤 X'를 수록한 파친코 실기 시뮬레이터다.

판처 프론트

아스키 시뮬레이션 1999년 12월 22일 6,800엔

플레이어 1인 | 메모리카드 1블록 | 아날로그 컨트롤러 지원 | 아날로그 조이스틱 SCPH0111(SCEI)지원

제2차 세계대전을 무대로, 당시 실존했 던 탱크에 탑승하여 부대를 지휘해 부여 받은 임무를 수행하 는 시뮬레이션 게임. 탱크의 리얼한 거동을 잘 구현해낸 것이 특징이다.

필살 파친코 스테이션 now 2 : 좋았어 일발 츠모츠모

선 소프트 파친코 1999년 12월 22일 2,800엔

플레이어 1인 | 아날로그 컨트롤러 지원 | 특제 컨트롤러 SLPH00007TEN연구소)지원 | 특제 컨트롤러 SLPH000070TEN연구소)지원

마작패로 표현한 다 채로운 리치 액션으 로 인기를 모았던 'CR 츠모츠모 천국 남2국'·'CR 츠모츠 모 천국 북1국' 2종류의 기기를 수록한 파친코 실기 시뮬레이터.

나는 항공관제사

시스컴 엔터테인먼트 시뮬레이션 1999년 12월 22일 5,800엔

플레이어 1인 | 메모리카드 1블록 | PocketStation 지원 | 메모리카드 +10블록

실존하는 일본 공항 의 관제사가 되어, 출발편·도착편 항 공기의 이착륙 허 가, 기체 유도 등의 스케줄을 잘 관리하여 사고가 없도록 하는 것이 목적인 게임이다.

미치노쿠 비탕 사랑 이야기 Kai

포그 어드벤처 1999년 12월 22일 3,800엔

플레이어 1인 | 메모리카드 3~6블록

1997년 발매했던 「미치노쿠 비탕 사 랑 이야기」의 개정 판. 화투 게임을 이 기면 상대 소녀의 사 진을 찍을 수 있다. 앨범 기능을 전면 개량했고, 그래픽도 대거 추가했다.

유구환상곡 3 : Perpetual Blue

미디어웍스 시뮬레이션 1999년 12월 22일 5,800엔

플레이어 1인 | 메모리카드 1~14블록 | 아날로그 컨트롤러 지원

인기 연애 육성 시 뮬레이션 시리즈의 3번째 작품. '팀워크' 가 테마로서, 동료와 함께 고난을 이겨낸 다는 스토리. 방대한 볼륨의 대화·이벤트는 시간에 따라 변화한다.

Love Game's : 와글와글 테니스 2

선 소프트 스포츠 1999년 12월 22일 4,800엔

플레이어 1~2인 | 메모리카드 1블록 | 멀티탭 1~4인 | 아날로그 컨트롤러 지원

겉보기엔 코믹 터치 지만 시합 자체는 후 끈한 테니스 게임의 제 2탄. 누구라도 간 단히 리얼한 긴장감 을 맛볼 수 있다. 최대 4인 대전이 가능한 'VS 모드' 등, 3가지 모드가 있다.

실황 파워풀 프로야구 '99 결정판

코나미 스포츠 1999년 12월 25일 5,800엔

플레이어 1~2인 | 메모리카드 2~9블록 | 아날로그 컨트롤러 지원

1999년도 일본 프 로야구 시즌 종료시 의 선수 데이터를 탑재한, 인기 야구 게임 '파워프로' 시 리즈의 신작. 이번 작품의 석세스 모드는 '사회인야구 편'을 수록했다.

목장 경영식 보드 게임 : 우마폴리

코나미 시뮬레이션 1999년 12월 25일 4,800엔

플레이어 1~4인 | 메모리카드 2블록 | 멀티탭 1~4인 | 아날로그 컨트롤러 지원

목장을 경영하면서 레이스에 출장시킬 경주마를 육성하는 시뮬레이션 게임. 애정을 담아 길러낸 말을 여러 유명 레이스에 출주시켜 우승을 노려보자.

주변기기 지원 아이콘 | 플레이어 1~2인 | 메모리카드 1~2블록 | 멀티탭지원 1~4인 | 마우스 지원 | 대전 케이블 2대 | 아날로그 조이스틱 SCPH0111(SCEI)지원 | 아날로그 컨트롤러 지원 | PocketStation 지원 | 메모리카드 1~2블록 | 휴대전화 접속 케이블 지원 (도코모 i모드 휴대전화 지원) | 특제 컨트롤러 SLPH000001(남코)지원

2000

PlayStation Game Software Catalogue

2000년에 발매된 타이틀 수는 총 505종. 이 해에는 후계기 플레이스테이션 2(PS2)가 발매되었으나, PS1과의 하위호환성이 있었던 탓에 PS1 쪽도 계속 안정적으로 소프트가 발매되었다. 오히려 개발하려면 막대한 초기 투자가 필요했던 PS2보다, 저렴하게 개발할 수 있었던 PS1으로 염가에 소프트를 제작해 발매하는 구도가 정착된 면도 있다.

서몬 나이트

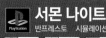

반프레스토　시뮬레이션 RPG　2000년 1월 6일　5,800엔

플레이어 1인 / 메모리카드 1~15블록 / 아날로그 컨트롤러 지원

인기 시리즈의 첫 번째 작품. 다양한 몬스터와 무기를 소환해 싸우는 판타지 시뮬레이션 RPG다. 이세계 '린바움'에 소환된 고등학생이 되어, '소환술'을 배워 이 세계를 위기에서 구해야 한다. 전투 결과와 대화 내용에 따라 스토리가 분기된다. 게임은 장 단위로 구성돼 있으며, 각 장마다 '어드벤처 파트' → '배틀 파트' → '야간 대화' 순으로 진행된다.

시바스 1-2-3 : DESTINY! 운명을 바꾸는 자!

잴리코　RPG　2000년 1월 6일　5,800엔

플레이어 1인 / 메모리카드 1블록 / 아날로그 컨트롤러 지원 / PocketStation 지원 / 메모리카드 +9블록

같은 제목의 애니메이션이 원작인 RPG. 자신의 혼을 실체화시켜 싸우는 주인공이, 전투·아르바이트로 돈을 벌어 빚을 갚아 간다는 스토리다. 9화 +α에 달하는 대작이기도.

슈퍼로봇대전 EX

반프레스토　시뮬레이션 RPG　2000년 1월 6일　2,000엔

플레이어 1인 / 메모리카드 2~15블록

슈퍼 패미컴 게임의 이식작. '마장기신 사이바스터'에 초점을 맞춘 총 3장 구성의 스토리를 즐긴다. '전국마신 고쇼군'과 '성전사 단바인'이 첫 참전한 작품이기도 하다.

더트 챔프 : 모토크로스 No.1

미디어 링　레이싱　2000년 1월 6일　5,800엔

플레이어 1~2인 / 메모리카드 2블록 / 아날로그 컨트롤러 지원

일본모터사이클 스포츠협회의 추천을 받은 타이틀. 뛰어난 속도감과 리얼한 그래픽을 즐기는 모토크로스 레이싱 게임이다. 총 12코스 3클래스에서 정상을 노려보자.

리볼트

어클레임 재팬　레이싱　2000년 1월 6일　2,000엔

플레이어 1~2인 / 메모리카드 2블록 / 아날로그 컨트롤러 지원

RC 미니카의 조작성을 리얼하게 재현한 레이싱 게임. 다양한 아이템으로 적 차량을 방해하면서 골인을 노리자. 에디트 기능으로 자신만의 코스를 만들 수도 있다.

로빈 로이드의 모험

거스트　어드벤처　2000년 1월 6일　5,800엔

플레이어 1인 / 메모리카드 1블록 / 아날로그 컨트롤러 지원

퍼즐 해결과 액션, 모험과 활극을 믹스한 본격 추리 어드벤처 게임. 명탐정 '로빈'이 되어 난해한 사건의 비밀을 풀어보자. 액션 파트에서는 화려한 배틀이 전개된다.

오늘 밤도 돈궤짝!! 2000

E3 스탭　파친코　2000년 1월 13일　5,800엔

플레이어 1인 / 메모리카드 1블록

당시 일본의 유명 버라이어티 TV프로와 제휴한 파친코 실기 시뮬레이터. 'CR 진 피카이치 천국 T'·'CR 나니와의 신데렐라 F'·'선더 스켈톤 G'를 충실히 재현했다.

Tactical Armor Custom : 가사라키

반다이　시뮬레이션　2000년 1월 13일　5,800엔

플레이어 1인　메모리카드 1블록

애니메이션이 원작인 전략 시뮬레이션 게임. '쿠가이'의 근육 조직이 원동력인 인간형 병기 'TA'를 다루는 UN군 일원이 되어, 베지르스탄에서 암약하는 테러리스트를 물리치자.

고갯길 MAX G

아틀라스　레이싱　2000년 1월 13일　5,800엔

플레이어 1~2인　메모리카드 2~15블록　아날로그 컨트롤러 지원　특제 컨트롤러 SLPH00001(남코)지원

고갯길이 무대인 레이싱 게임 「고갯길 MAX」 시리즈의 최종작품. 전작보다 차량 거동이 리얼해졌고, 등장 차종도 늘어났다. 게임 모드는 6가지이며, 8종류의 코스가 등장한다.

HYPER VALUE 2800 : 화투

코나미　화투　2000년 1월 13일　2,800엔

플레이어 1인　메모리카드 1블록　PocketStation 지원　메모리카드 +4블록

일본 전국을 떠도는 트럭 운전사가 되어, 당도한 거점에서 동료와 대결하는 화투 게임. 벌어들인 돈으로 트럭 부품을 사들여, 자신만의 오리지널 트럭을 만들어보자.

HYPER VALUE 2800 : 마작

코나미　마작　2000년 1월 13일　2,800엔

플레이어 1인　메모리카드 1블록　PocketStation 지원　메모리카드 +4블록

'갈아입기 모드'를 탑재한 마작 게임. 일반적인 대전은 물론, 돈을 벌어 코스튬을 구매하여 패배한 캐릭터에게 입힐 수도 있다. 독자적인 가상통화 시스템도 지원한다.

HEIWA 팔러 프로 : 루팡 3세 Special

미쓰이물산　파친코　2000년 1월 13일　5,200엔

플레이어 1인　메모리카드 1블록

헤이와 사의 인기 기종을 수록한 파친코 실기 시뮬레이터. 초인기 애니메이션 '루팡 3세'를 테마로 삼은 'CR 루팡 3세 X'와 '루팡 3세 V' 2개 기종을 수록했다.

포켓 자랑

소니컴퓨터엔터테인먼트　개발 툴　2000년 1월 13일　3,800엔

플레이어 1인　메모리카드 15블록　PocketStation 지원　메모리카드 15블록

포켓스테이션용 게임을 직접 제작해볼 수 있는 소프트. 던전 RPG와 어드벤처 게임을 만들 수 있으며, 몬스터의 그래픽 등도 직접 디자인 가능하다.

판도라 MAX 시리즈 VOL.2 : 죽은 자들이 모이는 저택

판도라 박스　어드벤처　2000년 1월 20일　1,980엔

플레이어 1인　메모리카드 1블록　아날로그 컨트롤러 지원

의문이 많은 서양식 저택이 무대인 본격 호러 어드벤처 게임. 볼륨 만점의 메인 스토리는 물론, 단독 플레이 가능한 미니게임도 탑재했다. 공포와 악몽의 저택에서 탈출하도록.

BEAT PLANET MUSIC

소니컴퓨터엔터테인먼트　리듬 액션　2000년 1월 20일　5,800엔

플레이어 1인　메모리카드 15블록　아날로그 컨트롤러 지원

100곡이 넘는 오리지널 곡을 플레이할 수 있는 리듬 액션 게임. 게임 파트에서 전 세계의 소리 소재를 모아, 에디터로 소리를 만들어내자. 샘플러·이펙트 기능도 탑재했다.

특가 시리즈 1 : 우미하라 카와세 순(旬) 세컨드 에디션

엑싱　액션　2000년 1월 20일　3,800엔

플레이어 1인　메모리카드 1블록

1997년 발매된 「우미하라 카와세 : 순」의 염가판. 신규 스테이지와, 콘도 토시노부의 신규 비주얼을 추가 수록했다. 신축성 루어를 잘 걸고 타며 이동하는 '러버링 액션' 게임.

레스큐 샷 부비 보

남코　건 슈팅　2000년 1월 20일　5,800엔

플레이어 1~2인　메모리카드 1블록　마우스 지원　아날로그 컨트롤러 지원　특제 컨트롤러 SLPH00034(남코)지원

일본의 인기 TV프로 '오하스타'의 캐릭터가 등장하는 코믹 건 슈팅 게임. 제멋대로 돌아다니는 '보 군'을 위협하는 녀석들을 총으로 쏴 저지하여, 무사히 골까지 인도하자.

NBA 파워 덩커즈 5

코나미　스포츠　2000년 1월 27일　5,800엔

| 플레이어 1~2인 | 메모리 카드 2~11블록 | 멀티탭지원 1~8인 | 아날로그 컨트롤러 지원 |

풀 3D 액션으로 즐기는 농구 게임. 당시 NBA에 소속돼 있던 총 29개 팀이 실명으로 등장한다. 선수 전원을 얼굴부터 체형까지 리얼하게 모델링해 구현했다.

카드캡터 체리 : 크로우 카드 매직

아리카　퍼즐　2000년 1월 27일　4,800엔

| 플레이어 1인 | 메모리 카드 1블록 | 아날로그 컨트롤러 지원 | PocketStation 지원 | 메모리카드 +14블록 |

같은 제목 인기 애니메이션의 캐릭터가 등장하는 액션 퍼즐 게임. 다가오는 크로우 카드에 같은 색 카드를 날려 봉인시키자. 보너스 그래픽은 갤러리에서 열람할 수 있다.

카오스 브레이크

타이토　어드벤처　2000년 1월 27일　5,800엔

| 플레이어 1인 | 메모리 카드 1블록 | 아날로그 컨트롤러 지원 | PocketStation 지원 | 메모리카드 +6블록 |

풀타임 렌더링 3D를 구사한 어드벤처 게임. 괴물을 만들어내는 우주세포와 인류 간의 싸움을 그린 스토리다. 무기를 활용하여 적을 물리치고 연구소의 비밀을 밝혀내자.

환상의 아르테미스

쇼에이샤　어드벤처　2000년 1월 27일　6,800엔

| 플레이어 1인 | 메모리 카드 1블록 |

추리 게임과 연애 시뮬레이션을 융합시킨 어드벤처 게임. 히로인과의 친밀도가 사건해결 여부에 직결된다. 멀티 엔딩을 채용했으므로 여러 번 플레이할 수 있다.

고양이도 함께 : 어디서나 함께 – 추가 디스크

소니컴퓨터엔터테인먼트　커뮤니케이션　2000년 1월 27일　1,800엔

| 플레이어 1인 | 메모리 카드 1블록 | PocketStation 필수 | 메모리카드 15블록 |

「어디서나 함께」(88p)의 추가 디스크. 포켓스테이션을 사용해, 아기고양이 시절의 토로와 함께 놀 수 있다. 「어디서나 함께」의 세이브데이터도 연동 가능하다.

That's QT

코에이　시뮬레이션　2000년 1월 27일　4,800엔

| 플레이어 1인 | 메모리 카드 2블록 | 아날로그 컨트롤러 지원 |

패션의 최전선을 노리는, 패션매장 경영 시뮬레이션 게임. 길거리 설문조사로 '이미지'를 모아 패션 아이템을 디자인하여, 스테이지별로 정해진 목표를 달성해야 한다.

SuperLite 1500 시리즈 : 네모네모 로직 2

석세스　퍼즐　2000년 1월 27일　1,500엔

| 플레이어 1인 | 메모리 카드 1블록 |

가로세로로 나열된 숫자를 힌트삼아 그림을 완성하는 퍼즐 게임의 제 2탄. 크고 작은 4가지 사이즈의 총 200문제를 수록했다. 규칙이 심오해 초보자도 상급자도 재미있다.

SuperLite 1500 시리즈 : 크로스워드

석세스　퍼즐　2000년 1월 27일　1,500엔

| 플레이어 1인 | 메모리 카드 1블록 |

크고 작은 3가지 사이즈의 200문제를 수록한 일본어 십자말풀이 게임. 문자를 간단히 입력할 수 있고 그래픽·음악도 취향대로 준비하는 등, 쾌적한 플레이 환경을 제공한다.

SuperLite 1500 시리즈 : 스도쿠 2

석세스　퍼즐　2000년 1월 27일　1,500엔

| 플레이어 1인 | 메모리 카드 1블록 |

퍼즐 제작의 명가, 니코리 사의 문제 200종을 수록한 스도쿠 게임. 패널 내에 1~9의 숫자를 입력해, 모든 패널에 규칙대로 숫자를 채워 넣으면 스테이지 클리어다.

SuperLite 1500 시리즈 : 넘버 크로스워드 2

석세스　퍼즐　2000년 1월 27일　1,500엔

| 플레이어 1인 | 메모리 카드 1블록 |

칸에 적힌 힌트를 토대로, 올바른 단어를 채워 넣는 퍼즐 게임. 잡지에 게재된 문제부터 오리지널 문제까지 총 200문제를 수록하여, 초보자도 가볍게 즐길 수 있다.

HARDWARE

1994
1995
1996
1997
1998
1999
2000
2001
2002
2003
2004
INDEX

체이스 더 익스프레스

소니컴퓨터엔터테인먼트　어드벤처　2000년 1월 27일　5,800엔

플레이어 1인 / 메모리카드 1~15블록 / 아날로그 컨트롤러 지원

달리는 군용열차 내에서 테러리스트와 싸우는 3D 액션 어드벤처 게임. 12개국 30개 도시에 걸친 장대한 스케일로서, 박진감 넘치는 액션과 서스펜스 스토리가 일품이다.

벨소리라구 volume.2

빅　기타　2000년 1월 27일　1,980엔

플레이어 1인 / 메모리카드 1블록

간단한 조작으로 당시 일본 피처폰용 벨소리를 만들 수 있는 입력 도우미 툴 제2탄. 다양한 장르로  총 400곡을 수록했으며, 수많은 휴대폰 제조사·기종·타입을 지원한다.

초 수수께끼왕

반다이 비주얼　퀴즈　2000년 1월 27일　5,800엔

플레이어 1~2인 / 메모리카드 1블록 / 아날로그 컨트롤러 지원

1996년에 발매된 「수수께끼왕」의 속편. 퀴즈 작가 미치츠타 타케시가 감수했으며, 1인용 모드  인 '테러리스트 모드'와 '독방 모드', 다인용 모드인 '사고 대전'을 제공한다.

전차로 GO! : 나고야 철도 편

타이토　시뮬레이션　2000년 1월 27일　5,800엔

플레이어 1인 / 메모리카드 1블록 / 아날로그 컨트롤러 지원 / PocketStation 지원 / 메모리카드 +3~6블록 / 특제 컨트롤러 SLPH00051·TCPP20001(타이토) 지원

인기 전철 운전 시뮬레이터의 가정용 오리지널 작품. 이번엔 JR이 아니라 사철인 '나고야 철  도'의 차량 및 노선을 수록했다. 시리즈 최초로, 노면전차도 등장한다.

바이오하자드 : 건 서바이버

캡콤　건 슈팅　2000년 1월 27일　5,800엔

플레이어 1인 / 메모리카드 1블록 / 아날로그 컨트롤러 지원 / 특제 컨트롤러 SLPH00034(남코)지원

「바이오하자드」 시리즈의 외전에 해당하는 서바이벌 건 슈팅 게임. 분기가 있는 각 스테이지에  서 친숙한 적들과 싸우며, 좀비가 득실대는 시나 섬에서의 탈출을 노린다.

파치슬로 제왕 4 : 오이쵸하마X·매지컬 팝스·레퀴오-30

미디어 엔터테인먼트　파치슬로　2000년 1월 27일　2,800엔

플레이어 1인 / 메모리카드 1블록 / 아날로그 컨트롤러 지원 / PocketStation 지원 / 메모리카드 +3블록

인기 파치슬로 실기 시뮬레이터 제4탄. 야마사 사의 4릴 기기 「오이쵸하마 X」·  「매지컬 팝스」·「레퀴오-30」을 수록했으며, 포켓스테이션도 지원한다.

피시 아이즈 II

빅터 인터랙티브 소프트웨어　스포츠　2000년 1월 27일　5,800엔

플레이어 1인 / 메모리카드 1블록 / 아날로그 컨트롤러 지원 / PocketStation 지원 / 메모리카드 +5블록

대자연 속에서 낚시를 즐기는 낚시 게임 시리즈의 제2탄. 대형어·환상의 물고기 등 총 70종이 등  장하며, 계곡·호수·연못은 물론 바다까지 다양한 환경의 낚시를 제공한다.

V-RALLY : 챔피언십 에디션 2

스파이크　레이싱　2000년 1월 27일　5,800엔

플레이어 1~2인 / 메모리카드 3~15블록 / 멀티탭 지원 1~4인 / 아날로그 컨트롤러 지원 / 특제 컨트롤러 SLPH00001(남코) 지원

랠리의 가혹함과 치열함을 구현해낸 랠리 레이싱 게임의 제2탄. 숨겨진 차종을 포함한 총 28차종과,  12개국의 84개 코스가 등장한다. 최초로 4인 동시 대전도 가능해졌다.

포포로크로이스 이야기 II

소니컴퓨터엔터테인먼트　RPG　2000년 1월 27일　5,800엔

플레이어 1인 / 메모리카드 1~15블록 / 아날로그 컨트롤러 지원

1998년 발매된 「포포로그」의 후속편. 연출·시스템을 강화해 더욱 플레이 감각이 쾌적해졌다. 전작의 3년 후가 무대로서, 15세가 된 피에트로가 세계를 구하려 새로운 모험을 떠난다는 스토리다. 그리운 사람들과  의 재회, 새로운 동료와의 만남, 슬픈 이별 등의 여러 시련을 거쳐, 아름다움·착함·강함의 진정한 의미를 알아가는 감동의 이야기가 펼쳐진다.

주변기기 지원 아이콘　 플레이어 1~2인　 메모리카드 1~2블록　멀티탭 지원 1~4인　마우스 지원　대전 케이블 2대　 아날로그 조이스틱 SCPH0111(SCE1) 지원　아날로그 컨트롤러 지원　 PocketStation 지원　메모리카드 1~2블록　휴대전화 접속 케이블 지원 (도코모 모드 휴대전화지원)　특제 컨트롤러 SLPH00001(남코) 지원

애디의 선물

소니컴퓨터엔터테인먼트　퍼즐　2000년 2월 3일　5,800엔

플레이어 1인 | 메모리카드 1블록 | 아날로그 컨트롤러 지원

단어를 조작하는 기계 '로그 록'을 활용하는 본격 퍼즐 게임. 주인공 '애디'가 되어 꿈의 세계를 여행하자. 로그 록으로 특정한 단어를 변화시키면 스토리 상황도 변화한다.

Our Graduation : 마작으로 퐁, 화투로 코이

키드　마작·화투　2000년 2월 3일　4,800엔

플레이어 1인 | 메모리카드 1~2블록

본격 4인 대국 마작과 화투 코이코이를 즐기는 테이블 게임 모음집. 스토리 모드는 캐릭터별로 50화씩 수록해, 합계 300화라는 엄청난 볼륨의 대전을 제공한다.

캬잉~의 재밌는 메일

더 세컨드　기타　2000년 2월 3일　2,800엔

플레이어 1인 | 메모리카드 15블록 | PocketStation 지원 | 메모리카드 15블록

일본의 인기 개그맨 콤비 '캬잉~'을 기용한, 포켓스테이션을 지원하는 메일 액세서리 소프트. 포켓스테이션 간의 통신으로, 음악이 들어간 카드 메시지를 전송할 수 있다.

크레이지 클라이머 2000

일본물산　액션　2000년 2월 3일　3,980엔

플레이어 1인 | 아날로그 컨트롤러 지원

1980년 일본물산이 발매했던 아케이드 게임의 개변 이식판. 원작을 그대로 재현한 오리지널 버전과, 3D 폴리곤으로 입체화된 빌딩을 오르는 어레인지 버전을 수록했다.

GI 자키 2000

코에이　시뮬레이션　2000년 2월 3일　5,800엔

플레이어 1인 | 메모리카드 4블록 | 아날로그 컨트롤러 지원

2000년의 경마 이벤트에 대응시킨 「G1 자키」 시리즈 신작. 99년 4세대의 경주마 데이터와, 기수의 인생을 드라마틱하게 묘사한 드라마 이벤트 등을 추가했다.

제트로 GO!

타이토　시뮬레이션　2000년 2월 3일　5,800엔

플레이어 1인 | 메모리카드 1블록 | 아날로그 컨트롤러 지원 | PocketStation 지원 | 메모리카드 +4블록 | 특제 컨트롤러 TCPP20005(타이토)지원

금번의 「GO!」 시리즈는 제트기 조종사. 착륙·이륙에 특화시킨 플라이트 모드와, 순항까지 포함된 크루즈 모드가 있다. 레슨 모드도 있으니 항공기 조종이 처음이라도 안심하자.

실전 파치슬로 필승법! 싱글 : 쿵푸 레이디

맥스벳　파치슬로　2000년 2월 3일　2,500엔

플레이어 1인 | 메모리카드 1~6블록 | 아날로그 컨트롤러 지원

인기 기종 '쿵푸 레이디'를 완전 재현한 파치슬로 시뮬레이터. 수록 기종을 1대로 집중해 빠른 이식을 구현했다. 기존의 연구·공략 모드는 물론, 신기능도 탑재하였다.

실전 파치슬로 필승법! 싱글 : 콩덤

맥스벳　파치슬로　2000년 2월 3일　2,500엔

플레이어 1인 | 메모리카드 1~6블록 | 아날로그 컨트롤러 지원

수록 기종을 1대로 집중해 신속하게 이식한 시리즈 작품. 「콩덤」을 수록하였으며, 기존의 공략 기능 외에 '슈퍼 줌'·'챌린지 모드'를 새로 탑재했다.

슈퍼 블랙배스 X2

스타피시　스포츠　2000년 2월 3일　5,800엔

플레이어 1~2인 | 메모리카드 1블록 | 아날로그 컨트롤러 지원 | 특제 컨트롤러 SLPH00100(아스키)지원

1997년 발매된 '슈퍼 블랙배스 X'의 속편. 일본의 실존 호수 4곳을 재현한 스테이지에서 몬스터 배스를 낚아보자. 3종류의 시점을 실시간으로 전환할 수 있다.

필살 파친코 스테이션 now 3 : 요괴연예

선 소프트　파친코　2000년 2월 3일　2,980엔

플레이어 1인 | 아날로그 컨트롤러 지원 | 특제 컨트롤러 SLPH0000?(TEN연구소)지원 | 특제 컨트롤러 SLPH00?0(TEN연구소)지원

당시의 인기 기종 2대를 수록한 파친코 실기 시뮬레이터. 'CR 요괴연예 FN'과 'CR 요괴연예 FL3'를 수록했으며, 실기 공략에 도움이 되는 기능도 다수 탑재했다.

피싱 프릭스 : 배스라이즈 플러스

반다이　스포츠　2000년 2월 3일　3,800엔

플레이어 1인 / 메모리카드 1블록 / 아날로그 컨트롤러 지원 / PocketStation 지원 / 메모리카드 +2블록 / 특제 컨트롤러 BANC-0001(반다이)지원

당시 일본의 대인기 낚시용구 제조사 '메가배스'와 제휴한 낚시 시뮬레이션 게임. 프리미엄 루어 160종이 나온다. 수중광원처리와 입체음향으로 박력 있는 낚시를 체험한다.

HEIWA 팔러 프로 : 웨스턴 스페셜

CBC / 니혼 텔레네트　파친코　2000년 2월 3일　5,200엔

플레이어 1인 / 메모리카드 1블록

파친코 제조사 헤이와의 2개 기종을 수록한 실기 시뮬레이터. 'CR 웨스턴 히어로 A'와 '웨스턴 키드 V'를 수록했으며, 각종 옵션을 완비해 쾌적하게 즐길 수 있다.

기동전사 건담 : 기렌의 야망 - 지온의 계보

반다이　시뮬레이션　2000년 2월 10일　6,800엔

플레이어 1인 / 메모리카드 3~6블록

인기 애니메이션 '기동전사 건담'의 역사를 개변할 수 있는 'if' 요소가 가득한 전략 시뮬레이션 게임. 연방의 '레빌 장군'이나 지온의 '기렌 총수'가 되어 아군을 승리로 이끌자.

20세기 스트라이커 열전

다즈　스포츠　2000년 2월 10일　5,800엔

플레이어 1~2인 / 메모리카드 6블록 / 아날로그 컨트롤러 지원

40년에 걸친 근대 축구의 역사를 집약시킨 스포츠 게임. 세계의 슈퍼스타들이 전부 실명으로 등장하며, 현실에서는 불가능한 최강 팀간의 대진 등을 즐겨볼 수 있다.

필살 파친코 스테이션 프티 2 : 아레딘은 그레이트!?

선 소프트　파친코　2000년 2월 10일　1,500엔

플레이어 1인 / 아날로그 컨트롤러 지원 / 특제 컨트롤러 SLPH0000(기)TEN전용(사)지원 / 특제 컨트롤러 SLPH0000(기)TEN전용(사)지원

후지쇼지 사의 '아레딘'을 철저하게 파고드는 파친코 시뮬레이터. 핀 조정 기능과, 임의의 투입구에 임의의 타이밍으로 구슬을 넣는 모드, 공략을 도와주는 기능을 넣었다.

블록깨기 2

탐소프트 / 마벨러스 엔터테인먼트　액션　2000년 2월 3일　1,905엔

플레이어 1~2인 / 메모리카드 1블록 / 아날로그 컨트롤러 지원 / 특제 컨트롤러 SLPH00100(아스키)지원

고전적인 장르인 '블록깨기'를 파워 업시킨 게임. 분기 시스템을 탑재한 타임 어택 모드는 물론, 클리어할수록 난이도가 점점 어려워지는 엔들리스 모드 등도 탑재했다.

와이프아웃 3

소니컴퓨터엔터테인먼트　레이싱　2000년 2월 3일　5,800엔

플레이어 1~2인 / 메모리카드 1블록 / 아날로그 컨트롤러 지원 / 특제 컨트롤러 SLPH00001(남코)지원 / 특제 컨트롤러 SLPH00069(남코)지원

반중력 레이싱 게임 「와이프아웃」의 제3탄. 세련된 테크노 비트로 뇌 중추를 자극하는 과격한 레이스를 즐겨보자. 리플레이 모드와 챌린지 모드가 새로 추가되었다.

007 네버다이

일렉트로닉 아츠 스퀘어　액션　2000년 2월 10일　5,800엔

플레이어 1인 / 메모리카드 1블록 / 아날로그 컨트롤러 지원

인기 영화(원제는 '007 투모로우 네버 다이')의 게임판이며, 영화의 화려한 본드 액션을 재현했다. 전쟁을 일으키려는 미디어 업계의 제왕을 상대로, 세계를 건 싸움이 전개된다.

노이에스

에스코트　시뮬레이션　2000년 2월 10일　5,980엔

플레이어 1인 / 메모리카드 1블록

인간이 되기를 꿈꾸는 안드로이드 '앤'을 육성하는 시뮬레이션 게임. 1주일 단위로 스케줄을 짜 그녀의 능력을 끌어올리자. 1년간 착실히 성장시키면 꿈이 이루어진다.

팝픈 뮤직 3 : 어펜드 디스크

코나미　리듬 액션　2000년 2월 10일　2,800엔

플레이어 1·2인 / 메모리카드 1블록 / 아날로그 컨트롤러 지원 / PocketStation 지원 / 메모리카드 +4블록 / 특제 컨트롤러 RU014(코나미)지원

J-POP부터 오리지널 곡에 가정용 신곡까지, 수록곡의 다양성을 강화한 어펜드 디스크. 플레이하려면 먼저 「팝픈 뮤직 2」를 구동한 다음 디스크를 교체해야 한다.

주변기기 지원 아이콘 플레이어 1~2인 메모리카드 1~2블록 멀티탭지원 1~4블록 마우스 지원 대전케이블 2대 아날로그 조이스틱 SCPH0111(SCEI)지원 아날로그 컨트롤러 지원　PocketStation 지원　메모리카드 1~2블록　휴대전화 접속 케이블 지원(도코모 모드 휴대전화지원)　특제 컨트롤러 SLPH00001(남코)지원

베이그런트 스토리

스퀘어 RPG 2000년 2월 10일 6,800엔

플레이어 1인 메모리카드 3블록 아날로그 컨트롤러 지원

폐허가 된 마도(魔都) '레아 몬데'가 무대인 어드벤처 RPG. 음모가 휘몰아치는 가운데, 베테랑 리스크브레이커(중범죄자 처형반) 요원인 '애슐리 라이엇'의 운명을 그려낸 이야기다. 치밀한 구성의 중후한 스토리, 부위별로 능력치가 존재하는 전투 시스템, 액션과 퍼즐이 결합된 스테이지 퍼즐 등등, 수많은 요소를 가득 집어넣은 만만찮은 난이도의 게임이다.

와일드로이드 9

소니컴퓨터엔터테인먼트 액션 2000년 2월 10일 5,800엔

플레이어 1인 메모리카드 1블록 아날로그 컨트롤러 지원

퍼즐 요소가 있는 액션 게임. 방해되는 적은 패대기쳐서 물리치자. 전반부엔 사로잡힌 동료를 찾아내야 하며, 후반부엔 해방된 동료들의 특수능력을 이용해 협력 진행한다.

아지토 3

아스텍 21 시뮬레이션 2000년 2월 17일 6,800엔

플레이어 1인 메모리카드 8블록

인기 시리즈의 제 3탄. 깊이감이 느껴지는 쿼터뷰 시점을 채용했으며, 히어로·피인들의 그래픽도 실사 풍으로 리뉴얼했다. 등장 캐릭터는 250종류 이상을 수록했다.

신나는 낚시천국 : 어신 전설을 쫓아서

테이치쿠 스포츠 2000년 2월 17일 5,800엔

플레이어 1인 메모리카드 3블록 아날로그 컨트롤러 지원 특제 컨트롤러 SLPH00100(아스키)지원

1997년 발매된 「신나는 낚시천국」의 속편. 바다·호수 등의 낚시터를 풀 폴리곤으로 구현했다. 신으로 숭앙받는 괴어의 정체를 'bingo' 시스템으로 밝혀내자.

아저씨의 시간 : 아가씨~ 낚시 가자구!

비지트 스포츠 2000년 2월 17일 2,800엔

플레이어 1인 아날로그 컨트롤러 지원 특제 컨트롤러 SLPH00100(아스키)지원 특제 컨트롤러 BANC-0001(반다이)지원

3가지 모드가 있는 낚시 게임. 계절·시간·날씨별로 낚시용구가 나뉘어, 초보자부터 상급자까지 폭넓게 커버한다. 캠페인 모드에서 호수에 숨어있는 환상의 물고기를 노리자.

아저씨의 시간 : 아가씨~ 화투 치자구!

비지트 화투 2000년 2월 17일 2,800엔

플레이어 1인

등장하는 아가씨 9명과 승부하는 화투 게임. 10회 승리하면 최강의 캐릭터와 대전할 수 있는 '스타 모드', 원하는 BGM을 깔고 플레이하는 '알리바이 모드'를 탑재했다.

아저씨의 시간 : 아가씨~ 마작 하자구!

비지트 마작 2000년 2월 17일 2,800엔

플레이어 1인

마작장 3곳에서 아가씨 9명과 플레이할 수 있는 마작 게임. 특수 룰까지 커버하는 고속사고 루틴을 탑재했다. 대전 상대도 실사로 등장하여 대국의 분위기를 살려준다.

격투게임 죽돌이 : Fighting Game Creator

인크러먼트 P 대전격투 2000년 2월 17일 5,800엔

플레이어 1~2인 메모리카드 8블록 아날로그 컨트롤러 지원

개발 툴 기능을 내장한 격투액션 게임. 다양한 게임 시스템과 개성적인 기술에 감동적인 스토리를 결합시켜, 자신만의 궁극의 2D 대전격투 게임을 만들어내 보자.

갤롭 레이서 2000

테크모 레이싱 2000년 2월 17일 5,800엔

플레이어 1~2인 메모리카드 3~4블록 아날로그 컨트롤러 지원

인기 시리즈 제 4탄. 2000년도 데이터를 반영했고, 등장마들의 능력치도 리뉴얼했다. '기승채점 시스템'과 '칭호 시스템' 덕분에, 멋지게 활약할수록 각광받게 된다.

HARDWARE
1994
1995
1996
1997
1998
1999
2000
2001
2002
2003
2004
INDEX

더 비스트로 : 요리 & 와인의 장인들

시스컴 엔터테인먼트　시뮬레이션　2000년 2월 17일　5,800엔

플레이어 1인 / 메모리 카드 3블록

요리와 와인에 중점을 둔 레스토랑 경영 시뮬레이션 게임. 230종 이상의 와인이 등장하며, 요리와의 상성도 설정했다. 식당을 발전시켜 3성 레스토랑을 노려보자.

실전 파치슬로 필승법! 싱글 : 슈퍼 스타 더스트 2

맥스벳　파치슬로　2000년 2월 17일　2,500엔

플레이어 1인 / 메모리 카드 1~6블록 / 아날로그 컨트롤러 지원

수록 기종을 1대로 좁혀 신속하게 이식한 파치슬로 시뮬레이터. '슈퍼 스타 더스트 2'를 재현했으며, '슈퍼 줌 화면'과 '챌린지 모드'도 탑재하였다.

스페이스 인베이더 X

타이토　슈팅　2000년 2월 17일　2,000엔

플레이어 1인 / 아날로그 컨트롤러 지원

고전 게임 「스페이스 인베이더」를 폴리곤화한 작품. 원작의 분위기를 유지하면서도 비주얼을 대폭 업그레이드했다. 게이지를 모으면 스페셜 샷을 발사할 수 있다.

버추어 파치슬로 VI : 키타 덴시·올림피아

맵 재팬　파치슬로　2000년 2월 17일　6,800엔

플레이어 1인 / 메모리 카드 2블록 / 아날로그 컨트롤러 지원 / 특제 컨트롤러 SLPH00098(니혼시스컴)지원 / 특제 컨트롤러 NSPS00001(니혼시스컴)지원

키타 덴시·올림피아 사의 인기 기종을 공략할 수 있는 파치슬로 실기 시뮬레이터. '레드 메테오'·'나이스데이 월드'·'저글러 V'·'도그 & 캣 2'를 수록하였다.

'모리타 사고' 탑재 시리즈 : 모리타 카즈로의 마작

유키 엔터프라이즈　마작　2000년 2월 17일　3,800엔

플레이어 1인 / 메모리 카드 1블록

강력한 AI 엔진 '모리타 사고'를 탑재한 본격 4인 대국 마작 게임. 개성만점의 캐릭터가 등장하며, 상대의 패턴에 맞춰 대책을 생각하는 전략성 높은 대국을 구현했다.

비질란테 8 : 세컨드 배틀

시스컴 엔터테인먼트　액션　2000년 2월 24일　5,800엔

플레이어 1~2인 / 메모리 카드 1~15블록 / 아날로그 컨트롤러 지원

1998년 발매된 「비질란테 8」의 속편. 400년 후의 미래에서 온 악의 조직 '코요테'를 상대로 싸우는 카 액션 게임이다. 온갖 물체를 마구 파괴하는 통쾌함을 느껴보자.

우타우타우

에닉스　어드벤처　2000년 2월 24일　5,800엔

플레이어 1인 / 메모리 카드 1블록 / 아날로그 컨트롤러 지원

음악에 맞춰 정령들과 세션을 펼치는 사운드 어드벤처 게임. 귀를 기울이며 리듬에 맞춰 플레이하면, 점차 사람들의 기분이 좋아지거나 부서진 물건이 복구되어 간다.

NBA LIVE 2000

일렉트로닉 아츠 스퀘어　스포츠　2000년 2월 24일　5,800엔

플레이어 1~2인 / 메모리 카드 1~6블록 / 멀티탭 지원 1~8인 / 아날로그 컨트롤러 지원

마이클 조던으로 플레이할 수 있는 NBA 게임. 당시 NBA 소속 29개 팀들의 선수가 실명으로 등록돼 있다. 마치 TV 중계를 보는 듯한 리얼한 모션으로 시합이 펼쳐진다.

두근두근 프레이즈 : 타락천사 강림

에닉스　리듬 액션　2000년 2월 24일　5,800엔

플레이어 1~2인 / 메모리 카드 1블록

인기 애니메이션(원제는 'KAIKAN 프레이즈')이 원작인 리듬 액션 게임. 록 밴드 '루시퍼'의 멤버 5명이 되어 수많은 명곡을 연주해보자. 리듬은 보컬 및 악곡별로 설정돼 있다.

건드레스

스타피시　시뮬레이션　2000년 2월 24일　7,800엔

플레이어 1인 / 메모리 카드 1블록 / 아날로그 컨트롤러 지원

시로 마사무네가 메카닉·캐릭터 원안자인 SF 하드보일드 애니메이션을 게임화했다. 총 7개 에피소드 구성이며, 전투 신에서는 3D 폴리곤화된 랜드메이트가 화면을 누빈다.

주변기기 지원 아이콘　플레이어 1~2인 　메모리 카드 1~2블록 　멀티탭 지원 1~4인 　마우스 지원 　대전 케이블 2대 　아날로그 조이스틱 SCPH0111(SCEI)지원 　아날로그 컨트롤러 지원 　PocketStation 지원　메모리 카드 1~2블록　휴대전화 접속 케이블 지원 (도코모 i모드 휴대전화 지원)　특제 컨트롤러 SLPH00001(남코)지원

카란코론 학원 : 두근두근 편

J-WING　마작　2000년 2월 24일　2,800엔

플레이어 1인 / 메모리카드 1블록

학창생활 도중 소녀들과 연애하며 마작으로 대결하는 미소녀 마작 시뮬레이션 게임. 주인공과 히로인이 다른 시나리오 3종을 수록했다. 승패에 따라 스토리가 분기된다.

기타 프릭스 어펜드 2nd MIX

코나미　리듬 액션　2000년 2월 24일　2,800엔

플레이어 1~2인 / 메모리카드 2블록 / 아날로그 컨트롤러 지원 / 특제 컨트롤러 CT013(코나미)지원 / 특제 컨트롤러 ASC0515BM(아스키)지원 / 특제 컨트롤러 RU018(코나미)지원

1999년 발매된 「기타 프릭스」(64p)의 추가 디스크. 아케이드판 「2nd MIX」의 신곡과 시스템을 완전 이식하여, 총 45곡의 볼륨으로 게임을 즐길 수 있다.

게일 거너

아스키　3D 슈팅　2000년 2월 24일　5,800엔

플레이어 1~2인 / 메모리카드 1블록 / 아날로그 컨트롤러 지원

지구 외부의 유적을 탐색하는 3D 액션 게임. 중후한 드라마를 즐기는 스토리 파트와, 인간형 병기 'TWR'로 싸우는 전투 파트를 교대로 진행한다. 10종 이상의 TWR이 등장한다.

건설기계 시뮬레이터 : 원기왕성!

팹 커뮤니케이션즈　시뮬레이션　2000년 2월 24일　5,800엔

플레이어 1~2인 / 메모리카드 2블록 / 아날로그 컨트롤러 지원

일본의 건설기계 제조사인 코마츠가 협력·감수한 본격 건설용 특수기계 시뮬레이터. 실기의 작동음을 채록해, 굴착기 등 인기가 많은 건설기계를 실감나게 조작해볼 수 있다.

SIMPLE 1500 시리즈 Vol.25 : THE 경마

D3 퍼블리셔　레이싱　2000년 2월 24일　1,500엔

플레이어 1~2인 / 메모리카드 2블록

기수가 되어 레이스로 상금을 버는 경마 게임. 4곳의 훈련소는 강한 말이 있는 곳, 약한 말뿐인 곳 등이며, 어디를 선택하느냐로 난이도가 달라진다. 2인 대전도 가능하다.

SIMPLE 1500 시리즈 Vol.26 : THE 테니스

D3 퍼블리셔　스포츠　2000년 2월 24일　1,500엔

플레이어 1~4인 / 멀티탭 지원 1~4인

개성적인 선수들이 등장하는 테니스 게임. 심플한 조작으로 다채로운 샷을 날려보자. 토너먼트전과 프리 대전이 있으며, 토너먼트전은 난이도를 3단계로 선택할 수 있다.

SIMPLE 1500 시리즈 Vol.27 : THE 스노보드

D3 퍼블리셔　스포츠　2000년 2월 24일　1,500엔

플레이어 1~2인 / 메모리카드 1블록 / 아날로그 컨트롤러 지원

시리즈 최초의 동계 스포츠 게임. 속도를 겨루는 레이스 모드, 더 높고 큰 점프에 도전하는 트릭 모드를 수록했다. 광대한 슬로프에서 최적의 코스를 발견해내자.

스트라이더 비룡 1&2

캡콤　액션　2000년 2월 24일　6,800엔

플레이어 1인 / 메모리카드 1~2블록 / 아날로그 컨트롤러 지원

2D 닌자 액션 게임 2작품을 합본 이식했다. 1편은 비룡의 색상·BGM 변경이 가능하며, 2편은 '비연'을 사용 가능한 모드와 신규 스테이지 등의 추가 요소가 있다.

전략사단 : 토라! 토라! 토라! 육전 편

디즈　시뮬레이션　2000년 2월 24일　5,800엔

플레이어 1인 / 메모리카드 1블록 / 아날로그 컨트롤러 지원

실시간으로 진행되는 3D 전략 시뮬레이션 게임. 2차대전의 역사에 기반한 30종의 시나리오와 연습 시나리오를 수록했으며, 80종 이상에 달하는 실존 병기도 등장한다.

DANGAN : 탄환

KSS　액션　2000년 2월 24일　5,800엔

플레이어 1인 / 메모리카드 1블록

난사의 통쾌함과 전투의 긴장감을 느낄 수 있는 3D 액션 건 슈팅 게임. 특수부대 대원이 되어, 유괴당한 대통령의 딸을 구출하자. 등장하는 무기는 총 5종류다.

벨소리라구 volume.3

빙 기타　2000년 2월 24일　1,980엔

플레이어 1인 / 메모리카드 1블록

귀로 듣고 버튼을 누르는 간단한 입력으로 당시 일본 피처폰의 벨소리를 만들 수 있는 도우미 툴의 제 3탄. 인기 가수의 곡 등, 다양성을 강화한 총 400곡을 수록했다.

팔러 프로 주니어 Vol.5

CBC / 니혼 텔레네트　파친코　2000년 2월 24일　2,900엔

플레이어 1인

인기 파친코 실기 시뮬레이터의 제 5탄. 'CR 프루츠 월드 X'를 수록했으며, '실전 데이터'·'사출 구슬 그래프'·'리치 데이터' 등의 실기 공략용 기능을 탑재했다.

본격파로 1300엔 : 액션 퍼즐 프리즘 랜드

헥트　퍼즐　2000년 2월 24일　1,300엔

플레이어 1~2인 / 메모리카드 1블록 / 마우스 사용 / 특제 컨트롤러 SLPH00015(남코)지원

화면 내를 튀어 다니는 볼을 되쳐내 패널을 부숴가는 블록깨기형 액션 퍼즐 게임. 심플한 룰과 화려한 파워업, 천문학적인 점수 표시가 유저에게 쾌감을 선사한다.

본격파로 1300엔 : 원·투·스매시 즐거운 테니스

헥트　스포츠　2000년 2월 24일　1,300엔

플레이어 1~2인

간단한 조작으로 다채로운 샷을 구사할 수 있는 본격 테니스 게임. 단식·복식·토너먼트의 3가지 모드를 탑재했다. CPU전에서는 12명의 캐릭터와 대전할 수 있다.

마작 건망증 기행

미디어 링　마작　2000년 2월 24일　5,800엔

플레이어 1인 / 메모리카드 1블록 / 아날로그 컨트롤러 지원 / PocketStation 지원 / 메모리카드 +12블록

사이바라 리에코의 인기 만화가 원작인 버라이어티 게임. 개 키우기·아이템 합성 등의 7가지 미니게임을 수록했다. 대타 시스템을 탑재해, 초보자도 배려했다.

게임으로 외우기 시리즈 : 세계사 키워드 기출 1800

나가세 에듀테인먼트　2000년 2월 29일　2,800엔

플레이어 1~2인 / 메모리카드 1블록 / 아날로그 컨트롤러 지원

세계사를 효과적으로 가르쳐주는 농구 게임. 인물·사물·연대·사건과 세계사의 중요 항목을 게임으로 배울 수 있다. CPU전 등, 3종류의 게임 모드를 탑재했다.

게임으로 외우기 시리즈 : 일본사 키워드 기출 1800

나가세 에듀테인먼트　2000년 2월 29일　2,800엔

플레이어 1~2인 / 메모리카드 1블록 / 아날로그 컨트롤러 지원

일본사 학습에 중점을 둔 농구 게임. 플레이하는 동안 어느새 중요한 키워드를 외울 수 있도록 했다. 2P 대전 플레이로 뜨거운 배틀을 즐길 수도 있다.

비트매니아 어펜드 5th MIX

코나미　리듬 액션　2000년 3월 2일　2,800엔

플레이어 1~2인 / 메모리카드 5블록 / 아날로그 컨트롤러 지원 / 특제 컨트롤러 CT013(코나미)지원 / 특제 컨트롤러 ASC0515BM(아스키)지원

당시 게임센터에서 가동중이던 타이틀을 어펜드 디스크화 한 작품. 호화 아티스트의 곡 등, 전작을 능가하는 총 49곡을 수록했다. 이 작품만의 오리지널 요소도 추가했다.

스래셔 SK8

우엡 시스템　스포츠　2000년 3월 4일　4,800엔

플레이어 1~2인 / 메모리카드 1블록 / 아날로그 컨트롤러 지원

100종류 이상의 리얼하고 다채로운 트릭을 즐기는 스케이트보드 게임. 캐릭터 6명 중 하나를 선택해, 제한시간 내로 규정 포인트 이상을 따내면 스테이지 클리어된다.

성전사 단바인 : 성전사 전설

반다이　시뮬레이션　2000년 3월 4일　6,800엔

플레이어 1인 / 메모리카드 1블록

같은 제목의 애니메이션이 원작인 시뮬레이션 게임. 게임판의 오리지널 주인공이 되어, 바이스톤 웰의 세계를 체험해보자. 시나리오는 애니메이션판과도 연관성이 있다.

주변기기 지원 아이콘　플레이어 1~2인　메모리카드 1~2블록　멀티탭지원 1~4인　마우스 지원　대전케이블 2대　아날로그 조이스틱 SCPH0111(SCEI)지원　아날로그 컨트롤러 지원　PocketStation 지원　메모리카드 1~2블록　휴대전화 접속 케이블 지원(도코모/모드 휴대전화 지원)　특제 컨트롤러 SLPH00001(남코) 지원

퍼펙트 피싱 : 갯바위 낚시

세타　스포츠　2000년 3월 4일　5,800엔

플레이어 1인　메모리카드 1블록　아날로그 컨트롤러 지원

갯바위 낚시를 즐기는 본격 낚시 시뮬레이션 게임. 현장감 넘치는 낚시를 만끽해보자. 일본 전국 100곳 이상의 낚시터 정보와 80종 이상의 물고기를 망라한 DB도 탑재했다.

퍼펙트 피싱 : 배스 낚시

세타　스포츠　2000년 3월 4일　5,800엔

플레이어 1인　메모리카드 1블록　아날로그 컨트롤러 지원

본격적인 배스 낚시를 즐기는 낚시 시뮬레이션 게임. 날씨 변화 덕에 현지인 듯한 현장감이 있는 낚시를 즐길 수 있다. 등장 어종과 실존 낚시터 135곳의 정보도 수록했다.

필살 파치슬로 스테이션 3 : 테트라 릴에 도전

선 소프트　파치슬로　2000년 3월 4일　4,800엔

플레이어 1인　메모리카드 1블록　아날로그 컨트롤러 지원　특제 컨트롤러 SLPH00098(니혼시스템)지원

야마사 사의 인기 기종을 수록한 파치슬로 실기 시뮬레이터. '콩덤'과 '오이쵸 하마 X'를 수록했으며, '파치슬로 대전 모드'에서는 파치슬로 명인에게 도전할 수도 있다.

쿨 보더즈 4

우엡 시스템　스포츠　2000년 3월 9일　5,800엔

플레이어 1~4인　메모리카드 1~2블록　아날로그 컨트롤러 지원

인기 스노보드 게임의 제 4탄. 세계 정상급 라이더 20명이 실명으로 등장하며, 당시의 최신 기어로 플레이할 수도 있다. 4인 토너먼트 등, 8종류의 게임 모드를 탑재했다.

산요 파친코 파라다이스 3

아이렘 소프트웨어 엔지니어링　파친코　2000년 3월 9일　3,800엔

플레이어 1인　메모리카드 1블록　아날로그 컨트롤러 지원

산요 사의 인기 기종을 공략하는 파친코 시뮬레이터. 'CR 멍멍 파라다이스 S5'·'CR 멍멍 파라다이스 SK'·'CR 멍멍 파라다이스 SE'를 수록했다.

DRIVER : 잠입! 카 체이스 대작전

스파이크　레이싱　2000년 3월 9일　5,800엔

플레이어 1인　메모리카드 2~5블록　아날로그 컨트롤러 지원

잠입수사 요원 '터너'가 되어 40종 이상의 임무를 수행하는 카 체이스 게임. 리얼한 차량 거동과 조작성이 일품인 게임으로서, 박력 만점의 카 액션이 재미있다.

리듬 앤 페이스

아스믹 에이스 엔터테인먼트　리듬 액션　2000년 3월 9일　4,800엔

플레이어 1인　메모리카드 1블록　아날로그 컨트롤러 지원

타이밍에 맞춰 버튼을 눌러 화면에 그림을 그리는 리듬 페인트 액션 게임. 견본 그림에 자신의 개성을 더하면 추가 포인트를 얻는 등, 상상력을 자극하는 시스템을 채용했다.

만나고 싶어서… : your smiles in my heart

코나미　시뮬레이션　2000년 3월 16일　6,800엔

플레이어 1인　메모리카드 3블록

고교생활을 보내며 여자친구를 만드는 연애 시뮬레이션 게임. 이벤트가 매우 풍부해, 소녀가 상황에 맞춰 반응한다. 등록된 애칭을 육성으로 불러주는 시스템도 있다.

스파이로×스팍스 : 요절복통 투어즈

소니컴퓨터엔터테인먼트　액션　2000년 3월 16일　5,800엔

플레이어 1인　메모리카드 1블록　아날로그 컨트롤러 지원　PocketStation 지원　메모리카드 +13블록

1999년 발매된 「스파이로 더 드래곤」의 속편. 드래곤 '스파이로'와 파트너 '스팍스'가 활약하는 3D 액션 게임이다. 전작에 비해 신규 액션을 대폭 추가했다.

테마 파크 월드

일렉트로닉 아츠 스퀘어　시뮬레이션　2000년 3월 16일　5,800엔

플레이어 1인　메모리카드 5블록　아날로그 컨트롤러 지원

놀이공원 소유주가 되는 경영 시뮬레이션 게임. 놀이기구·상점 등을 배치해 자신만의 유원지를 만들어보자. 제작된 유원지는 360도 각도로 자유롭게 관찰할 수 있다.

여름빛 검술소녀

NEC 인터채널　시뮬레이션　2000년 3월 16일　6,800엔

플레이어 1인 | 메모리카드 3블록 | 아날로그 컨트롤러 지원

합숙 도중에 펼쳐지는 연애와 우정을 그린 연애 육성 시뮬레이션 게임. 검도부 주장이 되어 라이벌 학교와 겨루며, 소녀들과 교류하여 '진정한 실력'의 의미를 발견해보자.

팔러 프로 주니어 Vol.6

CBC / 니혼 텔레네트　파친코　2000년 3월 16일　2,900엔

플레이어 1인

인기 파친코 실기 시뮬레이터의 제 6탄. 코믹한 마작 액션과 화려한 리치로 화제를 모았던 'CR 츠모츠모 천국 남2국'을 수록하여, 실기 공략을 도와준다.

퍼즈 루프

캡콤　퍼즐　2000년 3월 16일　3,800엔

플레이어 1~2인 | 메모리카드 1블록 | 아날로그 컨트롤러 지원

아케이드 게임의 이식판. 레일 위를 이동해오는 쥬얼 스톤을, 같은 색끼리 3개 이상 붙여 연결해 없애는 퍼즐 게임이다. 스테이지 상의 쥬얼 스톤을 전부 없애면 클리어된다.

파치슬로 제왕 5 : 콩덤·슈퍼 스타 더스트 2·플라잉 모몬가

미디어 엔터테인먼트　파치슬로　2000년 3월 16일　5,800엔

플레이어 1인 | 메모리카드 1블록 | 아날로그 컨트롤러 지원 | PocketStation 지원 | 메모리카드 +3블록

거의 실기에 가까울 만큼 리얼하게 릴을 재현한 파친코 시뮬레이터. 야마사 사의 '콩덤'·'슈퍼 스타 더스트 2'·'플라잉 모몬가'까지 3종을 수록하였다.

메다로트 R : 파츠 컬렉션

이매지니어　RPG　2000년 3월 16일　2,980엔

플레이어 1인 | 메모리카드 13블록 | 아날로그 컨트롤러 지원 | PocketStation 지원 | 메모리카드 +13블록

「메다로트 R」에 대응되는 파츠 컬렉션 소프트. 「메다로트 R」 본편에서는 나오지 않았던 파츠와 입수가 어려운 레어 파츠를 「메다로트 R」로 가져올 수 있다.

인피니티

키드　어드벤처　2000년 3월 23일　6,800엔

플레이어 1인 | 메모리카드 2블록

5명의 히로인 각각에 개별 시나리오가 존재하는, 서스펜스계 연애 어드벤처 게임. 각 시나리오는 모두 연관돼 있어, 클리어할수록 스토리의 전모가 서서히 드러난다.

위닝 포스트 4 : 프로그램 2000

코에이　시뮬레이션　2000년 3월 23일　6,800엔

플레이어 1인 | 메모리카드 14블록 | PocketStation 지원 | 메모리카드 +3블록

인기 경마 시리즈 제 4탄의 리뉴얼판. 경주마를 육성해 레이스에서 승리하자. 경마프로 등의 각종 데이터가 2000년 기준이라, 99년의 3강마 등 당시 활약했던 말이 등장한다.

증기기관차로 GO!

타이토　시뮬레이션　2000년 3월 23일　5,800엔

플레이어 1~2인 | 메모리카드 1블록 | 아날로그 컨트롤러 지원 | PocketStation 지원 | 메모리카드 +2블록 | 특제 컨트롤러 SLPH00051·TCPP2000(타이토)[덴샤] 지원

증기기관차 기관사가 되어볼 수 있는 SL 운행 시뮬레이션 게임. 증기기관차만의 특수한 조작도 잘 재현했다. 시점 전환과, 기관사·부기관사 2인 협동 플레이 모드도 있다.

결정하라!! 히어로 학원 : 영웅에게 진실은 없다

CSC 미디아트　시뮬레이션　2000년 3월 23일　5,800엔

플레이어 1인 | 메모리카드 1블록

교사가 되어 정의의 히어로를 육성하는 열혈 육성 시뮬레이션 게임. 개성 넘치는 학생들은 지도방침에 따라 히어로부터 전투원·괴인에 이르기까지 다양하게 취업한다.

근육 랭킹 Vol.2 : 새로운 한계에 도전!

코나미　스포츠　2000년 3월 23일　5,800엔

플레이어 1~2인 | 메모리카드 2블록 | 아날로그 컨트롤러 지원

1999년 발매된 「근육 랭킹」의 속편. '몬스터 박스'와 '삼진 아웃' 등 8종의 경기를 원작 TV프로 그대로 재현하였다. 오리지널 선수도 제작 가능하다.

주변기기 지원 아이콘 플레이어 1~2인 메모리카드 1~2블록 멀티탭 지원 1~4인 마우스 지원 대전 케이블 2대 아날로그 조이스틱 SCPH0111(SCEI) 지원 아날로그 컨트롤러 지원 PocketStation 지원 메모리카드 1~2블록 휴대전화 접속 케이블 지원 (도코모)(모드 휴대전화 지원) 특제 컨트롤러 SLPH00001(남코) 지원

더 킹 오브 파이터즈 '99
SNK　대전격투　2000년 3월 23일　5,800엔

플레이어 1~2인 / 메모리카드 1블록 / 아날로그 컨트롤러 지원

인기 격투 게임 시리즈의 제 6탄. 이 작품부터 '네스츠 편'에 돌입해, 새 주인공 'K'가 등장한다. '스트라이커'·'카운터 & 아머 모드' 등의 신규 시스템도 탑재했다.

더 심리 게임 6
비지트　점술　2000년 3월 23일　1,500엔

플레이어 1~2인

인기 시리즈의 제 6탄. 총 5화 규모의 사운드 노벨 형식인 '스토리 모드'를 비롯해, 시리즈 전통의 '당신이라면 어떻게?'·'상성진단' 등 5가지 장르로 심리를 분석해준다.

진수 바둑선인 2호
J·WING　바둑　2000년 3월 23일　7,800엔

플레이어 1~2인 / 메모리카드 2블록 / 아날로그 컨트롤러 지원

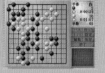

1999년 발매된 「진수 바둑선인」의 속편. 사고루틴을 강화해 더욱 치열한 대국을 즐길 수 있다. 대국 도중에 집을 계산하거나 다음 수를 알려주는 힌트 기능도 탑재했다.

성령기 라이블레이드
윙키 소프트　시뮬레이션 RPG　2000년 3월 23일　5,800엔

플레이어 1인 / 메모리카드 1블록

로봇 '성령기'에 탑승해 싸우는 시뮬레이션 RPG. 연금술이 크게 발전한 세계에서, 악의 원흉 '제 오드'와 맞선다. 동료와의 연애·신뢰도가 여러 장면에서 영향을 끼친다.

하늘까지 잭 : 콩나무 기어오르기 대작전!
에닉스　액션　2000년 3월 23일　5,800엔

플레이어 1인 / 메모리카드 1블록 / 아날로그 컨트롤러 지원

추격해오는 적으로부터 도망치려 하늘 높이 솟은 콩나무를 오르는 코믹 3D 액션 게임. 줄기를 타고 오르거나 하늘에서 다이브해 도망치며, 제한시간 내에 골인해 보자.

잠자는 고치
아스믹 에이스 엔터테인먼트　RPG　2000년 3월 23일　5,800엔

플레이어 1인 / 메모리카드 2블록 / 아날로그 컨트롤러 지원

선명한 원색조 그래픽이 특징인 RPG. 던전을 탐색해 '잠자는 고치'의 비밀을 밝혀내자. 버튼을 누르는 타이밍으로 마법의 강도를 결정하는 독특한 시스템을 채용했다.

배스 랜딩 2
아스키　스포츠　2000년 3월 23일　6,800엔

플레이어 1인 / 메모리카드 7~15블록 / 아날로그 컨트롤러 지원

풀 폴리곤으로 재현된 8곳의 필드에서 즐기는 배스 낚시 게임. 실존하는 23개사의 배스 기어가 2,000종류 이상 등장하므로, 상황에 적합한 태클을 조합할 수 있다.

몬스터 팜 : 배틀 카드
테크모　카드 배틀　2000년 3월 23일　5,800엔

플레이어 1~2인 / 메모리카드 1블록 / 아날로그 컨트롤러 지원

음악 CD를 넣어 300종 이상의 카드를 생성할 수 있는 카드 게임. 몬스터 3마리를 준비해 싸우자. 업계 최초의 '시네마 디스플레이' 기능으로 박력 넘치는 대전을 보여준다.

월드 스타디움 4
남코　스포츠　2000년 3월 23일　5,800엔

플레이어 1~2인 / 메모리카드 6블록 / 아날로그 컨트롤러 지원 / PocketStation 지원 / 메모리카드 15블록 / 특제 컨트롤러 SLPH00001(남코)지원

인기 프로야구 게임 시리즈의 제 4탄. 당시 최신 선수 데이터를 탑재했으며, 캠프 모드에서 디테일한 육성이 가능해졌다. 포켓스테이션용 미니게임 '분신 군'도 즐길 수 있다.

안젤리크 히스토리
코에이　시뮬레이션　2000년 3월 30일　12,000엔

플레이어 소프트 별도 대응 / 메모리카드 소프트 별도 대응

인기 연애 시뮬레이션 시리즈의 5개 작품을 합본한 세트 상품. 「~Special」·「이상한 나라의~」·「~Special 2」·「~듀엣」·「천공의 진혼가」를 수록했다.

이브 제로

게임빌리지　어드벤처　2000년 3월 30일　6,800엔

플레이어 1인　메모리 카드 4블록　아날로그 컨트롤러 지원

인기 시리즈의 원점을 그린 어드벤처 게임. 사립탐정 '아마기 코지로'와 경시청 수사관 '호죠 마리나'가, 가출소년 탐색부터 장기를 적출하는 엽기 연쇄살인사건까지 해결한다.

NHL 블레이즈 오브 스틸 2000

코나미　스포츠　2000년 3월 30일　5,800엔

플레이어 1~2인　메모리 카드 3블록　멀티탭지원 1~8인　아날로그 컨트롤러 지원

NHL이 공인한 아이스하키 게임. 당시 NHL 소속이었던 29개 팀의 선수 700명 이상이 실명으로 등장한다. '북미 선발팀'·'세계 선발팀' 등의 올스타 팀도 등장한다.

중매 코만도 : 바보 커플에 참견질하기

에닉스　시뮬레이션　2000년 3월 30일　5,800엔

플레이어 1인　메모리 카드 2블록　아날로그 컨트롤러 지원　PocketStation 지원　메모리 카드 +11블록

'중매 코만도'가 되어 수많은 커플을 맺어주어야 하는 실시간제 시뮬레이션 게임. 데이트 중인 커플에게 '참견'을 적절히 걸어, 대화의 방향을 적절하게 유도해야 한다.

카란코론 학원 : 가슴찌릿 편

J·WING　마작　2000년 3월 30일　2,800엔

플레이어 1인　메모리 카드 1블록

미소녀 연애 마작 시뮬레이션 게임의 제 2탄. 주인공과 히로인이 각기 다른 3가지 시나리오를 수록했다. 도중 히로인과 마작으로 대결한 결과에 따라 스토리가 분기된다.

K-1 제왕이 되자!

엑싱　시뮬레이션　2000년 3월 30일　5,800엔

플레이어 1~2인　메모리 카드 3블록　아날로그 컨트롤러 지원　PocketStation 지원　메모리 카드 +10블록

격투기 이벤트 'K-1'의 선수를 육성하는 게임. 오리지널 선수를 제작해, 실명으로 등장하는 K-1 파이터들과 대결시키자. 해외 경기와 도장깨기 등의 이벤트도 있다.

실황 골프마스터 2000

코나미　스포츠　2000년 3월 30일　5,800엔

플레이어 1~4인　메모리 카드 2블록　멀티탭지원 1~4인　아날로그 컨트롤러 지원

당시의 톱 선수들이 실명으로 등장하는 3D 골프 게임. 실존하는 프로와 대결하는 모드 등, 다채로운 모드를 탑재했다. 본격적인 골프를 쾌적하게 플레이할 수 있다.

SuperLite 1500 시리즈 : 잔파인

석세스　슈팅　2000년 3월 30일　1,500엔

플레이어 1인　메모리 카드 1블록　아날로그 컨트롤러 지원

'속공'을 테마로 삼은 슈팅 게임. '쌍정기'(잔파인)라 불리는 전투기를 조작해 총 5스테이지를 클리어하자. 육각형 필드 내에 있는 적을 전부 격파하면 스테이지 클리어.

SuperLite 1500 시리즈 : 로드 러너 2

석세스　액션　2000년 3월 30일　1,500엔

플레이어 1~2인　메모리 카드 1~6블록

「로드 러너 엑스트라」(상권 98p)의 염가판. 룰이 심플하면서도 깊이가 있는 액션 퍼즐 게임이며, 총 130스테이지를 수록했다. 2인 대전·협력 플레이도 가능하다.

디스크 더비 : 명마를 만들자!!

다즈　시뮬레이션　2000년 3월 30일　5,800엔

플레이어 1인　메모리 카드 12~15블록

소유한 CD에서 말이 태어나는 말 육성 시뮬레이션 게임. 말을 착실히 조련해 G1을 제패해보자. 레이스 도중, 골인 100m 전부터는 버튼 연타로 라스트 스퍼트가 가능하다.

토니 호크의 프로 스케이터

석세스　스포츠　2000년 3월 30일　5,800엔

플레이어 1~2인　메모리 카드 1블록　아날로그 컨트롤러 지원

토니 호크를 비롯한 프로 플레이어 10명이 실명으로 등장하는 스케이트보드 게임. 최고의 세션을 녹화하는 모드와, 트릭을 연습할 수 있는 모드 등을 탑재하였다.

필살 파친코 스테이션 클래식 2 : 드디어 되살아나다! 폭렬 명기 부활

선 소프트　파친코　2000년 3월 30일　3,980엔

플레이어 1인　아날로그 컨트롤러 지원

추억의 명기들을 수록한 파친코 실기 시뮬레이터의 제 2탄. '다이너마이트'·'타누키치 군 2'·'핀볼'을 수록했으며, 실전 모드와 공략 모드를 탑재하였다.

필살 파친코 스테이션 8

선 소프트　파친코　2000년 3월 30일　4,900엔

플레이어 1인　아날로그 컨트롤러 지원

인기 파친코 시뮬레이터의 제 8탄. 'CR 돌격의 킨쨩' 시리즈 3개 작품의 실기를 리얼하게 재현해 수록했다. 잭팟 확률과 핀 조정 기능 등, 공략을 돕는 기능이 가득하다.

FIFA 2000 : 유럽 리그 사커

일렉트로닉 아츠 스퀘어　스포츠　2000년 3월 30일　4,800엔

플레이어 1~2인　메모리 카드 2~14블록　멀티탭 지원 1~8인

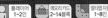

FIFA가 공인한 축구 게임. 유럽 14개국의 리그 275개 클럽과 44개국의 국가대표팀이 등장한다. 선수의 능력치와 유니폼도 에디트할 수 있다.

HEIWA 팔러 프로 : 돌핀 링 스페셜

CBC / 니혼 텔레네트　파친코　2000년 3월 30일　5,200엔

플레이어 1인　메모리 카드 1블록

헤이와 사의 파친코 2개 기종을 수록한 실기 시뮬레이터. 'CR 돌핀 링' 시리즈 2개 기종을 수록했으며, 실전 데이터·사출 구슬 그래프 등의 상세 데이터도 열람 가능하다.

헥사문 가디언즈

인크러먼트 P　어드벤처　2000년 3월 30일　6,800엔

플레이어 1인　메모리 카드 1블록　아날로그 컨트롤러 지원

이세계 '헥사문'을 둘러싸고 벌어지는 싸움을 그린 어드벤처 게임. 고교생 주인공이 되어, 거대 로봇을 타고 싸우자. 공주 6명과의 만남 등, 장대한 스토리가 전개된다.

워네버 아일랜드

리버힐 소프트　시뮬레이션　2000년 3월 30일　5,800엔

플레이어 1인　메모리 카드 10블록　아날로그 컨트롤러 지원

1997년 발매된 「월드 네버랜드」의 시스템을 활용한 육성 시뮬레이션 게임. 귀여운 동물들을 멋지게 육성해, 품평회·경기 등에 출장시켜 우승하는 것이 목적이다.

우좌 (U-SA)

아트딩크　퍼즐　2000년 4월 6일　3,800엔

플레이어 1인　메모리 카드 1블록

필드를 좌·우로 회전시켜, 같은 색 볼을 붙여가며 지우는 퍼즐 게임. 제한시간이 없어 숙고하며 플레이할 수 있다. 기본 50+어나더 50의 총 100스테이지가 준비돼 있다.

인연이라는 이름의 펜던트 With TOYBOX 스토리즈

NEC 인터채널　어드벤처　2000년 4월 6일　6,800엔

플레이어 1인　메모리 카드 2블록

PC용 게임을 이식한 연애 어드벤처 게임. '재회'로부터 시작되는 달콤쌉싸름한 러브스토리가 펼쳐진다. 신규 이벤트·CG 추가는 물론, PC판 팬 디스크의 컨텐츠도 수록했다.

체스 2000

언밸런스　체스　2000년 4월 6일　6,800엔

플레이어 1~2인　메모리 카드 2~12블록

대국의 패턴을 학습하는 AI를 탑재한 체스 게임. 경쾌하게 진행되는 고속 사고를 구현했다. CPU의 난이도는 6단계로 전환 가능해, 초보자부터 상급자까지 커버한다.

TRL (The Rail Loaders)

빅토리　액션　2000년 4월 6일　5,800엔

플레이어 1~2인

실존 열차가 모델인 캐릭터를 사용한 액션 어드벤처 게임. 포인트를 전환하며 선로를 달려, 마왕에게서 동료를 구출하자. 2인 동시 플레이 모드인 '부모자식 모드'가 있다.

머나먼 시공 속에서

코에이 어드벤처 2000년 4월 6일 6,800엔

플레이어 1인 / 메모리카드 1블록

이세계 '쿄'(京)의 수도에서 펼쳐지는 사랑과 싸움을 그린 여성용 일본풍 연애 어드벤처 게임. 쿄로 소환된 여고생 '모토미야 아카네'가 되어, 팔엽(八葉)이라 불리는 남성들과 협력해 오니 일족에게서 쿄의 수도를 지켜내자. 팔엽들은 저마다 숙명을 품고 있으며, 아카네와의 로맨스 도중에 진심을 엿볼 수 있다. 연인과 쿄를 지켜내 행복한 엔딩을 맞자.

노부나가의 야망 : 열풍전 with 파워업 키트

코에이 시뮬레이션 2000년 4월 6일 9,800엔

플레이어 1~8인 / 메모리카드 12블록 / 아날로그 컨트롤러 지원

일본 전국시대의 다이묘가 되어 통일을 노리는 역사 시뮬레이션 게임. 숏 플레이 모드·신 다이묘 모드를 탑재했으며, 보너스 시나리오까지 총 11종의 시나리오가 있다.

환상의 달밤 : 월야의 기담

나그자트 어드벤처 2000년 4월 6일 5,800엔

플레이어 1인 / 메모리카드 2블록 / 아날로그 컨트롤러 지원

드림캐스트용 타이틀을 이식한 연애 어드벤처 게임. 히로인 2명을 새로 추가했다. 메인 스토리는 유령소녀가 중심으로서, 선택지에 따라 호감도가 변화한다.

가이아마스터 : 신들의 보드 게임

캡콤 파티 2000년 4월 13일 4,800엔

플레이어 1~4인 / 메모리카드 2블록 / 멀티탭지원 1~4인 / 아날로그 컨트롤러 지원

20종의 미션을 탑재한 보드 게임. 상대의 토지를 빼앗으며 자산을 불리는 것이 목적이다. 전투에서는 개성 만점의 캐릭터들이 아슬아슬한 심리전의 카드 배틀을 펼친다.

타이니 블릿

소니컴퓨터엔터테인먼트 액션 2000년 4월 13일 5,800엔

플레이어 1인 / 메모리카드 1블록 / 아날로그 컨트롤러 지원

필드를 질주하는 쾌감과 드라마틱한 스토리를 즐기는 3D 액션 게임. 주인공인 홀런을 조작해 동료와 함께 모험을 떠나자. 머리를 굴려 풀어야만 하는 퍼즐도 가득하다.

벨소리라구 volume.4

빙 기타 2000년 4월 13일 1,980엔

플레이어 1인 / 메모리카드 1블록

음성 가이드에 따라 휴대폰을 조작하면 누구나 쉽게 벨소리를 만들 수 있는 입력 도우미 툴. J-POP부터 애니메이션, 추억의 멜로디까지 다양한 장르의 450곡을 수록했다.

데빌맨

반다이 액션 2000년 4월 13일 5,800엔

플레이어 1인 / 메모리카드 1블록 / 아날로그 컨트롤러 지원

나가이 고의 명작 만화가 원작인 3D 액션 어드벤처 게임. 인간 '후도 아키라'를 조작하는 '후도 아키라 편'과, 그가 데몬과 합체한 후인 '악마인간 편'으로 스토리가 나뉜다.

THE YELLOW MONKEY : trancemission VJ Remix

오라시온 기타 2000년 4월 14일 4,800엔

플레이어 1인

일본의 인기 록 밴드 THE YELLOW MONKEY와 영화감독 타카하시 에이키의 콜라보 무비를 즐기는 소프트. 뮤직비디오를 마음껏 편집하는 등의 다양한 기능을 탑재했다.

위저드리 : 딤길

아스키 RPG 2000년 4월 20일 6,800엔

플레이어 1인 / 메모리카드 2블록

고전 RPG「위저드리」의 외전 중 하나. 11가지 종족과 14가지 직업 내에서 캐릭터를 만들어, 파티를 짜 모험을 떠나자. 신전에 숨겨진 비밀을 밝혀, 무녀를 구출하도록.

주변기기 지원 아이콘 플레이어 1~2인 메모리카드 1~2블록 멀티탭지원 1~4인 마우스 지원 대전케이블 2대 아날로그 조이스틱 SCPH0111(SCEI)지원 아날로그 컨트롤러 지원 PocketStation 지원 메모리카드 1~2블록 휴대전화접속 케이블 지원(도코모 (모드 휴대전화)지원) 특제 컨트롤러 SLPH000011(넘코)지원

오바큥

남코　건 슈팅　2000년 4월 20일　5,800엔

플레이어 1~2인 / 메모리 카드 1블록 / 아날로그 컨트롤러 지원 / 특제 컨트롤러 SLPH00034(남코)지원

아케이드판 원작을 이식한 건 슈팅 게임. 마녀의 저주로 고양이가 된 주인공이. 다시 인간이 되기 위해 마녀·유령에 맞선다. 건콘이 있으면 더욱 흥분되는 플레이가 가능하다.

카란코론 학원 : 퓨어 러브 편

J·WING　마작　2000년 4월 20일　2,800엔

플레이어 1인 / 메모리 카드 1블록

인기 시리즈의 제 3탄. 미소녀 연애 마작 시뮬레이션 게임으로서, 이번에도 주인공과 히로인이 각기 다른 에피소드 3종을 수록했다. 마작 승패에 따라 스토리가 분기된다.

스노포케러

아틀라스　커뮤니케이션　2000년 4월 20일　3,800엔

플레이어 1인 / 메모리 카드 15블록 / PocketStation 지원 / 메모리카드 +15블록

1999년 발매했던 「포케러」의 어나더 버전. 포켓스테이션으로 스케줄 관리 및 대화가 가능한 소프트이며, 이번엔 스탠드가 스노보더 디자인인 것이 특징이다.

대전 연애 시뮬레이션 : 트리펠즈 마법학교

아스키　시뮬레이션　2000년 4월 20일　5,800엔

플레이어 1~2인 / 메모리 카드 2블록

미소녀 급우들과 친해져, 밸런타인데이에 받게 되는 초콜릿 수를 겨루는 연애 시뮬레이션 게임. 개성 넘치는 히로인 7명과, 미니게임을 통해 친목을 다지자.

댄싱 스테이지 featuring DREAMS COME TRUE

코나미　리듬 액션　2000년 4월 20일　4,980엔

플레이어 1~2인 / 메모리 카드 1블록

아케이드 게임의 이식작. 'DREAMS COME TRUE'의 히트곡을 배경으로 댄스를 즐기는 리듬 액션 게임이다. '맑았으면 좋겠다' '결전은 금요일' 등의 대표곡을 수록했다.

폐쇄병원

비지트　어드벤처　2000년 4월 20일　5,800엔

플레이어 1~2인 / 메모리 카드 1블록 / 아날로그 컨트롤러 지원

모든 신을 3D로 표현한 사운드 노벨. 다이쇼 시대의 병원에서 주인공이 사건에 휘말린다는 스토리다. 상대의 호감도로 시나리오가 변하는 '퍼스널 포인트 시스템'을 탑재했다.

포케러 DX : 핑크

아틀라스　커뮤니케이션　2000년 4월 20일　3,800엔

플레이어 1인 / 메모리 카드 15블록 / PocketStation 지원 / 메모리카드 +15블록

1999년 발매된 타이틀 「포케러」의 리뉴얼판. 간단한 대화를 즐길 수 있으며, 새로 추가된 '혼내기 버튼'을 잘 사용하면 캐릭터를 자신의 취향으로 육성할 수 있다.

포케러 DX : 블랙

아틀라스　커뮤니케이션　2000년 4월 20일　3,800엔

플레이어 1인 / 메모리 카드 15블록 / PocketStation 지원 / 메모리카드 +15블록

「포케러 DX : 핑크」의 어나더 버전. 스케줄 관리와 캐릭터와의 대화를 즐기는 편리한 툴 소프트로서, '혼내기 버튼'을 탑재해 캐릭터를 자유롭게 육성할 수도 있다.

메카포케러

아틀라스　커뮤니케이션　2000년 4월 20일　3,800엔

플레이어 1인 / 메모리 카드 15블록 / PocketStation 지원 / 메모리카드 +15블록

「포케러 DX : 핑크」의 어나더 버전. 스탠드가 로봇형 디자인인 것이 특징. '혼내기 버튼'으로 캐릭터를 취향대로 육성 가능하며, 스케줄 기능에도 편리한 것이 많다.

레이크라이시스

타이토　슈팅　2000년 4월 20일　5,800엔

플레이어 1인 / 메모리 카드 지원 / 아날로그 컨트롤러 지원 / PocketStation 지원 / 메모리카드 +14블록

록온 레이저가 특징인 아케이드 슈팅 게임 「레이포스」의 프리퀄이자 시리즈 3번째 작품의 이식작. 원작의 디자인을 개변한 '엑스트라 모드'도 즐길 수 있다.

록맨 DASH 2

캡콤　RPG　2000년 4월 20일　5,800엔

플레이어 1인 | 메모리카드 1블록 | 아날로그 컨트롤러 지원

1997년 발매된 「록맨 DASH」의 속편. 록온 기능을 강화하고 신규 액션을 채용했다. 더욱 규모가 방대해진 세계에서, 위대한 유산을 둘러싼 싸움이 펼쳐진다.

우리는 밀림 탐험대!!

빅터 인터랙티브 소프트웨어　시뮬레이션　2000년 4월 20일　5,800엔

플레이어 1인 | 메모리카드 10블록 | 아날로그 컨트롤러 지원 | PocketStation 지원 | 메모리카드 +4블록

최대 28명의 대원을 지휘해 무인도를 탐험하는 시뮬레이션 게임. 길을 가로막는 나무를 베고 식량이 될 만한 과일을 모으며, 섬에 잠든 고대문명의 유적을 찾아내자.

아트 카미온 : 말판놀이전

어펙트　파티　2000년 4월 27일　4,800엔

플레이어 1~4인 | 메모리카드 1블록 | 멀티탭지원 1~4인 | 아날로그 컨트롤러 지원

일본 최고를 노리는 아트 트럭커들의 싸움을 그린 말판놀이 게임. 화물을 배달해 자금을 모아 트럭을 호화롭게 장식하자. 방해자 등장과 애인과의 로맨스 등, 이벤트도 많다.

근육 랭킹 : ROAD TO SASUKE

코나미　스포츠　2000년 4월 27일　5,800엔

플레이어 1인 | 메모리카드 1블록

체력계 TV프로 '근육 랭킹'의 게임판 제 3탄. 해당 프로의 최고 난관 'SASUKE'의 4스테이지 18에어리어를 충실히 재현했다. 플레이어 캐릭터를 단련시켜 완전 제패하자.

쟝쟝코이합시다 세퍼레이트 1 : 쟝쟝합시다

비스코　마작　2000년 4월 27일　1,500엔

플레이어 1인 | 메모리카드 1블록

「러블리 팝 2 in 1 : 쟝쟝코이합시다」에서 마작 게임 부분만 분할해 발매한 작품. 신규 요소로서, 애니메이션 동영상을 감상하는 '메모리얼 모드'가 추가되었다.

쟝쟝코이합시다 세퍼레이트 2 : 코이코이합시다

비스코　화투　2000년 4월 27일　1,500엔

플레이어 1인 | 메모리카드 1블록

「러블리 팝 2 in 1 : 쟝쟝코이합시다」에서 화투 게임 부분만 분할해 발매한 작품. 신규 요소로서, 애니메이션 동영상을 감상하는 '메모리얼 모드'가 추가되었다.

SIMPLE 1500 시리즈 Vol.28 : THE 던전 RPG

D3 퍼블리셔　RPG　2000년 4월 27일　1,500엔

플레이어 1인 | 메모리카드 2블록

SIMPLE 1500 시리즈 최초의 RPG. 자동 생성된 지하미궁에 도전하며, 무기·방어구·아이템을 50종 이상 준비했다. 최심부에 있는 전설의 보옥을 획득하는 것이 목적이다.

너나뒤박! : 너도나도 뒤죽박죽

소니컴퓨터엔터테인먼트　시뮬레이션　2000년 4월 27일　5,800엔

플레이어 1~2인 | 메모리카드 1블록

주인공을 조작해, 신이 되기 위한 토너먼트에서 경쟁하는 땅따먹기 대전 시뮬레이션 게임. 인공지능이 탑재된 '엔젤룽'을 소환해, 지시를 잘 내려 아군이 이기게끔 하자.

파카파카 패션 2

프로듀스　리듬 액션　2000년 4월 27일　5,800엔

플레이어 1~2인 | 메모리카드 1블록 | 특제 컨트롤러 PRO-0001(프로듀스)지원

인기 리듬 액션 게임 시리즈의 제 2탄. 음악으로 싸우는 대전 게임이다. 2인 협력 플레이 시엔 '어나더 캐릭터' 및 적 캐릭터 4명도 등장해, 게임이 더욱 치열하다.

판도라 MAX 시리즈 VOL.3 : 러비시 블레이존

판도라 박스　RPG　2000년 4월 27일　1,980엔

플레이어 1인 | 메모리카드 | 아날로그 컨트롤러 지원

주인공이 여성에 인기 만점인 '용사'가 되는 게 목표인 RPG. 음악·게임용 CD에서 아이템을 생성하거나 무기 합성으로 희귀 무기를 만드는 등, 파고들 요소가 가득한 작품.

주변기기 지원 아이콘 | 플레이어 1~2인 | 메모리카드 1~2블록 | 멀티탭지원 1~4인 | 마우스 지원 | 대전케이블 2대 | 아날로그 조이스틱 SCPH0111(SCEI) 지원 | 아날로그 컨트롤러 지원 | PocketStation 지원 | 메모리카드 1~2블록 | 휴대전화 접속 케이블 지원(도코모 모드 휴대전화 지원) | 특제 컨트롤러 SLPH00001(남코) 지원

플랑베르주의 정령

키드 어드벤처 2000년 4월 27일 6,800엔

플레이어 1인 / 메모리카드 1블록

PC판을 이식한 커맨드 선택식 어드벤처 게임. 왕녀 샬롯의 신랑후보가 된 주인공이 영지를 발전시킨다는 스토리다. 개성만점의 소녀들과 만나, 여러 의견을 들어보자.

브레스 오브 파이어 IV : 변치 않는 것

캡콤 RPG 2000년 4월 27일 5,800엔

플레이어 1인 / 메모리카드 1블록 / 아날로그 컨트롤러 지원

인기 RPG 시리즈의 제 4탄. 캐릭터는 2D로, 배경은 3D로 묘사해 연출을 강화했다. 공격 시스템도 리뉴얼하여, 즐기다보면 자신만의 전략이 만들어지는 독자적인 맛이 있다.

Major Wave 시리즈 : LATTICE 200EC7

누사이트 슈팅 2000년 4월 27일 1,500엔

플레이어 1인 / 아날로그 컨트롤러 지원

호소노 하루오미가 작곡한 테크노 사운드를 즐기는 3D 슈팅 게임. 레일 위를 달리며 장애물을 돌파하자. 파랑·초록·빨강색 게이트를 순서대로 통과하면 게임 클리어다.

랠리 드 유럽

프리즘 아츠 레이싱 2000년 4월 27일 1,500엔

플레이어 1~2인 / 메모리카드 2블록 / 아날로그 컨트롤러 지원

1998년 발매된 「랠리 드 아프리카」의 속편. 금번엔 무대를 유럽으로 옮겨, 3종류의 챔피언십 이벤트에 참가하게 된다. 각지를 전전하며 챔피언 지위를 획득하자.

사기 마작

아이디어 팩토리 마작 2000년 5월 2일 3,980엔

플레이어 1인 / 메모리카드 1블록 / 아날로그 컨트롤러 지원

반칙 패산 쌓기, 바꿔치기 등이 난무하는 사기 마작을 즐기는 게임. 상대에 들키지 않도록 다양한 사기 기술을 구사해보자. 적의 사기를 간파하면 '잠깐!'을 외칠 수도 있다.

키타 덴시 : 버추어 파치슬로 2

맵 재팬 파치슬로 2000년 5월 2일 5,800엔

플레이어 1인 / 메모리카드 2블록 / 아날로그 컨트롤러 지원

인기 기종을 수록한 파치슬로 시뮬레이터. 1릴 확정 눈금을 채용한 '북쪽의 온천 7', 서커스의 자매기인 '크리에이터 7', 7라인 기기 '빅풋 7'을 재현했다.

더 블루 말린

스타피시 스포츠 2000년 5월 2일 2,000엔

플레이어 1인 / 메모리카드 1블록 / 아날로그 컨트롤러 지원

거대한 청새치를 낚아올리는 통쾌한 낚시 게임. 어장인 마이애미 근해·멕시코 근해를 재현했으며, 화면이 좁다 하고 날뛰는 거대 물고기와의 흥분되는 배틀을 즐길 수 있다.

안녕히, 우주전함 야마토 : 사랑의 전사들

반다이 시뮬레이션 2000년 5월 2일 7,800엔

플레이어 1인 / 메모리카드 2~14블록 / 아날로그 컨트롤러 지원

장대한 SF 드라마를 즐기는 시뮬레이션 게임. 극장판 '안녕히, 우주전함 야마토'와 TV판 '우주전함 야마토 2'에 오리지널 시나리오를 더한 스토리를 즐길 수 있다.

SIMPLE 1500 시리즈 Vol.30 : THE 바스켓 1 on 1 플러스

D3 퍼블리셔 스포츠 2000년 5월 2일 1,500엔

플레이어 1~4인 / 멀티탭지원 1~4인

「1 on 1」(상권 197p)의 아케이드판인 「1 on 1 가버먼트」의 이식작, 캐릭터를 이노우에 타케히코가 디자인했으며, 아케이드판의 히든 캐릭터까지 모두 처음부터 선택 가능.

버추얼 경정 2000

일본물산 레이싱 2000년 5월 2일 6,800엔

플레이어 1인 / 메모리카드 1블록 / 아날로그 컨트롤러 지원

그래픽을 쇄신해 더욱 리얼한 레이스를 구현한 경정 시뮬레이션 게임. 2000년도 전반기의 현역 선수 데이터를 수록했고, '경정 영웅열전'·'퀵 레이스' 모드를 탑재했다.

value 1500 : The 자금성

선 소프트　퍼즐　2000년 5월 2일　1,500엔

플레이어 1인 / 메모리카드 1블록

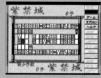

마작패로 만든 미로에서 탈출해야 하는 퍼즐 게임. 같은 패끼리 맞추면 지워진다는 규칙이다. 스테이지는 약 200종이며, 임의의 스테이지부터 도전할 수 있다.

value 1500 : The 상하이

선 소프트　퍼즐　2000년 5월 2일　1,500엔

플레이어 1인 / 메모리카드 1블록

특정한 형태로 쌓인 마작패 중에서 같은 패를 2개씩 뽑아내가는 퍼즐 게임. 배치가 다른 12개 스테이지를 모두 클리어해보자. 헬프 횟수·난이도 등은 설정에서 변경 가능.

value 1500 : The 룽룽

선 소프트　퍼즐　2000년 5월 2일　1,500엔

플레이어 1인 / 메모리카드 1블록

아케이드판이 원작인 퍼즐 게임. 2번까지 꺾이는 선으로 같은 패를 연결하면 없어지는 룰은 「사천성」과 유사하지만, 「상하이」처럼 고저차가 있어 낮은 패는 통과할 수 있다.

FEVER 2 : SANKYO 공식 파친코 시뮬레이션

인터내셔널 카드 시스템　파친코　2000년 5월 2일　3,800엔

플레이어 1인 / 메모리카드 2블록 / 아날로그 컨트롤러 SLPH00007(TEN연구소)지원 / 특제 컨트롤러 SLPH00007(TEN연구소)지원

산쿄 사의 인기 기종을 수록한 파친코 시뮬레이터. 'CR 피버 고스트' 시리즈 중에서 'SP'·'GP'·'DX' 3대를 수록했으며, 실기 공략에도 활용할 수 있다.

브레이브 사가 2

타카라　시뮬레이션RPG　2000년 5월 2일　7,800엔

플레이어 1인 / 메모리카드 2~15블록 / 아날로그 컨트롤러 지원

1998년 발매되었던 「브레이브 사가」시리즈의 제 2탄. 용자 시리즈 등의 인기 로봇들이 활약하는 시뮬레이션 RPG다. 이번 작품부터 '사자왕 가오가이거'가 참전했다.

엘란 플러스

비스코　시뮬레이션　2000년 5월 11일　2,800엔

플레이어 1인 / 메모리카드 1블록 / 아날로그 컨트롤러 지원

희로애락의 표현이 가능한 대화 시스템을 탑재한 육성 시뮬레이션 게임. 소년소녀 9명간의 교류를 그린 스토리다. 공동생활의 교류를 통해 최고의 파트너를 찾아내자.

Option : 튜닝 카 배틀 spec R

MTO　레이싱　2000년 5월 11일　2,800엔

플레이어 1~2인 / 메모리카드 5블록 / 아날로그 컨트롤러 지원 / 특제 컨트롤러 SLPH00001(남코)지원 / 특제 컨트롤러 SLPH00126(남코)지원

일본의 자동차잡지 'Option'이 감수한 본격 카 시뮬레이션 게임의 3번째 작품. 78개 차종과 12개 코스가 등장한다. 최신 튜닝 파츠로 인한 거동 변화도 리얼하게 재현했다.

코스모워리어 제로

타이토　슈팅　2000년 5월 18일　6,800엔

플레이어 1인 / 메모리카드 1블록 / 아날로그 컨트롤러 지원

만화가 마츠모토 레이지의 역대 작품들의 캐릭터가 등장하는 슈팅 게임 & 디지털 코믹. '하록'의 토벌을 명령받은 지구군 독립함대 사령관 '워리어스 제로'를 다룬 스토리다.

자석으로 날아볼까? 픽스의 대모험

어펙트　액션　2000년 5월 18일　3,400엔

플레이어 1인 / 메모리카드 1블록 / 아날로그 컨트롤러 지원

자석의 성질을 활용하는 액션 게임. 수많은 난관을 뛰어넘어, 자석의 세계 '마그네티카'에 평화를 되찾아주자. 적 몬스터에 주의하면서 크리스탈을 많이 모아야 한다.

실명실황경마 드림 클래식

반다이　시뮬레이션　2000년 5월 18일　5,800엔

플레이어 1인 / 메모리카드 11블록

기수·조교사·경주마들이 실명으로 등장하는 경마 시뮬레이션 게임. 전설의 경주마에 버금갈 명마를 직접 만들어 육성해보자. 실황과 3D CG로 레이스가 더욱 드라마틱해진다.

주변기기 지원 아이콘　플레이어 1~2인 / 메모리카드 1~2블록 / 멀티탭지원 1~4인 / 마우스 지원 / 대전 케이블 지원 2대 / 아날로그 조이스틱 SCPH0111(SCEI)지원 / 아날로그 컨트롤러 지원 / PocketStation 지원 / 메모리카드 1~2블록 / 휴대전화 접속 케이블 지원 (도코모/모드 휴대전화 지원) / 특제 컨트롤러 SLPH00001(남코)지원

백개먼 2000

언밸런스 테이블 2000년 5월 18일 6,800엔

플레이어 1~2인 | 메모리카드 2~12블록

고대 이집트로부터 전해 내려온 전통의 보드 게임 '백개먼'을 기초부터 배우는 테이블 게임. 백개먼의 역사부터 기본적인 룰, 승리의 테크닉 등까지 친절하게 가르쳐준다.

빅토리 복싱

빅터 인터랙티브 소프트웨어 스포츠 2000년 5월 18일 5,800엔

플레이어 1~2인 | 메모리카드 2블록 | 아날로그 컨트롤러 지원

리얼한 그래픽으로 난타의 쾌감을 전달하는 3D 권투 게임. 다채로운 펀치와 콤비네이션으로, 대결하는 30명의 라이벌을 쓰러뜨리고 챔피언 지위를 노려보자.

브리건다인 : 그랜드 에디션

E3 스탭 시뮬레이션 RPG 2000년 5월 18일 6,800엔

플레이어 1~6인 | 메모리카드 4~10블록 | 아날로그 컨트롤러 지원

드라마틱한 시나리오와 화려로운 그래픽이 특징인 시뮬레이션 RPG. 114명의 기사가 몬스터를 이끌고 격돌한다. 치밀한 전략을 구사하여 대륙을 통일하자.

프로 마작 츠와모노 3

컬처 브레인 마작 2000년 5월 18일 4,980엔

플레이어 1인 | 메모리카드 1블록

수많은 빅 타이틀을 거머쥔 유명 프로 작사 16명이 등장하는 4인 대국 마작 게임. 최고봉의 사고 루틴을 탑재했고, 첫 버리기부터 화료까지 친절하게 어드바이스해준다.

마리오넷 컴퍼니 2

마이크로캐빈 어드벤처 2000년 5월 18일 6,800엔

플레이어 1인 | 메모리카드 2블록

1999년 발매되었던 「마리오넷 컴퍼니」의 속편. 컨스트럭션 모드를 알기 쉽도록 변경했고, 시나리오의 볼륨도 늘려 가슴이 젖한 러브 스토리를 펼쳐냈다.

아쿠에리안 에이지 : 도쿄 워즈

ESP 파티 2000년 5월 25일 6,800엔

플레이어 1~2인 | 메모리카드 2블록 | 멀티탭지원 1~5인

당시 일본에서 인기였던 트레이닝 카드 게임을 시뮬레이션 게임화했다. 이레이저의 침략을 저지하기 위해, 다양한 캐릭터(카드)들을 부하로 삼아 이레이저와 싸우자.

SuperLite 1500 시리즈 : Castrol HONDA 슈퍼 바이크 레이싱

석세스 레이싱 2000년 5월 25일 1,500엔

플레이어 1~2인 | 메모리카드 2블록 | 아날로그 컨트롤러 지원 | 특제 컨트롤러 SLPH00001(남코)지원

슈퍼 바이크로 13종의 코스에 도전해 챔피언을 노리는 바이크 레이싱 게임. 명문 팀 'Castrol HONDA'의 바이크인 'RC45'의 거동을 디테일까지 철저히 재현했다.

SuperLite 1500 시리즈 : HOOOCKEY!!

석세스 스포츠 2000년 5월 25일 1,500엔

플레이어 1~2인

놀이공원 등에서 흔히 볼 수 있는 '에어하키'를 즐기는 스포츠 게임. 현실에서는 불가능한 필살기·액션을 가미하여, 다이내믹한 플레이를 펼칠 수 있다.

슈퍼로봇대전 α

반프레스토 시뮬레이션 RPG 2000년 5월 25일 6,980엔

플레이어 1인 | 메모리카드 4~15블록 | 아날로그 컨트롤러 지원 | PocketStation 지원 메모리카드 +2블록

「슈퍼로봇대전 α」 시리즈의 첫 작품. 이 작품부터 '마크로스' 시리즈가 참전했으며, 참전작이 총 31개 작품에 달한다. 판권의 벽을 넘어선 새로운 올스타전을 체험하라.

스크린

키드 어드벤처 2000년 5월 25일 6,800엔

플레이어 1인 | 메모리카드 1블록 | 아날로그 컨트롤러 지원

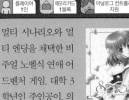

멀티 시나리오와 멀티 엔딩을 채택한 비주얼 노벨식 연애 어드벤처 게임. 대학 3학년인 주인공이, 의붓여동생·악우들과의 평온한 일상 끝에 맞게 되는 변화를 그린 이야기다.

성 루미너스 여학교

엑싱　어드벤처　2000년 5월 25일　6,800엔

플레이어 1인　메모리카드 1블록

사립학교의 이사장 겸 학생이 되어, 학생들의 고민과 사건을 해결하는 어드벤처 게임. 특수장치를 설치해 학생들의 대화를 엿듣는 '싱크로나이즈드 시큐리티 시스템'이 특징.

도박묵시록 카이지

코단샤　어드벤처　2000년 5월 25일　5,800엔

플레이어 1~2인　메모리카드 1블록　아날로그 컨트롤러 지원　PocketStation 지원　메모리카드 +4블록

같은 제목의 인기 만화가 원작인 어드벤처 게임. '한정 가위바위보'에서 승리하여 막대한 빚을 갚아야 한다. '멀티 승부 시나리오 시스템'으로 극상의 스릴을 제공한다.

성계의 문장

반다이 비주얼　시뮬레이션　2000년 5월 25일　6,800엔

플레이어 1인　메모리카드 1블록　아날로그 컨트롤러 지원

인기 소설 '성계의 문장'의 세계관을 기반으로 삼은 전술 시뮬레이션 게임. 게임판의 오리지널 스토리·캐릭터 덕에, 타 미디어믹스와는 다른 시점의 세계를 즐길 수 있다.

본격 4인 대국 프로 마작 : 마작왕

와라시　마작　2000년 5월 25일　1,980엔

플레이어 1인　메모리카드 1블록　아날로그 컨트롤러 지원

고속 사고루틴을 탑재한 본격 4인 대국 마작 게임. 실명으로 등장하는 프로 마작사 12명과 진검 승부를 벌이자. CPU의 사고시간이 1명당 0.1초라 진행이 매우 신속하다.

면허를 따자

트와일라이트 익스프레스　시뮬레이션　2000년 5월 25일　5,800엔

플레이어 1인　메모리카드 1블록　아날로그 컨트롤러 지원

일본 전국교통안전교육센터가 감수한 드라이빙 시뮬레이터. 퀴즈 형식인 '학과학습'에선 실제 면허문제를 참고한 500문제를 수록했다. 게임으로 운전 지식을 배워보자.

아콩카과

소니컴퓨터엔터테인먼트　어드벤처　2000년 6월 1일　6,800엔

플레이어 1인　메모리카드 1~15블록　아날로그 컨트롤러 지원

남미의 최고봉, '아콩카과' 산이 무대인 어드벤처 게임. 추락한 여객기의 생존자 5명이, 자연의 위협 및 의문의 무장집단과 대항하며 살아남아 하산하기까지를 그린 스토리다.

F1 2000

일렉트로닉 아츠 스퀘어　레이싱　2000년 6월 1일　5,800엔

플레이어 1~2인　메모리카드 3블록　아날로그 컨트롤러 지원

2000년 시즌의 머신·드라이버가 전부 실명으로 등장하는 F1 게임. 드라이버와 피트 간의 통신을 재현하는 등, 현실을 방불케 하는 리얼한 레이스를 즐길 수 있다.

콤비마작 따라버리기 with 「환상의 달밤」 캐릭터즈

갭스　마작　2000년 6월 1일　2,800엔

플레이어 1인　메모리카드 1블록

「환상의 달밤」(112p)의 캐릭터들을 활용한 마작 게임. 외전격 스토리를 즐길 수 있다. 기존의 마작 게임에 없던 새로운 요소로서 '안내 사인 시스템'을 탑재하였다.

방울 이야기

캡콤　RPG　2000년 6월 1일　4,800엔

플레이어 1인　메모리카드 1블록　아날로그 컨트롤러 지원

일본의 전래동화가 모티브인 카드 배틀 RPG. 주인공 '스즈마루'가 되어, 인간계에 흩어진 방울 5개를 되찾자. 마을 사람들에게 정보를 묻거나 카드 배틀로 대결해야 한다.

댄스 댄스 레볼루션 3rd MIX

코나미　리듬 액션　2000년 6월 1일　오픈 프라이스

플레이어 1~2인　메모리카드 1블록　아날로그 컨트롤러 지원　PocketStation 지원　메모리카드 4블록　특제 컨트롤러 RU017(코나미)지원

화면에 표시되는 4종류의 화살표에 맞춰 스텝을 밟는 리듬 액션 게임. 수록곡은 50곡 이상이다. 오리지널 모드인 '다이어트 모드'는 4가지 코스로 진행할 수 있다.

주변기기 지원 아이콘　 플레이어 1~2인　 메모리카드 1~2블록　 멀티탭지원 1~4인　 마우스 지원　 대전케이블 2대　 아날로그 조이스틱 SCPH0111(SCEI)지원　 아날로그 컨트롤러 지원　PocketStation 지원　메모리카드 1~2블록　 휴대전화 접속 케이블 지원 (도코모 (모드 휴대전화)지원)　특제 컨트롤러 SLPH00001(남코)지원

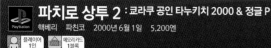

파치로 상투 2 : 쿄라쿠 공인 타누키치 2000 & 정글 P

핵베리　파친코　2000년 6월 1일　5,200엔

플레이어 1인 | 메모리카드 1블록

쿄라쿠 사의 인기 기종을 수록한 파치슬로 시뮬레이터. 'CR 타누키치 2000 Z1'과 'CR 정글 파크 Z1'을 수록했으며, 프로모션 무비 등도 감상할 수 있다.

필살 파친코 스테이션 9 : 우시와카와 레미

선 소프트　파친코　2000년 6월 8일　4,900엔

플레이어 1인 | 메모리카드 1~2블록 | 아날로그 컨트롤러 지원 | 특제 컨트롤러 SLPH00007/TEN연구소지원 | 특제 컨트롤러 SLPH00070/TEN연구소지원

인기 파친코 시뮬레이터의 제 9탄. 'CR 우시와카 외전 FL' 시리즈와 'CR 러블리 레미!' 시리즈를 각 2개 기종씩 수록했고, 세세한 부분까지 충실히 재현하였다.

오즈의 마법사 Another World : 룽룽

어펙트　어드벤처　2000년 6월 15일　3,000엔

플레이어 1인 | 메모리카드 1블록 | 아날로그 컨트롤러 지원

'오즈의 마법사'가 원작인 어드벤처 게임. 마법의 나라로 온 소녀 '도로시'가 원래 세계로 되돌아가는 과정을 그렸다. 신비한 항아리에 소재를 넣어 아이템을 생성할 수 있다.

킬러 배스

마호　스포츠　2000년 6월 15일　5,800엔

플레이어 1인 | 메모리카드 1블록 | 아날로그 컨트롤러 지원

유전자공학으로 탄생한 마성의 농어 '킬러 배스'를 상대하는 낚시 게임. '킬러 배스 컵'에 출장하여 난폭한 배스를 낚아 올리자. 낚시터부터 루어까지 개성이 강한 작품.

사시사철 배스 낚시

비지트　스포츠　2000년 6월 15일　1,980엔

플레이어 1인 | 메모리카드 1블록 | 아날로그 컨트롤러 지원

사계절의 변화를 만끽하며 배스 낚시를 즐기는 낚시 게임. 태클 종류가 충실하게 구비돼 있어, 낚시에 집중할 수 있다. 계절과 시간에 따라 잘 낚이는 장소가 달라진다.

엘더 게이트

코나미　RPG　2000년 6월 22일　오픈 프라이스

플레이어 1인 | 메모리카드 2블록 | 아날로그 컨트롤러 지원

정령을 다루는 주인공이 세계의 균형을 되돌리려 싸우는 RPG. 두 세계를 왕래하여 정령의 힘을 되찾자. 방문할 때마다 변화하는 시나리오와 자동생성 필드를 탑재했다.

오오에도 풍수 인과율 : 불꽃놀이 2

마호　파티　2000년 6월 22일　5,800엔

플레이어 1~4인 | 메모리카드 1~2블록 | 아날로그 컨트롤러 지원

에도에 대지진을 일으키려고 획책하는 타이라노 마사카도와 풍수 배틀을 펼치는 보드 게임. 우키요에를 3D로 재현한 에도 마을 풍경이 특징. 한 판이 20분 정도면 끝난다.

컬러풀 로직

알트론　퍼즐　2000년 6월 22일　1,800엔

플레이어 1인 | 메모리카드 1블록

네모네모 로직을 컬러화한 게임. 가로세로 숫자를 힌트삼아 모눈을 채워 그림을 완성시키는 퍼즐 게임이다. 컬러 문제 50개, 기존의 흑백 퍼즐 200개를 수록하였다.

갬블러 자기중심파 : 단판 승부!

게임 아츠　마작　2000년 6월 22일　1,980엔

플레이어 1인

PC용 게임의 이식작. 총 52명의 개성파 작사와 싸우는 마작 게임이다. 여러 기종으로 이식됐으며, 이 작품은 메가 드라이브판을 기반으로 '마작대전'과 '마작도장'을 탑재했다.

더 심리 게임 7

비지트　점술　2000년 6월 22일　1,500엔

플레이어 1~2인

인기 시리즈의 제 7탄. 시리즈 전통의 '당신이라면 어떻게?'를 비롯해 '셀프 모니터링', '○× 체크', '100명에게 물어봤습니다', '클릭 상성 진단'을 탑재하였다.

나의 여름방학

 소니컴퓨터엔터테인먼트　어드벤처　2000년 6월 22일　5,800엔

플레이어 1인 / 메모리카드 1블록 / 아날로그 컨트롤러 지원

어린아이가 되어 여름방학을 다시 체험하는, '잊혀진 추억을 되살려주는' 게임. 1970년대 일본의 시골마을 '츠키요노'를 무대로, 주인공인 '나'의 8월 1~31일간의 여름방학 생활을 그린다. 자연 그대로의 환경에서 곤충채집·낚시를 즐기거나, 축제 등 여름방학다운 이벤트를 체험해보자. 한 달을 어떻게 보낼지는 플레이어 마음이며, 그 과정에 따라 엔딩이 바뀐다.

멋진남자 김태랑 THE GAME

반다이　어드벤처　2000년 6월 22일　3,800엔

플레이어 1인 / 메모리카드 1블록 / 아날로그 컨트롤러 지원

인기 만화(원제는 '샐러리맨 킨타로')가 원작인 '남자다움 판정' 어드벤처 게임. 회사에 입사해 온갖 난관에 맞서며, 때로는 동료의 도움으로 샐러리맨의 정상을 노린다.

파치슬로 제왕 6 : 쿵푸 레이디·BANGBANG·프렐류드 2

미디어 엔터테인먼트　파치슬로　2000년 6월 22일　5,800엔

플레이어 1인 / 메모리카드 1블록 / 아날로그 컨트롤러 지원 / PocketStation 지원 / 메모리카드 +3블록

인기 파치슬로 실기 시뮬레이터의 제 6탄. '쿵푸 레이디'와 'BANGBANG', '프렐류드 2'까지 3개 기종을 수록했다. 실기 공략에 필수적인 기능을 다수 탑재했다.

PUNCH THE MONKEY! GAME EDITION

반다이　리듬 액션　2000년 6월 22일　5,800엔

플레이어 1인 / 메모리카드 1블록

인기 애니메이션 '루팡 3세'의 동영상을 배경으로 삼아 플레이하는 리듬 액션 게임. 대히트 앨범의 사이키델릭한 곡조에 맞춰, 적절한 타이밍에 버튼을 눌러 플레이하자.

우탱

석세스　3D 대전격투　2000년 6월 29일　4,800엔

플레이어 1~2인 / 메모리카드 1블록 / 멀티탭지원 1~4인 / 아날로그 컨트롤러 지원

실존하는 힙합 그룹 '우탱 클랜'의 멤버들이 등장하는 격투 액션 게임. 우탱 클랜이, 납치당한 스승을 구하기 위해 대소림사 두령과의 싸움에 도전한다는 스토리다.

비기 마작 : 이게 바로 천화로구나

스파이크　마작　2000년 6월 29일　4,800엔

플레이어 1인 / 메모리카드 1블록

사기 마작에 통달한 실력자라 불리는 마작사들의 세계를 체험하는 마작 게임. 상대의 빈틈을 노려 사기 족보 쌓기·시체 빼기·제비 뒤집기 등을 걸어보자. 일반 마작도 가능하다.

기동전사 건담 : 기렌의 야망 - 지온의 계보 공략지령서

반다이　시뮬레이션　2000년 6월 29일　2,800엔

플레이어 1인 / 메모리카드 3블록

PS용 소프트 「기동전사 건담 : 기렌의 야망」에 시나리오 및 여러 특전을 추가한 플레이 데이터집. 제 3세력과 정사 시나리오를 즐길 수 있으며, 퀴즈 모드도 탑재했다.

작곡할거야 : 댄스 리믹스 편

빙　개발 툴　2000년 6월 29일　3,200엔

플레이어 1인 / 메모리카드 1블록

마음에 드는 구절을 조합하기만 하면 곡이 만들어지는 음악 제작 툴. 1,500개 이상의 댄스곡용 구절을 퍼즐 게임처럼 세팅하다 보면 간단히 댄스 뮤직 작곡이 가능하다.

J리그 실황 위닝 일레븐 2000

코나미　스포츠　2000년 6월 29일　오픈 프라이스

플레이어 1~2인 / 메모리카드 2블록 / 멀티탭지원 1~4인 / 아날로그 컨트롤러 지원

2000년도 J1·J2 리그 총 24개 클럽의 모든 선수가 실명으로 등장하는 축구 게임. 경기장도 실존 시설을 재현했다. 실황에 존 카비라, 해설에 타지마 코조를 기용했다.

120

SuperLite 1500 시리즈 : 네모네모 로직 3

석세스　퍼즐　2000년 6월 29일　1,500엔

플레이어 1인　메모리카드 1블록

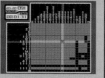

눈금판 가로세로의 숫자를 힌트삼아 그림을 완성하는 인기 퍼즐 게임의 제 3탄. 사이즈별로 크고 작은 4종류의 오리지널 200문제를 수록해, 초보자부터 상급자까지 커버한다.

SuperLite 1500 시리즈 : 퀴즈 마스터 옐로

석세스　퀴즈　2000년 6월 29일　1,500엔

플레이어 1~2인　메모리카드 1블록

3가지 버전이 동시 발매된 퀴즈 게임 중의 하나. 이 작품은 '생활'·'문화'가 중심으로서, '문예·문학'·'스포츠' 등 다채로운 장르의 문제를 16,000가지 이상 수록했다.

SuperLite 1500 시리즈 : 퀴즈 마스터 블루

석세스　퀴즈　2000년 6월 29일　1,500엔

플레이어 1~2인　메모리카드 1블록

3가지 버전이 동시 발매된 퀴즈 게임 중의 하나. 'VS'·'타임 어택'·'넉아웃' 3가지 모드를 탑재했으며, 제한시간·빨리 누르기 유무 등의 다양한 설정으로 대전 가능하다.

SuperLite 1500 시리즈 : 퀴즈 마스터 레드

석세스　퀴즈　2000년 6월 29일　1,500엔

플레이어 1~2인　메모리카드 1블록

3가지 버전이 동시 발매된 퀴즈 게임 중의 하나. 넉아웃 모드에서 숨겨진 캐릭터와 모든 퀴즈 마스터를 격파하자. 캐릭터를 물리칠수록 사용 가능 문제가 늘어난다.

SuperLite 1500 시리즈 : 스도쿠 3

석세스　퍼즐　2000년 6월 29일　1,500엔

플레이어 1인　메모리카드 1블록

대중적인 숫자 퍼즐 게임의 제 4탄. 퀴즈 제작의 명가. 니코리사가 제공한 도전적인 문제 198종을 수록했다. 숫자 입력도 간단하며, 그래픽·사운드도 취향대로 설정 가능.

슬랩 해피 리듬 버스터즈

애스크　3D 대전격투　2000년 6월 29일　4,800엔

플레이어 1~2인　메모리카드 1블록　아날로그 컨트롤러 지원

격투 게임에 리듬 액션 장르의 시스템을 도입한 작품. 타이밍에 맞춰 버튼을 누르면 대미지가 상승하는 '비트 콤보' 시스템을 탑재하였다.

선계대전 : TV 애니메이션 '선계전 봉신연의'에서

반다이　RPG　2000년 6월 29일　5,800엔

플레이어 1인　메모리카드 1블록

같은 제목의 인기 애니메이션이 원작인 RPG. 원작자가 디자인한 오리지널 주인공도 등장한다. 등장인물은 1,000명 이상이며, 중요 대목에선 호화 성우진의 음성도 나온다.

작은 왕국 엘토리아

KSS　시뮬레이션　2000년 6월 29일　4,800엔

플레이어 1인　메모리카드 3블록

소국 '엘토리아'의 왕자가 되어 2년 안에 부국으로 만들어야 하는 실시간 경영 시뮬레이션 게임. 국민의 생활을 개선하거나 마왕·용을 물리치는 등, 다양한 과제를 달성해보자.

비시바시 스페셜 3

코나미　버라이어티　2000년 6월 29일　오픈 프라이스

플레이어 1인　메모리카드 1블록　멀티탭지원 1~3인　아날로그 컨트롤러 지원

아케이드 게임을 이식한 미니게임 모음집의 제 3탄. 당시 최신작에 탑재됐던 23종의 미니게임과 '댄스로 스텝' 6곡을 수록했다. 이 작품만의 오리지널인 '파티 모드'도 있다.

블렌드×브랜드 : 외출 합성 RPG

톤킨 하우스　RPG　2000년 6월 29일　5,800엔

플레이어 1인　PocketStation 필수　메모리카드 15블록

포켓스테이션 연동이 필수인 외출+합성 RPG. 모험자들로부터 의뢰받은 아이템을 만들려면, 포켓스테이션으로 모험을 다녀와 플레이스테이션에서 합성해야 한다.

HARDWARE | 1994 | 1995 | 1996 | 1997 | 1998 | 1999 | 2000 | 2001 | 2002 | 2003 | 2004 | INDEX

페르소나 2 : 벌

아틀라스　RPG　2000년 6월 29일　6,800엔

플레이어 1인　메모리카드 3블록　아날로그 컨트롤러 지원

「페르소나 2 : 죄」
(59p)의 속편. 전작의
히로인이었던 아마
노 마야가 주인공인
신규 스토리가 전개
된다. 「죄」부터 이 작품까지 이어 즐기면 스토리가 완결되는 형식이다.

포켓 디지몬월드

반다이　RPG　2000년 6월 29일　2,800엔

플레이어 1~2인　PocketStation 필수　메모리카드 15블록

언제 어디서나 「디
지몬월드」를 즐길
수 있는, 포켓스테
이션 필수 게임. 육
성한 디지몬은 플레
이스테이션에서 배틀 가능하다. 디지몬 데이터도 열람할 수 있다.

마크로스 플러스 : 게임 에디션

쇼에이샤　3D 슈팅　2000년 6월 29일　6,800엔

플레이어 1~2인　메모리카드 1블록　아날로그 컨트롤러 지원

같은 제목의 OVA
가 원작인 슈팅 게
임. D.S.S.(다이내믹
시추에이션 시스템)로
구현한 리얼한 영상
이 펼쳐지며, 총 32분 분량이 수록된 동영상을 감상할 수 있다.

미스터 드릴러

남코　액션　2000년 6월 29일　4,800엔

플레이어 1인　메모리카드 1블록　아날로그 컨트롤러 지원

블록을 쉬지 말고
파내려가자! 당시
아케이드에서 인기
가 많았던 지저돌파
액션 게임의 이식작.
'아케이드'·'끝없이 드릴러'·'타임 어택'까지 3가지 모드를 즐길 수 있다.

게임으로 외우는 영어숙어 기출 750

나가세　에듀테인먼트　2000년 7월 5일　2,800엔

플레이어 1~2인　메모리카드 1블록　아날로그 컨트롤러 지원

농구 게임을 즐기며
영어숙어를 마스터
하는 소프트. 시험에
나오거나 외워둘만
한 영어 단어·숙어를
방대한 입시문제 중에서 엄선해 수록했다. 시험·입시에 도움이 될 것이다.

RC로 GO!

타이토　레이싱　2000년 7월 6일　5,800엔

플레이어 1인　메모리카드 1블록　아날로그 컨트롤러 지원　특제 컨트롤러 SLPH00001(남코) 지원　특제 컨트롤러 SLPH00126(남코) 지원

무선모형(RC)의 명
가 KYOSHO의 감수
로 리얼한 조작감을
구현한 RC카 시뮬
레이션 게임. 80종
류 이상의 풍부한 파츠가 등장하므로, 머신을 자유롭게 튜닝할 수 있다.

스즈키 폭발

에닉스　시뮬레이션　2000년 7월 6일　5,800엔

플레이어 1인　메모리카드 1블록　아날로그 컨트롤러 지원

냅다 등장하는 폭탄
을 해제해야 하는
폭탄 해제 게임. 폭
탄 등장을 해설하는
실사 동영상 모드와,
실제 게임인 폭탄 해제 모드로 구성된다. 온갖 물체가 폭탄으로 나온다.

스터디 퀘스트 : 계산 섬의 대모험

시가쿠샤　에듀테인먼트　2000년 7월 6일　5,800엔

플레이어 1인　메모리카드 1블록

출제되는 문제의 답
을 맞히며 학습하는
스터디 RPG. 대마왕
'랜덤'을 물리치고
섬나라 '아리스메'
를 구하기 위해 비법서를 입수하자. 학년에 맞춰 레벨을 고를 수도 있다.

버스트릭 웨이크 보딩!!

메트로　액션　2000년 7월 6일　4,800엔

플레이어 1인　메모리카드 1블록　아날로그 컨트롤러 4천

웨이크보드의 상쾌
함을 재현한 수상스
포츠 게임. 물위의
파도를 이용한 서프
트릭과 스노보드 트
릭이 46가지나 있고, 이를 리얼한 모션으로 즐길 수 있다.

필살 파친코 스테이션 now 4 : 나는 열혈 모험왕이다!!

선 소프트　파친코　2000년 7월 6일　4,900엔

플레이어 1인　메모리카드 1~4블록　아날로그 컨트롤러 지원　특제 컨트롤러 SLPH00070(타이토 연구소)지원

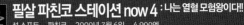

당시의 화제작을 집
중 공략하는 파친코
실기 시뮬레이터.
남국에서 두근거리
는 모험을 즐기는
'CR 열혈 모험왕 Z'를 수록했다. 공략 모드로 철저한 분석이 가능하다.

주변기기 지원 아이콘

 플레이어 1~2인　 메모리카드 1~2블록　 멀티탭지원 1~4인　 마우스 지원　 대전케이블 2대　 아날로그 조이스틱 SCPH0111(SCEI)지원　 아날로그 컨트롤러 지원　 PocketStation 지원　메모리카드 1~2블록　 휴대전화 접속 케이블지원 (도코모 (모드 휴대전화지원)　특제 컨트롤러 SLPH00001(남코)지원

무시타로

빅터 인터랙티브 소프트웨어 액션 2000년 7월 6일 4,800엔

플레이어 1인 | 메모리카드 1블록 | 아날로그 컨트롤러 지원

곤충채집이 소재인 액션 게임. 18일간 총 165종의 곤충을 모으는 게 목적이다. 채집한 곤충은 벌레 오두막에서 감상할 수 있으며, 외관·크기·울음소리도 알려준다.

라그나큐르 레전드

아트딩크 RPG 2000년 7월 6일 4,800엔

플레이어 1~2인 | 메모리카드 2블록 | 아날로그 컨트롤러 지원

「라그나큐르」(상권 131p) 등장인물의 자식들이 활약하는 속편. 전작의 '방랑의 신들'과 '별의 계승자 일족'의 다른 이야기. 전작 주인공의 동료 '리브'의 정체 등이 밝혀진다.

파이널 판타지 IX

스퀘어 RPG 2000년 7월 7일 7,800엔

플레이어 1인 | 메모리카드 1블록 | 아날로그 컨트롤러 지원

인기 RPG 시리즈의 제 9탄. 그림책풍의 판타지 세계를 무대로, 도둑 '지탄'과 공주 '가넷', 흑마도사 '비비'가 만나 각자의 목적 하에 크리스탈을 둘러싼 장대한 모험을 떠난다는 스토리. 주인공과는 별개의 장소에서 행동하는 캐릭터를 조작하여, 스토리의 뒷이야기나 각 캐릭터의 에피소드 등을 플레이하는 '액티브 타임 이벤트' 시스템을 도입하였다.

시끌벅적 마작장 세트

호리 마작 2000년 7월 6일 1,500엔

플레이어 1인 | 메모리카드 1블록 | 멀티탭지원 1~4인

동봉품인 '시끌벅적 마작장 컨트롤러'로 최대 4인까지 즐길 수 있는 마작 게임. 컨트롤러의 LCD에 가진 패가 표시되므로, 실제 마작처럼 높은 전략성과 심리전이 펼쳐진다.

아머린즈

어클레임 재팬 슈팅 2000년 7월 13일 2,000엔

플레이어 1~2인 | 메모리카드 1블록 | 아날로그 컨트롤러 지원

파워드 슈츠를 착용한 병사 '아머린즈'가 되어 곤충형 에일리언과 싸우는 FPS 게임. 사용 무기가 다른 남성·여성 캐릭터 중 하나를 선택해, 에일리언을 섬멸하자.

이나가와 준지 : 한밤의 택시

비지트 어드벤처 2000년 7월 13일 4,800엔

플레이어 1인 | 메모리카드 1블록 | 아날로그 컨트롤러 지원

괴담 전문 연예인, 이나가와 준지의 실사 사운드 노벨 제 2탄. 한밤의 택시에서 승객 이나가와 준지가 주인공 운전사에 괴담을 들려준다. 괴기현상에의 대처로 전개가 바뀐다.

힘내라! 일본! 올림픽 2000

코나미 스포츠 2000년 7월 13일 오픈 프라이스

플레이어 1~2인 | 메모리카드 5블록 | 멀티탭지원 1~4인 | 아날로그 컨트롤러 지원

「하이퍼 올림픽」의 시스템을 답습한 스포츠 게임. 일본올림픽위원회 공식 라이선스 상품이며, 100m 달리기·해머던지기 등 10종류의 경기에 도전할 수 있다.

SIMPLE 1500 시리즈 Vol.29 : THE 낚시

D3 퍼블리셔 스포츠 2000년 7월 13일 1,500엔

플레이어 1인 | 메모리카드 1블록 | 아날로그 컨트롤러 지원 | 특제 컨트롤러 SLPH00100[아스키]지원 | 특제 컨트롤러 BANC-0001[반다이]지원

담수어에 초점을 맞춘 낚시 게임. 계곡·연못·늪 등에서 로케이션 및 포인트를 선택해 물고기를 낚아보자. 과제에 도전하는 모드 등, 여러 게임 모드를 수록했다.

SIMPLE 1500 시리즈 Vol.31 : THE 사운드 노벨

D3 퍼블리셔 어드벤처 2000년 7월 13일 1,500엔

플레이어 1인 | 메모리카드 1블록 | 아날로그 컨트롤러 지원

여자친구의 연락으로 주인공 청년이 산속의 저택을 방문하면서, 저택에서 벌어지는 사건과 인간 드라마를 그린 사운드 노벨. 각본가는 SFC용 게임 「그믐」의 하야카와 나츠코다.

도쿄마인학원전기 인지장: 도쿄마인학원 검풍첩 묶음책

아스믹 에이스 엔터테인먼트　어드벤처　2000년 7월 13일　4,800엔

플레이어 1인　메모리카드 1~14블록　아날로그 컨트롤러 지원

학원전기 쥬브나일 시리즈를 합본한 세트. 본편 「도쿄마인학원 검풍첩」과 팬 디스크 「도쿄마인학원 롱기담」, 속편인 「도쿄마인학원 외법첩」의 예고편을 수록했다.

일본 오오즈모

코나미　시뮬레이션　2000년 7월 13일　오픈 프라이스

플레이어 1인　메모리카드 5블록　아날로그 컨트롤러 지원

일본스모협회 공인 게임. 당시의 협회 소속 리키시(선수) 171 명이 실명으로 등장하는 리키시 육성 시뮬레이션 게임이다. 리키시의 움직임을 모션 캡처로 리얼하게 재현했다.

팔러 프로 주니어 컬렉션

CBC / 니혼 텔레네트　파친코　2000년 7월 13일　3,200엔

플레이어 1인

시리즈 전작들의 수록기종 중 4대를 재수록한 모음집. 'CR 환장하겠네 J-3'·'CR 피카이치 천국'·'선더 스켈톤 X'·'CR 프루츠 월드 X'를 수록했다.

블래스터 마스터

선 소프트　슈팅　2000년 7월 13일　5,800엔

플레이어 1인　메모리카드 1블록　아날로그 컨트롤러 지원

적을 격파하며 미로를 돌파하는 SF 3D 슈팅 게임. 주인공 남매가 되어 외계문명 생명체들을 물리치고 지구의 평화를 지키자. 스토리가 진행되며 여러 비밀이 드러난다.

몽키 매직

선 소프트　액션　2000년 7월 13일　4,800엔

플레이어 1인　메모리카드 1블록　아날로그 컨트롤러 지원

서유기 원작의 애니메이션 '몽키 매직'을 게임화했다. 2D 게임이지만 화면구성에 깊이감을 도입했고, 퍼즐 요소도 있다. 마츠시타 스스무의 캐릭터 디자인도 임팩트가 강하다.

격돌 토마라르크: TOMARUNNER VS L'Arc~en~Ciel

소니컴퓨터엔터테인먼트　레이싱　2000년 7월 19일　4,800엔

플레이어 1~2인　메모리카드 1블록　아날로그 컨트롤러 지원

인기 레이스 게임 「격주 토마라너」에, 인기 록밴드 '라르크 앙 시엘'이 참전! 숨겨진 모드인 '보너스'에서는 밴드의 보컬 Hyde가 직접 시범 플레이를 보여준다.

실황 파워풀 프로야구 2000 개막판

코나미　스포츠　2000년 7월 19일　오픈 프라이스

플레이어 1~2인　메모리카드 2~9블록　아날로그 컨트롤러 지원

2000년도 페넌트 레이스 개막시 데이터를 수록한 '파워 프로' 시리즈 신작. 석세스 모드는 PS판 오리지널인 '프로야구 편'이며, 리플레이 기능도 탑재했다.

SuperLite 1500 시리즈: The Tetris

석세스　퍼즐　2000년 7월 19일　1,500엔

플레이어 1~2인　메모리카드 1블록　아날로그 컨트롤러 지원

러시아에서 태어난 유명 퍼즐 게임. 신 테크닉 'T-스핀'을 채용해, 기존작에선 불가능했던 '블록으로 빈틈을 비집고 들어가기'가 가능해졌다. 게임 모드는 2가지가 있다.

파치슬로 아루제 왕국 3

아루제　파치슬로　2000년 7월 19일　5,800엔

플레이어 1인　메모리카드 7블록　아날로그 컨트롤러 지원

아루제 사의 인기 기종을 수록한 파치슬로 시뮬레이터 제 3탄. '버서스'·'그랑시엘'·'나인'·'포르카노 2' 4개 기종을 충실히 재현했으며, 공략 순서도 해설해준다.

툼 레이더 4: 라스트 레벌레이션

캡콤　액션　2000년 7월 19일　5,800엔

플레이어 1인　메모리카드 2블록　아날로그 컨트롤러 지원

여성 모험가 '라라 크로프트'가 주인공인 액션 게임의 제 4탄. 이집트를 무대로, 부활한 사신 '세트'를 봉인하자. 다종다양한 액션으로 유적 내부를 누빌 수 있다.

124

주변기기 지원 아이콘　플레이어 1~2인　메모리카드 1~2블록　멀티탭지원 1~4인　마우스 지원　대전케이블 2대　아날로그 조이스틱 SCPH0111(SCEI)지원　아날로그 컨트롤러 지원　PocketStation 지원　메모리카드 1~2블록　휴대전화 접속 케이블 지원 (도코모모드 휴대전화지원)　특제 컨트롤러 SLPH00001(남코)지원

필살 파친코 스테이션 now 5

선 소프트　파친코　2000년 7월 19일　3,800엔

플레이어 1인 / 아날로그 컨트롤러 지원 / 특제 컨트롤러 SLPH00007(TEN연구소)지원 / 특제 컨트롤러 SLPH00070(TEN연구소)지원

인기 많은 기종을 엄선한 「now」 시리즈의 제 5탄. 'CR 게게게의 키타로' 2개 기종과, 각 기종의 어나더 버전까지 총 4개 기종을 수록했다. 공략 모드로 철저히 분석 가능.

휴대폰 에디

인크러먼트 P　기타　2000년 7월 27일　5,800엔

플레이어 1인 / 메모리카드 13~15블록 / PocketStation 지원 / 메모리카드 +2블록

당시 일본 피처폰용의 데이터 관리 툴. 동봉된 전용 통신 케이블로 PS와 휴대폰을 연결하면 전화번호부 정리·백업을 할 수 있었으며, 벨소리도 추가 가능했다.

더 마에스트로무지크

글로벌 A 엔터테인먼트　리듬 액션　2000년 7월 27일　4,800엔

플레이어 1인 / 메모리카드 1블록 / 아날로그 컨트롤러 지원 / 전용 버튼 컨트롤러

오케스트라 지휘자(마에스트로)가 되어 클래식 연주를 완성시키는 체감형 음악 시뮬레이션 게임. 실제 지휘봉을 흉내 낸 전용 배턴 컨트롤러를 휘둘러 각 파트에 지시를 내린다. 컨트롤러를 빨리 휘두르면 연주가 빨라지고 크게 휘두르면 음량이 커지는 등, 지휘자 기분을 낼 수 있다. 작곡가의 악보대로 잘 연주하여, 관객의 호평과 박수갈채를 받아보자.

시티 브라보! : 비즈니스 편

알트론　시뮬레이션　2000년 7월 27일　5,800엔

플레이어 1인 / 메모리카드 15블록 / 아날로그 컨트롤러 지원

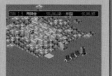

1997년 발매된 「시티 브라보!」의 어나더 버전. 비즈니스 업계를 무대로 '경영왕'을 노리는 경영 시뮬레이션 게임이다. 자신의 회사를 세계 유수의 대기업으로 키워보자.

모래의 엠브레이스 : 에딘 마을의 네이블

아이디어 팩토리　RPG　2000년 7월 27일　5,800엔

플레이어 1인 / 메모리카드 1~3블록 / 아날로그 컨트롤러 지원

주인공인 소녀 '네이블'이 되어, 정보를 모아 필드를 발굴해 아이템을 수집하는 RPG. 6명의 남성 파트너 중 하나를 골라, 위험한 황야의 마물들로부터 자신을 지키자.

디지몬월드 2

반다이　RPG　2000년 7월 27일　5,800엔

플레이어 1~2인 / 메모리카드 1블록 / 아날로그 컨트롤러 지원

대인기 육성 RPG의 제 2탄. 새로운 모험의 무대 '디렉토리 대륙'을 누비며 최강의 디지몬 테이머가 되어보자. 궁극체를 포함해 200종류 이상의 디지몬이 등장한다.

트와일라잇 신드롬 : 재회

스파이크　어드벤처　2000년 7월 27일　5,800엔

플레이어 1인 / 메모리카드 1블록 / 아날로그 컨트롤러 지원

심령현상에 관한 소문의 비밀을 파헤치는 필드 탐색형 호러 게임. 사진은 360도 자유로운 앵글로 촬영할 수 있으며, 교내를 자유 산책하며 촬영하는 모드를 추가했다.

HYPER VALUE 2800 : 하이퍼 파친코

코나미　파친코　2000년 7월 27일　오픈 프라이스

플레이어 1인 / 메모리카드 1~15블록 / PocketStation 지원 / 메모리카드 +4블록 / 특제 컨트롤러 SLPH00007(TEN 연구소)지원 / 특제 컨트롤러 SLPH00070(TEN연구소)지원

구슬의 궤도를 리얼하게 재현한 파친코 실기 시뮬레이터. '폭주 트럭 가도'와 '쿠노이치 인법첩'을 수록했으며, 해석 모드 등의 다채로운 게임 모드를 탑재했다.

바로크 ▲ 신드롬

스팅　어드벤처　2000년 7월 27일　3,800엔

플레이어 1인 / 메모리카드 1블록 / 아날로그 컨트롤러 지원

「바로크 : 일그러진 망상」(80p)의 세계를 계승한 비주얼 노벨. 망상에 사로잡힌 사람들을 치유하는 '바로크 업자'가 되어, 현대사회의 어둠을 빗댄 스토리를 즐겨보자.

비트매니아 BEST HITS

코나미　리듬 액션　2000년 7월 27일　오픈 프라이스

플레이어 1~2인 | 메모리 카드 1블록 | 아날로그 컨트롤러 지원 | 특제 컨트롤러 ASC0515BM(아스키)지원 | 특제 컨트롤러 CT013(코나미)지원

인기 DJ 시뮬레이션 게임 시리즈의 총 153곡 중에서 엄선한 30곡을 수록한 소프트. 최신 시스템을 적용해, 기존 곡들도 'SUDDEN'이나 'HI-SPEED'로 즐길 수 있다.

비트매니아 featuring DREAMS COME TRUE

코나미　리듬 액션　2000년 7월 27일　오픈 프라이스

플레이어 1~2인 | 메모리 카드 4블록 | 아날로그 컨트롤러 지원 | 특제 컨트롤러 ASC0515BM(아스키)지원 | 특제 컨트롤러 CT013(코나미)지원

DREAMS COME TRUE의 곡을 플레이할 수 있는 가수 단독판. DREAMS COME TRUE의 명곡 13곡을 수록했다. 멤버인 나카무라 마사토가 직접 리믹스한 곡도 있다.

필살 파치슬로 스테이션 4 : 전설을 만든 2타입

선 소프트　파치슬로　2000년 7월 27일　4,800엔

플레이어 1인 | 메모리 카드 1블록 | 아날로그 컨트롤러 지원

인기 파치슬로 실기 시뮬레이터의 제4탄. 야마사 사의 '뉴 펄서 R'과 올림피아 사의 '핫 로드 퀸' 2개 기종을 수록했다. 공략에 필요한 모드도 탑재하였다.

파이팅 로드 시리즈 : 위닝 루어

호리　스포츠　2000년 7월 27일　2,000엔

플레이어 1인 | 메모리 카드 1블록 | 아날로그 컨트롤러 지원 | 특제 컨트롤러 HPS98(호리)지원

배스 낚시 토너먼트에 출장해 우승을 노리는 낚시 게임. 별매품인 '파이팅 로드'를 사용하면 실제로 낚시를 하는 듯한 리얼한 감촉을 맛볼 수 있다.

익사이팅 프로레슬링

유크스　스포츠　2000년 8월 3일　5,800엔

플레이어 1~2인 | 메모리 카드 3블록 | 멀티탭지원 1~4인 | 아날로그 컨트롤러 지원

미국 최대의 프로레슬링 단체인 WWF(현재의 WWE)의 슈퍼스타들이 등장하는 3D 프로레슬링 게임. 당시 WWF의 시합형식과 입장장면을 재현했으며, 주차장·백스테이지 등 링 이외의 장소에서 난투할 수도 있다. 임의의 슈퍼스타를 골라 대결하는 프리 매치, 자신만의 슈퍼스타를 만드는 모드, 직접 룰을 설정하고 심판을 맡는 스페셜 레퍼리 매치도 탑재했다.

팝픈 뮤직 : 애니메이션 멜로디

코나미　리듬 액션　2000년 7월 27일　오픈 프라이스

플레이어 1~2인 | 메모리 카드 1블록 | 아날로그 컨트롤러 지원 | 특제 컨트롤러 RU014(코나미)지원

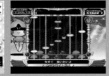

인기 애니메이션의 주제가로 즐기는 리듬 액션 게임. 1960년대부터 90년대까지를 대표하는 명곡들을 수록했으며, 클리어 후 결과표시 화면에서는 특전 그래픽도 보여준다.

SD건담 G제네레이션-F

반다이　시뮬레이션 RPG　2000년 8월 3일　7,800엔

플레이어 1~4인 | 메모리 카드 2~9블록 | 멀티탭지원 1~4인 | 아날로그 컨트롤러 지원

인기 시리즈의 제3탄. 당시까지 방영·공개되었던 총 38개 작품을 재현했다. 임의의 스테이지부터 시작하는 멀티 시추에이션과, 임의의 기체로 싸우는 모드도 탑재했다.

원기왕성! 크레인 마스터가 되자!

팹 커뮤니케이션즈　액션　2000년 8월 3일　2,500엔

플레이어 1인 | 메모리 카드 2블록 | 아날로그 컨트롤러 지원

크레인 차를 조종하는 액션 게임. 교습소에 다녀보는 '면허를 따자', 철골 쌓기 등의 작업을 해보는 '작업을 하자', 크레인으로 물고기 낚시하기 등 여러 모드를 수록했다.

원기왕성! 굴삭기 마스터가 되자!

팹 커뮤니케이션즈　액션　2000년 8월 3일　2,500엔

플레이어 1~2인 | 메모리 카드 2블록 | 아날로그 컨트롤러 지원

유압굴삭기를 조종하는 액션 게임. 교습을 받는 '면허를 따자', 작업을 맡아보는 '달인이 되자', 미니게임을 즐기는 '마음껏 놀아보자' 모드를 수록하였다.

SIMPLE 1500 시리즈 Vol.32 : THE 권투

D3 퍼블리셔 스포츠 2000년 8월 3일 1,500엔

플레이어 1~2인 / 메모리카드 1블록

권투가 소재인 액션 게임. 선수 생명이 끝나기 전까지 세계 챔피언을 노리는 '랭킹 모드', 시합에서 이기면 캐릭터가 늘어나는 '스카우트 모드' 등을 수록했다.

SIMPLE 1500 시리즈 Vol.33 : THE 탁구

D3 퍼블리셔 스포츠 2000년 8월 3일 1,500엔

플레이어 1~2인 / 메모리카드 1블록 / 아날로그 컨트롤러 지원

PS 최초의 탁구 게임. '핑코'·'퐁타'가 주인공인 '스토리'와 'CPU 대전', '플레이어 대전' 등의 모드를 수록했다. '꿈 안내인'과 '미이라 사나이' 등, 특이한 캐릭터가 나온다.

SIMPLE 1500 시리즈 Vol.34 : THE 퀴즈 프로

D3 퍼블리셔 퀴즈 2000년 8월 3일 1,500엔

플레이어 1~4인 / 멀티탭 지원 1~4인

멀티탭 없이도 4인 동시 플레이가 가능한 퀴즈 게임. 정답자를 태운 곤돌라가 상하로 이동하는 등, TV 퀴즈 프로의 분위기를 재현했다. 수록 문제 수는 6,000종 이상.

SIMPLE 1500 시리즈 Vol.35 : THE 슈팅

D3 퍼블리셔 슈팅 2000년 8월 3일 1,500엔

플레이어 1인 / 메모리카드 1블록 / 아날로그 컨트롤러 지원

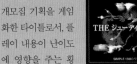 

TV프로의 일반인 공개모집 기획을 게임화한 타이틀로서, 플레이 내용이 난이도에 영향을 주는 횡스크롤 슈팅 게임. 20분 이상의 CG 동영상을 수록해 스토리를 강조했다.

인어의 낙인

NEC 인터채널 RPG 2000년 8월 3일 5,800엔

플레이어 1인 / 메모리카드 1블록

산제물이 된 애인을 구출하러 외딴섬을 모험하는 호러 RPG. 주인공의 행동에 따라 스토리가 바뀌는 것이 특징이다. 인어화된 애인 등, 괴물이 된 인간이 다수 등장한다.

매지컬 다이스 키즈

소니컴퓨터엔터테인먼트 파티 2000년 8월 3일 5,800엔

플레이어 1~4인 / 메모리카드 1블록 / 멀티탭 지원 1~4인 / 아날로그 컨트롤러 지원

주사위를 굴려 세계를 구하는 3D 보드 게임. 그림책 속의 원더랜드를 무대로, 반란을 일으킨 돼지 보스를 물리치려 '매지컬 다이스 키즈' 4인조가 대활약한다.

스트리트 보더즈 2

마이크로캐빈 스포츠 2000년 8월 10일 3,980엔

플레이어 1~4인 / 메모리카드 1블록 / 아날로그 컨트롤러 지원

에어 트릭으로 점수를 모아 캐릭터를 육성하는 스케이트보드 액션 게임의 제 2탄. 점차 개방되는 새 보드, 스케이트 파크의 자작 편집 기능 등, 신규 요소도 충실하다.

0부터 배우는 쇼기 : 쇼기유치원 걸음마반 R

어펙트 쇼기 2000년 8월 10일 1,500엔

플레이어 1~2인 / 메모리카드 1블록

간편하게 쇼기를 배우는 '유치원 모드'를 수록한 쇼기 게임. 훈련과 핸디캡전으로 실력을 쌓아 졸업시험을 통과하자. 용어집을 수록한 '자료실', 대전 모드도 탑재했다.

벨소리라구 GOLD

빙 기타 2000년 8월 10일 2,480엔

플레이어 1인 / 메모리카드 1블록

가이드북 대신 쓸 수 있는 벨소리 입력 지원용 소프트, 휴대폰·PHS·가정용 전화기 등 지원 기종이 150가지가 넘는다. 전작의 디스크도 읽을 수 있어 곡수가 대폭 늘어났다.

테트리스 with 카드캡터 체리 : 이터널 하트

아리카 퍼즐 2000년 8월 10일 5,800엔

플레이어 1~2인 / 메모리카드 1블록 / 아날로그 컨트롤러 지원

'카드캡터 체리'의 캐릭터와 「테트리스」를 즐기는 게임. 100종 이상의 신작 이벤트 CG와 TV판 스탭이 제작한 애니메이션 등, 작품의 팬을 위한 컨텐츠가 충실하다.

파치슬로 제왕 W : 아라베스크 R·핫 로드 퀸

미디어 엔터테인먼트　파치슬로　2000년 8월 10일　3,980엔

플레이어 1인 / 메모리카드 1블록 / 아날로그 컨트롤러 지원 / PocketStation 지원 / 메모리카드 +3블록 / 특제 컨트롤러 SLPH00009비(닌텐시스템)지원

4릴 머신과 B-500 머신을 공략하는 파치슬로 시뮬레이터. '아라베스크 R'과 '핫 로드 퀸'을 수록하였으며, 실기를 공략하기 위한 각종 기능도 탑재했다.

배싱 비트 2

E3 스탭　스포츠　2000년 8월 10일　5,800엔

플레이어 1인 / 메모리카드 1블록 / 아날로그 컨트롤러 지원

1998년 발매된 「배싱 비트」의 속편. '제왕'이란 별명이 있는 낚시 프로 무라타 하지메가 감수한 낚시 게임으로서, DUALSHOCK·낚시콘으로 리얼한 심리전을 재현했다.

판도라 MAX 시리즈 VOL.4 : Catch! 기분 좋은 센세이션

판도라 박스　어드벤처　2000년 8월 10일　1,980엔

플레이어 1인 / 메모리카드 1블록 / 아날로그 컨트롤러 지원

캐릭터 디자이너로 인기 만화가 세구치 타카히로를 기용한 연애 어드벤처 게임. 퀴즈·액션 등의 미니게임을 클리어하여 소녀의 마음을 사로잡아 보자.

BLACK JACK vs 마츠다 준

포니 캐년　테이블　2000년 8월 10일　4,800엔

플레이어 1인 / 메모리카드 1블록 / 멀티탭 지원 1~5인 / 아날로그 컨트롤러 지원

사랑이 넘쳐 전 인류를 사랑하게 된 갬블러가 되어, 사기 블랙잭으로 선물비용을 버는 게임. 패키지를 장식한 그라비아 아이돌 마츠다 준은 정작 게임에 나오지 않는다.

HEIWA 팔러 프로 : 촌뜨기 대장 스페셜

CBC / 니혼 텔레네트　파친코　2000년 8월 10일　5,200엔

플레이어 1인 / 메모리카드 1블록

헤이와 사의 인기 기종을 수록한 인기 파치슬로 시뮬레이터. 'CR 촌뜨기 대장 A'와 '촌뜨기 대장 V' 2개 기종을 수록하였으며, 세밀한 부분까지 충실하게 재현했다.

명탐정 코난 : 3인의 명추리

반다이　어드벤처　2000년 8월 10일　5,800엔

플레이어 1인 / 메모리카드 1블록

'명탐정 코난' TV 애니메이션판의 각본가가 쓴 오리지널 스토리의 풀보이스 추리 어드벤처 게임. 코난·홍장미·하인성이 각각 주인공이 되어 3가지 사건의 비밀을 쫓는다.

SIMPLE 1500 시리즈 VOL.36 : THE 연애 시뮬레이션 - 여름빛 Celebration

D3 퍼블리셔　시뮬레이션　2000년 8월 14일　1,500엔

플레이어 1인 / 메모리카드 1블록

PC용 연애 시뮬레이션 게임의 이식작. 고교생활의 마지막 여름방학을 보내는 와중에 히로인과의 사이가 깊어진다는 스토리. 캐릭터 디자인은 가이낙스 사가 담당했다.

밤의 꽃

포니 캐년　시뮬레이션　2000년 8월 17일　6,800엔

플레이어 1인 / 메모리카드 1블록 / PocketStation 지원 / 메모리카드 5~11블록

같은 제목의 인기 만화가 원작인 호스티스 육성 시뮬레이션 게임. 클럽 점장이 되어 호스티스를 키워 일본 최고의 클럽으로 만들자. 멀티 시나리오라 반복 플레이가 가능.

인터내셔널 사커 익사이트 스테이지 2000

에포크 사　스포츠　2000년 8월 24일　5,800엔

플레이어 1~2인 / 메모리카드 1블록 / 아날로그 컨트롤러 지원

인기 축구 게임의 플레이스테이션판. 볼이 가지 않은 선수를 직접 조작할 수 있는 '리얼타임 포메이션 시스템'을 채용했다. 조작이 직감적이라 누구나 몰입할 수 있다.

더 점술 3 : 매일 처보는 방향점

비지트　점술　2000년 8월 24일　1,800엔

플레이어 1인

9성술에 기반한 점술 소프트. 일별 방향·길조부터 연애·직업·레저 등까지 5가지 장르의 점술이 있다. 9성점의 지식을 배우는 '다이키치 선생님의 방향점 강좌'도 있다.

주변기기 지원 아이콘 : 플레이어 1~2인 / 메모리카드 1~2블록 / 멀티탭 지원 1~4인 / 마우스 지원 / 대전게이블 지원 2대 아날로그 조이스틱 SCPH011(SCEI) 지원 아날로그 컨트롤러 지원 PocketStation 지원 메모리카드 1~2블록 휴대전화접속 케이블 지원(도코모 [모드 휴대전화] 지원) 특제 컨트롤러 SLPH00001(남코) 지원

HARDWARE | 1994 | 1995 | 1996 | 1997 | 1998 | 1999 | 2000 | 2001 | 2002 | 2003 | 2004 | INDEX

더 점술 4 : 배고픈 곰의 개운 카발라 점술

비지트　점술　2000년 8월 24일　1,800엔

플레이어 1인

운명·운세를 보여 주는 수비학 '카발라'를 활용한 점술 소프트. 생일·성명을 입력하면 플레이어의 개성을 함축시킨 11종류의 '배고픈 곰'을 도출해 준다.

SIMPLE 1500 실용 시리즈 Vol.2 : **가정의 풍수**

D3 퍼블리셔　점술　2000년 8월 24일　1,500엔

플레이어 1인 / 메모리카드 1블록

풍수 기반의 운세 점술과, 운이 상승하는 인테리어 배치를 시뮬레이트해보는 도우미 소프트. 생년월일을 기록해두고 오늘의 행운색을 간편하게 확인하는 기능도 있다.

SIMPLE 1500 실용 시리즈 Vol.3 : **이름풀이**

D3 퍼블리셔　점술　2000년 8월 24일　1,500엔

플레이어 1인 / 메모리카드 1블록

점술가 이리야가 감수한 이름풀이 소프트. 개인의 운세, 사람간의 궁합, 단체명·애완동물의 이름으로도 점을 볼 수 있다. 개명(명명) 모드를 통해 작명도 해준다.

SIMPLE 1500 실용 시리즈 Vol.4 : **요리** - 인기 요리 레시피 모음집

D3 퍼블리셔　기타　2000년 8월 24일　1,500엔

플레이어 1인

요리평론가 핫토리 유키오가 감수한 요리법 모음집. 대표적인 일식·양식·중식 요리 30종의 요리법을 조리 동영상으로 보여준다. 초보자용 기초해설, 요리 지식 퀴즈도 있다.

SuperLite 1500 시리즈 : **BURN OUT**

석세스　레이싱　2000년 8월 24일　1,500엔

플레이어 1~2인 / 메모리카드 1블록 / 아날로그 컨트롤러 지원

1/4마일 드래그 레이스가 테마인 레이싱 게임. 다양한 파츠를 조합해 '전설의 8초 대'를 수립하자. 레이스의 패자를 노리는 스토리 모드와 퀵 레이스 모드가 있다.

SuperLite 1500 시리즈 : **피싱 클럽** - 백사장 낚시

석세스　스포츠　2000년 8월 24일　1,500엔

플레이어 1인 / 메모리카드 3블록 / 아날로그 컨트롤러 지원

랭킹 상위권을 목표로 낚시에 도전하는 액션 게임. 4곳의 백사장에서 47종의 물고기를 낚을 수 있다. 태클 커스터마이징, 낚시용어집 등의 시스템도 구비했다.

SuperLite 1500 시리즈 : **피싱 클럽** - 방파제 낚시

석세스　스포츠　2000년 8월 24일　1,500엔

플레이어 1인 / 메모리카드 3블록 / 아날로그 컨트롤러 지원

낚시 액션 게임 시리즈의 방파제 편. 이 작품의 무대인 방파제는 2곳이지만, 방파제마다 여러 포인트가 나뉘어져 있다. 총 53종류의 물고기를 낚을 수 있다.

SuperLite 1500 시리즈 : **피싱 클럽** - 보트 낚시

석세스　스포츠　2000년 8월 24일　1,500엔

플레이어 1인 / 메모리카드 3블록 / 아날로그 컨트롤러 지원

어군탐지기에 의존해 12개 지역에서 낚시를 즐기는 액션 게임. 총 55종류의 물고기가 등장하며, 대어도 출현한다. 물고기 정보는 라이브러리에서 확인할 수도 있다.

유구조곡 : All Star Project

미디어웍스　어드벤처　2000년 8월 24일　5,800엔

플레이어 1인 / 메모리카드 1블록 / 아날로그 컨트롤러 지원 / PocketStation 지원 / 메모리카드 +6블록

「유구환상곡」 시리즈의 역대 캐릭터들이 집합해 학교생활을 즐기는 어드벤처 게임. 캐릭터 28명 중에서 주인공을 골라, 가상공간 내에서 수업하며 합격을 노리자.

월드 사커 실황 위닝 일레븐 2000 : U-23 메달에 도전

코나미　스포츠　2000년 8월 24일　오픈 프라이스

플레이어 1~2인 / 메모리카드 2블록 / 멀티탭지원 1~4인 / 아날로그 컨트롤러 지원

일본 대표팀이 중심인 「위닝 일레븐」. 선수의 모션과 조작성을 향상했으며, 국가대표팀으로도 U-23 팀으로도 즐길 수 있다. '마스터 리그'와 '올림픽 모드'도 탑재했다.

드래곤 퀘스트 VII : 에덴의 전사들

에닉스　RPG　2000년 8월 26일　7,800엔

플레이어 1인　메모리카드 1블록　아날로그 컨트롤러 지원

일본의 국민적 RPG 시리즈 제 7탄. 사상 최초의 완전 리얼타임 3D 맵이며, 포근한 느낌의 그래픽으로 '질감이 있는 세계'를 구현했다. 신비한 석판 조각을 모아, 섬 하나만 존재하는 세계에서 새로운 대륙으로 모험을 떠나자. AI 전투·전직 등 기존작의 시스템은 유지하면서도, 맵 컬렉션·몬스터 파크, 이민 시스템을 통한 마을 만들기 등의 신규 요소를 추가했다.

타레고로 : 타레팬더가 있는 일상

반다이　커뮤니케이션　2000년 8월 31일　3,800엔

플레이어 1인　메모리카드 1블록　아날로그 컨트롤러 지원　PocketStation 지원　메모리카드 +14블록

'타레팬더'가 있는 일상을 시뮬레이트하는 게임. 타레팬더를 만지며 놀 수 있는 것은 물론, 미니게임으로 경쟁을 시키거나, 사진을 찍으며 관찰일기를 쓸 수도 있다.

어디서나 햄스터 2(츄)

벡　커뮤니케이션　2000년 8월 31일　3,800엔

플레이어 1인　메모리카드 2블록　아날로그 컨트롤러 지원　PocketStation 지원　메모리카드 +15블록

원더스완으로 나왔던 작품의 속편. 귀여운 햄스터들과 소통할 수 있는 육성 시뮬레이션 게임이다. 포켓스테이션을 이용해 미니게임 플레이나 메시지 교환도 가능하다.

파치슬로 제왕 야마사 Remix

미디어 엔터테인먼트　파치슬로　2000년 8월 31일　4,800엔

플레이어 1인　메모리카드 1블록　아날로그 컨트롤러 지원　PocketStation 지원　메모리카드 +3블록　특제 컨트롤러 SLPH00098(니혼시스템)지원

인기기종을 엄선 수록한 파친코 시뮬레이터. 야마사 사의 '시 마스터 X'·'카게츠'·'매지컬 팝스'·'아스트로 라이너 7'을 탑재했으며, 공략을 도와주는 기능도 가득하다.

해피 샐비지

미디어웍스　시뮬레이션　2000년 8월 31일　5,800엔

플레이어 1인　메모리카드 2블록　아날로그 컨트롤러 지원

보물이 잠든 섬에서 펼쳐지는 모험과 사랑을 그린 해양 시뮬레이션 게임. 매력적인 소녀들과 교류하는 시뮬레이션 파트와, 보물을 탐사하는 샐비지 파트로 구성했다.

버추어 파치슬로 7

맵 재팬　파치슬로　2000년 9월 7일　4,800엔

플레이어 1인　메모리카드 2블록　아날로그 컨트롤러 지원

인기 파치슬로 실기 시뮬레이터의 제 7탄. 올림피아 사의 타입B 기종인 '핫 로드 퀸'과, 키타 덴시의 대량 획득매수 기종 '킹 오브 더 타이거'를 즐길 수 있다.

비트매니아 어펜드 GOTTAMIX 2 : Going Global

코나미　리듬 액션　2000년 9월 7일　오픈 프라이스

플레이어 1~2인　메모리카드 5블록　아날로그 컨트롤러 지원　특제 컨트롤러 ASC0515BM(아스키)지원　특제 컨트롤러 CT013(코나미)지원

호평받던 어펜드 디스크 시리즈의 제 2탄. '세계로 가자!'가 테마로서, 세계 각지의 클럽·댄스 뮤직들 중에서 글로벌하게 선곡한 악곡 36곡을 수록했다.

리베로 그란데 2

남코　스포츠　2000년 9월 7일　5,800엔

플레이어 1~2인　메모리카드 2블록　아날로그 컨트롤러 지원

1998년 발매했던 1인칭 축구 게임 '리베로 그란데'의 속편. 32개국의 대표 팀을 수록했으며, 어떤 포지션의 어떤 선수든 조작 캐릭터로 자유롭게 선택할 수 있다.

레 콘체르트 : 포르티시모·피아니시모

와라시　리듬 액션　2000년 9월 7일　1,980엔

플레이어 1인　메모리카드 1블록　아날로그 컨트롤러 지원

지휘자가 되어 지휘봉을 휘두르는 본격 오케스트라 시뮬레이션 게임. 적절한 타이밍에 버튼을 눌러 각 파트에 지시하자. 1999년 발매된 전작과는 수록곡이 다르다.

주변기기 지원 아이콘 플레이어 1~2인 메모리카드 1~2블록 멀티탭 지원 1~4인 마우스 지원 대전 케이블 2대 아날로그 조이스틱 SCPH0111(SCEI) 지원 아날로그 컨트롤러 지원　PocketStation 지원　메모리카드 1~2블록　휴대전화 접속 케이블 지원(도코모 (모드 휴대전화) 지원)　특제 컨트롤러 SLPH00001(남코) 지원

디노 크라이시스 2

캡콤　액션　2000년 9월 13일　5,800엔

플레이어 1인 ｜ 메모리카드 1블록 ｜ 아날로그 컨트롤러 지원

1999년 발매된 「디노 크라이시스」의 속편. 공룡을 상대하는 서바이벌 액션이 더욱 과격하게 업그레이드되었다. 소식이 두절된 생존자들을 구출하러 백악기로 가자.

오하스타 댄스 댄스 레볼루션

코나미　리듬 액션　2000년 9월 14일　오픈 프라이스

플레이어 1~2인 ｜ 메모리카드 1블록 ｜ 아날로그 컨트롤러 지원 ｜ 특제 컨트롤러 RU017(코나미)지원

일본의 인기 TV프로와 제휴한 「댄스 댄스 레볼루션」. 프로의 인기곡을 기반으로 편곡한 12곡을 수록했다. '레슨 모드'로 스텝을 기초부터 배워보자.

가면라이더 V3

반다이　3D 대전격투　2000년 9월 14일　5,800엔

플레이어 1~2인 ｜ 메모리카드 1블록 ｜ 아날로그 컨트롤러 지원

특촬 드라마를 폴리곤으로 완전 재현한 「가면라이더」의 속편. 스토리 모드는 물론, 대전 플레이도 즐길 수 있다. 폴리곤으로 재현한 드라마 오프닝은 팬이라면 꼭 보도록.

SIMPLE 1500 실용 시리즈 Vol.1 : 환승안내 2000년도판

D3 퍼블리셔　에듀테인먼트　2000년 9월 14일　1,500엔

플레이어 1인

1999년 12월까지 개통된 일본 전국 노선에 대응되는 환승정보 내비게이션 소프트. 출발역부터 목적지까지의 환승법부터, 당시 기준의 소요시간·운임도 알려준다.

SIMPLE 1500 시리즈 Vol.37 : THE 일러스트 퍼즐 & 슬라이드 퍼즐

D3 퍼블리셔　퍼즐　2000년 9월 14일　1,500엔

플레이어 1~2인 ｜ 메모리카드 1블록

2가지 퍼즐 게임을 수록한 타이틀. 1인용인 일러스트 퍼즐(네모네모 로직) 500문제와, 2인 대전도 가능한 슬라이드 퍼즐 100문제를 즐길 수 있다.

SIMPLE 1500 시리즈 Vol.38 : THE 리얼 레이싱 TOYOTA

D3 퍼블리셔　레이싱　2000년 9월 14일　1,500엔

플레이어 1~2인 ｜ 아날로그 컨트롤러 지원

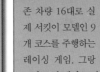

토요타자동차의 실존 차량 16대로 실제 서킷이 모델인 9개 코스를 주행하는 레이싱 게임. 그랑프리·스팟 레이스·타임 어택 등의 모드를 수록하였다.

도츠보짱

유니버스 개발　버라이어티　2000년 9월 14일　4,800엔

플레이어 1인 ｜ 메모리카드 1블록

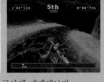

세상에서 가장 불운한 여자 '도츠보'가 주인공인 미니게임 모음집. 풍수의 힘으로, 계속 밀려오는 재난을 격퇴하자. 미니게임의 난이도는 풍수 게임의 결과에 따라 달라진다.

폭류

후지믹　레이싱　2000년 9월 14일　5,800엔

플레이어 1~2인 ｜ 메모리카드 1블록 ｜ 아날로그 컨트롤러 지원

신감각의 카약 레이싱 게임. 초자연적인 거친 물살을 패들 하나로 헤쳐 나가는 격류와의 격투기다. 기상천외한 격류를 다양한 테크닉을 구사해 제패해보자.

필살 파치슬로 스테이션 SP 2

선 소프트　파치슬로　2000년 9월 14일　2,800엔

플레이어 1~2인 ｜ 아날로그 컨트롤러 지원

롱런 기종을 수록한 파치슬로 실기 시뮬레이터. '시 마스터 X'·'오이쵸하마 X'·'아라베스크 R' 3개 기종을 수록하여, 질릴 때까지 즐겨볼 수 있다.

무라코시 세이카이의 폭조 일본열도 2

빅터 인터랙티브 소프트웨어　스포츠　2000년 9월 14일　5,800엔

플레이어 1인 ｜ 메모리카드 1블록 ｜ 아날로그 컨트롤러 지원

1998년 발매됐던 낚시 게임의 제 2탄. 일본 각지에 실존하는 낚시터에서 루어 낚시를 즐길 수 있다. 실사 동영상을 도입한, 리얼한 물고기와의 뜨거운 배틀이 기다린다.

HARDWARE ｜ 1994 ｜ 1995 ｜ 1996 ｜ 1997 ｜ 1998 ｜ 1999 ｜ 2000 ｜ 2001 ｜ 2002 ｜ 2003 ｜ 2004 ｜ INDEX

카톤 군

아이렘 소프트웨어 엔지니어링　퍼즐　2000년 9월 21일　4,800엔

플레이어 1인　메모리카드 1블록　아날로그 컨트롤러 지원

필드 내의 조각들을 회전시켜 도형을 만들어 없애가는 퍼즐 게임. 카톤 일가를 조작해 5가지 퍼즐에 도전하자. 3가지 챌린지 모드 등, 다채로운 모드를 탑재했다.

키즈스테이션 꼬마마법사 레미# : 마법당 댄스 카니발

반다이　에듀테인먼트　2000년 9월 21일　3,800엔

플레이어 1~2인　키즈스테이션 전용 컨트롤러 지원

'꼬마마법사 레미'의 캐릭터와 놀면서 리듬감·음감을 익히는 교육용 소프트. 음악에 맞춰 버튼을 눌러보자. 스테이지 사이사이에는 오리지널 애니메이션 동영상도 나온다.

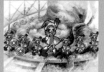

키즈스테이션 꼬마 기관차 토마스와 친구들

반다이　에듀테인먼트　2000년 9월 21일　3,800엔

플레이어 1인　키즈스테이션 전용 컨트롤러 지원

'꼬마 기관차 토마스'의 캐릭터들과 놀면서 사고력·판단력을 키우는 소프트. 대화하면서 몸을 움직이다 보면 영어와 리듬감 등이 자연스럽게 익혀지도록 했다.

키즈스테이션 날아라! 호빵맨

반다이　에듀테인먼트　2000년 9월 21일　3,800엔

플레이어 1인　키즈스테이션 전용 컨트롤러 지원

아이들의 영웅 '호빵맨' 및 친구들과 함께 놀면서 영어와 리듬감 등을 익히는 교육용 소프트. 플레이 방법은 캐릭터가 직접 음성으로 가르쳐준다.

키즈스테이션 우리와 놀자! 울트라맨 TV

반다이　에듀테인먼트　2000년 9월 21일　3,800엔

플레이어 1인　키즈스테이션 전용 컨트롤러 지원

TV 프로처럼 스토리를 즐기면서 울트라맨과 공부하는 교육용 소프트. 울트라맨 티가·다이나·가이아가 등장하여, 아이들의 이해력과 집중력을 키워준다.

키즈스테이션 매지컬 뮤직 : 영어로 원투쓰리!

반다이　에듀테인먼트　2000년 9월 21일　3,800엔

플레이어 1인　키즈스테이션 전용 컨트롤러 지원

숲의 동물들과 노래하고 춤추며 영어를 배우는 교육용 소프트. 본토 발음을 접하다보면 영어가 자연스레 입에 붙는다. 미니게임 6종으로 영어를 제대로 익히도록 했다.

환상수호외전 : Vol.1 하르모니아의 검사

코나미　어드벤처　2000년 9월 21일　오픈 프라이스

플레이어 1인　메모리카드 2블록　아날로그 컨트롤러 지원

「환상수호전」의 외전 시리즈 제 1탄. 「환상수호전 2」와 동일 시간축으로 전개되는 새로운 이야기를 즐기는 어드벤처 게임이다. 이 작품에선 통일전쟁의 전반기를 그렸다.

더 심리 게임 8

비지트　점술　2000년 9월 21일　1,500엔

플레이어 1~2인

다채로운 모드로 심리를 분석하는 게임의 제 8탄. '당신이라면 어떻게?'·'○× 체크' 등 시리즈 전통의 모드는 물론, '문장작성 진단'·'음악 CD 진단'을 새로 탑재했다.

시치다식 우뇌로 놀이벤처: 모양 123 - 0~2세용

석세스　에듀테인먼트　2000년 9월 21일　2,800엔

플레이어 1인

시치다식 교육의 창시자, 시치다 마코토가 감수한 우뇌활성 교육용 소프트. '숫자를 익히자'·'덧셈 상상'·'모양·크기' 등의 미니게임으로, 0~2세 아동이 즐겁게 수학을 배운다.

시치다식 우뇌로 놀이벤처: 모양 123 - 2~4세용

반다이 석세스　에듀테인먼트　2000년 9월 21일　2,800엔

플레이어 1인

시치다식 교육의 창시자, 시치다 마코토가 감수한 우뇌활성 교육용 소프트. 2~4세 아동 대상이며, '시계 보는 법'·'다양한 모양' 등 숫자·모양의 기초를 배우는 미니게임이 있다.

주변기기 지원 아이콘　 플레이어 1~2인　 메모리카드 1~2블록　 멀티탭지원 1~4인　 마우스 지원　 대전케이블 2대　 아날로그 조이스틱 SCPH0111(SCEI) 지원　 아날로그 컨트롤러 지원　PocketStation 지원　메모리카드 1~2블록　휴대전화 접속 케이블지원 (도코모 모드 휴대전화 지원)　 특제 컨트롤러 SLPH00001(남코) 지원

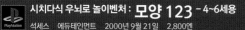

시치다식 우뇌로 놀이벤처 : 모양 123 - 4~6세용

석세스 에듀테인먼트 2000년 9월 21일 2,800엔

플레이어 1인

시치다식 교육의 창시자, 시치다 마코토가 감수한 교육용 소프트. '점 & 숫자 깜빡이'·'모양'·'미로' 등의 미니게임을 수록해, 4~6세 아동에게 재미있는 학습을 제공한다.

시치다식 우뇌로 놀이벤처 : 단어 ABC - 0~2세용

석세스 에듀테인먼트 2000년 9월 21일 2,800엔

플레이어 1인

유아의 뇌와 마음을 키우는 '시치다식 교육'의 창시자, 시치다 마코토가 감수한 우뇌활성 교육용 소프트. 여러 미니게임을 수록해, 0~2세 아동이 즐겁게 단어를 배우도록 한다.

시치다식 우뇌로 놀이벤처 : 단어 ABC - 2~4세용

석세스 에듀테인먼트 2000년 9월 21일 2,800엔

플레이어 1인

시치다식 교육의 창시자, 시치다 마코토가 감수한 우뇌활성 교육용 소프트 중 하나. '우뇌 놀이'·'단어 깜빡이' 등의 미니게임을 즐기며 단어를 배운다. 2~4세 아동용.

시치다식 우뇌로 놀이벤처 : 단어 ABC - 4~6세용

석세스 에듀테인먼트 2000년 9월 21일 2,800엔

플레이어 1인

시치다식 교육의 창시자, 시치다 마코토가 감수한 우뇌활성 교육용 소프트. 히라가나·카타카나·한자·영어·ESP의 미니게임을 수록해, 4~6세 아동에게 즐거운 학습을 제공한다.

속 미카구라 소녀탐정단 완결편 (재발매판)

VR1 어드벤처 2000년 9월 21일 5,800엔

플레이어 1인 | 메모리카드 1블록 | 아날로그 컨트롤러 지원

1999년 발매된 같은 제목 게임(77p)의 재발매판. 다이쇼~쇼와 초기까지가 무대인 추리 어드벤처 게임이다. 특징인 '추리 트리거'는 유지하면서도, 조작을 쾌적하게 개선했다.

팔러 프로 컬렉션

남코 파친코 2000년 9월 21일 3,800엔

플레이어 1인

파친코 시뮬레이터의 수집가판. 'CR 모험도'·'긴기라 파라다이스'·'목수 겐씨 3'·'신나는 원시인 E'·'CR 에도 탐정 제니가타 군 100S'를 수록했다.

파워 쇼벨에 타자!!

타이토 시뮬레이션 2000년 9월 21일 5,800엔

플레이어 1~2인 | 메모리카드 1블록 | 아날로그 컨트롤러 지원 | PocketStation 지원 | 메모리카드 +3블록 | 특제 컨트롤러 TCPP20006(타이토)지원

누구나 한 번쯤 조작해보고 싶어 하는 파워 쇼벨을, 건설기기 제조사 코마츠의 협력 하에 게임화했다. 공사현장을 리얼하게 재현한 모드와, 9가지 미니게임 등이 있다.

팝하고 큐트한 심리 테스트 : alabama

D3 퍼블리셔 점술 2000년 9월 21일 1,500엔

플레이어 1인 | 메모리카드 1블록

주인공 소녀 '앨라배마'와 함께 여행하면서 자기 자신을 되돌아보는 드라마 & 심리분석 게임. 스토리 진행 도중 질문에 답하거나 미니게임을 즐기면 성격을 분석해준다.

맥스 서핑 2nd

KSS 스포츠 2000년 9월 21일 5,800엔

플레이어 1~2인 | 메모리카드 1블록 | 아날로그 컨트롤러 지원

1999년 발매된 「맥스 서핑 2000」의 속편. 국제 프로서핑 대회의 공인 룰을 재현했다. 세계 각지의 해변을 전전하며 월드 챔피언을 노려보자.

청의 6호 Antarctica

반다이 비주얼 시뮬레이션 2000년 9월 28일 6,800엔

플레이어 1인 | 메모리카드 1블록 | 아날로그 컨트롤러 지원

같은 제목 OVA의 게임판. 천재 과학자 존다이크와 잠수함 '청의 6호'가 대결하는 해양 시뮬레이션 게임이다. 게임 도중엔 신작을 포함해 약 40분의 애니메이션도 나온다.

크로스 탐정 이야기 1 : 전편

워크잼   어드벤처   2000년 9월 28일   1,500엔

플레이어 1인 | 메모리카드 1블록

세가새턴판을 이식한 본격 추리 어드벤처 게임「크로스 탐정 이야기」(78p)를 상하 분할해 재발매한 염가판 중 전편. 1~4화와, 후편을 예고하는 동영상을 수록했다.

크로스 탐정 이야기 1 : 후편

워크잼   어드벤처   2000년 9월 28일   1,500엔

플레이어 1인 | 메모리카드 1블록

세가새턴판을 이식한 본격 추리 어드벤처 게임「크로스 탐정 이야기」를 상하 분할해 재발매한 염가판 중 후편. 전편의 다이제스트와 5~7화, 속편 예고 동영상을 수록.

고기동환상 건퍼레이드 마치

 소니컴퓨터엔터테인먼트   어드벤처   2000년 9월 28일   5,800엔

플레이어 1인 | 메모리카드 4블록 | 아날로그 컨트롤러 지원

의문의 생명체 '환수'와의 싸움에 동원된 학노병의 일원으로서 일상을 보내는 어드벤처 게임. '학생'과 '병사'라는 이중생활 가운데, 환수의 활동이 정체되는 5월 11일까지 살아남는 것이 목적이다. 수업·훈련을 받는 '학교 파트'와, 환수와 싸우는 '전투 파트'로 구성했다. 생존만 한다면 어떤 행동도 허용하는 높은 자유도와, 독자적으로 활동하는 NPC가 특징이다.

그대에게 Steady

CD BROS.   시뮬레이션   2000년 9월 28일   5,800엔

플레이어 1인 | 메모리카드 2블록

고교 2학년 2학기가 무대인 연애 육성 시뮬레이션 게임. 크리스마스를 함께 보내고픈 소녀를 일상 속에서 찾아내보자. 개성 넘치는 히로인이 다수 나오며, 미니게임도 있다.

우주전함 야마토 : 영웅의 궤적

반다이   팬 디스크   2000년 9월 28일   2,800엔

플레이어 1인 | 메모리카드 2블록 | 아날로그 컨트롤러 지원

1999년 발매했던「머나먼 행성 이스칸다르」(36p)의 팬 디스크 사이드 스토리를 시뮬레이션 게임화한 '영원의 쥬라 편'이 메인 모드이며, 작품의 설정자료도 수록했다.

SuperLite 1500 시리즈 : 치키치키 치킨

석서스   퍼즐   2000년 9월 28일   1,500엔

플레이어 1~2인 | 메모리카드 1블록 | 아날로그 컨트롤러 지원

패널을 연결해 가며 병아리를 구출하는 퍼즐 게임. 병아리가 떨어지지 않도록 패널을 잘 회전시켜야 한다. 병아리가 같은 색 패널을 2장 이상 연속 통과하면 패널이 없어진다.

JELLYFISH : The Healing Friend

비지트   시뮬레이션   2000년 9월 28일   4,800엔

플레이어 1인 | 메모리카드 1블록 | 아날로그 컨트롤러 지원

해파리(jellyfish)를 사육하는 육성 시뮬레이션 게임. 기르기 까다로운 해파리를 실제 사육법대로 육성해보자. 투명한 몸이 빛으로 물드는 CG를 감상하다보면 힐링이 된다.

0부터 배우는 마작 : 마작유치원 달걀반 2 ─ 대회에 출전

어펙트   마작   2000년 9월 28일   3,800엔

플레이어 1인 | 메모리카드 1~3블록

 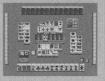

1998년 발매됐던「마작유치원 달걀반」(153p)의 속편. 아기자기한 디자인은 여전하며, '하이퍼 닭반' 등의 5개 반 모드를 수록했다. 10종류의 미니게임도 있다.

침묵의 함대

코단샤   시뮬레이션   2000년 9월 28일   5,800엔

플레이어 1인 | 메모리카드 1블록 | 아날로그 컨트롤러 지원

같은 제목의 인기 만화를 시뮬레이션 게임화했다. 실존 함선 70종이 등장한다. 노이즈가 탐지·명중률에 영향을 끼치는 시스템 덕에, 리얼한 잠수함 전투를 체험할 수 있다.

두근두근 메모리얼 2 Substories vol.1 : Dancing Summer Vacation

코나미　어드벤처　2000년 9월 28일　오픈 프라이스

플레이어 1인 / 메모리 카드 2블록 / 아날로그 컨트롤러 지원

1999년 발매 했던 「두근두근 메모리얼 2」의 본편에서 묘사 되지 않았던 히로인 의 심정을 그린 외전 작. 코토부키 미유키가 주인공이며, 그녀의 파트너를 찾아준다는 스토리다.

파친코 & 파치슬로 팔러 프로 엑스트라 : CR 촌뜨기 대장A & 파치슬로 루팡 3세

CBC / 니혼 텔레네트　파친코　2000년 9월 28일　5,200엔

플레이어 1인 / 메모리 카드 1블록

판권물 기기들을 수 록한 파친코 시뮬 레이터. 'CR 촌뜨기 대장 A'와 '파치슬 로 루팡 3세'를 수 록했고, 리플레이 넘기기 모드 등 공략을 도와주는 기능을 탑재했다.

블레이드 아츠

에닉스　액션　2000년 9월 28일　5,800엔

플레이어 1인 / 메모리 카드 1블록 / 아날로그 컨트롤러 지원

고대도시 '세이렘' 이 무대인 3D 액션 어드벤처 게임. 긴 박감 넘치는 배틀과 취향을 자극하는 퍼 즐이 가득하며, 호화 성우진이 연기한 박진감 넘치는 스토리가 펼쳐진다.

꿈의 날개

키드　어드벤처　2000년 9월 28일　6,800엔

플레이어 1인 / 메모리 카드 2블록

여름의 시원한 고원 이 무대인 연애 어 드벤처 게임. 복엽 기로 하늘을 날고픈 주인공 '나오토'와, 주변의 소꿉친구 및 비밀스러운 미소녀들이 펼치는 러브스토리다.

베알파레스

소니컴퓨터엔터테인먼트　RPG　2000년 9월 28일　5,800엔

플레이어 1인 / 메모리 카드 2블록

바깥세상과 단절된 모험자들의 마을 '카르 스 바스티드'와, 지하에 묻힌 전설의 도시 '아슬라 파엘'을 모험하는 액션 RPG. 개성 적인 동료 13명 중 2명을 골라 파티를 짜 자. 동료와 함께 모험하다 보면 주인공과 동 료 사이에 연애 감정이나 우정이 피어나, 그 캐릭터와의 엔딩으로 이어진다. 동료별로 상성이 존재하며, 대사·시나리오도 전개에 따라 변화해간다.

러브히나 : 사랑은 말 속에

코나미　어드벤처　2000년 9월 28일　오픈 프라이스

플레이어 1인 / PocketStation 지원 / 메모리 카드 9블록

만화 '러브히나'에 등 장하는 히로인들과 풀보이스 이벤트를 즐기는 어드벤처 게 임. 포켓스테이션의 적외선 통신 등으로 '말'을 모으며, 말끼리 짝이 맞춰지면 이벤트도 나온다.

카무라이

남코　RPG　2000년 10월 5일　5,800엔

플레이어 1인 / 메모리 카드 1블록

신과 인간이 공존하 는 세계를 무대로, '인간'과 '신족' 두 주 인공의 숙명을 그린 RPG. '신'과 '인간' 양 쪽의 가치관에 따른 장대한 이야기가 펼쳐진다. 몰입감 있는 배틀도 특징.

콜린 맥레이 더 랠리 2

스파이크　레이싱　2000년 10월 5일　5,800엔

플레이어 1~2인 / 메모리 카드 1~3블록 / 아날로그 컨트롤러 지원 / 특제 컨트롤러 SLPH00001(남코) 지원 / 특제 컨트롤러 SLPH00126(남코) 지원

유명 WRC 드라이 버가 감수한 레이싱 게임. 시시각각 바 뀌는 기상조건·노면 상황을 적절하게 재 현했다. 등장하는 20종 이상의 머신으로 세계 8국의 코스를 주파하자.

시노비노로쿠

아스텍 21　파티　2000년 10월 5일　4,800엔

플레이어 1~4인 / 메모리 카드 1블록 / 멀티탭 지원 1~4인

막부 말기와 유사 한 평행세계가 무대 인 주사위 말판놀이 게임. 6명의 닌자가 외계인의 침략에 대 항한다는 스토리다. 전투 시스템에 실시간 카드 배틀을 도입했다.

SIMPLE 1500 시리즈 Vol.21 : THE 야구

D3 퍼블리셔　스포츠　2000년 10월 5일　1,500엔

플레이어 1~2인　메모리카드 8블록

플레이어가 야구팀 감독이 되어 한 시즌을 뛰는 야구 시뮬레이션 게임. 등장 선수·팀은 당시 일본 리그의 팀들을 살짝 패러디해 넣었다. 나중에는 실명판도 발매되었다.

타츠노코 파이트

타카라　대전격투　2000년 10월 5일　5,800엔

플레이어 1~2인　메모리카드 1블록　아날로그 컨트롤러 지원

'과학닌자대 갓챠맨'(국내명 '독수리 오형제') 등, 타츠노코 프로덕션 애니메이션의 캐릭터들끼리 대결하는 대전격투 게임. 게임의 오리지널 캐릭터 '전광석화 볼터'도 참전했다.

파이팅 일루전 : K-1 그랑프리 2000

엑싱　3D 대전격투　2000년 10월 5일　5,800엔

플레이어 1~2인　메모리카드 1블록　아날로그 컨트롤러 지원

최강의 입식 격투기 이벤트 'K-1' 시리즈의 속편. 당시 K-1의 선수들이 3D 폴리곤 캐릭터로 실명 등장한다. 총 16명의 선수로 구성된 토너먼트전 등, 9가지 모드가 있다.

야마사 Digi 가이드 : 뉴 펄서 R

야마사 엔터테인먼트　파치슬로　2000년 10월 5일　2,500엔

플레이어 1인　메모리카드 1~6블록　아날로그 컨트롤러 지원

2000년경 홀에서 많은 파치슬로로 팬의 사랑을 받았던 '뉴 펄서 R'의 실기 시뮬레이터. 수많은 리치 찬스를, 친절한 교습 모드를 통해 익힐 수 있다.

야마사 Digi 가이드 : 하이퍼 러시

야마사 엔터테인먼트　파치슬로　2000년 10월 5일　2,500엔

플레이어 1인　메모리카드 1~6블록　아날로그 컨트롤러 지원

메달을 대량 획득할 수 있어 인기가 많았던 파치슬로 기기 '하이퍼 러시'의 실기 시뮬레이터. 릴과 LCD 화면의 화려한 연출을 즐기면서 구슬을 잔뜩 획득해보자.

갑각기갑사단 바인 판처

소니컴퓨터엔터테인먼트　시뮬레이션　2000년 10월 12일　6,800엔

플레이어 1인　메모리카드 10블록　아날로그 컨트롤러 지원

지구는 물론이고 월면에 화성까지 진출해 싸우는 전략·전술 시뮬레이션 게임. 전략 맵에서 부대 전체를 지휘하는 '전략 필드'와, 실전으로 싸우는 '전투 필드'의 2부 구성이다.

산요 파친코 파라다이스 4 : 초밥집이다! 겐 씨

아이템 소프트웨어 엔지니어링　파친코　2000년 10월 12일　4,800엔

플레이어 1인　메모리카드 1~2블록　아날로그 컨트롤러 지원　PocketStation 지원　특제 컨트롤러 +3~12블록 SLPH0000710TEN(연구사)지원　특제 컨트롤러 SLPH0000710TEN(연구사)지원

산요 사의 인기 기종을 수록한 파친코 실기 시뮬레이터 제4탄. 'CR 초밥집 대장' 시리즈 3개 작품을 수록했으며, 통상 모드·공략 모드에 스토리 모드까지 탑재했다.

파치슬로제왕7 : 제조사 공인 점장 매뉴얼 1－비트 더 드래곤 2·루팡 3세·핫 로드 퀸

미디어 엔터테인먼트　파치슬로　2000년 10월 12일　5,800엔

플레이어 1인　메모리카드 2블록　아날로그 컨트롤러 지원　PocketStation 지원　메모리카드 +3블록

실기를 정교하게 흉내 낸 리얼한 릴이 특징인 파치슬로 시뮬레이터. '비트 더 드래곤 2'·'루팡 3세'·'핫 로드 퀸'의 3개 인기 기종을 수록했다.

필살 파친코 스테이션 : 토요마루 스페셜

선 소프트　파친코　2000년 10월 12일　2,800엔

플레이어 1인　아날로그 컨트롤러 지원　특제 컨트롤러 SLPH0000710TEN(연구사)지원　특제 컨트롤러 SLPH0000710TEN(연구사)지원

토요마루 사의 인기 기종을 수록한 파친코 시뮬레이터. '피카이치 천국'계 2종과 '츠모츠모 천국'계 2종, '원시인'계 3종을 수록했으며, 공략을 도와주는 모드도 탑재했다.

팝픈 뮤직 4 : 어펜드 디스크

코나미　리듬 액션　2000년 10월 12일　오픈 프라이스

플레이어 1~2인　메모리카드 1블록　아날로그 컨트롤러 지원　PocketStation 지원　메모리카드 +5블록　특제 컨트롤러 RU014(코나미)지원

대인기 리듬 액션 게임의 제4탄. 이번에는 어펜드 디스크 형태이며, 아케이드 판의 19곡과 오리지널 10곡을 수록했다. 모든 곡을 새로 편곡한 '비기너 모드'도 준비했다.

주변기기 지원 아이콘 | 플레이어 1~2인 | 메모리카드 1~2블록 | 멀티탭지원 1~4인 | 마우스 지원 | 대전케이블 2대 | 아날로그 조이스틱 SCPH0111(SCEI) 지원 | 아날로그 컨트롤러 지원 | PocketStation 지원 | 메모리카드 1~2블록 | 휴대전화 접속 케이블 지원 (도코모 I 모드 휴대전화지원) | 특제 컨트롤러 SLPH00001(남코)지원

경호 브리게이드

토미　시뮬레이션　2000년 10월 19일　6,800엔

플레이어 1인　　메모리카드 1~3블록

인류와 정체불명의 적 '정키' 간의 싸움을 그린 로봇 배틀 시뮬레이션 게임. 총 26화 구성이며, 각 장별로 애니메이션처럼 연출한 오프닝과 엔딩 장면을 준비했다.

판도라 MAX 시리즈 VOL.5 : 꼬맹이 치루

판도라 박스　어드벤처　2000년 10월 19일　1,980엔

플레이어 1인　　메모리카드 1~2블록　　아날로그 컨트롤러 지원

'판도라 MAX' 시리즈의 마스코트 캐릭터 '치루'가 주인공인 버라이어티 게임. 시리즈 팬에게 친숙한 꼬맹이 치루의 신규 시나리오 5화와, 슈팅·퀴즈 게임을 즐길 수 있다.

필살 파친코 스테이션 10 : EX 잭 2000 & 슈퍼 드래곤

선 소프트　파친코　2000년 10월 19일　4,900엔

플레이어 1인　　아날로그 컨트롤러 지원　　특제 컨트롤러 SLPH00007XTTEN(연구사)지원　　특제 컨트롤러 SLPH00007XTTEN(연구사)지원

뉴긴 사와 타이요 일렉 사의 인기 기종을 수록한 파친코 시뮬레이터. '익사이트 잭 2000' 시리즈와 'CR 슈퍼 드래곤 3'를 수록하였다.

브레이브 소드

사미　시뮬레이션　2000년 10월 19일　5,800엔

플레이어 1인　　메모리카드 1블록　　아날로그 컨트롤러 지원

이동·공격 등, 모든 행동이 실시간으로 진행되는 시뮬레이션 RPG. 유적조사·마물퇴치 등의 의뢰나 모험을 진행하면서, 전설의 무기 '브레이브 소드'를 입수해야 한다.

학교를 만들자!! : 교장선생님 이야기

빅터 인터랙티브 소프트웨어　시뮬레이션　2000년 10월 26일　5,800엔

플레이어 1인　　메모리카드 9블록

인기 시리즈의 제 3탄. 교장선생님이 되어 이상적인 학교를 만들어보자. 학생·교직원들도 개성적이라 재미있으며, 동물 사육이나 학생식당 식단 짜기 등도 즐길 수 있다.

고2 → 쇼군

애스크　시뮬레이션　2000년 10월 26일　4,800엔

플레이어 1인　　메모리카드 2~15블록　　아날로그 컨트롤러 지원

전반부는 연애 시뮬레이션, 후반부는 사운드 노벨 식으로 진행되는 게임. 학생일 때 사랑과 학업에 매진한 결과가, 후반부 전국시대 타임 슬립 후의 전개에 영향을 준다.

시드니 2000

캡콤　스포츠　2000년 10월 26일　5,800엔

플레이어 1~2인　　메모리카드 5블록　　멀티탭지원 1~4인

국제올림픽위원회가 공인한 시드니 올림픽 공식 게임. 올림픽 경기 12종목을 플레이할 수 있다. 타이밍에 맞춰 버튼을 누르는 간단한 조작이며, 다인 대전 플레이도 가능.

SIMPLE 1500 시리즈 Vol.39 : THE 마작 2

D3 퍼블리셔　마작　2000년 10월 26일　1,500엔

플레이어 1~2인　　메모리카드 1블록

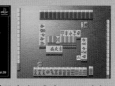

시리즈 제 1탄이었던 「THE 마작」이, CPU의 사고속도 등 여러 부분을 업그레이드해 재등장했다. 부수 계산법을 배우는 모드, '적5패 설정' 등의 신규 추가 요소도 있다.

SIMPLE 1500 시리즈 Vol.40 : THE 쇼기 2

D3 퍼블리셔　쇼기　2000년 10월 26일　1,500엔

플레이어 1~2인　　메모리카드 1블록

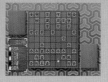

「THE 쇼기」에서 CPU의 사고속도·난이도를 업그레이드시킨 타이틀. 전작 구입자들의 평가를 반영해, 핸디캡전과 CPU의 전법 설정 기능 등을 추가했다.

SIMPLE 1500 시리즈 Vol.41 : THE 리버시 2

D3 퍼블리셔　리버시　2000년 10월 26일　1,500엔

플레이어 1~2인　　메모리카드 1블록

시리즈 제 4탄「THE 리버시」가, CPU의 사고속도 등이 강화되어 재등장했다. 이름·얼굴 설정이 가능한 '마이 캐릭터'를 만들어, 연승전·토너먼트에 도전해볼 수 있다.

SIMPLE 1500 시리즈 Vol.42 : THE 바둑 2

D3 퍼블리셔　바둑　2000년 10월 26일　1,500엔

플레이어 1~2인　메모리 카드 1블록

「THE 바둑」의 CPU를 강화하고 기능을 추가시켜 재등장한 타이틀. 마이 캐릭터로 챌린지 대국에서 승리하면, 월페이퍼 등의 보너스 컨텐츠를 획득할 수 있다.

SIMPLE 1500 시리즈 Vol.43 : THE 화투 2

D3 퍼블리셔　화투　2000년 10월 26일　1,500엔

플레이어 1인　메모리 카드 1블록

전작의 '코이코이'와 '하나아와세'에, '오이초카부' 게임까지 추가시켜 재등장했다. CPU를 강화시킨 대신 규칙 해설도 추가해, 초보자부터 상급자까지 커버하도록 한 작품.

SIMPLE 1500 시리즈 Vol.44 : THE 카드 2

D3 퍼블리셔　테이블　2000년 10월 26일　1,500엔

플레이어 1~2인　메모리 카드 1블록

「THE 카드」가 업그레이드되어 재등장했다. 수록 게임은 '드로우 포커'·'세븐 카드 스터드'·'블랙잭'·'대부호'·'스피드'·'카부'·'도봉'·'바카라'까지 총 8종류다.

SuperLite 1500 시리즈 : 퀵스 2000

석세스　액션　2000년 10월 26일　1,500엔

플레이어 1~2인　아날로그 컨트롤러 지원

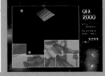

1981년 타이토가 출시했던 아케이드용 땅따먹기 게임의 이식판. 마커를 조작해 에일리언을 포위하여 물리치자. 원작 게임을 재현한 모드와 어레인지 모드를 수록했다.

SuperLite 1500 시리즈 : 크레이지 벌룬 2000

석세스　액션　2000년 10월 26일　1,500엔

플레이어 1~2인　아날로그 컨트롤러 지원

타이토가 1980년 출시했던 아케이드용 게임의 이식판. 버튼 4개로 잘 조작해 풍선을 골인 지점까지 인도하자. 벽에 부딪히면 풍선이 터져버린다. 세로화면 모드도 있다.

SuperLite 1500 시리즈 : 스페이스 체이서 2000

석세스　액션　2000년 10월 26일　1,500엔

플레이어 1~2인　아날로그 컨트롤러 지원

1979년 출시됐던 아케이드용 게임의 이식판. 부스트를 사용해 적기를 회피하면서 필드 내의 모든 도트를 획득하자. 고전 명작 게임의 복각·보급을 시도한 타이틀이다.

다이너마이트 사커 2000

에이맥스　스포츠　2000년 10월 26일　5,800엔

플레이어 1~2인　메모리 카드 2블록　멀티탭지원 1~4인　아날로그 컨트롤러 지원

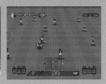

직감적인 조작과 뛰어난 자유도가 특징인 축구 게임. 70가지 포지션의 자유로운 포메이션 설정이 가능하며, 팀 에디트 기능으로 자신만의 팀도 만들 수 있다.

헌터×헌터 : 환상의 그리드 아일랜드

코나미　RPG　2000년 10월 26일　오픈 프라이스

플레이어 1~2인　메모리 카드 1블록　멀티탭지원 1~4인　아날로그 컨트롤러 지원

같은 제목의 인기 애니메이션에 등장하는 가상의 게임 소프트가 테마인 RPG. 신참 헌터가 되어 의뢰를 수행하며 그리드 랜드의 비밀을 풀자. 원작의 캐릭터도 여럿 나온다.

기상천외 형사

캡콤　어드벤처　2000년 10월 26일　4,800엔

플레이어 1인　메모리 카드 1블록　아날로그 컨트롤러 지원

실력과 형사가 되어 연쇄살인사건을 해결하는 어드벤처 게임. 동료 '네코냐'와 함께 개성적인 주민들을 탐문하자. 기상천외한 스토리가 전개되는 작품이다.

북두의 권 : 세기말 구세주 전설

반다이　액션　2000년 10월 26일　5,800엔

플레이어 1~2인　메모리 카드 1블록　아날로그 컨트롤러 지원

애니메이션 '북두의 권' 소재의 액션 게임. 원작 기반의 '구세주 전설' 모드와, 데모 장면의 음성을 다른 대사로 바꿔 오리지널 데모를 만드는 '세기말 시어터' 모드가 있다.

138

주변기기 지원 아이콘 플레이어 1~2인　 메모리카드 1~2블록　 멀티탭지원 1~4인　 마우스 지원　 대전케이블 2대　 아날로그 조이스틱 SCPH0111(SCEI) 지원　 아날로그 컨트롤러 지원　 PocketStation 지원　 메모리카드 1~2블록　 휴대전화 접속 케이블 지원 (도코모/모드 휴대전화 지원)　특제 컨트롤러 SLPH00001(남코) 지원

포켓 디지몬월드 : 윈드 배틀 디스크

반다이 RPG 2000년 10월 26일 2,800엔

플레이어 1~2인 | PocketStation 필수 | 메모리카드 15블록

포켓스테이션을 활용해, 언제 어디서나 육성·배틀·모험을 즐길 수 있는 RPG. 등장 디지몬을 리뷰얼했으며, 육성한 디지몬은 플레이스테이션에서 대전을 붙일 수 있다.

 리틀 프린세스+1 : 마알 왕국의 인형공주 2

니폰이치 소프트웨어 RPG 2000년 10월 26일 3,800엔

플레이어 1인 | 메모리카드 1블록 | 아날로그 컨트롤러 지원

1999년 발매된 「리틀 프린세스」의 염가판. 1편의 14년 후가 무대로서, '이상적인 왕자님과의 만남'을 꿈꾸는 천방지축 공주 '크루루'와 친구 '클레어'가 모험 여행을 떠난다.

 영각 : 이케다 키조쿠 심령연구소

미디어 팩토리 어드벤처 2000년 10월 26일 5,800엔

플레이어 1인 | 메모리카드 1블록 | 아날로그 컨트롤러 지원 | PocketStation 지원 | 메모리카드 +12블록

뮤지션 겸 심령연구가인 이케다 키조쿠가 프로듀스한 어드벤처 게임. 심령 스팟을 탐색하며 악령·원령 등의 심령현상을 체험하다 보면 심령에 관한 지식을 얻게 된다.

 개골개골 킹

미디어 팩토리 스포츠 2000년 11월 2일 5,800엔

플레이어 1~4인 | 메모리카드 1블록 | 멀티탭지원 1~4인 | PocketStation 지원 | 메모리카드 +4블록

개구리를 쳐 날리는 골프인 '개골프'를 즐기는 게임. 규칙은 개구리를 해머로 날려 컵에 집어넣는 것이다. 개구리의 예측불능 궤적은 물론, 함정 등의 장치도 재미있다.

 **챔피언십 배스**

일렉트로닉 아츠 스퀘어 스포츠 2000년 11월 2일 5,800엔

플레이어 1인 | 메모리카드 3블록 | 아날로그 컨트롤러 지원

배스의 거동과 생태계까지 시뮬레이트한 배스 낚시 게임. 천연호수와 댐 호수 등을 돌며 몬스터 배스를 낚아보자. 4개 모드를 탑재하여, 초보자도 쉽게 즐길 수 있다.

 전광석화 미크로 러너 : 매니악 박사의 비책

스파이크 레이싱 2000년 11월 2일 5,800엔

플레이어 1~2인 | 메모리카드 1블록 | 멀티탭지원 1~8인 | 아날로그 컨트롤러 지원

초미니 로봇을 조작하는 배틀 레이싱 게임. 로봇들은 고유의 필살기로 상대를 공격할 수 있다. 부엌·욕실·다락방 등이 무대로 다채로운 코스 30종을 수록했다.

 톨 : 트윈즈 타워

테크노 솔레유 퍼즐 2000년 11월 2일 3,800엔

플레이어 1~2인 | 메모리카드 1블록

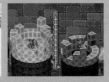

1999년 발매했던 「톨 언리미티드」의 속편. 룰과 그래픽을 다듬어 더욱 즐기기 쉽도록 개량했다. 새로운 룰인 '특수능력'을 추가하여 전략성도 향상시켰다.

 FEVER 3 : SANKYO 공식 파친코 시뮬레이션

인터내셔널 카드 시스템 파친코 2000년 11월 2일 3,800엔

플레이어 1인 | 메모리카드 3블록 | 아날로그 컨트롤러 지원 | 특제 컨트롤러 SLPH00007TEN연구소지원 | 특제 컨트롤러 SLPH00007TEN연구소지원

산쿄의 인기 기종 4대를 즐길 수 있는 파친코 시뮬레이터. '피버 전차로 GO!' 시리즈의 3개 기종과 'CR 슈퍼 콤비 SP'를 수록하여, 철저하게 공략할 수 있다.

 RC 리벤지

어클레임 재팬 레이싱 2000년 11월 9일 2,000엔

플레이어 1~2인 | 메모리카드 2블록 | 아날로그 컨트롤러 지원

「리볼트」(97p)를 진화시킨 게임. 수륙양용 RC 카로 무자비한 레이스를 펼쳐보자. 픽업 아이템으로 일발역전을 노릴 수도 있는, 스릴 넘치는 전개가 특징이다.

 **스매시 코트 3**

남코 스포츠 2000년 11월 9일 5,800엔

플레이어 1~2인 | 메모리카드 1블록 | 멀티탭지원 1~4인 | 아날로그 컨트롤러 지원

인기 테니스 게임의 제 3탄. 1960년대풍을 테마로 삼아, 게임 화면과 캐릭터 패션 등의 연출을 완전히 리뉴얼했다. 파티 플레이 시에는 핸디캡 설정도 가능하다.

WTC 월드 투어링 카 챔피언십

 스파이크　레이싱　2000년 11월 9일　5,800엔

플레이어 1~2인 | 메모리카드 1~15블록 | 멀티탭지원 1~4인 | 아날로그 컨트롤러 지원 | 특제 컨트롤러 SLPH00001(넘코)지원 | 특제 컨트롤러 SLPH00126(넘코)지원

치밀한 세팅과 물리 연산에 기반한 리얼한 차량 거동을 만끽하는 레이스 게임. 실차를 충실하게 재현한 86대의 머신으로, 세계에 실존하는 23개 서킷을 달려볼 수 있다.

Major Wave 시리즈 : 빙글빙글 큐브

누사이트　퍼즐　2000년 11월 9일　1,500엔

플레이어 1~2인 | 메모리카드 1블록

바위뛰기펭귄 '배리 군'을 조작해, 큐브를 붙여가며 없애는 퍼즐 게임. 큐브를 동시에 없애면 고득점이 들어온다. 꼬마 캐릭터들이 펼치는 액션이 재미있다.

OH NO!

아스믹 에이스 엔터테인먼트　액션　2000년 11월 16일　4,800엔

플레이어 1~2인 | 메모리카드 1블록 | 아날로그 컨트롤러 지원

게임 내 사회자로 유명 아나운서 스즈키 시로를 기용한 액션 게임. 개성이 하늘을 뚫는 캐릭터들과 엉망진창 세계관이 특징. 애니메이션 동영상은 스튜디오 딘이 제작했다.

SIMPLE 1500 시리즈 Vol.45 : THE 블록깨기 2

D3 퍼블리셔　퍼즐　2000년 11월 16일　1,500엔

플레이어 1~2인 | 메모리카드 1블록 | 아날로그 컨트롤러 지원

염가판 블록깨기 게임의 제 2탄. 최종 스테이지 클리어에 도전하는 '어택', 게임 오버가 될 때까지 계속하는 '엔들리스', 완전 신규 대전 모드인 'VS'를 수록했다.

SIMPLE 1500 시리즈 Vol.46 : THE 마작 낙하계 퍼즐 - 낙작

D3 퍼블리셔　퍼즐　2000년 11월 16일　1,500엔

플레이어 1~2인 | 메모리카드 1블록

마작패를 사용한 PC용 낙하계 퍼즐 게임 「낙작」의 이식작. 2개 1조로 떨어지는 패를 조합해 슌쯔·커쯔·캉쯔를 만들어 역을 완성시키면 그만큼 점수가 가산된다.

SIMPLE 1500 시리즈 Vol.47 : THE 스케이트보드

D3 퍼블리셔　스포츠　2000년 11월 16일　1,500엔

플레이어 1~2인 | 메모리카드 1블록 | 아날로그 컨트롤러 지원

「스트리트 보더즈」 (상권 190p)의 일부 컨텐츠를 변경한 염가판. 스케이트보드·인라인스케이트로 트릭을 구사하면서 스테이지를 클리어하여, 캐릭터의 능력치를 올리자.

솔리드 링크 : 타워 사이드

헥트　RPG　2000년 11월 16일　2,000엔

플레이어 1인 | 메모리카드 1블록 | 아날로그 컨트롤러 지원

밀도 높은 전개가 특징인 게임북 스타일의 RPG. 세이브데이터를 「던전 사이드」 편과 공유 가능하며, 본편의 클리어 데이터가 있으면 새로운 전개가 발생하기도 한다.

솔리드 링크 : 던전 사이드

헥트　RPG　2000년 11월 16일　2,000엔

플레이어 1인 | 메모리카드 1블록 | 아날로그 컨트롤러 지원

3D 던전을 탐험하는 게임북 스타일의 RPG. 플레이어의 선택에 따라 스토리가 변화하는 멀티 시나리오를 채용했다. 데이터는 「타워 사이드」 편과 공유할 수 있다.

하늘의 레스토랑

미디어 팩토리　파티　2000년 11월 16일　5,800엔

플레이어 1~4인 | 메모리카드 2블록 | 멀티탭지원 1~4인

요리가 소재인 보드 게임. 말판놀이 맵에서 식재료를 모아, 요리사에게 비싼 요리를 주문하자. 불필요한 식재료를 라이벌에게 떠넘겨 요리를 망치는 등의 방해도 가능하다.

토코로 씨의 대부호

코나미　파티　2000년 11월 16일　오픈 프라이스

플레이어 1~4인 | 메모리카드 1블록 | 멀티탭지원 1~4인

인기 탤런트, 토코로 죠지가 사회자를 맡은 말판놀이 게임. 건물 등을 운영하여 라이벌보다 자산을 많이 불려 대부호 자리를 노리자. 골프 등의 미니게임도 충실하다.

주변기기 지원 아이콘 | 플레이어 1~2인 | 메모리카드 1~2블록 | 멀티탭지원 1~4인 | 마우스 지원 | 대전케이블 2대 | 아날로그 조이스틱 SCPH0111(SCEI)지원 | 아날로그 컨트롤러 지원 | PocketStation 지원 | 메모리카드 1~2블록 | 휴대전화 접속 케이블 지원(도코모 모드 휴대전화 지원) | 특제 컨트롤러 SLPH00001(넘코)지원

필살 파치슬로 스테이션 5 : 인베이더 2000

선 소프트　파친코　2000년 11월 16일　3,800엔

플레이어 1인　메모리 카드 1블록　아날로그 컨트롤러 지원

2000년 데뷔한 파치슬로 기기 '스페이스 인베이더 2000'의 실기 시뮬레이터. 「스페이스 인베이더」 원작의 세계관을 잘 표현했으며, 다채로운 LED 연출도 재현했다.

필살 파치슬로 스테이션 now 6 : 신생!! 아레딘 21

선 소프트　파친코　2000년 11월 16일　3,800엔

플레이어 1인　메모리 카드 1블록　아날로그 컨트롤러 지원　특제 컨트롤러 SLPH00007TEN연구사)지원　특제 컨트롤러 SLPH00007TEN연구사)지원

인기 파친코 실기 시뮬레이터의 제 6탄. 후지쇼지 사의 'CR 아레딘 21' 중 'F'·'R'·'V' 3개 기종을 수록했으며, 공략 모드와 랭킹 모드를 탑재하였다.

야마사 Digi 가이드 : M771

야마사 엔터테인먼트　파치슬로　2000년 11월 16일　2,500엔

플레이어 1인　메모리 카드 1~6블록　아날로그 컨트롤러 지원

야마사 사의 인기 기종을 이식한 파치슬로 시뮬레이터. 대량획득 가능 기기 'M771'의 실기를 충실하게 재현했다. '강습 모드'로 공략법을 철저하게 해설해준다.

더 마에스트로무지크 : 앙코르 디스크

글로벌 A 엔터테인먼트　리듬 액션　2000년 11월 22일　2,800엔

플레이어 1인　메모리 카드 1블록　아날로그 컨트롤러 지원

전용 배턴 컨트롤러 덕에 지휘자가 된 기분을 맛볼 수 있는 음악 게임의 추가 디스크. 베토벤의 '운명', 멘델스존의 '결혼행진곡' 등의 클래식 명곡 13곡을 수록했다.

슈퍼 히어로 작전 : 다이달의 야망

반프레스토　RPG　2000년 11월 22일　6,800엔

플레이어 1인　메모리 카드 3~9블록　아날로그 컨트롤러 지원

인기 특촬 히어로들이 활약하는 롤플레잉 게임의 제 2탄. 이벤트 동영상과 전투장면 연출 등에 원작의 BGM을 사용했다. 원작의 명장면과 스토리도 잘 재현해냈다.

슬롯! 프로 : 오오에도 사쿠라후부키 2

CBC　파치슬로　2000년 11월 22일　2,900엔

플레이어 1인　메모리 카드 1블록

인기 기종 '오오에도 사쿠라후부키 2'를 충실히 재현한 파치슬로 실기 시뮬레이터. 리플레이 넘기기 모드부터 총 14항목의 실전 데이터까지, 공략을 돕는 기능을 수록했다.

조이드 : 제국 VS 공화국 – 메카 생체의 유전자

토미　시뮬레이션　2000년 11월 22일　5,800엔

플레이어 1인　메모리 카드 1~6블록　아날로그 컨트롤러 지원

메카 생체 완구 '조이드'의 세계를 재현한 전략 시뮬레이션 게임. 60종이 넘는 조이드들이 치열한 배틀을 펼친다. 50종류 이상의 파츠로 커스터마이징도 가능하다.

팝픈 뮤직 : 디즈니 튠즈

코나미　리듬 액션　2000년 11월 22일　오픈 프라이스

플레이어 1~2인　메모리 카드 1블록　아날로그 컨트롤러 지원　특제 컨트롤러 RU014(코나미)지원

디즈니 사와 제휴해 내놓은 타이틀. 누구나 한 번은 들어봤을 디즈니 애니메이션들의 명곡을 다수 수록했다. 등장 캐릭터도 미키·미니 등의 디즈니 캐릭터로 변경했다.

R/C 스턴트 콥터

타이토　시뮬레이션　2000년 11월 30일　2,000엔

플레이어 1~2인　메모리 카드 1~4블록　아날로그 컨트롤러 지원

무선조종 헬리콥터의 거동을 충실히 재현한 시뮬레이션 게임. 트레이닝 모드가 있어 기초 조작부터 배워볼 수 있다. 서머솔트·배면비행 등의 스턴트 액션에 도전해보자.

컬드셉트 익스팬션 플러스

미디어 팩토리　카드 배틀　2000년 11월 30일　2,800엔

플레이어 1~4인　메모리 카드 1블록　멀티탭지원 1~4인　아날로그 컨트롤러 지원

「컬드셉트 익스팬션」(52p)의 확장 버전. 역대 추가 맵에 오리지널 맵까지 총 20개 맵을 수록했다. 추가 맵을 메모리 카드에 저장하면 전작에서도 사용할 수 있다.

기동경찰 패트레이버 : 게임 에디션

반다이 비주얼 액션 2000년 11월 30일 6,800엔

플레이어 1인 | 메모리카드 1블록 | 아날로그 컨트롤러 지원

같은 제목의 인기 애니메이션이 원작인 액션 게임. 잉그램 3호기에 탑승해 고난도 사건을 해결하자. 스토리는 총 10화이며, 시나리오 파트와 3D 격투 파트로 진행된다.

더 점술 5 : 신비의 룬 점술

비지트 점술 2000년 11월 30일 1,800엔

플레이어 1인

인기 점술 소프트의 제 5탄. 룬 문자 24개를 사용하는 '룬 점술'로 그날의 운세를 점쳐보자. 그 외에도 룬 문자에 빗대 진단해주는 모드 등, 5가지 점술을 수록하였다.

더 점술 6 : 수성님의 놀라운 9성 점성술

비지트 점술 2000년 11월 30일 1,800엔

플레이어 1인

음양술 9성에 오행 방위를 조합한 '9성 점성술'이 테마인 점술 게임. '매일의 운세'·'성격 진단'·'상성 진단'·'9성 점성술 강좌'까지, 4가지 모드로 폭넓은 점술을 제공한다.

J리그 실황 위닝 일레븐 2000 2nd

코나미 스포츠 2000년 11월 30일 오픈 프라이스

플레이어 1~2인 | 메모리카드 2블록 | 멀티탭지원 1~4인 | 아날로그 컨트롤러 지원

2000년 J리그 2nd 스테이지의 데이터를 탑재한, 20세기 최후의 「위닝 일레븐」. 당시의 최신 데이터로, 전작 이상의 흥분과 일본 축구의 집대성을 맛볼 수 있다.

사조영웅전

소니컴퓨터엔터테인먼트 RPG 2000년 11월 30일 5,800엔

플레이어 1인 | 메모리카드 1~15블록 | 아날로그 컨트롤러 지원

현대 중국의 소설가 김용의 무협소설이 원작인 RPG. 전투는 홍콩영화의 와이어 액션 풍 쿵푸 신으로 전개된다. 자막은 중국어(간체·번체)와 일본어 중에서 선택 가능하다.

SuperLite 1500 시리즈 : 네모네모 로직 4

석세스 퍼즐 2000년 11월 30일 1,500엔

플레이어 1인 | 메모리카드 1블록

인기 일러스트 로직 퍼즐 게임의 제 4탄. 신규 퀴즈 200문제를 수록했다. 4가지 크기의 다양한 문제 덕에 초보자도 상급자도 커버한다. 화면표시위치 조정 기능도 있다.

SuperLite 1500 시리즈 : 크로스워드 2

석세스 퍼즐 2000년 11월 30일 1,500엔

플레이어 1인 | 메모리카드 1블록

힌트를 참고해 정답인 단어를 채워 넣는 유명 퍼즐 게임의 제 2탄. 니코리 사가 신규 제작한 퀴즈 200문제를 수록했다. 조작이 심플하고, 그래픽·BGM도 고를 수 있다.

SuperLite 1500 시리즈 : 스도쿠 4

석세스 퍼즐 2000년 11월 30일 1,500엔

플레이어 1인 | 메모리카드 1블록

단순하면서도 난해한 숫자 퍼즐의 제 4탄. 수록된 198문제는 모두 퀴즈의 명가 니코리 사가 신규 출제한 것이다. 숫자 입력도 간단하며, 그래픽·사운드도 설정 가능.

SuperLite 1500 시리즈 : 넘버 크로스워드 3

석세스 퍼즐 2000년 11월 30일 1,500엔

플레이어 1~2인 | 메모리카드 1블록

퍼즐잡지에서 인기가 많은 넘버 크로스워드 퍼즐 게임의 제 3탄. 초보자부터 상급자까지 커버하는 200문제를 수록했다. 문제를 클리어해, 일본 각지의 특산물을 모아보자.

댄스 댄스 레볼루션 : Disney's Rave

코나미 리듬 액션 2000년 11월 30일 오픈 프라이스

플레이어 1~2인 | 메모리카드 1블록 | 아날로그 컨트롤러 지원 | 특제 컨트롤러 RU017(코나미) 지원

디즈니 사의 명곡들을 피처링한 리듬 액션 게임. No.1 댄서를 노리는 메인 모드부터 미키·도널드가 DJ로 등장하는 모드에 이르기까지, 다채로운 모드를 탑재했다.

주변기기 지원 아이콘 | 플레이어 1~2인 | 메모리카드 1~2블록 | 멀티탭지원 1~4인 | 마우스 지원 | 대전케이블 2대 | 아날로그 조이스틱 SCPH0111(SCEI) 지원 | 아날로그 컨트롤러 지원 | PocketStation 지원 | 메모리카드 1~2블록 | 휴대전화 접속 케이블 지원(도코모 모드 휴대전화 지원) | 특제 컨트롤러 SLPH00001(남코) 지원

마작으로 놀자

빙 마작 2000년 11월 30일 5,800엔

플레이어 1인 / 메모리카드 1블록

신임 교사가 되어 미인 이사장 및 여학생 2명과 마작으로 대결하는 4인 대국 마작 게임. 우노 마코토가 캐릭터 디자인을 맡았으며, 각종 연출에 애니메이션을 도입했다.

디오라모스

포노스 파티 2000년 11월 30일 5,800엔

플레이어 1~4인 / 메모리카드 1블록 / 멀티탭지원 1~4인 / 아날로그 컨트롤러 지원

개성적인 캐릭터 11명이 등장하는 단기 결전식 보드게임. 액션 게임 실력이 없어도 통쾌한 초대형 공격을 펼칠 수 있다. 4인 대전이 가능한 '투기장 모드'도 있다.

테일즈 오브 이터니아

남코 RPG 2000년 11월 30일 6,800엔

플레이어 1인 / 메모리카드 1블록 / 멀티탭지원 1~4인 / 아날로그 컨트롤러 지원 / PocketStation 지원 메모리카드 +6~14블록

「테일즈 오브」 시리즈의 제 3탄. 인페리아와 셀레스티아, 절대 오갈 수 없었던 두 세계가 이어진 순간 새로운 이야기가 시작된다. 진화된 전투 시스템 '어그레시브 리니어 모션 배틀'과 실시간 개념 도입 등 새로운 시스템을 추가했고, 그래픽도 대폭 진화시켰다. 프로덕션 I.G가 제작한 애니메이션과 초호화 성우진의 기용 등으로 많은 화제를 모았던 타이틀이다.

팔러 프로 스페셜 : CR 파렴치 학원 & CR 투혼

CBC / 니혼 텔레네트 파친코 2000년 11월 30일 5,200엔

플레이어 1인 / 메모리카드 1블록

당시의 인기 기종을 수록한 파친코 실기 시뮬레이터. 나가이 고 원작의 인기 만화가 테마인 'CR 파렴치 학원'과, 신일본 프로레슬링이 테마인 'CR 투혼'을 수록했다.

파치슬로 제왕 : 비트 더 드래곤 2

미디어 엔터테인먼트 파치슬로 2000년 11월 30일 3,200엔

플레이어 1인 / 메모리카드 2블록 / 아날로그 컨트롤러 지원 / PocketStation 지원 메모리카드 +2블록

올림피아 사의 '비트 더 드래곤 2'를 수록한 파치슬로 실기 시뮬레이터. 다양한 각도에서 실력을 진단해주는 모드와, 초보자에게도 친절한 '강의 모드'를 탑재했다.

입체닌자활극 천주 이(弐)

어콰이어 액션 2000년 11월 30일 5,800엔

플레이어 1인 / 메모리카드 1~15블록 / 아날로그 컨트롤러 지원

1998년작 「천주」(상권 152p)의 속편. 그림자에 숨어 악을 베는 스텔스 액션 게임이다. 전작의 7년 전이 무대로서, 사형의 존재 등 후속작의 스토리로 연결되는 에피소드도 있다. 스테이지 갯수·넓이는 전작의 무려 2배 이상이며, 새로운 닌자 액션도 추가했다. 「천주 : 시노비 개선」에서 호평받은 '비법서 모드'도 탑재해, 임무 제작의 자유도가 더욱 높아졌다.

러브히나 2 : 단어는 가랑눈처럼

코나미 어드벤처 2000년 11월 30일 오픈 프라이스

플레이어 1인 / PocketStation 지원 / 메모리카드 11블록

'러브히나' 원작 기반의 풀보이스 이벤트를 감상하는 어드벤처 게임 제 2탄. 포켓스테이션으로 단어를 모으는 시스템은 그대로이며, 전작과 차별화된 다양한 이벤트를 제공한다.

록맨 X5

캡콤 액션 2000년 11월 30일 5,800엔

플레이어 1인 / 메모리카드 1블록 / 아날로그 컨트롤러 지원

인기 액션 게임 시리즈의 제 5탄. 스테이지별로 '엑스'·'제로' 중 하나를 골라 진행하며, 플레이타임 경로로 이벤트·엔딩이 변화하는 오리지널 시스템을 탑재했다.

RPG 만들기 4

엔터브레인　개발 툴　2000년 12월 7일　6,800엔

플레이어 1인 | 메모리카드 3블록 | 아날로그 컨트롤러 지원

자신만의 RPG를 간단히 만들 수 있는 인기 시리즈의 제 4탄. 그래픽 제작 툴 「캐릭터 만들기」도

별도 디스크로 동봉해, 타일 그래픽도 직접 만들 수 있도록 했다.

꽉 채운 1980 시리즈 : 카트 레이스 - 비장의 드리프트!

미디어 갤롭　레이싱　2000년 12월 7일　1,980엔

플레이어 1~2인 | 메모리카드 1블록 | 아날로그 컨트롤러 지원

4살짜리 아이부터 로봇·유령까지, 개성적인 캐릭터들이 등장하는 레이싱 게임. 터보 게이지의

활용이 승리의 키포인트다. 그랑프리·타임 어택·대전 모드 등이 있다.

꽉! 채운 1980 시리즈 : 블록깨기 - 부숴서 Help!

미디어 갤롭　액션　2000년 12월 7일　1,980엔

플레이어 1~2인 | 아날로그 컨트롤러 지원

룰이 변칙적인 블록깨기 게임. 스테이지 클리어 조건은 모든 블록을 깨는 것이 아니라, 공 모

양의 캐릭터들 전부를 (볼을 맞춰서) '구출'하는 것이다.

꽉! 채운 1980 시리즈 : 야구 - 프로급 사회인 야구!

미디어 갤롭　스포츠　2000년 12월 7일　1,980엔

플레이어 1~2인 | 메모리카드 4블록

심플한 조작성과, 설정 항목이 풍부한 에디트 기능이 특징인 야구 게임. 에디트 모드에서는 팀 로고

부터 선수 능력치까지, 플레이어의 취향을 디테일하게 반영할 수 있다.

구룡성

미디어 링　퍼즐　2000년 12월 7일　1,500엔

플레이어 1인 | 메모리카드 1블록

주사위형 캐릭터를 조작해 탈출하는 스테이지 클리어형 액션 퍼즐 게임. 한 번만 통과 가능한 마

작패나 특수패 등의 발판을 통과해 모든 보물을 모으면 출구가 열린다.

여기를 파줘! 푸카

소니컴퓨터엔터테인먼트　시뮬레이션　2000년 12월 7일　5,800엔

플레이어 1인 | 메모리카드 2블록 | 아날로그 컨트롤러 지원

꼬마 파트너 '푸카'를 작은 행성들로 파견해 우주광석을 수집하는 육성 시뮬레이션 게임. 광석을 전혀

모르는 푸카에게 차근차근 지식을 가르쳐, 다양한 우주광석을 모아보자.

더 마에스트로무지크 : 메리 크리스마스 어펜드

글로벌 A 엔터테인먼트　리듬 액션　2000년 12월 7일　1,980엔

플레이어 1인 | 메모리카드 1블록 | 아날로그 컨트롤러 지원

전용 배턴 컨트롤러로 지휘자 기분을 만끽하는 인기 시리즈의 어펜드 디스크. 이 작품은 크리

스마스 버전으로서, 크리스마스 송 7곡과 미니게임 2종을 수록했다.

SIMPLE 1500 시리즈 Vol.48 : THE 퍼즐 2

D3 퍼블리셔　퍼즐　2000년 12월 7일　1,500엔

플레이어 1~2인 | 메모리카드 1블록 | 아날로그 컨트롤러 지원

아래에서 밀려 올라오는 블록을 4개 이상 붙여 펀치로 부수는 액션 퍼즐 게임. 플레이어는 인접한

블록과 위치를 바꾸는 식으로 이동한다. 가시와 물을 주의하며 점수를 벌자.

SIMPLE 1500 시리즈 Vol.49 : THE 카지노

D3 퍼블리셔　테이블　2000년 12월 7일　1,500엔

플레이어 1~2인 | 메모리카드 1블록

도박이 성행하는 플래티넘 시티에서 일확천금을 노리는 카지노 게임. 비디오 포커·룰렛·슬롯·칩

낙하 퍼즐 등의 각종 게임으로 돈을 벌어야 한다.

SIMPLE 1500 시리즈 Vol.50 : THE 당구 2

D3 퍼블리셔　당구　2000년 12월 7일　1,500엔

플레이어 1~2인 | 메모리카드 1블록

「THE 당구」의 업그레이드판. '베이직', '14.1 컨티뉴어스'(스트레이트 풀), '볼라드 게임' 모드

가 새로 추가되었다. 트릭 샷 중심으로 당구를 플레이하는 모드도 있다.

주변기기 지원 아이콘　플레이어 1~2인　메모리카드 1~2블록　멀티탭지원 1~4인　마우스 지원　대전케이블 2대　아날로그 조이스틱 SCPH0111(SCEI)지원　아날로그 컨트롤러 지원　PocketStation 지원　메모리카드 1~2블록　휴대전화 접속 케이블 지원 (도코모 모드 휴대전화지원)　특제 컨트롤러 SLPH00001(남코)지원

페이버릿 디어 : 순백의 예언자

NEC 인터채널　시뮬레이션　2000년 12월 7일　5,800엔

플레이어 1인　메모리 카드 2~13블록

「페이버릿 디어」(39p)의 속편. 천사가 되어 용사 후보 7명을 인도하여, 지상계 아르카야의 평화를 되찾자. 전작보다 캐릭터의 인간 드라마가 충실해졌다.

목장이야기 : 하베스트 문 for 걸

빅터 인터랙티브 소프트웨어　시뮬레이션　2000년 12월 7일　3,800엔

플레이어 1인　메모리 카드 4블록　아날로그 컨트롤러 지원　PocketStation 지원　메모리 카드 +10블록

여성이 주인공인 「목장이야기」. 목장에서 채소와 동물을 키우며 느긋하게 살아보자. 낚시·산채 채집 등 산의 즐길거리를 강화했으며, 연애 관련 이벤트도 리뉴얼했다.

직업식 인생게임 : 목표는 직업왕

타카라　파티　2000년 12월 14일　4,800엔

플레이어 1~4인　메모리 카드 2블록　멀티탭 지원 1~4인

'직업'을 테마로 삼은 「인생게임」 신작. 플레이어가 취직 가능한 41가지 직업 각각에 개별 이벤트가 존재한다. 일하면서 재산을 늘리고 라이벌과의 경쟁에서도 승리하자.

크래시 밴디쿳 카~니발

소니컴퓨터엔터테인먼트　버라이어티　2000년 12월 14일　5,800엔

플레이어 1~2인　메모리 카드 1블록　아날로그 컨트롤러 지원

「크래시 밴디쿳」 시리즈의 파티 게임판. 30종류 이상의 스테이지를 최대 4명까지 함께 즐길 수 있으며, 2인까지 협력 플레이 가능한 '이야기' 모드도 수록했다.

빙글빙글 타운 하나마루 군

아틀라스　에듀테인먼트　2000년 12월 14일　3,800엔

플레이어 1~2인　키즈스테이션 전용 컨트롤러 지원

인기 캐릭터 '하나마루 군'과 함께 놀면서 공부하는 교육용 소프트. 16가지 미니게임을 수록했고, 동물 이름부터 시계 보는 방법까지 일상생활에 필요한 지식을 배운다.

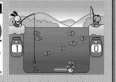

고고 아이랜드

키드　어드벤처　2000년 12월 14일　6,800엔

플레이어 1인　메모리 카드 2블록　아날로그 컨트롤러 지원

연예기획사 사원이 되어 미래의 스타를 발굴하는 연애 어드벤처 게임. 적극적으로 호의를 어필하는 '트윙클 내비 시스템'으로, 마음에 품은 소녀와 친목을 다지자.

SIMPLE 1500 시리즈 Vol.52 : THE 프로레슬링 2

D3 퍼블리셔　스포츠　2000년 12월 14일　1,500엔

플레이어 1~2인　메모리 카드 3블록

「THE 프로레슬링」의 업그레이드판. 룰을 세세하게 설정 가능해, 노 로프부터 철조망, 전류·폭파 데스매치까지 구현된다. 폭파시 KO 판정 ON/OFF까지도 설정할 수 있다.

SIMPLE 1500 시리즈 Vol.53 : THE 헬리콥터

D3 퍼블리셔　액션　2000년 12월 14일　1,500엔

플레이어 1인　메모리 카드 1블록　아날로그 컨트롤러 지원

무선조종 헬리콥터를 조작하여 다양한 미션을 수행하는 액션 게임. 까마귀와의 배틀, 미녀의 수영복 획득, 바퀴벌레 격추 등으로 포인트를 모아 헬리콥터를 개조해 보자.

도라에몽 3 : 마계의 던전

에포크 사　RPG　2000년 12월 14일　2,800엔

플레이어 1인　메모리 카드 1블록　아날로그 컨트롤러 지원　PocketStation 지원　메모리 카드 +7블록

'도라에몽'이 원작인 던전 RPG. 마계의 동굴을 무대로, 도라에몽과 친구들이 서로 도와가며 모험을 펼친다. 비밀도구는 무려 200종류 이상을 준비했다.

파콘 시리즈 : 거실 배틀

호리　버라이어티　2000년 12월 14일　1,500엔

플레이어 1~2인　메모리 카드 1블록　파콘 지원 1~8인

전용 컨트롤러 '파콘'을 사용하면 최대 8인 동시 플레이가 가능한 버라이어티 게임 모음집. 병아리 성별 감별, 하트 격추 등의 치열한 다인용 미니게임이 많다.

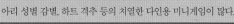

파치슬로 아루제 왕국 4

아루제 파치슬로 2000년 12월 14일 5,800엔

플레이어 1인 | 메모리 카드 3블록 | 아날로그 컨트롤러 지원

아루제 사의 여러 명작 기종을 즐기는 실기 시뮬레이터. 명작 '오오하나비'도 수록해, 상단 릴의 역회전과 중박 거부라는 모순적인 연출이 재미있다! 느긋하게 연구해 보자.

키즈스테이션 헬로키티의 수다 타운

아틀라스 에듀테인먼트 2000년 12월 14일 2,800엔

플레이어 1~2인 | 키즈스테이션 전용 컨트롤러 지원

헬로키티와 친구들이 등장하는 미니 게임 모음집. 대상 연령 3~5세용 예절 학습 타이틀로서, 간단한 조작으로 아이들이 좋은 생활습관과 예절을 익히게끔 한다.

블랙 매트릭스 크로스

NEC 인터채널 시뮬레이션 RPG 2000년 12월 14일 6,800엔

플레이어 1인 | 메모리 카드 1블록 | 아날로그 컨트롤러 지원

악이 지배하는 세계. 그곳에서 '사랑'은 최고의 중범죄다. 주인공을 위해 이 대죄를 범한 '주인님'을 구출하는 것이 목적인, 쿼터뷰 시점으로 진행되는 시뮬레이션 RPG다.

리치 마작 : 혼자서도 칠 수 있습니다!

포니 캐넌 마작 2000년 12월 14일 6,800엔

플레이어 1인 | 메모리 카드 1블록

일반적인 마작 게임과는 달리, 스토리를 중시한 타이틀. 주인공 시점으로 진행되는 스토리에서는 만남과 대결, 때로는 여성과의 트러블 등 많은 에피소드가 펼쳐진다는데!?

시끌벅적 3인 대국 마작

호리 마작 2000년 12월 14일 1,500엔

플레이어 1인 | 메모리 카드 1블록 | 멀티탭 지원 1~3인

의외로 찾기 힘든 '3인 대국 마작' 게임. 상대가 2명이라, 4인 대국과는 다른 독특한 긴장감과 재미가 있다. 상대의 버림패를 잘 관찰하며 어떻게 역을 만들지 고심하자.

시끌벅적 트럼프 대전

호리 테이블 2000년 12월 14일 1,500엔

플레이어 1~2인 | 메모리 카드 1블록 | 멀티탭 지원 1~4인

 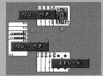

'대부호'·'세븐스' 등의 다인용 게임부터 '블랙잭'·'포커' 등 심리전이 중요한 일대일 게임까지, 다양한 트럼프 게임을 플레이스테이션으로 즐길 수 있는 작품이다.

ATV : 쿼드 파워 레이싱

어클레임 재팬 레이싱 2000년 12월 21일 2,000엔

플레이어 1~2인 | 메모리 카드 1블록 | 아날로그 컨트롤러 지원

어떤 지형이든 힘차게 주파하는 사륜구동 바이크를 타고 달리는 오프로드 레이싱 게임. 업다운이 격렬한 코스를, 강력한 서스펜션의 차체로 주행하는 감각이 즐겁다.

개신! 더비 애널리스트

미디어 엔터테인먼트 기타 2000년 12월 21일 4,800엔

플레이어 1인 | 메모리 카드 1블록

경마 회수율 140%라는 실적을 자랑하는, 중앙경마 예상 지원용 도우미 툴. 1999년부터 1년간의 데이터를 기반으로, 플레이어에게 예상평가를 제공한다.

가면라이더 쿠우가

반다이 3D 대전격투 2000년 12월 21일 4,800엔

플레이어 1~2인 | 메모리 카드 1블록 | 아날로그 컨트롤러 지원

인기 TV 드라마 '가면라이더 쿠우가'의 액션 게임판. 플레이어는 '쿠우가'가 되어 숙적 그론기의 타도를 노린다. 간단한 조작으로 원작 드라마의 박력을 그대로 전달한다.

건발리나

남코 건 슈팅 2000년 12월 21일 5,800엔

플레이어 1~2인 | 메모리 카드 1블록 | 아날로그 컨트롤러 지원 | 특제 컨트롤러 SLPH00034(남코) 지원

버라이어티 건 슈팅 게임 「건블릿」 시리즈의 제 3탄. '건콘'을 2개 연결하면 두 사람이 동시에 즐길 수 있으며, 80종류의 신규 미니게임을 수록했다.

주변기기 지원 아이콘 | 플레이어 1~2인 | 메모리 카드 1~2블록 | 멀티탭 지원 1~4인 | 마우스 지원 | 대전 케이블 2대 | 아날로그 조이스틱 SCPH0111(SCEI) 지원 | 아날로그 컨트롤러 지원 | PocketStation 지원 | 메모리 카드 1~2블록 | 휴대전화 접속 케이블 지원 (도코모 i모드 휴대전화 지원) | 특제 컨트롤러 SLPH00001(남코) 지원

근육 랭킹 Vol.3 : 최강의 도전자 탄생!

코나미 스포츠 2000년 12월 21일 오픈 프라이스

플레이어 1~2인 | 메모리 카드 2블록 | 멀티탭지원 1~8인 | 아날로그 컨트롤러 지원 | PocketStation 지원 | 메모리 카드 +8블록

같은 제목의 TV프로가 원작인 타이틀. 환상의 경기 '캐논볼'을 포함한 총 15개 종목에 도전한다. 포켓스테이션으로 '콘고 군'을 단련시켜 게임 본편에 출장시킬 수도 있다.

더 심리 게임 9

비지트 점술 2000년 12월 21일 1,500엔

플레이어 1~2인

전통의 심리 게임 제 9탄. 이번 작품에서는 '연애상담진단'·'요리의 달인'·'너는 명참견돌' 등의 미니게임을 제공해, 플레이어의 심리를 플레이 내용으로 판정해준다.

실황 파워풀 프로야구 2000 결정판

코나미 스포츠 2000년 12월 21일 오픈 프라이스

플레이어 1~2인 | 메모리 카드 2~9블록 | 아날로그 컨트롤러 지원

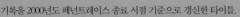

'20세기 최후의 승부를 파워프로로 즐기자!'가 캐치프레이즈다. 프로야구 선수 데이터·시나리오·공식 기록을 2000년도 페넌트레이스 종료 시점 기준으로 갱신한 타이틀.

댄스 댄스 레볼루션 BEST HITS

코나미 리듬 액션 2000년 12월 21일 오픈 프라이스

플레이어 1~2인 | 메모리 카드 1블록 | 아날로그 컨트롤러 지원 | 특제 컨트롤러 RU017(코나미)지원 | 특제 컨트롤러 RU023(코나미)지원 | 특제 컨트롤러 RU026(코나미)지원

「댄스 댄스 레볼루션」1st~3rd까지의 인기 악곡을 수록한 작품. 게임 초보자를 위한 모드와, 게임으로 체중감량을 노리는 '다이어트 모드'를 새로 추가하였다.

디지몬월드 : 디지털 카드 아레나

반다이 카드 배틀 2000년 12월 21일 5,800엔

플레이어 1~2인 | 메모리 카드 2~6블록

다양한 디지몬들이 등장하는 카드 배틀 게임. 이번 작품에서는 디지몬이 캡슐 진화되는 등의 새로운 시도도 등장한다! 카드 합성으로 나만의 디지몬을 만들어보자.

DX 모노폴리

타카라 파티 2000년 12월 21일 5,800엔

플레이어 1~5인 | 메모리 카드 2블록 | 멀티탭지원 1~5인

세계적으로 인기 있는 보드 게임 '모노폴리'가 PS로 등장했다. 1인 플레이 전용인 '대회 모드'·'랭킹 모드'도 있으며, 다인용인 '프리 플레이'는 5인 대전까지 지원한다.

햄스터 이야기

컬처 브레인 시뮬레이션 2000년 12월 21일 4,800엔

플레이어 1~2인 | 메모리 카드 1블록 | PocketStation 지원 | 메모리 카드 15블록

귀여운 햄스터를 육성하는 시뮬레이션 게임. 개성 넘치는 햄스터들이 대집합한다. 육성하면서 햄스터들을 일부러 건드려 반응을 즐겨보는 것도 재미있다.

비트매니아 어펜드 Club MIX

코나미 리듬 액션 2000년 12월 21일 오픈 프라이스

플레이어 1~2인 | 메모리 카드 5블록 | 아날로그 컨트롤러 지원 | 특제 컨트롤러 CT013(코나미)지원 | 특제 컨트롤러 ASC0515M(야스키)지원 | 특제 컨트롤러 RU029(코나미)지원

당시 아케이드에서 가동 중이었던 「비트매니아 Club MIX」를 이식한 어펜드 디스크. 게임 내의 'RHYTHMIC MIX 코스'에서는 화려한 곡들을 다수 즐길 수 있다.

뿌요뿌요 BOX

컴파일 퍼즐 2000년 12월 21일 4,980엔

플레이어 1~4인 | 메모리 카드 1블록 | 멀티탭지원 1~4인 | PocketStation 지원 | 메모리 카드 +8블록

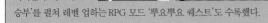

「뿌요뿌요」 시리즈의 총결산 격인 타이틀. 주인공인 아르르가 만나는 캐릭터들과 '뿌요뿌요 승부'를 펼쳐 레벨 업하는 RPG 모드 '뿌요뿌요 퀘스트'도 수록했다.

게임으로 외우기 시리즈 6 : 게임으로 외우는 한자검정 기출 1100

나가세 에듀테인먼트 2000년 12월 21일 2,800엔

플레이어 1~2인 | 메모리 카드 1블록 | 아날로그 컨트롤러 지원

'게임으로 외우기' 시리즈 제 6탄. 일본의 한자검정 3~2급 문제 약 1,100종을 수록했다. 이번에는 낚시 게임을 즐기면서 재미있게 한자를 학습할 수 있다.

봄버맨 랜드

허드슨 액션 2000년 12월 21일 5,800엔

플레이어 1~2인 | 메모리카드 2블록 | 멀티탭지원 1~4인

유원지 '봄버랜드'를 무대로, 다양한 놀이를 즐기는 미니 게임 모음집. 퍼즐·액션 등의 여러 어트랙션을 클리어하면, 익숙한 배틀 게임으로도 즐길 수 있게 된다.

야마사 Digi 가이드 : 우메 카게츠 R

야마사 엔터테인먼트 파치슬로 2000년 12월 21일 2,500엔

플레이어 1인 | 메모리카드 1~6블록 | 아날로그 컨트롤러 지원

실제 기기를 즐기는 데에도 도움이 되는 충실한 '강습 모드'로 친숙한 시리즈의 신작으로서, '우메 카게츠 R'을 수록했다. 백7 BIG을 맞췄을 때의 쾌감이 상당하다.

유치원 외전 : 화려한 카지노 클럽 DOUBLE DRAW

어펙트 테이블 2000년 12월 21일 3,800엔

플레이어 1~4인 | 메모리카드 1블록 | 멀티탭지원 1~4인

카지노 초보자를 타깃으로 삼은, 「유치원」 시리즈의 외전격 타이틀. 카지노에서의 매너와 각종 게임의 규칙을 매우 알기 쉽게 해설해준다.

위저드리 엠파이어 : 고대의 왕녀

스타피시 RPG 2000년 12월 28일 5,800엔

플레이어 1인 | 메모리카드 1블록

던전 탐색 RPG 시리즈 「위저드리」 제1편으로부터 수백년 전이 무대인 PS 오리지널 작품. 던전 맵을 직접 그려가면서 진행하는 특유의 재미가 일품인 추천작이다.

파치슬로 제왕 : 배틀 나이트·아틀란티스 둠

미디어 엔터테인먼트 파치슬로 2000년 12월 28일 4,800엔

플레이어 1인 | 메모리카드 2블록 | 아날로그 컨트롤러 지원 | PocketStation 지원 | 메모리카드 +2블록

당시 실제로 가동중이었던 '배틀 나이트'와 '아틀란티스 둠' 2개 기종을 수록한 실기 시뮬레이터. 실기 플레이시, 포켓스테이션으로 리치 패턴을 확인할 수도 있었다.

필살 파친코 스테이션 now 7 : 매지컬 서커스

선 소프트 파친코 2000년 12월 28일 3,800엔

플레이어 1인 | 아날로그 컨트롤러 지원 | 특제 컨트롤러 SLPH00007(TEN연구소)지원 | 특제 컨트롤러 SLPH00070(TEN연구소)지원

이 작품의 발매 2개월 전에 가동이 시작된 'CR 매지컬 서커스'의 파친코 실기 시뮬레이터. 핀 조정도 가능해, 잘 터지는 기기의 특징 파악용으로도 활용할 수 있다.

HEIWA 팔러 프로 : 후지코에게 맡겨줘 스페셜

미쓰이물산 파친코 2000년 12월 28일 5,200엔

플레이어 1인 | 메모리카드 1블록

파친코 '후지코에게 맡겨줘 V'와 'CR 후지코에게 맡겨줘 K' 2개 기종을 수록한 실기 시뮬레이터. 리치 액션 시의 섹시 컷이 매우 인상적이다.

SIMPLE 1500 시리즈 Vol.51 : THE 직소 퍼즐

D3 퍼블리셔 퍼즐 2000년 12월 28일 1,500엔

플레이어 1~4인 | 메모리카드 1블록

200문제 이상을 수록한 퍼즐 게임. 5가지 게임 모드 중에는 선착순이나 교대로 조각을 메우는 다인용 대전 모드도 있어, 최대 4인까지 동시에 즐길 수 있도록 했다.

아쿠아 파라다이스 : 나만의 수족관

빅터 인터랙티브 소프트웨어 시뮬레이션 2000년 12월 28일 5,800엔

플레이어 1인 | 메모리카드 4블록 | 아날로그 컨트롤러 지원

플레이어의 취향대로 수족관을 만드는 시뮬레이션 게임. 외국 희귀 물고기의 포획, 전시관 건설·디자인, 입수한 물고기의 육성 등으로 인기 수족관을 만들어보자.

미즈 팩맨 : 메이즈 매드니스

남코 액션 2000년 12월 28일 4,800엔

플레이어 1인 | 메모리카드 1블록 | 멀티탭지원 1~4인 | 아날로그 컨트롤러 지원

팩맨 부인(미즈 팩맨)이 주인공인 도트 먹기 게임. 모든 도트를 획득하고 골인하는 친숙한 룰에, 퍼즐을 푸는 시스템을 추가해 깊이가 있는 게임으로 다듬었다.

주변기기 지원 아이콘 | 플레이어 1~2인 | 메모리카드 1~2블록 | 멀티탭지원 1~4인 | 마우스 지원 | 대전케이블 2대 | 아날로그 조이스틱 SCPH0111(SCEI)지원 | 아날로그 컨트롤러 지원 | PocketStation 지원 | 메모리카드 1~2블록 | 휴대전화 접속 케이블 지원 (도코모 모드 휴대전화지원) | 특제 컨트롤러 SLPH00001(남고)지원

2001

PlayStation Game Software Catalogue

2001년에 발매된 타이틀 수는 266종으로서, 전년 대비 절반으로까지 줄어들었다. 각 개발사들이 주력 소프트 라인업을 PS2로 옮긴 것이 주 요인이지만, 석세스·햄스터 사의 구작 재발매판과 D3 퍼블리셔 사의 'SIMPLE' 계 염가 타이틀, 교육용 소프트, 파친코·파치슬로 소프트 등의 수요가 꾸준했기에, 플레이스테이션의 명맥은 계속 유지되었다.

HARDWARE | 1994 | 1995 | 1996 | 1997 | 1998 | 1999 | 2000 | 2001 | 2002 | 2003 | 2004 | INDEX

에어로다이브

반프레스토 액션 2001년 1월 11일 5,800엔
플레이어 1~2인 / 메모리카드 1블록 / 아날로그 컨트롤러 지원

스카이다이빙의 박력과 흥분을 재현한 액션 게임. 간단한 조작으로 화려한 포메이션을 구사할 수 있다. 총 8개 팀이 참가하는 토너먼트에서 우승을 노려보자.

보급판 1,500엔 시리즈 : LOVE★파라 - 러블리 도쿄 파라파라 걸

미디어 링 리듬 액션 2001년 1월 11일 1,500엔
플레이어 1인 / 메모리카드 1블록 / 아날로그 컨트롤러 지원

음악에 맞춰 버튼을 누르는 리듬 액션 게임. 유로비트 풍 음악에 맞춰, 소녀들이 파라파라 댄스를 선보인다. 춤이 연속 성공하면 댄스·백댄서 등의 무대 연출이 변화한다.

컬러풀 로직 2

알트론 퍼즐 2001년 1월 18일 1,800엔

플레이어 1인 / 메모리카드 1블록

네모네모 로직을 즐기는 시리즈의 제2탄. 컬러풀한 '컬러 로직'과 심플한 '모노크롬 로직', 새로 추가된 '다이아 로직'까지 3가지 모드의 300문제를 수록하였다.

SIMPLE 1500 실용 시리즈 Vol.5 : 약제 사전 - 필북 2001년판

D3 퍼블리셔 에듀테인먼트 2001년 1월 18일 1,500엔
플레이어 1인

약의 효능과 부작용을 증상별로 간단히 검색하는 데이터베이스 소프트. 의사의 처방전이 필요한 '처방약' 약 1만 품목, 시판되는 '일반의약품' 약 3,000품목을 수록했다.

SIMPLE 1500 실용 시리즈 Vol.6 : 칵테일 레시피

D3 퍼블리셔 에듀테인먼트 2001년 1월 18일 1,500엔
플레이어 1인

술과 주스를 조합해 만드는 '칵테일'의 제법을 수록한 데이터베이스 소프트. 400종 이상의 칵테일 레시피를 수록했으며, 역사·재료는 물론 제법도 애니메이션으로 해설한다.

더비 자키 2001

아스믹 에이스 엔터테인먼트 시뮬레이션 2001년 1월 18일 5,800엔
플레이어 1인 / 메모리카드 2블록 / 아날로그 컨트롤러 지원

경주마를 타고 달려 승리를 노리는 자키 시뮬레이션 게임. 대폭 개정된 2000년도판 룰에 따른 스케줄을 채용했다. 말을 육성하는 시스템도 도입했다.

풍우래기

포그 어드벤처 2001년 1월 18일 5,800엔
플레이어 1인 / 메모리카드 2~15블록

홋카이도 여행 도중의 만남과 이별을 그린 연애 어드벤처 게임. 기획자의 풍부한 바이크 투어 경험에 기반한 장소 해설이 깊이가 있고, 연애 이상으로 여행 묘사가 충실한 작품.

히스토리 오브 키타 덴시

맵 재팬 파치슬로 2001년 1월 18일 6,800엔
플레이어 1인 / 메모리카드 4블록 / 아날로그 컨트롤러 지원

키타 덴시 사의 파치슬로 기기를 충실히 재현한 소프트. 연출은 단조롭지만 심플함과 폭발력으로 인기였던 '원더 리뷰 2'와, 당시의 최신 기종 '바커스' 등을 수록했다.

야마사 Digi 가이드 : 파우스트

야마사 엔터테인먼트　파치슬로　2001년 1월 18일　2,500엔

플레이어 1인　메모리 카드 1~6블록　아날로그 컨트롤러 지원

인기 제조사인 야마사의 파치슬로를 충실하게 재현한 타이틀. 획득 매수가 서로 다른 2종류의 보너스가 특징인 '파우스트'를 수록해, 게임성·공략법 등을 철저히 해설한다.

얼티밋 파이팅 챔피언십

캡콤　3D 대전격투　2001년 1월 25일　5,800엔

플레이어 1~2인　메모리 카드 1블록　아날로그 컨트롤러 지원

UFC 파이터들 22명이 실명 등장하는 격투 게임. 격투기대회 'UFC'의 매력을 리얼한 영상으로 재현했다. 순간의 빈틈을 노려 상대를 제압하는 발리 투두를 즐길 수 있다.

익사이팅 배스 3

코나미　스포츠　2001년 1월 25일　오픈 프라이스

플레이어 1~2인　메모리 카드 1블록　아날로그 컨트롤러 지원

리얼한 조작감각을 자랑하는 본격 배스 낚시 시뮬레이션 게임의 제 3탄. 미국을 무대로, 날씨·수온·포인트 상태를 가늠하여 다양한 조건의 장소에서 거물 배스를 낚아보자.

익사이팅 프로레슬링 2

유크스　스포츠　2001년 1월 25일　5,800엔

플레이어 1~2인　메모리 카드 3블록　멀티탭 지원 1~4인　아날로그 컨트롤러 지원

미국 최대의 프로레슬링 단체 'WWE'의 경기를 재현한 프로레슬링 게임. 링은 물론, 복도·주차장까지 무대로 삼아 박력 만점의 배틀을 펼친다. WWE다운 해프닝도 한가득.

사립 봉황학원 : 1학년 순애반

J·WING　마작　2001년 1월 25일　3,800엔

플레이어 1인　메모리 카드 1블록

학교를 무대로 한 달콤씁싸름한 순애를 즐기는 미소녀 마작 게임. 3가지 스토리를 탑재한 '스토리 모드'에서는 마작의 승패에 따라 총 12종류의 결말로 분기된다.

SIMPLE 1500 시리즈 Vol.54 : THE 배구

D3 퍼블리셔　스포츠　2001년 1월 25일　1,500엔

플레이어 1~2인　메모리 카드 1블록　멀티탭 지원 1~4인　아날로그 컨트롤러 지원

월드 클래스의 스피드·테크닉·포메이션을 재현한 3D 배구 게임. 개성 만점의 44개 팀이 등장하며, 제각기 다른 플레이스타일과 전술을 구사할 수 있다.

텐타마

키드　어드벤처　2001년 1월 25일　6,800엔

플레이어 1인　메모리 카드 2블록　아날로그 컨트롤러 지원

선택지를 고르며 텍스트를 읽는 전형적인 미소녀 연애 게임. 훌륭한 천사를 목표로 '선택된 인간'을 행복하게 만들어야 하는 시험을 받는 견습천사와 주인공의 스토리다.

바오리밍 감수 : 풍수 입문

석세스　점술　2001년 1월 25일　4,800엔

플레이어 1인

여러 풍수 관련서를 집필한 유명 점술가 바오리밍이 감수한 본격 점술 소프트. 자신의 생년월일과 본명괘를 기반으로, 연애·건강운은 물론 본 목적인 가구 배치법도 알려준다.

미이라 : 잊혀진 사막 도시

코나미　어드벤처　2001년 1월 25일　오픈 프라이스

플레이어 1인　메모리 카드 2블록　아날로그 컨트롤러 지원

같은 제목 영화(일본에선 '하무납트라'로 개봉)가 원작인 3D 어드벤처 게임. 주인공을 조작해 마인 이모텝과 싸우자. 미이라와 함정을 피하며 다양한 퍼즐을 풀어야 한다.

베이스볼 시뮬레이션 : ID 프로야구

코나미　시뮬레이션　2001년 1월 25일　오픈 프라이스

플레이어 1~2인　메모리 카드 2~15블록

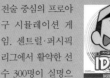 

전술 중심의 프로야구 시뮬레이션 게임. 센트럴·퍼시픽 리그에서 활약한 선수 300명이 실명으로 등장한다. 투수의 투구부터 타격 지정까지, 상황별로 지시할 수 있다.

메탈 슬러그 X

SNK 액션 2001년 1월 25일 5,800엔
플레이어 1~2인 / 메모리카드 1블록 / 아날로그 컨트롤러 지원

아케이드용 인기 액션 슈팅 게임 「메탈 슬러그2」를 개변한 「메탈 슬러그 X」의 이식판. 여성 교관의 지침 하에 미션에 도전하는 '컴뱃 스쿨' 등의 추가 요소도 있다.

삼국지 VII
코에이 시뮬레이션 2001년 2월 1일 7,800엔
플레이어 1인 / 메모리카드 11블록 / 아날로그 컨트롤러 지원

플레이어가 무장이 되어 중국통일을 노리는 역사 시뮬레이션 게임 시리즈의 제 7탄. 각국의 군주·무장 538명이 등장한다. 군주는 물론, 군사 입장으로도 플레이할 수 있다.

마작점술 포르투나 : 달의 여신들
어펙트 마작 2001년 2월 1일 2,800엔
플레이어 1인 / 메모리카드 1블록

4인 대국 마작 게임에 점술 요소를 가미한 타이틀. 1국·동풍전·반장 중에서 하나를 골라 플레이한다. 대국 종료 후, 완성한 역과 도라의 횟수 등으로 운세를 점쳐준다.

SIMPLE 1500 시리즈 Vol.55 : THE 다트
D3 퍼블리셔 파티 2001년 2월 5일 1,500엔
플레이어 1~2인 / 메모리카드 1블록 / 멀티탭지원 1~4인 / 아날로그 컨트롤러 지원

일본 아사히 TV의 재능 발굴 프로 'D's Garage21'에서 공개 모집한 기획의 상품화 제 3탄. 다트 게임 6종을 아날로그 조작으로 즐긴다. 최대 4인까지 동시 플레이 가능.

판처 프론트 bis.
엔터브레인 시뮬레이션 2001년 2월 8일 6,800엔
플레이어 1인 / 메모리카드 2~블록 / 아날로그 컨트롤러 지원

리얼리티를 추구한 탱크 시뮬레이션 게임의 속편. 탱크의 거동을 철저히 재현한, 뜨거운 전차전이 펼쳐진다. 전장을 자유롭게 설정하는 '컨스트럭션 모드'도 탑재했다.

value 1500 : 오짱의 네모네모 로직 3
선 소프트 퍼즐 2001년 2월 15일 1,500엔
플레이어 1인 / 메모리카드 1블록

대인기 그림 퍼즐을 수록한 시리즈의 제 3탄. 전작을 능가하는 333문제 + α를 수록했다. 넓적한 직사각형 타입의 문제도 새로 추가되어, 푸는 맛이 대폭 강화됐다.

아이시아
아틀라스 RPG 2001년 2월 22일 7,800엔
플레이어 1인 / 메모리카드 4블록 / 아날로그 컨트롤러 지원

'사랑'과 '신뢰'가 테마인 판타지 RPG. 등장 캐릭터들은 'LAV'라는 잠재능력을 지니고 있어, 이 수치가 높거나 낮으면 필드에서의 대화나 전투 등에 영향이 미친다.

엔·엔·엔젤
미디어 팩토리 퍼즐 2001년 2월 22일 4,800엔
플레이어 1인 / 메모리카드 1블록

링을 돌려 캐릭터를 유도하는 퍼즐 액션 게임. 주인공을 잘 유도하여 모든 눈금을 칠해보자. 게임 내에서 출현하는 미지의 생명체 '토이'는 무려 100종류 이상이다.

삼국지 III
코에이 시뮬레이션 2001년 2월 22일 5,800엔
플레이어 1~8인 / 메모리카드 5블록

인기 역사 시뮬레이션 게임의 제 3탄. 삼국시대의 영웅이 되어 중국 전토를 통일해보자. 전투의 다양성이 대폭 늘어났으며, 맵이 도시 단위로 바뀌어 전략성도 올랐다.

타임보칸 시리즈 보칸 GoGoGo
반프레스토 레이싱 2001년 2월 22일 5,800엔
플레이어 1~2인 / 메모리카드 1~3블록 / 아날로그 컨트롤러 지원

'타임보칸' 시리즈의 3대 악역이 모두 등장하는 레이싱 게임. 서로 발목을 잡으며 순위를 경쟁하는 레이스가 재미있다. 타츠노코 프로덕션의 신작 애니메이션도 수록했다.

데이브 미라 프리스타일 BMX

어클레임 재팬　액션　2001년 2월 22일　2,000엔

플레이어 1~2인 / 메모리카드 2블록 / 아날로그 컨트롤러 지원

BMX가 테마인 3D 스포츠 액션 게임. 데이브 미라 등 10명의 BMX 라이더를 조작해 여러 미션에 도전해보자. 1,300종류 이상의 트릭 기술을 펼칠 수 있다.

햄스터의 외출

나그자트　커뮤니케이션　2001년 2월 22일　3,800엔

플레이어 1인 / PocketStation 필수 / 메모리카드 15블록

포켓스테이션을 이용해 귀여운 햄스터들과 소통하는 소프트. 등장하는 햄스터 5마리를 돌보면서 다른 동물들과도 친숙해져, 정해진 기간 내에 보물을 모아보자.

포켓 디지몬월드 : 쿨 & 네이처 배틀 디스크

반다이　RPG　2001년 2월 22일　2,800엔

플레이어 1~2인 / 아날로그 컨트롤러 지원 / PocketStation 필수 / 메모리카드 15블록

빙수·자연 속성 2종류의 디지몬을 육성하는 RPG. 20마리 이상의 디지몬이 등장하며, 전작과도 통신대전·합체가 가능하다. 약탈당한 디지몬 뮤지엄의 전시품을 찾아내자.

볼포스

남코　시뮬레이션 RPG　2001년 2월 22일　5,800엔

플레이어 1인 / 메모리카드 2블록 / 아날로그 컨트롤러 지원

세 나라로 이루어진 볼포스 월드에서 스토리가 펼쳐지는 시뮬레이션 RPG. 용병부대 '실버 팽'의 대장이 되어, 200종류 이상이나 제공되는 미션을 클리어하자.

SD건담 영웅전 : 대결전!! 기사 VS 무사

반다이　RPG　2001년 3월 1일　5,800엔

플레이어 1~2인 / 메모리카드 1~15블록 / 아날로그 컨트롤러 지원 / PocketStation 지원 / 메모리카드 15블록

역전의 용사와 전설의 기병이 격돌하는 액션 RPG. 다양한 필드에서 박력의 3D 배틀이 펼쳐진다. 원더스완판 「SD건담 영웅전 : 기사전설/무사전설」과도 연동 가능.

빙글빙글 동글동글

허드슨　어드벤처　2001년 3월 1일　5,800엔

플레이어 1인 / 메모리카드 1블록 / 아날로그 컨트롤러 지원

당시 일본의 최신 히트곡과 함께 운전을 배우는 어드벤처 게임. 실제 학원 수준의 기초강의는 물론, 목숨이 걸린 초 과격 코스도 안전운전으로 클리어해 합격해보자.

하늘의 레스토랑 : 헬로 프로젝트 버전

미디어 팩토리　파티　2001년 3월 1일　4,980엔

플레이어 1~4인 / 메모리카드 2블록 / 멀티탭지원 1~4인

요리가 소재인 보드게임과, 아이돌 그룹 '헬로 프로젝트'가 협업한 버전. '모닝구 무스메.'와 '코코너츠 무스메.' 등의 실제 멤버 24명이 등장한다. 신규 추가 요소도 있다.

파치슬로 제왕 : 제조사 권장 매뉴얼 2 - 아이스 스토리

미디어 엔터테인먼트　파치슬로　2001년 3월 1일　3,200엔

플레이어 1인 / 메모리카드 2블록 / 아날로그 컨트롤러 지원 / PocketStation 지원 / 메모리카드 +3블록

실기와 매우 근접한 릴을 채용한 인기 실기 시뮬레이터. 파치슬로 업계의 원로 회사인 올림피아의 A-400 슬롯 '아이스 스토리'를 수록해, 철저히 공략한다.

게임으로 외우기 시리즈 7 : 게임으로 외우는 TOEIC TEST 어구 기출 1700

나가세 에듀테인먼트　2001년 3월 1일　2,800엔

플레이어 1인 / 메모리카드 1블록 / 아날로그 컨트롤러 지원

공인 영어검정시험 TOEIC을 게임으로 학습하는 소프트. 650점 수준까지의 약 1,700문제를 수록하였다. '스토리 모드'에서는 돌고래와 함께 배워볼 수도 있다.

로직 프로 어드벤처

아쿠아 루주　퍼즐　2001년 3월 1일　1,980엔

플레이어 1~2인 / 메모리카드 1블록 / 아날로그 컨트롤러 지원

아케이드용 게임의 이식작. 원작을 충실히 옮겨놓은 작품으로서, 에메랄드를 모아 마왕을 물리치는 '마왕 퇴치 모드'와, 총 1,000문제에 도전하는 '로직 모드'를 탑재했다.

 플레이어 1~2인 메모리카드 1~2블록 멀티탭지원 1~4인 마우스 지원 대전케이블 2대 아날로그 조이스틱 SCPH0111(SCEI) 지원 / 아날로그 컨트롤러 지원 / PocketStation 지원 메모리카드 1~2블록 / 휴대전화 접속 케이블 지원 (도코모 D모 휴대전화 지원) / 특제 컨트롤러 SLPH00001(남코) 지원

음악 만들기 3

엔터브레인 개발 툴 2001년 3월 8일 5,800엔

플레이어 1인 / 메모리 카드 1~15블록 / 아날로그 컨트롤러 지원

악보에 음표를 배치하는 간편한 작곡 툴의 제 3탄. 음표를 직접 입력하거나, 적당히 감각적으로 작곡하거나, 디테일한 테크닉을 구사하는 등으로 다채롭게 작곡을 즐긴다.

시스터 프린세스

미디어웍스 어드벤처 2001년 3월 8일 6,800엔

플레이어 1인 / 메모리 카드 3블록 / PocketStation 지원 / 메모리 카드 +10블록

떨어져 사는 12명의 여동생과 등하교·식사·문자·숙박 이벤트 등으로 교류하는 연애 어드벤처 게임.

게임잡지에서 시작된 미디어믹스 타이틀이지만, 잡지와는 설정이 다르다.

토니 호크의 프로 스케이터 2

석세스 액션 2001년 3월 8일 5,800엔

플레이어 1~2인 / 메모리 카드 1~7블록 / 아날로그 컨트롤러 지원

인기 스케이터 13명이 등장하는 게임 시리즈의 제 2탄. 스케이트장·스케이터를 편집하는 모드가 추가됐으며, '트릭 어택' 등 7종류의 게임 모드를 탑재하였다.

FEVER 4 : SANKYO 공식 파친코 시뮬레이션

인터내셔널 카드 시스템 파친코 2001년 3월 8일 4,800엔

플레이어 1인 / 메모리 카드 2블록 / 아날로그 컨트롤러 지원

산쿄 사의 파친코 실기를 충실하게 재현한 인기 시리즈의 제 4탄. '피버 세븐 플래시'·'피버 뽀용 성인'·'피버 스트리트 파이터 Ⅱ' 등. 총 9개 기종을 수록하였다.

제라짱 퍼즐 : **짝 맞추기**

어펙트 퍼즐 2001년 3월 15일 2,800엔

플레이어 1~2인 / 메모리 카드 1블록 / 아날로그 컨트롤러 지원

같은 모양의 블록끼리 붙여 없애는 심플한 퍼즐 게임. 초밥 계열 등 블록 모양들이 다채로우며, 당연히 2P 대전도 가능하다. 클리어 조건은 스테이지별로 설정돼 있다.

댄스 댄스 레볼루션 4th MIX

코나미 리듬 액션 2001년 3월 15일 오픈 프라이스

플레이어 1~2인 / 메모리 카드 1블록 / 아날로그 컨트롤러 지원 / PocketStation 지원 / 메모리 카드 +4블록 / 특제 컨트롤러 RU017(코나미)지원

도시바 EMI와 제휴한, 리듬 액션 게임 시리즈의 제 4탄. 피트니스 클럽과 공동 개발한 '다이어트 모드'를 더욱 강화했으며, 새로운 시도로서 '솔로 모드'를 탑재했다.

두근두근 메모리얼 2 대전 퍼즐구슬

코나미 퍼즐 2001년 3월 15일 오픈 프라이스

플레이어 1~2인 / 메모리 카드 1블록

「두근두근 메모리얼 2」의 설정을 활용한 퍼즐 게임. 2개 1조로 떨어지는 구슬을, 같은 종류끼리 3개 이상 붙여 없애자. 고백을 걸고 싸우는 뜨거운 배틀이 펼쳐진다.

필살 파친코 스테이션 now 8 : **말썽꾸러기 치에**

선 소프트 파친코 2001년 3월 15일 3,800엔

플레이어 1인 / 아날로그 컨트롤러 지원 / 특제 컨트롤러 SLPH00007(TEN연구소)지원 / 특제 컨트롤러 SLPH00070(TEN연구소)지원

인기 파친코 시뮬레이터의 제 8탄. 후지 쇼지 사의 'CR 말썽꾸러기 치에'를 수록했다. 실용성 높은 공략이 가능하며, 구슬 수를 겨루는 '챌린지 모드'를 새로 탑재했다.

확 밀어붙여!

셀렌 퍼즐 2001년 3월 15일 3,800엔

플레이어 1~2인 / 메모리 카드 1블록 / 멀티탭지원 1~4인 / 아날로그 컨트롤러 지원

퍼즐 및 액션 장르를 동시에 즐기는 게임. 최대 4인 플레이로 즐기며 블록으로 상대를 압박하는 액션 모드와, 캐릭터를 열쇠구멍으로 유도해야 하는 퍼즐 모드가 있다.

원피스 : 그랜드 배틀!

반다이 액션 2001년 3월 15일 5,800엔

플레이어 1~2인 / 메모리 카드 1블록 / 아날로그 컨트롤러 지원

같은 제목 인기 애니메이션의 캐릭터가 대결하는 대전 액션 게임. 루피·조로 등의 주요 캐릭터 10명 이상이 등장해, 아이템과 화려한 필살기를 구사하며 싸운다.

HARDWARE 1994 1995 1996 1997 1998 1999 2000 2001 2002 2003 2004 INDEX

무적왕 트라이제논

마벨러스 엔터테인먼트   액션   2001년 3월 15일   5,800엔

플레이어 1인 / 메모리카드 1블록 / 아날로그 컨트롤러 지원

같은 제목의 애니메이션이 테마인 커맨드 액션 게임. 화면의 지시에 따라 정확한 타이밍에 키를 눌러 타임 게이지를 유지하자. 도중에 나오는 미니게임은 총 6종류다.

환상수호외전 : Vol.2 크리스탈 밸리의 결투

코나미   어드벤처   2001년 3월 22일   오픈 프라이스

플레이어 1인 / 메모리카드 2블록 / 아날로그 컨트롤러 지원

1998년 발매된 「환상수호전 2」의 스토리를 다른 시점으로 즐기는 외전 시리즈의 제 2탄. 「하르모니아의 검사」의 속편이며, 주인공 '내쉬'가 고향 크리스탈 밸리로 향한다.

더 심리 게임 10

비지트   점술   2001년 3월 22일   4,800엔

플레이어 1~2인

플레이어의 심층심리를 해명해주는 인기 시리즈의 제 10탄. 기존 모드들은 유지하고, 몽타주를 편집해 얼굴로 심리를 분석하는 '몽타주 사진 진단'을 새로 추가했다.

SIMPLE 1500 시리즈 Vol.56 : THE 스나이퍼

D3 퍼블리셔   건 슈팅   2001년 3월 22일   1,500엔

플레이어 1인 / 메모리카드 1블록 / 아날로그 컨트롤러 지원

하드보일드한 전개의 스나이퍼 게임. 애인을 죽인 거약에 도전하는 해리 C. 스펜서(성우는 이케다 슈이치)의 이야기다. 손에 땀을 쥐는 풀 폴리곤 저격 모드가 펼쳐진다.

SIMPLE 1500 시리즈 Vol.57 : THE 미로

D3 퍼블리셔   액션   2001년 3월 22일   1,500엔

플레이어 1~2인

재능발굴 예능프로 'D's Garage21'의 상품화 기획 제 4탄. 상대보다 먼저 열쇠를 찾아 골인하면 승리하는 대전 미로 게임이다. 미로 자동생성 기능 덕에 여러 번 즐길 수 있다.

SuperLite 1500 시리즈 : 상하이 DYNASTY

석세스   퍼즐   2001년 3월 22일   1,500엔

플레이어 1~2인

마작패 퍼즐 게임. 노멀 '상하이'는 물론, '환수패' 등의 방해요소가 추가된 대전 상하이인 'DYNASTY' 모드와 4인 대국 마작까지도 제공하는 가성비 좋은 작품이다.

퍼즈닉

알트론   퍼즐   2001년 3월 22일   4,800엔

플레이어 1인 / 메모리카드 1블록

아케이드용 게임의 이식작. 같은 무늬의 블록을 2개 이상 붙여 없애는 퍼즐 게임이다. 스테이지 구성과 스토리가 변화하는 '스토리 모드'와 '프리 모드'를 탑재하였다.

판도라 MAX 시리즈 VOL.6 : ONI 제로 – 부활

판도라 박스   RPG   2001년 3월 22일   1,980엔

플레이어 1인 / 메모리카드 1블록 / 아날로그 컨트롤러 지원

중세 일본풍 RPG 「ONI」 시리즈 중 하나. 헤이안 시대를 무대로, 주인공과 요마의 싸움을 그렸다. 300종 이상의 신과 계약하는 '신내림'·'빙의' 등의 독특한 시스템이 있다.

몬스터 팜 점프

테크모   액션   2001년 3월 22일   2,800엔

플레이어 1~2인 / 메모리카드 1블록 / 아날로그 컨트롤러 지원

1997년 발매되었던 「몬스터 팜」의 몬스터들을 활용한 액션 게임. 몬스터를 조작하여 달리거나 점프하면서 총 90스테이지를 전부 골인해보자.

힘내라 고에몽 : 오오에도 대격전

코나미   액션   2001년 3월 29일   오픈 프라이스

플레이어 1~2인 / 메모리카드 1블록

플레이스테이션으로 발매된 「고에몽」 시리즈 제 3탄. '재활용'이 테마인 2D 횡스크롤 액션 게임으로서, 거대 로봇 '고에몽 임팩트'로 싸우는 3D 스테이지도 등장한다.

주변기기 지원 아이콘   플레이어 1~2인   메모리카드 1~2블록   멀티탭 지원 1~4인   마우스 지원   대전 케이블 지원   2대   아날로그 조이스틱 SCPH0111(SCEI) 지원   아날로그 컨트롤러 지원   PocketStation 지원   메모리카드 1~2블록   휴대전화 접속 케이블 지원 (도코모 (모드 휴대전화 지원))   특제 컨트롤러 SLPH00001(남코) 지원

K-1 월드 그랑프리 2001 개막판 by XING

코나미   3D 대전격투   2001년 3월 29일   오픈 프라이스

플레이어 1~2인 / 메모리 카드 7블록 / 아날로그 컨트롤러 지원

당시 대인기였던 입식격투기 이벤트 'K-1'의 게임판. 직접 조작하는 '매뉴얼', 간접 지시하는 '세컨드', 선수가 자동으로 움직이는 '오토'까지 3종류의 조작계를 제공한다.

THE HEIWA : 기상예보 스튜디오

아쿠아 루주   파친코   2001년 3월 29일   4,800엔

플레이어 1인 / 메모리 카드 1블록

헤이와 사의 인기 기종 '기상예보 스튜디오' 시리즈 5개 기종을 수록한 파친코 시뮬레이터. 실기를 정밀하게 재현했고, 리치 액션·잭팟·사운드 체크 등도 가능하다.

슈퍼로봇대전 α 외전

반프레스토   시뮬레이션 RPG   2001년 3월 29일   6,980엔

플레이어 1인 / 메모리 카드 5~15블록 / 아날로그 컨트롤러 지원

「슈퍼로봇대전 α」의 외전편. '기동신세기 건담X'와 '전투메카 자붕글' 등이 신규 참전했으며, 아군의 공격과 방어 양쪽을 모두 지원하는 '원호행동' 시스템을 추가했다.

슬롯! 프로 2 : 폭렬 오오즈모 빨강 & 보라

CBC / 니혼 텔레네트   파치슬로   2001년 3월 29일   4,200엔

플레이어 1인 / 메모리 카드 1블록

인기 파친코 시뮬레이터의 제 2탄. '폭렬 오오즈모' 빨강·보라 버전을 수록했으며, 19항목의 상세한 실전 데이터가 실기 공략을 도와준다. '파치슬로 도장' 모드도 신규 탑재.

선계통록 정사 : TV 애니메이션 '선계전 봉신연의'에서

반다이   기타   2001년 3월 29일   5,800엔

플레이어 1인 / 메모리 카드 1블록

같은 제목 인기 애니메이션이 원작인 타이틀. 명장면 시나리오 30종, 오리지널 시나리오 50종을 수록했으며, 스토리는 자유롭게 편집 가능. 성우 35명의 풀 보이스 사양이다.

센티멘털 그래피티

NEC 인터채널   시뮬레이션   2001년 3월 29일   5,800엔

플레이어 1인 / 메모리 카드 2블록

소꿉친구 미소녀와 재회해야 하는 연애 시뮬레이션 게임. 1년간 아르바이트로 비용을 벌어, 홋카이도부터 큐슈까지 샅샅이 찾아보자. 각 도시 명소의 관광체험도 제공한다.

센티멘털 그래피티 : 약속

NEC 인터채널   팬 디스크   2001년 3월 29일   3,800엔

플레이어 1인 / 메모리 카드 1블록

「센티멘털 그래피티」의 프리퀄 스토리를 게임화했다. 미디어믹스의 일환으로 '전격 G's 매거진'에서 연재했던 같은 제목의 소설을 비주얼 노벨화한 타이틀이다.

체포하라

파이오니아 LDC   어드벤처   2001년 3월 29일   6,800엔

플레이어 1인 / 메모리 카드 1블록

후지시마 코스케 원작 인기 애니메이션의 게임판. 오리지널 캐릭터 '아리스가와 쿄스케'가 되어 나츠미·미유키와 사건 해결에 도전하자. 행동·선택으로 스토리가 분기된다.

두근두근 메모리얼 2 Substories vol.2 : Leaping School Festival

코나미   어드벤처   2001년 3월 29일   오픈 프라이스

플레이어 1인 / 메모리 카드 2블록 / 아날로그 컨트롤러 지원

「두근두근 메모리얼 2」 사이드 스토리의 제 2탄. 견원지간인 아카이 호무라와 이쥬인 메이가, 서로 주인공을 자기편으로 만들려 다양한 선택을 요구한다는 스토리다.

비트매니아 THE SOUND OF TOKYO! : produced by KONISHI yasuharu

코나미   리듬 액션   2001년 3월 29일   오픈 프라이스

플레이어 1~2인 / 메모리 카드 1~4블록 / 아날로그 컨트롤러 지원 / 특제 컨트롤러 CT013(코나미) 지원 / 특제 컨트롤러 ASC0515BM(아스키) 지원

플레이스테이션만의 오리지널 「비트매니아」. 음악 프로듀서·작곡가 코니시 야스하루의 신곡과, 당시 클럽에서 대유행했던 아티스트의 곡들을 다수 수록하였다.

X-MEN : 뮤턴트 아카데미

석세스 | 3D 대전격투 | 2001년 4월 12일 | 5,800엔

플레이어 1~2인 | 메모리카드 1블록 | 아날로그 컨트롤러 지원

마블 코믹스의 인기 만화를 게임화했다. 'X-MEN' 시리즈의 인기 캐릭터들이 격투를 벌이는 3D 대전 액션 게임. 울버린·사이클롭스 등 10명의 캐릭터가 등장한다.

건담 배틀 어설트

반다이 | 대전격투 | 2001년 4월 26일 | 2,000엔

플레이어 1~2인 | 메모리카드 1블록 | 아날로그 컨트롤러 지원

'건담' 시리즈에 등장하는 모빌슈츠·모빌아머를 조작해 싸우는 대전 액션 게임. 기체의 각 관절을 독립적으로 묘사하는 '모션 파츠 시스템'으로 기체의 무게감을 재현하였다.

SIMPLE 1500 실용 시리즈 Vol.7 : 즐겁게 배우는 운전면허

D3 퍼블리셔 | 에듀테인먼트 | 2001년 4월 19일 | 1,500엔

플레이어 1인 | 메모리카드 1블록

운전면허 취득자에게도 미취득자에게도 유용한 실용 소프트, 당시의 일본 운전학원과 동일하게 교습해주며, 나츠메 사가 제공한 면허시험문제 300종 이상을 수록했다.

GEAR 파이터 샤이닝

반다이 | 3D 대전격투 | 2001년 4월 26일 | 4,800엔

플레이어 1~2인 | 메모리카드 1블록

인기 애니메이션(원제는 'GEAR 파이터 덴도')의 게임판. 거대로봇 'GEAR 파이터'로 싸우는 대전 액션 게임이며, 원작의 세계관을 2D 액션 + 3D 대전격투로 재현했다.

키즈스테이션 혼자서도 잘 해요!

반다이 | 에듀테인먼트 | 2001년 4월 26일 | 3,800엔

플레이어 1인 | 키즈스테이션 전용 컨트롤러 지원

당시 일본의 유아용 요리프로 '혼자서도 잘 해요!'를 게임화했다. 요리 30종 이상의 조리과정을 컨트롤러로 체험하는 교육용 소프트. 요리의 완성도로 엔딩이 변화한다.

코노하나 : True Report

석세스 | 어드벤처 | 2001년 4월 26일 | 2,800엔

플레이어 1인 | 메모리카드 1블록 | 아날로그 컨트롤러 지원

인기 성우진의 풀 보이스 학교 미스터리 게임. 주인공이 전학 온 '코노하나 학원'에서 벌어지는 연쇄 살인사건을 해결하자. 풍부한 비주얼의 멀티 시나리오·멀티 엔딩이 특징.

사립 봉황학원 : 2학년 순정반

J·WING | 마작 | 2001년 4월 26일 | 3,800엔

플레이어 1인 | 메모리카드 1블록

「사립 봉황학원 : 1학년 순애반」(150p)에 이은 미소녀 마작 시리즈 제 2탄. 3가지 러브 스토리를 즐기는 '시나리오 모드'를 탑재했다. 대국 결과로 스토리가 분기된다.

SIMPLE 1500 시리즈 Vol.58 : THE 스모

D3 퍼블리셔 | 스포츠 | 2001년 4월 26일 | 1,500엔

플레이어 1~2인 | 메모리카드 1블록

일본의 국기인 '스모'를 재현한 스포츠 게임. 결정타·이벤트 장면을 전통 판화풍으로 표현했다. 리키시(선수) 한 명을 육성하는 '입신출세' 등의 다양한 모드를 내장했다.

SIMPLE 1500 시리즈 Vol.59 : THE 추리 - IT 탐정 : 18권의 사건수첩

D3 퍼블리셔 | 어드벤처 | 2001년 4월 26일 | 1,500엔

플레이어 1인 | 메모리카드 1블록

근미래의 탐정사무소를 무대로, 난해한 사건에 도전하는 어드벤처 게임. 인터넷 정보검색과 비서 소프트를 활용하는 새로운 탐정 스타일로, 사건 18종의 해결에 도전한다.

SIMPLE 1500 시리즈 Vol.60 : THE 테이블 하키

D3 퍼블리셔 | 스포츠 | 2001년 4월 26일 | 1,500엔

플레이어 1~4인 | 메모리카드 1블록 | 멀티탭지원 1~4인 | 아날로그 컨트롤러 지원

초당 60프레임의 압도적인 스피드를 체험할 수 있는 테이블 하키 게임. 오락실 느낌을 재현한 기기 등, 10종 이상의 오리지널 기체에서 스릴 있는 게임을 즐긴다.

SuperLite 1500 시리즈 : 네모네모 로직 5

석세스　퍼즐　2001년 4월 26일　1,500엔

플레이어 1인 / 메모리카드 1블록

간단한 룰로 즐기는 로직 퍼즐 게임의 제 4탄. 가로세로 숫자를 힌트삼아 칸을 채워, 숨겨진 그림을 완성하자. 초보자부터 상급자까지 폭넓게 커버하는 200문제를 수록했다.

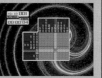

스파이더맨

석세스　액션　2001년 4월 26일　5,800엔

플레이어 1인 / 메모리카드 1블록 / 아날로그 컨트롤러 지원

마블 코믹스의 유명 히어로를 게임화했다. 스파이더맨이 되어, 스테이지별로 다양한 미션을 클리어해보자. 벽이나 천장에 붙어 이동하는 독특한 액션을 즐길 수 있다.

슬로터 매니아 : 격렬 오키나와 슬롯! 시오사이 스페셜

도라스　파치슬로　2001년 4월 26일　4,800엔

플레이어 1인 / 메모리카드 1블록 / 아날로그 컨트롤러 지원

인기 오키나와 슬롯계 2개 기종을 재현한 파치슬로 시뮬레이터. '시오사이-30'과 '하이하이 시오사이-30'을 수록해, 실전 모드와 챌린지 모드로 다채롭게 즐길 수 있다.

타임 크라이시스 : 프로젝트 타이탄

남코　건 슈팅　2001년 4월 26일　4,800엔

플레이어 1인 / 메모리카드 1블록 / 아날로그 컨트롤러 지원 / 특제 컨트롤러 SLPH00034(남코)지원

신규 시나리오·스테이지를 탑재한 PS용 오리지널 게임. 쏘고 숨는 「타임 크라이시스」 특유의 시스템은 건재하며, 적의 총격을 피한 후 공격·이동하는 테크닉도 필요하다.

테크노 비비

코나미　퍼즐　2001년 4월 26일　4,980엔

플레이어 1인 / 메모리카드 1블록 / PocketStation 지원 / 메모리카드 +4블록

패널을 빙글빙글 돌려, 같은 색끼리 가로나 세로로 4장씩 붙여 없애는 퍼즐 게임. 가수 쿠라키 마이가 원안을 맡은 캐릭터 '마이 비 베어'가 곡조에 맞춰 화면을 누빈다.

파치슬로 제왕 : 제조사 권장 매뉴얼 3-아임 엔젤 화이트 2 & 블루 2

미디어 엔터테인먼트　파치슬로　2001년 4월 26일　4,200엔

플레이어 1인 / 메모리카드 2블록 / 아날로그 컨트롤러 지원 / PocketStation 지원 / 메모리카드 +3블록

파치슬로 제조사가 추천하는 공식 파치슬로 공략 시뮬레이터. 올림피아 사의 당시 최신 기종인 '아임 엔젤' 중, 대량획득 타입인 '화이트'와 노멀 타입인 '블루'를 수록했다.

해피 다이어트

트와일라이트 익스프레스　커뮤니케이션　2001년 4월 26일　5,800엔

플레이어 1인 / 메모리카드 1블록 / 아날로그 컨트롤러 지원 / 특제 컨트롤러 스테퍼 컨트롤러지원

3가지 모드를 탑재한 피트니스 소프트. 귀여운 캐릭터 '마루'와 함께 다이어트에 도전하자. 별매품인 스테퍼 컨트롤러를 연결하면 조깅 다이어트도 즐길 수 있다.

Forget me not : 팔레트

엔터브레인　어드벤처　2001년 4월 26일　4,800엔

플레이어 1인 / 메모리카드 1블록 / 아날로그 컨트롤러 지원

아스키 소프트웨어 콘테스트의 그랑프리 수상작을 상품화했다. 긴장감 넘치는 시나리오의 본격파 추리 어드벤처 게임이며, 등장인물에 깊이를 더한 연출을 다수 추가했다.

돌아보니 내 곁에

프린세스 소프트　어드벤처　2001년 4월 26일　6,800엔

플레이어 1인 / 메모리카드 1~블록

PC용 연애 어드벤처 게임 「진 청금빛의 눈」의 이식판. 금발의 설녀 '루리'와의 애절한 스토리가 펼쳐진다. 시간 개념이 있어, 행동에 따라 히로인의 등장 시간·장소가 바뀐다.

모두의 한자교실 : 도전!! 한자검정

다이나　에듀테인먼트　2001년 4월 26일　5,800엔

플레이어 1~2인 / 메모리카드 1블록

일본 문부과학성 인증·일본한자능력검정협회 감수 한자 소프트. 실제 검정 출제문제 약 20,000종을 수록했다. 유저의 잡학지식을 시험하는 대전식 미니게임도 제공한다.

SD건담 G제네레이션-F.I.F

반다이　시뮬레이션 RPG　2001년 5월 2일　3,800엔

플레이어 1~4인　메모리카드 2~9블록　멀티탭지원 1~4인　아날로그 컨트롤러 지원

1998년 발매된 「SD건담 G제네레이션-F」의 'if'를 즐기는 시뮬레이션 게임. 10종의 신규 시나리오를 「SD건담 G제네레이션-F」에서 육성했던 유닛으로 도전한다.

SIMPLE 1500 시리즈 Vol.61 : THE 퀴즈 2

D3 퍼블리셔　퀴즈　2001년 5월 2일　1,500엔

플레이어 1~2인　메모리카드 1블록

1999년 발매되었던 「THE 퀴즈」(67p)의 속편. 문제 수는 무려 15,000종이나 되며, 모두 신규 문제로 수록했다. 다채로운 모드로 퀴즈를 즐길 수 있다.

버추얼 경정 21

일본물산　레이싱　2001년 5월 2일　5,800엔

플레이어 1인　메모리카드 1블록　아날로그 컨트롤러 지원

인기 시리즈 제 4탄. 당시의 현역 선수 약 1,650명이 실명으로 등장해, 야간 경정과 뜨거운 수상전을 재현한다. 이전작들처럼, 경정 인생을 즐기는 스토리 모드도 있다.

샐러리맨 접대마작

비지트　마작　2001년 5월 10일　4,800엔

플레이어 1인　메모리카드 1블록

심리전과 두뇌 플레이 중심의 마작 게임. 개성적인 캐릭터 21명과 승부해 출세가도를 개척하자. 상대를 이겨야 하는 여타 마작 게임과는 다른 발상으로 진행되는 타이틀.

산요 파친코 파라다이스 5 : 신바람 대어기

아이렘 소프트웨어 엔지니어링　파친코　2001년 5월 10일　4,800엔

플레이어 1인　메모리카드 1~2블록　아날로그 컨트롤러 지원

산요 물산의 인기 기종 '신바람 피싱' 3개 기종을 수록한 실기 시뮬레이터. 통상 공략 모드와 실기 공략 모드를 탑재했고, 다채로운 리치 액션도 즐길 수 있다.

슈퍼 블랙배스 X2 & 더 블루 말린

스타피시　스포츠　2001년 5월 10일　2,800엔

플레이어 1~2인　메모리카드 1블록　아날로그 컨트롤러 지원　특제 컨트롤러 SLPH00100(아스키)지원　특제 컨트롤러 BANC-0001(반다이)지원

다이내믹한 낚시 게임 2종을 합본한 타이틀. 미국의 실존 호수에서 거대 배스를 노리는 「슈퍼 블랙배스 X2」와, 거대 청새치와 대결하는 「더 블루 말린」을 수록했다.

월드 스타디움 5

남코　스포츠　2001년 5월 10일　5,800엔

플레이어 1~2인　메모리카드 9블록　아날로그 컨트롤러 지원　PocketStation 지원　메모리카드 15블록

2001년판 데이터를 수록한, 플레이스테이션으로는 시리즈의 마지막 작품. 신규 모드 '소름소름 해적 리그'에서는, 승리하면 상대 팀의 유력 선수를 스카우트할 수 있다.

클레오파트라 포춘

알트론　퍼즐　2001년 5월 17일　5,800엔

플레이어 1~2인　메모리카드 1블록

아케이드용 게임의 이식작. 이집트풍으로 즐기는 낙하계 퍼즐 게임이다. '둘러싸 없애기'·'일렬로 없애기' 등의 기본 시스템을 유지했으며 '타임 어택'을 추가했다.

실전 파치슬로 필승법! : DISC UP

사미　파치슬로　2001년 5월 17일　2,500엔

플레이어 1인　메모리카드 1블록　아날로그 컨트롤러 지원

5.9호기로 발매되어 지금도 인기를 자랑하는 'DISC UP' 중 초기 기기의 게임성을 즐길 수 있는 시뮬레이터 작품. 어시스트 리플레이(AR 기능)로 구슬을 불러보자!

SIMPLE 1500 시리즈 Vol.21 : THE 야구 - 프로야구 실명판

D3 퍼블리셔　스포츠　2001년 5월 17일　1,500엔

플레이어 1~2인　메모리카드 8블록

「THE 야구」(136p)의 선수·팀을 모두 실명으로 등장시킨 신규 버전. 에디트 기능과 오리지널 팀 간 대전 등, 실명화를 제외한 여타 게임 컨텐츠는 이전작과 동일하다.

디지몬 테이머즈 : 포켓 동글몬

반다이 RPG 2001년 5월 17일 2,800엔

플레이어 1~2인 | PocketStation 필수 | 메모리 카드 15블록

같은 제목의 TV 애니메이션에 등장하는 디지몬 '동글몬'과 소통하는 커뮤니케이션 소프트. 포켓스테이션에 동글몬을 다운로드해두면 어디서나 함께 놀 수 있다.

i모드도 함께 : 어디서나 함께 - 추가 디스크

소니컴퓨터엔터테인먼트 커뮤니케이션 2001년 5월 24일 2,800엔

플레이어 1~2인 | 메모리 카드 1블록 | PocketStation 지원 | 메모리 카드 15블록 | 휴대전화 접속 케이블 지원 (도코모/모드 휴대전화 지원)

1999년 발매됐던 「어디서나 함께」(63p)의 확장팩 디스크. 당시 일본의 i모드계 피처폰을 이용한 온라인 명함 교환·끝말잇기 등의 재미있는 기능을 탑재했다.

악마성 연대기 : 악마성 드라큘라

코나미 액션 2001년 5월 24일 5,980엔

플레이어 1인 | 메모리 카드 1블록

샤프의 PC인 X68000으로 발매된 바 있는 작품 「악마성 드라큘라」의 충실한 이식판에, 원작의 그래픽·음악·난이도를 조정한 '어레인지 모드'를 추가한 타이틀이다.

에미리아

키드 어드벤처 2001년 5월 24일 6,800엔

플레이어 1인 | 메모리 카드 1블록 | 아날로그 컨트롤러 지원

판타지 세계를 모험하는 연애 어드벤처 게임. 용기 있는 청년이 되어, 마녀에게 사로잡힌 공주를 구출하자. 모험 도중 개성 넘치는 미소녀들이 등장하며, 연애도 할 수 있다.

키즈스테이션 장난꾸러기 몽챠

선 소프트 에듀테인먼트 2001년 5월 24일 3,800엔

플레이어 1인 | 메모리 카드 1블록 | 키즈스테이션 전용 컨트롤러 지원

일본 NHK의 유아용 프로 '엄마와 함께'의 인기 애니메이션을 게임화했다. 6가지 모드로 상상력·구성력·사고력·판단력·색채감각·소리 판단력 등을 배우는 교육용 소프트다.

SuperLite 1500 시리즈 : 크로스워드 3

석세스 퍼즐 2001년 5월 24일 1,500엔

플레이어 1인 | 메모리 카드 1블록

힌트를 바탕으로 빈 칸에 단어를 채우는 십자말풀이 게임 시리즈의 제 3탄. 초보자부터 상급자까지 폭넓게 커버하는 니코리 사의 신작 200문제를 수록했다.

SuperLite 1500 시리즈 : 스도쿠 5

석세스 퍼즐 2001년 5월 24일 1,500엔

플레이어 1~2인 | 메모리 카드 1블록

대중적인 숫자 퍼즐 '스도쿠'를 즐기는 시리즈의 제 5탄. 수록된 200문제는 정통 퍼즐 제작사 니코리가 제공했다. 그래픽·사운드도 취향에 맞춰 변경할 수 있다.

SuperLite 1500 시리즈 : 넘버 크로스워드 4

석세스 퍼즐 2001년 5월 24일 1,500엔

플레이어 1인 | 메모리 카드 1블록

보드의 하얀 칸을 전부 글자로 채우는 퍼즐 '넘버 크로스워드'를 즐기는 시리즈의 제 4탄. 니코리 사의 신작 200문제를 수록했으며, 보드 크기도 5종류 중 선택 가능.

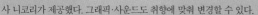

SuperLite 1500 시리즈 : 마기행

석세스 어드벤처 2001년 5월 24일 1,500엔

플레이어 1인 | 메모리 카드 1블록 | 아날로그 컨트롤러 지원

SF 호러 연구가 이시다 하지메 원작의 미스터리 어드벤처 게임. 스토리는 '길경루 편'과 '여래관 편'으로 나뉘며, 초반의 선택지에 따라 두 루트 중 하나로 분기된다.

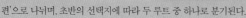

스타틀링 어드벤처즈 : 공상 대×3모험

캡콤 어드벤처 2001년 5월 24일 5,800엔

플레이어 1인 | 메모리 카드 1블록 | 아날로그 컨트롤러 지원

3가지 시나리오를 즐기는 옴니버스 어드벤처 게임. 각 시나리오별로 시나리오 파트와 미니게임이 교대로 진행된다. 등장 캐릭터들에 유명 성우를 다수 기용하였다.

티어 링 사가 : 유토나 영웅전기

엔터브레인　시뮬레이션 RPG　2001년 5월 24일　6,800엔

플레이어 1~2인　메모리 카드 3~15블록　아날로그 컨트롤러 지원

「파이어 엠블렘」의 핵심 기획자인 카가 쇼조가 개발에 참여한 타이틀. 프리 맵에서 유닛 육성이 가능한 시뮬레이션 RPG로서, 클리어 데이터로 대전할 수도 있다.

어디서나함께디럭스팩 : 「i모드도 함께」와 '휴대전화접속케이블'도 함께

소니컴퓨터엔터테인먼트　커뮤니케이션　2001년 5월 24일　5,800엔

플레이어 1인　메모리 카드 1블록　PocketStation 지원　메모리카드 15블록　휴대전화 접속 케이블 지원 (도코모/모드 휴대전화 지원)

「어디서나 함께」에 「i모드도 함께」 및 휴대전화 접속 케이블까지 동봉한 세트팩. 이 패키지 하나만 있으면 '포케피'와의 커뮤니케이션을 제대로 즐길 수 있다.

바운티 헌터 사라 : 홀리 마운틴의 제왕

캡콤　어드벤처　2001년 5월 24일　5,800엔

플레이어 1인　메모리 카드 1블록　아날로그 컨트롤러 지원

근미래를 무대로 삼은 어드벤처 게임. 하드보일드한 세계관의 시나리오 5가지를 제공한다. '카운트다운'·'디텍티브 타임'이라는 2종의 선택 시스템을 탑재하였다.

파치슬로 완전공략 : 타카사고 슈퍼 프로젝트

시스컴 엔터테인먼트　파치슬로　2001년 5월 24일　4,800엔

플레이어 1인　메모리 카드 1~15블록

타카사고 사의 3개 기종을 수록한 파치슬로 실기 시뮬레이터. '나일 패닉'·'열규 슬롯 야구'·'델타 스톰'을 수록했으며, 강습 모드 등의 공략 서포트 기능도 가득하다.

판타스틱 포춘

사이버프론트　시뮬레이션　2001년 5월 24일　6,800엔

플레이어 1인　메모리 카드 1블록

PC용 원작을 이식한 육성 연애 시뮬레이션 게임. 주인공 3명 중 하나를 골라, 설정된 목적을 달성하자. 상대역인 남성은 초기 7명 외에, 주인공별로 숨겨진 캐릭터가 있다.

불고기집 점원

미디어 엔터테인먼트　액션　2001년 5월 24일　2,900엔

플레이어 1~2인

불고기집 점원이 되어 손님을 만족시키는 고기 굽기 액션 게임. 고기 굽는 소리와, 고기가 서서히 익어가는 모습을 리얼하게 재현했다. 3가지 모드로 가볍게 즐길 수 있다.

야마사 Digi 월드 : 테트라 마스터

야마사 엔터테인먼트　파치슬로　2001년 5월 24일　6,800엔

플레이어 1인　메모리 카드 1~9블록　아날로그 컨트롤러 지원

4릴 파치슬로의 원조인 야마사 사의 '테트라' 시리즈를 수록한 시뮬레이터. 파치슬로 게임의 개념을 바꾼 시스템인 '리치 찬스 체커'·'테트라 체커'를 탑재하였다.

샐러리맨 챔프 : 싸우는 샐러리맨

석세스　버라이어티　2001년 5월 31일　4,800엔

플레이어 1~2인　메모리 카드 1블록　멀티탭 지원 1~3인　파친 지원 1~9인

아케이드용 게임의 이식작. 노곤한 샐러리맨 생활을 재치 있게 묘사한 파티 게임 27종을 수록했다. 게임에서 승리하다 보면 부장·사장 등으로 직책이 올라간다.

진 여신전생

아틀라스　RPG　2001년 5월 31일　4,800엔

플레이어 1인　메모리 카드 1~4블록

슈퍼 패미컴판의 리메이크작. 참신한 시스템으로 인기였던 RPG다. 질서(LAW)와 혼돈(CHAOS)으로 나뉜 세계관, 악마와의 대화, 악마 합체 등의 독자적인 요소가 특징.

SIMPLE 1500 시리즈 Vol.62 : THE 스키

D3 퍼블리셔　스포츠　2001년 5월 31일　1,500엔

플레이어 1~2인　메모리 카드 1블록　아날로그 컨트롤러 지원

3종류의 경기를 수록한 스키 게임. 스피드를 겨루는 '레이스 모드', 트릭으로 승부하는 '트릭 모드', 트릭과 점프로 경쟁하는 '믹스 모드'를 즐길 수 있다.

주변기기 지원 아이콘　플레이어 1~2인　메모리 카드 1~2블록　멀티탭 지원 1~4인　마우스 지원　대전케이블 2대　아날로그 조이스틱 SCPH0111(SCEI)지원　아날로그 컨트롤러 지원　PocketStation 지원　메모리카드 1~2블록　휴대전화 접속 케이블 지원 (도코모/모드 휴대전화 지원)　특제 컨트롤러 SLPH00001(남코)지원

SIMPLE 1500 시리즈 Vol.63 : THE 건 슈팅 2

D3 퍼블리셔 건 슈팅 2001년 5월 31일 1,500엔

플레이어 1~2인 | 메모리 카드 1블록 | 특제 컨트롤러 SLPH00034(남코)지원

조준사격·속사·연사 등, 사격의 다양한 재미를 게임화한 타이틀. 각 게임의 결과로 스토리가 변화하는 '스토리' 모드, 2~8명이 즐기는 '파티' 모드 등을 탑재했다.

SuperLite Gold 시리즈 : 모두의 마작

석세스 마작 2001년 5월 31일 1,800엔

플레이어 1인 | 메모리 카드 1블록 | 멀티탭지원 1~4인

교습용 동영상을 내장한 마작 게임. 타카하시 준코 프로의 지도로, 역 만드는 법부터 점수 계산까지 마작을 기초부터 가르쳐준다. 별매품 '시끌벅적 마작장 컨트롤러'도 지원.

전국몽환

반프레스토 시뮬레이션 2001년 5월 31일 6,800엔

플레이어 1인 | 메모리 카드 7~14블록 | 아날로그 컨트롤러 지원

전국시대 다이묘가 되어 천하를 통일하는 전략 시뮬레이션 게임. 전략 화면부터 야전·공성전까지 모두 실시간 진행이다. 1,000명이 넘는 무장이 나오며, 시나리오는 6종류.

툼 레이더 5 : 크로니클

캡콤 액션 2001년 5월 31일 5,800엔

플레이어 1인 | 메모리 카드 2블록 | 아날로그 컨트롤러 지원

라라 크로프트가 주인공인 인기 액션 게임의 제 5탄. 4가지 시대를 탐험하며 수많은 수수께끼를 풀어나가자. 줄타기·평행봉 잡기·타격 등의 새로운 액션도 탑재했다.

파치슬로제왕:제조사권장매뉴얼4-이그조스트·오오에도사쿠라후부키2

미디어 엔터테인먼트 파치슬로 2001년 5월 31일 4,800엔

플레이어 1인 | 메모리 카드 2블록 | 아날로그 컨트롤러 지원 | PocketStation 지원 | 메모리 카드 +2블록

올림피아 사의 2개 기종을 충실히 재현한, 제조사 추천 파치슬로 시뮬레이터. '이그조스트'와 '오오에도 사쿠라후부키 2'를 수록했으며, 파치슬로 컨트롤러도 지원한다.

실황 파워풀 프로야구 2001

코나미 스포츠 2001년 6월 7일 5,980엔

플레이어 1~2인 | 메모리 카드 2~10블록 | 아날로그 컨트롤러 지원

2001년도 개막 시 데이터를 수록한 '파워프로' 신작. 각 팀이 1군·2군으로 나뉘어 총 44명으로 편성된다. 호평의 석세스 모드는 '석세스 로드'라는 신규 형태로 진화했다.

상하이 : 승룡재림

타이토 퍼즐 2001년 6월 7일 2,800엔

플레이어 1~2인 | 메모리 카드 1블록

인기 퍼즐 게임에 신규 모드 2종을 추가한 타이틀. 일반적인 '상하이', 짝맞추기 요소를 첨가한 '음과 양', 얻은 패수를 겨루는 '팬더모니엄 ~음과 양~'을 탑재했다.

댄스 댄스 레볼루션 EXTRA MIX

코나미 리듬 액션 2001년 6월 7일 5,980엔

플레이어 1~2인 | 메모리 카드 1블록 | 아날로그 컨트롤러 지원 | 특제 컨트롤러 RU017(코나미)지원 | 특제 컨트롤러 RU023(코나미)지원 | 특제 컨트롤러 RU026(코나미)지원

인기 리듬 액션 게임의 신곡 리뉴얼 버전. 아케이드판 「4th MIX PLUS」·「Solo 2000」의 곡들을 수록했고, 'DATA BANK'에서 구작의 미수록 채보 저장도 가능하다.

어프레이드 기어 어나더

오피스 크리에이트 시뮬레이션 2001년 6월 14일 5,800엔

플레이어 1~2인 | 메모리 카드 2블록 | 아날로그 컨트롤러 지원

1998년 발매되었던 「어프레이드 기어」의 속편. 로봇을 개발해 상대와 대결하는 시뮬레이션 게임이다. 토너먼트 S1 클래스를 제패하면 상위인 SP 클래스가 등장한다.

시프

시스컴 엔터테인먼트 액션 2001년 6월 14일 4,800엔

플레이어 1~2인 | 메모리 카드 2블록 | 아날로그 컨트롤러 지원

필드에 흩어져있는 양들을 모아 목적지로 몰고 가는 액션 게임. 정해진 시간 내에 일정 수 이상의 양들을 데려가야 한다. 트레이닝 모드와 미니게임도 탑재했다.

HARDWARE | 1994 | 1995 | 1996 | 1997 | 1998 | 1999 | 2000 | 2001 | 2002 | 2003 | 2004 | INDEX

야상곡 2

빅터 인터랙티브 소프트웨어 | 어드벤처 | 2001년 6월 14일 | 5,800엔

 플레이어 1인 | 메모리카드 1블록 | 아날로그 컨트롤러 지원

1998년 발매된 「아카가와 지로 : 야상곡」의 속편. 더욱 무서워진 3가지 이야기를 수록했다. 사건 하나를 끝내면 다음 사건이 등장하는 '속편 시나리오 시스템'을 채용했다.

교토 마이코 이야기

비지트 | 시뮬레이션 | 2001년 6월 21일 | 5,800엔

 플레이어 1인 | 메모리카드 1블록

교토의 전통 직업, '마이코'의 세계를 체험하는 시뮬레이션 게임. 16세 소녀가 다양한 수행 끝에 최상위 마이코까지 올라간다는 스토리다. 독특한 교토 방언도 배울 수 있다.

J리그 실황 위닝 일레븐 2001

코나미 | 스포츠 | 2001년 6월 21일 | 5,980엔

 플레이어 1~2인 | 메모리카드 2블록 | 멀티탭 지원 1~4인 | 아날로그 컨트롤러 지원

2001년도판 데이터를 수록한 「위닝 일레븐」 신작. 당시 J1·J2 소속 28개 팀과 전 선수가 실명으로 등장한다. 연장전·리저브 선수 등의 당시 실제 규정도 준수했다.

SuperLite Gold 시리즈 : 실력 좀 봅시다

석세스 | 테이블 | 2001년 6월 21일 | 2,000엔

 플레이어 1~2인

6가지 테이블 게임을 즐기는 버라이어티 소프트. 쇼기·바둑·리버시·오목·화투(코이코이)·트럼프(포커)를 수록하여, 아이부터 어른까지 폭넓게 커버한다.

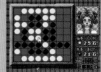

원피스 맨션

캡콤 | 퍼즐 | 2001년 6월 21일 | 5,800엔

 플레이어 1인 | 메모리카드 1블록 | 아날로그 컨트롤러 지원 | 휴대전화접속 케이블 지원 (도코모 모드 휴대전화 지원)

특이한 입주민들이 모여있는 '원피스 맨션'의 관리인이 되어 맨션을 발전시키는 퍼즐 게임. 주민들은 각자 특징이 있어, 주변에 평온 혹은 스트레스를 주기도 하고, 심지어 퇴거시 방을 폭파시키기도 한다. 각자의 특

성을 고려해 방을 배정하다 보면 맨션을 발전시킬 수 있다. 라이벌이 보내오는 범죄자 '범죄 5'에 주의하며, 스테이지 클리어 조건을 달성해보자.

SuperLite 1500 시리즈 : 개정판 사주팔자 - 마크 야자키 감수

석세스 | 점술 | 2001년 6월 28일 | 1,500엔

 플레이어 1인 | 메모리카드 1블록

일본점술협회의 마크 야자키가 감수한 사주팔자 소프트. 간단한 정보를 입력해 명식표를 작성하면, 성격·금전운·건강 및 상성점·오늘의 운세까지 간단히 점을 볼 수 있다.

SuperLite 1500 시리즈 : 개정판 서양점성술 - 마크 야자키 감수

석세스 | 점술 | 2001년 6월 28일 | 1,500엔

 플레이어 1인 | 메모리카드 1블록

자신의 천궁도를 자동으로 산출해주는 점성술 소프트. 일본점술협회의 마크 야자키가 감수했으며, '당신의 운명'·'상성진단'·'오늘의 운세' 3가지 항목의 점술을 제공한다.

KID MIX 섹션

키드 | 테이블 | 2001년 6월 28일 | 6,800엔

 플레이어 1인 | 메모리카드 1블록

키드 사의 작품들에 등장했던 역대 히로인들이 그림패 마작으로 대결하는 테이블 게임. 「메모리즈 오프」·「인피니티」·「꿈의 날개」 등에서 총 13명의 캐릭터가 등장한다.

SuperLite 1500 시리즈 : 슬리더링크

석세스 | 퍼즐 | 2001년 6월 28일 | 1,500엔

 플레이어 1인 | 메모리카드 1블록

숫자에 숨겨진 메시지를 간파해, 보드 전체에 루프 하나를 그리는 펜슬 퍼즐. 4가지 사이즈의 총 200문제를 수록했으며, 초보자부터 상급자까지 폭넓게 커버한다.

주변기기 지원 아이콘 플레이어 1~2인 메모리카드 1~2블록 멀티탭 지원 1~4인 마우스 지원 대전 케이블 2대 아날로그 조이스틱 SCPH0111(SCE) 지원 아날로그 컨트롤러 지원 PocketStation 지원 메모리카드 1~2블록 휴대전화 접속 케이블 지원 (도코모 모드 휴대전화 지원) 특제 컨트롤러 SLPH00001(남코) 지원

마츠모토 레이지 999 : Story of Galaxy Express 999

반프레스토 어드벤처 2001년 6월 28일 6,800엔

플레이어 1인 | 메모리카드 1블록 | 아날로그 컨트롤러 지원

만화가 마츠모토 레이지의 세계를 체험하는 액션 어드벤처 게임. 호시노 테츠로(철이)가 되어 은하철도 999에 탑승해, '하록'·'에메랄다스'·'마호로바'의 캐릭터들과 만나자.

SIMPLE 1500 시리즈 Vol.64 : THE 킥복싱

D3 퍼블리셔 스포츠 2001년 7월 5일 1,500엔

플레이어 1~2인 | 메모리카드 1블록

초당 60프레임의 부드러운 모션으로 플레이하는 킥복싱 게임. 하이 킥과 어퍼는 물론이고, 클린치 상태의 무릎 공방 등 킥복싱 특유의 기술이 간단한 조작으로 펼쳐진다.

SIMPLE 1500 시리즈 Vol.65 : THE 골프

D3 퍼블리셔 스포츠 2001년 7월 5일 1,500엔

플레이어 1~2인 | 메모리카드 1블록 | 멀티탭지원 1~4인

총 36홀+α를 수록한 본격 골프 게임. 특징이 각기 다른 캐릭터 4명 중 하나를 선택하여, 레벨에 맞는 코스를 골라 플레이하자. 고도의 테크닉도 구사할 수 있다.

SIMPLE 1500 시리즈 Vol.66 : THE 회전 - 돌려라~!!

D3 퍼블리셔 버라이어티 2001년 7월 5일 1,500엔

플레이어 1~2인 | 메모리카드 1블록 | 아날로그 컨트롤러 지원

회전 조작 계열의 각종 미니게임을 즐기는 아케이드용 버라이어티 액션 게임 「돌려라~!!」의 이식작. 각 게임은 시간 내에 조건을 만족시키면 클리어된다.

딱따구리의 고! 고! 레이싱

코나미 레이싱 2001년 7월 12일 5,980엔

플레이어 1~2인 | 메모리카드 1블록 | 아날로그 컨트롤러 지원

미국의 인기 캐릭터 '딱따구리'(원제는 '우디 우드페커')와 친구들이 등장하는 레이싱 게임. 컬러풀한 코스에서 아이템 공격 등을 구사하며 화끈한 레이스를 즐겨보자.

컬러풀 로직 3 : 신기한 변형 네모네모 로직

알트론 퍼즐 2001년 7월 12일 2,800엔

플레이어 1인 | 메모리카드 1블록

로직 퍼즐을 즐기는 인기 시리즈의 제 2탄. 이번 작품의 문제 테마는 '쇼핑'이며, 전통의 '컬러 & 흑백 로직'과 최초 추가된 '변형 로직'까지 총 300문제를 수록했다.

슈퍼 프라이스 시리즈 : 패패(牌牌)

셀렌 퍼즐 2001년 7월 12일 950엔

플레이어 1~2인 | 메모리카드 1블록 | 아날로그 컨트롤러 지원

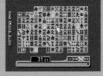

충격적인 염가에 수준 높은 퍼즐을 제공하는 가성비 만점 게임. 다른 마작패를 피해, 두 번까지 꺾이는 선으로 같은 패끼리 연결시켜 빼내자. 대전 플레이도 가능하다.

슈퍼 프라이스 시리즈 : 당구

셀렌 당구 2001년 7월 12일 950엔

플레이어 1~3인

염가에 14종류의 당구를 제공하는 가성비 만점 소프트. CPU 난이도는 5단계로 조절되며, 게임별로 복수의 룰을 설정할 수도 있다. 3D·2D 시점 전환도 가능하다.

슈퍼 프라이스 시리즈 : 마작

셀렌 마작 2001년 7월 12일 950엔

플레이어 1인

충격의 염가임에도 38항목에 달하는 상세한 룰 설정이 가능한 마작 소프트. 4인 및 3인 대국을 즐길 수 있다. CPU의 사고시간이 초고속이며, 3단계로 전환도 가능하다.

루나 윙 : 시대를 초월한 성전

쇼에이샤 시뮬레이션 2001년 7월 12일 6,800엔

플레이어 1인 | 메모리카드 1블록

장대한 스토리를 즐기는 연애 판타지 시뮬레이션 RPG. 대화의 성과에 따라 연애 수치가 상승하며 전투에도 영향을 미치는 '뉘앙스 리플라이 시스템'을 탑재했다.

HARDWARE

1994
1995
1996
1997
1998
1999
2000
2001
2002
2003
2004
INDEX

나니와 금융도 : 아오키 유지의 요지경 세상

코단샤　파티　2001년 7월 19일　5,800엔

플레이어 1~4인 / 메모리카드 1블록 / 멀티탭지원 1~4인

같은 제목의 인기 금융만화가 원작인 보드게임. 1억 엔의 빚을 진 백수가 되어, 아르바이트로 빚을 갚자. 살기 위해 남을 몰락시키는, 원작의 비정한 세계관을 재현했다.

○ 버튼을 누르면...
룰렛을 돌리겠다며~.
정신상태에 따라 역마가 바뀐단다.

루렛 / 스테이터스 / 이벤트 / 맵 / 아이템 / 옵션

키즈스테이션 날아라! 호빵맨 2 : 호빵맨과 대모험!

반다이 에듀테인먼트　2001년 7월 26일　3,800엔

플레이어 1인 / 메모리카드 1블록 / 키즈스테이션 전용 컨트롤러 지원

'호빵맨'이 소재인 교육용 소프트의 제2탄. 준비된 6종류의 스토리별로 각 4종류의 미니게임을 수록했다. 게임으로 아이의 사고력과 판단력을 키워보자.

키즈스테이션 디지몬 파크

반다이 에듀테인먼트　2001년 7월 26일　3,800엔

플레이어 1인 / 메모리카드 1블록 / 키즈스테이션 전용 컨트롤러 지원

'디지털 몬스터'를 테마로 삼은 교육용 소프트. 디지몬을 파트너 삼아 '모험'·'도감'·'육성' 3종류의 게임을 즐겨보자. 게임으로 단어와 숫자를 배울 수 있다.

키즈스테이션 꼬마마법사 레미 f : 마법당 스마일 파티

반다이 에듀테인먼트　2001년 7월 26일　3,800엔

플레이어 1인 / 키즈스테이션 전용 컨트롤러 지원

같은 제목 인기 애니메이션의 캐릭터가 등장하는 교육용 소프트. '마법당'·'마녀계'·'학교' 등의 스테이지에서 미니게임을 즐기자. 인사법과 사회생활 등을 가르쳐준다.

겟 백커스 탈환대

코나미 어드벤처　2001년 7월 26일　5,980엔

플레이어 1~2인 / 메모리카드 1블록 / 아날로그 컨트롤러 지원

같은 제목의 인기만화가 원작인 어드벤처 게임. 원작의 스릴 있는 전개를 만끽해보자. 반과 긴지에 개별 스토리가 있으며, 각자의 행동이 서로에게 영향을 미친다.

사랑 예보

프린세스 소프트 어드벤처　2001년 7월 26일　6,800엔

플레이어 1인 / 메모리카드 2블록

소꿉친구에 대한 복수를 중심으로 진행되는 연애 학생물 어드벤처 게임. 선택지별로 스토리가 바뀌는 멀티 시나리오이며, 여성은 물론 남성도 공략 가능한 것이 특징이다.

SIMPLE 1500 실용시리즈 Vol.8 : 1시간이면 이해되는 주식투자

D3 퍼블리셔 에듀테인먼트　2001년 7월 26일　1,500엔

플레이어 1인

'주식투자'를 기초부터 가르쳐주는 소프트. 일러스트·도표를 통해, 학교에서는 배울 수 없는 자본 증식법을 알려준다. 손익 시뮬레이션 등의 3가지 모드가 있다.

STEP 4 주가의 움직임을 읽어보자

SIMPLE 1500 실용시리즈 Vol.9 : 나만의 스타일로 아로마테라피

D3 퍼블리셔 에듀테인먼트　2001년 7월 26일　1,500엔

플레이어 1인

플레이어의 심신 상태에 맞게끔 아로마를 제안해주는 소프트. 개인정보·부위·상태 등을 선택하기만 하면 적합한 아로마의 조합을 용량까지 정하여 제안해준다.

조이드 배틀 카드 게임 : 서방대륙 전기

토미 시뮬레이션　2001년 7월 26일　5,800엔

플레이어 1인 / 메모리카드 1블록

'메카생체 조이드'가 원작인 테이블 게임. 제국군 또는 공화국군 지휘관이 되어 서방대륙에서 전투 임무를 수행하자. 등장 조이드는 60종류 이상. 데이터 교환도 가능하다.

괴짜 레이스

앙포그람 허드슨 레이싱　2001년 7월 26일　4,800엔

플레이어 1~2인 / 메모리카드 1~2블록 / 아날로그 컨트롤러 지원

미국의 인기 애니메이션이 원작인 3D 레이싱 게임. 페넬로피가 운전하는 '푸시캣' 등 6대의 차량이 등장한다. 딕 대스터들리 3세와 머틀리는 방해자로 나온다.

주변기기 지원 아이콘 플레이어 1~2인 메모리카드 1~2블록 멀티탭지원 1~4인 마우스 지원 대전케이블 2대 아날로그 조이스틱 SCPH0111(SCEI) 지원 아날로그 컨트롤러 지원 PocketStation 지원 메모리카드 1~2블록 휴대전화 접속 케이블 지원 (도코모 i모드 휴대전화지원) 특제 컨트롤러 SLPH00001(남코) 지원

서몬 나이트 2

 반프레스토　시뮬레이션 RPG　2001년 8월 2일　5,800엔

플레이어 1인 | 메모리카드 1~15블록 | 아날로그 컨트롤러 지원

쿠로보시 코하쿠가 캐릭터를 디자인한 시뮬레이션 RPG 시리즈의 제 2탄. 추방이나 마찬가지인 시찰 여행을 명령받은 견습 소환사의 모험 이야기를 그렸다. 어드벤처-배틀-야간대화(동료와의 소통)로 각 화가 구성되는 시스템은 그대로이며, 소환수를 아군에게 빙의시키는 새로운 마법과 고난이도 엑스트라 던전 '무한회랑' 등의 추가 요소를 도입했다.

원피스 : 출동, 해적단!

반다이　RPG　2001년 8월 2일　5,800엔

플레이어 1인 | 메모리카드 3블록 | 아날로그 컨트롤러 지원 | PocketStation 지원 | 메모리카드 +12블록

같은 제목의 애니메이션이 원작인 RPG. 해적단 선장이 되어 루피 일행과 모험한다는 오리지널 스토리다. 룰렛 배틀, 적 배와의 3D 슈팅 대결 등 이벤트 배틀이 가득하다.

땅거미 질 무렵

 빅터 인터랙티브 소프트웨어　어드벤처　2001년 8월 9일　5,800엔

플레이어 1인 | 메모리카드 1블록 | 아날로그 컨트롤러 지원

현대의 지식으로 '어둠'의 정체를 밝혀내는 일본풍 호러 사운드 노벨. 시나리오 5종을 탑재했으며, '신 속편 시나리오 시스템' 덕에 연속으로 새 에피소드가 펼쳐진다.

SIMPLE 1500 시리즈 Vol.67 : THE 축구 –다이너마이트 사커 1500

 D3 퍼블리셔　스포츠　2001년 8월 9일　1,500엔

플레이어 1~2인 | 메모리카드 1블록 | 멀티탭지원 1~4인 | 아날로그 컨트롤러 지원

1998년 발매된 『다이너마이트 사커 98』의 염가판. 다양한 액션과 자유도 높은 조작성으로 유명한 축구 게임이다. 다채로운 전술을 구사해 세계 정상을 노리자.

SIMPLE 1500 시리즈 Vol.68 : THE RC카 –RC로 GO!

 D3 퍼블리셔　레이싱　2001년 8월 9일　1,500엔

플레이어 1인 | 메모리카드 1블록 | 아날로그 컨트롤러 지원

무선모형 제조사 쿄쇼의 감수로 리얼한 조작감을 재현한 레이싱 게임. 80개 이상의 파츠로 머신을 적극 튜닝하자. 온로드·오프로드 도합 14종의 코스가 등장한다.

어디서나 햄스터 4 : 두근두근 말판놀이 대모험!

벡　파티　2001년 8월 9일　3,200엔

플레이어 1~2인 | 메모리카드 1블록 | 멀티탭지원 1~4인

귀여운 햄스터가 등장하는 인기 시리즈의 제 4탄. 4명까지 동시 플레이할 수 있는 보드 게임이다. 함정, 카드로 보물 발굴, 미니게임 대전 등 풍부한 이벤트를 수록했다.

파치슬로 제왕 : 버니 걸 SP

 미디어 엔터테인먼트　파치슬로　2001년 8월 9일　4,800엔

플레이어 1인 | 메모리카드 2블록 | 아날로그 컨트롤러 지원

올림피아 사의 '버니' 시리즈를 수록한 파치슬로 시뮬레이터. '버니 걸'·'슈퍼 버니 걸'·'파이널 버니'를 수록하였으며, 교습 모드도 탑재돼 있다.

요괴 꽃놀이

언밸런스　화투　2001년 8월 9일　3,980엔

플레이어 1인

미즈키 시게루의 만화가 업력 50주년을 기념해 발매된 타이틀 중 하나. 일반 화투 게임은 물론, 오리지널 규칙을 채용한 '요괴 하나아와세'와 '엘로힘 엣사임'도 준비했다.

SIMPLE 1500 시리즈 Vol.69 : THE 퍼터 골프

 D3 퍼블리셔　스포츠　2001년 8월 30일　1,500엔

플레이어 1~4인 | 메모리카드 1블록 | 멀티탭지원 1~4인

치밀한 전략을 즐기는 퍼터 골프 게임. 벽에 맞아 튕기는 각도와 코스 경사도 고려해 샷의 파워·각도를 결정하자. 워프 존까지 있는 개성적인 코스 18홀이 등장한다.

SIMPLE 1500 시리즈 Vol.70 : THE 워 시뮬레이션 – 인간이 창조한 자들

D3 퍼블리셔 시뮬레이션 2001년 8월 30일 1,500엔

플레이어 1인 / 메모리카드 1블록 / 아날로그 컨트롤러 지원

드라마틱한 스토리가 펼쳐지는 로봇 전략 시뮬레이션 게임. 스테이지를 클리어할 때마다 로봇(MD)의 파츠가 늘어나므로, 취향에 맞춰 커스터마이즈할 수 있다.

SIMPLE 1500 시리즈 Vol.71 : THE 연애 시뮬레이션 2 – 맞닿은 마음

D3 퍼블리셔 시뮬레이션 2001년 8월 30일 1,500엔

플레이어 1인 / 메모리카드 1블록

여름학기 강사 아르바이트중인 주인공과 귀여운 다섯 소녀간의, 약간 애절한 연애 육성 시뮬레이션 게임. 「퍼스트 Kiss☆이야기」의 제작진이 기획·각본을 맡았다.

SIMPLE 1500 시리즈 Vol.72 : THE 비치발리볼

D3 퍼블리셔 스포츠 2001년 8월 30일 1,500엔

플레이어 1~2인 / 메모리카드 1블록 / 멀티탭 지원 1~4인 / 아날로그 컨트롤러 지원

한여름의 스포츠 '비치발리볼'을 즐기는 타이틀. 세계 8개국 16명의 캐릭터가 등장하며, 콤비네이션 플레이도 다채롭다. 플레이하며 조작을 배우는 트레이닝 모드도 있다.

SIMPLE 1500 시리즈 헬로키티 Vol.1 : 볼링

D3 퍼블리셔 스포츠 2001년 8월 30일 1,500엔

플레이어 1~4인 / 메모리카드 1블록

헬로키티와 즐기는 볼링 게임. 볼을 던지는 세기와 방향만 잘 정해도 간단히 스트라이크를 노려볼 수 있다. 최대 4인 동시 플레이가 가능하니, 가족과 함께 즐겨보자.

SIMPLE 1500 시리즈 헬로키티 Vol.2 : 일러스트 퍼즐

D3 퍼블리셔 스포츠 2001년 8월 30일 1,500엔

플레이어 1인 / 메모리카드 1블록

 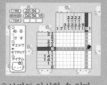

귀여운 그림이 가득한 로직 퍼즐 게임. 제한시간 내에 헬로키티 일러스트를 완성해보자. 아이템을 사용하면 어려운 문제라도 힌트를 주므로, 초보자도 안심할 수 있다.

두근두근 메모리얼 2 Substories vol.3 : Memories Ringing On

코나미 어드벤처 2001년 8월 30일 5,800엔

플레이어 1인 / 메모리카드 2블록 / 아날로그 컨트롤러 지원

「두근두근 메모리얼 2」 서브스토리 시리즈의 최종작. 히비키노 고교 졸업 1년 후, 주인공이 당시의 추억을 회상한다는 스토리다. 미니게임으로 볼링과 당구를 수록했다.

훈훈함 속에서

프린세스 소프트 어드벤처 2001년 8월 30일 6,800엔

플레이어 1인 / 메모리카드 2블록

도우미 동호회에 가입한 주인공의 학교 생활을 그린 연애 어드벤처 게임. 클럽활동으로 매력적인 히로인들과 교류하자. 휴일 데이트로 호감도를 올려 연애에 성공해보도록.

파치슬로 제왕 : 제조사 권장 매뉴얼 5 – 레이스 퀸 2·톰캣

미디어 엔터테인먼트 파치슬로 2001년 8월 30일 3,200엔

플레이어 1인 / 메모리카드 2블록 / 아날로그 컨트롤러 지원 / PocketStation 지원 +2블록

인기 파치슬로 공략 시리즈의 제 5탄. '레이스 퀸 2'와 '톰캣'을 수록했으며, 포켓스테이션도 지원한다. 릴 표시도 가능하므로, 타이밍 잡기 연습도 해볼 수 있다.

파친코 제왕 : CR 쳐라 하마짱 2·CR 가라 마츠짱 S

미디어 엔터테인먼트 파친코 2001년 8월 30일 4,800엔

플레이어 1인 / 메모리카드 1블록

다이요 일렉 사의 인기작 2대를 수록한 파친코 시뮬레이터. 다채로운 공략 기능과 자잘한 설정은 물론, 디지털 회전수와 리치 당첨률 등의 다양한 기능이 가득하다.

슈퍼특촬대전 2001

반프레스토 시뮬레이션 RPG 2001년 9월 6일 6,800엔

플레이어 1인 / 메모리카드 2~12블록 / 아날로그 컨트롤러 지원

역대 특촬 히어로들이 악에 맞서 싸우는 전략 시뮬레이션 게임. '울트라맨'·'고레인저'·'가면라이더' 등 15개 작품의 히어로들은 물론, 오리지널 변신 히어로도 등장한다.

주변기기 지원 아이콘   플레이어 1~2인   메모리카드 1~2블록   멀티탭 지원 1~4인   마우스 지원   대전케이블 2대   아날로그 조이스틱 SCPH0111(SCEI)지원   아날로그 컨트롤러 지원   PocketStation 지원   메모리카드 1~2블록   휴대전화 접속 케이블 지원 (도코모 i모드 휴대전화 지원)   특제 컨트롤러 SLPH00001(남코)지원

블록 워즈
포니 캐넌　액션　2001년 9월 6일　3,800엔

플레이어 1~2인 / 메모리카드 1블록 / 아날로그 컨트롤러 지원

블록깨기 장르에 대전 요소를 첨가한 타이틀. 자기 진영의 블록을 전부 부수거나, 센터 라인에 볼을 부딪쳐 상대 쪽으로 벽을 밀어내 상대 진영을 무너뜨리면 승리한다.

모두의 사육교실 : 사슴벌레 편
다이나　시뮬레이션　2001년 9월 6일　5,800엔

플레이어 1인 / 메모리카드 1블록

세계 각지의 사슴벌레를 키워보는 육성 시뮬레이션 게임. 일본의 왕사슴벌레 등, 세계의 대표적인 사슴벌레 14종을 사육해보자. 도감 모드로 생태 조사도 가능하다.

에버그린 애비뉴
데이팀 폴리스타　시뮬레이션　2001년 9월 13일　5,800엔

플레이어 1인 / 메모리카드 1블록

정령을 육성하는 판타지 육성 시뮬레이션 게임. 라이벌의 방해를 극복하며 7명의 요정에게 인간 세계를 가르쳐주자. 두 주인공별로 각각 다른 스토리를 준비했다.

땅거미 질 무렵 2
빅터 인터랙티브 소프트웨어　어드벤처　2001년 9월 13일　5,800엔

플레이어 1인 / 메모리카드 1블록 / 아날로그 컨트롤러 지원

「땅거미 질 무렵」(165p)의 속편. 막부 말기를 무대로, 만연한 '어둠'의 정체를 밝혀내는 호러 사운드 노벨이다. 전작의 세이브데이터를 연동시키면 스토리가 변화한다.

토요마루 클럽 Vol.1 : CR 나나시
토요마루 산업　파친코　2001년 9월 13일　3,900엔

플레이어 1인 / 메모리카드 1블록 / 아날로그 컨트롤러 지원 / 특제 컨트롤러 SLPH00007(TEN연구소)지원 / 특제 컨트롤러 SLPH00007(TEN연구소)지원

파친코 제조사 토요마루가 직접 발매한 파친코 실기 시뮬레이터. 인기 기종 'CR 나나시'를 수록해, NG 리치 액션과 연출을 재현했다. 미발표 스펙 기종도 수록하였다.

모모타로 축제 : 이시카와 로쿠에몽 편
허드슨　RPG　2001년 9월 13일　4,800엔

플레이어 1~2인 / 메모리카드 1~3블록 / 아날로그 컨트롤러 지원

'모모타로 전설'의 세계를 기반으로 삼은 파티 게임. '이야기 모드'에서는 신 캐릭터 '이시카와 로쿠에몽'이 이끄는 귀면당이 날뛴다. '유희'(미니게임) 60종 이상을 수록했다.

코못치
빅터 인터랙티브 소프트웨어　시뮬레이션　2001년 9월 20일　4,800엔

플레이어 1인 / 메모리카드 15블록 / PocketStation 지원 / 메모리카드 15블록 / 휴대전화 접속 케이블 지원(도코모 모드 휴대전화 지원)

자신의 특징·성격이 반영되는 육아 시뮬레이션 게임. 99가지 질문에 답하여 DNA를 만들고, 다른 사람의 DNA와 조합시켜 '코못치'를 만들자. 미니게임·점술 모드도 있다.

댄스 댄스 레볼루션 5th MIX
코나미　리듬 액션　2001년 9월 20일　5,980엔

플레이어 1~2인 / 메모리카드 1블록 / 아날로그 컨트롤러 지원 / 특제 컨트롤러 RU017(코나미)지원 / 특제 컨트롤러 RU023(코나미)지원 / 특제 컨트롤러 RU026(코나미)지원

아케이드판을 이식한 인기 리듬 액션 게임. 유저에게서 모집한 에디트 데이터를 수록했다. 데이터마다 제작자 이름을 게재했고, 실제 스텝 플레이도 가능하다.

FEVER 5 : SANKYO 공식 파친코 시뮬레이션
인터내셔널 카드 시스템　파친코　2001년 9월 20일　4,800엔

플레이어 1인 / 메모리카드 2블록 / 아날로그 컨트롤러 지원 / 특제 컨트롤러 SLPH00007(TEN연구소)지원 / 특제 컨트롤러 SLPH00007(TEN연구소)지원

SANKYO의 인기 기종을 재현한 파친코 시뮬레이터. '피버 십이지'·'피버 와이드 파워풀'·'피버 원령' 시리즈 각편의 총 9개 기종을 수록하였다.

이브 더 페이털 어트랙션
게임빌리지　어드벤처　2001년 9월 27일　6,800엔

플레이어 1인 / 메모리카드 1블록 / 아날로그 컨트롤러 지원

인기 어드벤처 게임 시리즈의 제 4탄. 「이브 버스트 에러」의 4년 후가 무대로서, 사립탐정 '아마기 코지로'와 수사관 '호죠 마리나'가 엽기 연쇄살인사건을 수사한다.

SIMPLE1500 시리즈 Vol.73 : THE 인베이더 - 스페이스 인베이더 1500

D3 퍼블리셔 | 슈팅 | 2001년 9월 27일 | 1,500엔

플레이어 1~2인 | 메모리카드 1블록 | 아날로그 컨트롤러 지원

오락실 여명기의 명작 「스페이스 인베이더」의 복각판. 4종류의 화면을 고를 수 있는 아케이드 모드, 3D 그래픽으로 즐기는 모드 등 총 4가지 모드를 탑재하였다.

SIMPLE1500 시리즈 Vol.74 : THE 호러 미스터리 - 참극관:케빈백작의부활

D3 퍼블리셔 | 어드벤처 | 2001년 9월 27일 | 1,500엔

플레이어 1인 | 메모리카드 2블록 | 아날로그 컨트롤러 지원

일본의 호러만화가 오차즈케 노리가 감수한 어드벤처 게임. 그의 대표작 중 하나인 '케빈 백작의 참극'이 베이스로서, 다양한 엔딩을 수록한 총 12장의 스토리를 즐긴다.

헌터×헌터 : 빼앗긴 오라 스톤

코나미 | RPG | 2001년 9월 27일 | 5,980엔

플레이어 1인 | 메모리카드 1블록

같은 제목의 인기 만화가 원작인 리얼타임 시뮬레이션 + 카드 배틀 게임. 시뮬레이션 파트는 실시간으로 진행되기에, 변화하는 상황별로 빠른 판단력을 요구한다.

페이버릿 디어 : 원환의 이야기

NEC 인터채널 | 시뮬레이션 RPG | 2001년 9월 27일 | 4,800엔

플레이어 1인 | 메모리카드 3블록

PC용 게임을 이식한 시뮬레이션 RPG. 용사를 인도하는 천사가 되어 세계를 구하는 것이 목적이다. 용사 후보는 13명. 용사들로 파티를 편성해, 여러 사건을 해결하자.

메모리즈 오프 2nd

키드 | 어드벤처 | 2001년 9월 27일 | 6,800엔

플레이어 1인 | 메모리카드 1블록 | 아날로그 컨트롤러 지원

인기 연애 어드벤처 게임의 제 2탄. 여름방학 한 달간 만나게 되는 소녀들과의 이야기가 펼쳐진다. 등장하는 소녀들 개개인마다 독자적인 시나리오와 엔딩이 있다.

키즈스테이션 바바파파

선 소프트 | 에듀테인먼트 | 2001년 10월 4일 | 3,800엔

플레이어 1인 | 키즈스테이션 전용 컨트롤러 지원

세계적인 인기 그림책 '바바파파'의 캐릭터를 사용한 교육용 소프트. 간단 조작으로 가벼운 미니 게임을 플레이하면서, 바바파파 가족과 함께 학습할 수 있다.

메모리얼☆시리즈 : 선 소프트 Vol.1

선 소프트 | 액션 | 2001년 10월 4일 | 1,500엔

플레이어 1~2인

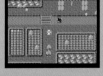

선 소프트의 페미컴 작품집 제 1탄. 「민란」과 「슈퍼 아라비안」을 수록했다. 게임 본편은 물론, '자료'·'퀴즈'·'음악' 코너도 별도로 준비했다.

키즈스테이션 헬로키티의 말하는 ABC

아틀라스 | 에듀테인먼트 | 2001년 10월 11일 | 3,800엔

플레이어 1~2인 | 키즈스테이션 전용 컨트롤러 지원

'헬로키티'의 캐릭터를 활용한 영어 학습용 소프트. 게임으로 영어를 배우는 모드를 다수 탑재했으며, 텍스트만으로는 배울 수 없는 원어민 발음을 습득시켜준다.

니시진 파친코 철저공략 : CR하나만속보 & CR 유령 랜드

미디어 링 | 파친코 | 2001년 10월 11일 | 3,800엔

플레이어 1인

니시진 사의 인기 기종을 수록한 파친코 시뮬레이터. 'CR 하나만'과 'CR 유령 랜드'를 재현했고, 데이터 수집부터 핀 조정까지 가능한 공략을 돕는 기능이 가득하다.

신장개업!! 멍멍 바다이야기 : 산요 파친코 파라다이스 DX

아이렘 소프트웨어 엔지니어링 | 파친코 | 2001년 10월 25일 | 4,800엔

플레이어 1인 | 메모리카드 1블록 | 아날로그 컨트롤러 지원

산요 사의 인기 기종을 수록한 파친코 시뮬레이터. 'CR 바다이야기 3R'·'CR 멍멍 파라다이스 SK'·'CR 바다이야기 6'의 신 셀판 5개 기종을 수록해, 공략을 도와준다.

주변기기 지원 아이콘 | 플레이어 1~2인 | 메모리카드 1~2블록 | 멀티탭지원 1~4인 | 마우스 지원 | 대전케이블 2대 | 아날로그 조이스틱 SCPH0111(SCEI) 지원 | 아날로그 컨트롤러 지원 | PocketStation 지원 | 메모리카드 1~2블록 | 휴대전화 접속 케이블 지원 (도코모 i모드 휴대전화 지원) | 특제 컨트롤러 SLPH00001(남코) 지원

SIMPLE 1500 실용 시리즈 Vol.10 : 타로 점술

D3 퍼블리셔　점술　2001년 10월 25일　1,500엔

플레이어 1인　아날로그 컨트롤러 지원

점술가와의 대화 형식으로 진행되는 타로 점술 소프트. 3가지 점술 모드를 탑재했으며, '타로 강좌'를 통해 역사부터 점술 방법까지 초보자라도 알기 쉽도록 해설한다.

SIMPLE 1500 시리즈 Vol.75 : THE 더블 슈팅 -레이스톰×레이크라이시스

D3 퍼블리셔　슈팅　2001년 10월 25일　1,500엔

플레이어 1~2인　메모리카드 1블록　아날로그 컨트롤러 지원　PocketStation 지원　메모리카드 +14블록

이른바 '레이' 시리즈의 후기 작품인 「레이스톰」「레이크라이시스」를 합본했다. 이 버전은 일부 음악이 빠졌지만, 이를 감수한다면 가성비가 좋은 타이틀이다.

SIMPLE 1500 시리즈 Vol.76 : THE 피구

D3 퍼블리셔　스포츠　2001년 10월 25일　1,500엔

플레이어 1~2인

간단한 조작으로 피구를 즐기는 게임. 개성 만점의 8개 팀이 등장하며, 필살 슛도 존재한다. 적의 공격을 잘 캐치하여, 필살 슛으로 연결해 보자.

SIMPLE 1500 시리즈 Vol.77 : THE 수영

D3 퍼블리셔　스포츠　2001년 10월 25일　1,500엔

플레이어 1~2인　메모리카드 1블록　멀티탭 지원 1~4인　아날로그 컨트롤러 지원

아날로그 컨트롤러로 헤엄치는 수영 게임. 자유형·접영·평영 등의 영법에 맞춰 조작계가 바뀌므로, 리얼한 수영 체험이 가능하다. 최대 4명 동시 플레이도 지원한다.

SIMPLE 1500 시리즈 Vol.78 : THE 제로욘

D3 퍼블리셔　레이싱　2001년 10월 25일　1,500엔

플레이어 1~2인　메모리카드 1블록　아날로그 컨트롤러 지원

400미터 직선주행으로 대결하는 드래그 레이스 '제로욘'이 테마인 레이스 게임. 가도부터 시작해 하천변·창고지대 등을 재현한 5개 코스가 나온다. 상금으로 튜닝도 가능.

SIMPLE 1500 시리즈 헬로키티 Vol.3 : 블록깨기

D3 퍼블리셔　액션　2001년 10월 25일　1,500엔

플레이어 1인　메모리카드 1블록　아날로그 컨트롤러 지원

헬로키티 캐릭터를 활용한 블록깨기 게임. 파라솔을 사용해 볼을 받아치자. 블록에 숨겨진 아이템을 입수하여 키티의 색칠용 그림을 수집해야 한다.

SIMPLE 1500 시리즈 헬로키티 Vol.4 : 트럼프

D3 퍼블리셔　테이블　2001년 10월 25일　1,500엔

플레이어 1~2인　메모리카드 1블록

헬로키티와 트럼프를 즐기는 테이블 게임. 대부호·포커·신경쇠약 등 8종류의 게임을 수록하였다. 트럼프에서 승리해 키티의 일러스트 CG를 모아보자.

SIMPLE 캐릭터 2000 시리즈 Vol.1 : 기동전사 건담 THE 군인장기

반다이　테이블　2001년 10월 25일　2,000엔

플레이어 1~2인　메모리카드 1블록

'기동전사 건담'의 1년전쟁이 테마인 '군인장기' 게임. 연방군 또는 지온군 지휘관이 되어 아군을 승리로 이끌어보자. 모빌슈츠와 모빌아머가 장기말로 등장한다.

SIMPLE 캐릭터 2000 시리즈 Vol.2 : 아프로켄 THE 퍼즐

반다이　퍼즐　2001년 10월 25일　2,000엔

플레이어 1~2인　메모리카드 1블록　아날로그 컨트롤러 지원

컬러풀한 강아지 캐릭터 '아프로켄'이 테마인 퍼즐 게임. 같은 색 아프로켄을 4개 이어붙여 '블록켄'을 분쇄하자. 40종류 이상의 아프로켄을 모아둔 도감 모드도 있다.

SIMPLE 캐릭터 2000 시리즈 Vol.3 : 가면라이더 THE 바이크레이스

반다이　레이싱　2001년 10월 25일　2,000엔

플레이어 1~2인　메모리카드 1블록　아날로그 컨트롤러 지원

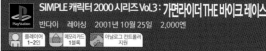

가면라이더가 악의 조직을 물리치며 골로 달리는 레이싱 게임. 역대 가면라이더 13명의 치열한 배틀이 펼쳐진다. '그랑프리'와 '배틀로얄' 2가지 모드를 탑재했다.

SuperLite 1500 시리즈 : Castrol HONDA VTR

석세스 레이싱 2001년 10월 25일 1,500엔

플레이어 1~2인 / 메모리카드 2블록 / 아날로그 컨트롤러 지원

캐스트롤 혼다가 전면 협력한 바이크 레이싱 게임. 세계 4대륙에 존재하는 22개 코스에서 챔피언이 되자. 아날로그 컨트롤러의 세밀한 조작도 제대로 지원한다.

SuperLite Gold 시리즈 : 모두의 바둑

석세스 바둑 2001년 10월 25일 1,800엔

플레이어 1~2인 / 메모리카드 3블록

프로 기사 우메자와 유카리가 출연하는 학습용 동영상을 수록한 바둑 소프트. 우메자와가 자신의 수를 평가해주는 '대국 모드'가 있고, 초보자도 기초부터 배울 수 있다.

슬로터 매니아 core : 한여름의 열기! 오아시스

도라스 파치슬로 2001년 11월 8일 3,300엔

플레이어 1인 / 메모리카드 1블록 / 아날로그 컨트롤러 지원

파이오니어 사의 유명 오키나와 슬롯 기종을 수록한 파치슬로 시뮬레이터. 히비스커스 꽃이 피는 보너스 화면이 인기였던 '오아시스'를 수록해, 실전적인 플레이를 제공한다.

키즈스테이션 곰돌이 푸 : 숲속 친구들과 1·2·3

아틀라스 에듀테인먼트 2001년 11월 15일 3,800엔

플레이어 1인 / 키즈스테이션 전용 컨트롤러 지원

곰돌이 푸와 함께 놀며 사고력·판단력을 키우는 교육용 소프트. 산수의 기초를 담은 미니게임 16종을 수록해, 아이가 게임을 즐기면서 산수도 배울 수 있다.

키즈스테이션 미키와 친구들 : 여러 가지 숫자놀이

아틀라스 에듀테인먼트 2001년 11월 15일 3,800엔

플레이어 1인 / 키즈스테이션 전용 컨트롤러 지원

미키 및 친구들과 즐기며 공부하는 교육용 소프트. 보물찾기·요리 등의 개성적인 10가지 미니게임으로 '숫자' 관련 지식을 익힌다. 난이도도 3단계로 선택 가능하다.

파치슬로 아루제 왕국 5

아루제 파치슬로 2001년 11월 15일 5,800엔

플레이어 1인 / 메모리카드 3블록

아루제 사의 인기 기종을 수록한 파치슬로 시뮬레이터. '컨티 4X'·'인터컨티'·'갬블 콤보 2'·'나이트 저스티스'·'서프 트립'을 수록하였다.

파치슬로 제왕 : 제조사 권장 매뉴얼 6 - 보물선

미디어 엔터테인먼트 파치슬로 2001년 11월 15일 3,800엔

플레이어 1인 / 메모리카드 2블록

헤이와 사의 액정 파치슬로를 시뮬레이트한 타이틀. 리플레이의 존재의의를 바꾼 경이의 ART 머신 '보물선'을 수록했으며, 초보자라도 안심인 교습 모드도 있다.

헬릭스 : 피어 이펙트

에이도스 인터랙티브 액션 2001년 11월 15일 6,800엔

플레이어 1인 / 메모리카드 1블록 / 아날로그 컨트롤러 지원

주인공 '하나'·'레인'이 활약하는 3D 어드벤처 게임. 난치병 '에인즈' 치료법을 찾아내 최악의 위기에서 인류를 구하자. 120분이 넘는 동영상으로 장대한 스토리를 펼친다.

드래곤 퀘스트 Ⅳ : 인도받은 자들

에닉스 RPG 2001년 11월 22일 6,800엔

플레이어 1인 / 메모리카드 1블록 / 아날로그 컨트롤러 지원

패미컴 원작의 리메이크 이식작. 총 5장으로 구성된 옴니버스 스토리로서, 다양한 숙명에 맞서는 동료들의 모험도 즐기게 된다. 3D 맵과 연출 등, 수많은 요소가 진화했다.

팝픈 뮤직 5

코나미 리듬 액션 2001년 11월 22일 4,800엔

플레이어 1~2인 / 메모리카드 1블록 / 아날로그 컨트롤러 지원 / 휴대전화 접속 케이블 지원 (도코모 모드 휴대전화 지원) / 특제 컨트롤러 RU014(코나미) 지원

인기 시리즈의 제5탄. 신 캐릭터를 추가했고, 오리지널 곡을 포함해 100종 이상의 스테이지를 수록했다. 낙하하는 '팝 군'의 타이밍에 맞춰 버튼을 눌러 음악을 연주하자.

미스터 드릴러 그레이트

남코　액션　2001년 11월 22일　4,800엔

플레이어 1~2인 / 메모리카드 1블록

2000년 발매되었던 「미스터 드릴러」(122p)의 속편. 아케이드판의 이식작으로서, 더욱 격렬한 지저 돌파 액션을 즐길 수 있다. 신규 모드 '드릴러 레이스'를 탑재했다.

가면라이더 아기토

반다이　3D 대전격투　2001년 11월 29일　4,800엔

플레이어 1~2인 / 메모리카드 1블록 / 아날로그 컨트롤러 지원

같은 제목의 특촬 드라마가 원작인 격투 액션 게임. 아기토·길스·G3는 변신 버튼으로 변신이 가능하며, 태그를 짜 협력하거나 커스터마이즈한 G3로 싸울 수도 있다.

키즈스테이션 울트라맨 코스모스 : 용사의 맹세

반다이　에듀테인먼트　2001년 11월 29일　3,800엔

플레이어 1인 / 메모리카드 1블록 / 키즈스테이션 전용 컨트롤러 지원

같은 제목의 특촬 드라마가 모티프인 교육용 소프트. 무사시 대원과 함께 숫자·글자를 배운다. '울트라맨' 시리즈명으로 글자를 배우는 '히라가나 50음도표'를 수록했다.

키즈스테이션 짱구는 못 말려 : 나랑 추억을 만들자!

반다이　에듀테인먼트　2001년 11월 29일　3,800엔

플레이어 1인 / 메모리카드 1블록 / 키즈스테이션 전용 컨트롤러 지원

'짱구는 못 말려'의 캐릭터들과 놀면서 공부하는 교육용 소프트. 28종류의 미니게임을 수록했으며, 좋은 성적을 거두면 앨범에 추억의 사진이 점차 늘어난다.

키즈스테이션 도라에몽 : 비밀의 4차원 주머니

반다이　에듀테인먼트　2001년 11월 29일　3,800엔

플레이어 1인 / 키즈스테이션 전용 컨트롤러 지원

'도라에몽'에 등장하는 캐릭터들과 노래나 체조를 즐기는 미니게임 모음집. 음성으로 놀이방법을 알려주므로 누구나 쉽게 플레이할 수 있다. 보너스 요소도 충실하다.

키즈스테이션 미소녀전사 세일러문 월드 : 꼬마우사기와 매일매일 즐겁게

반다이　에듀테인먼트　2001년 11월 29일　3,800엔

플레이어 1인 / 메모리카드 1블록 / 키즈스테이션 전용 컨트롤러 지원

원작 TV 애니메이션풍의 스토리로 즐기는 교육용 소프트. 세일러문·꼬마우사기와 놀면서 단어와 예절을 익힌다. 뮤지컬 노래나 댄스를 감상할 수도 있다.

최강 은성쇼기

아이매직　쇼기　2001년 11월 29일　5,800엔

플레이어 1~2인 / 메모리카드 1블록

75만 수에 달하는 막대한 정석 DB를 탑재한 쇼기 게임. 사고시간 단축과 인간다운 착수를 구현했다. CPU의 난이도는 4단계로 설정 가능. 기보 저장도 지원한다.

ZANAC × ZANAC

컴파일　슈팅　2001년 11월 29일　4,980엔

플레이어 1~2인 / 메모리카드 1블록 / 아날로그 컨트롤러 지원

컴파일 사가 제작한 명작 슈팅 게임 「자낙」의 패미컴판(여러 가지 버전을 수록했다)과, 플레이스테이션용 신작 「자낙 네오」를 합본해 수록한 작품이다.

SIMPLE 캐릭터 2000 시리즈 Vol.4 : 말썽꾸러기 치에 THE 화투

반다이　화투　2001년 11월 29일　2,000엔

플레이어 1인 / 메모리카드 1블록

같은 제목의 인기 만화 캐릭터와 화투를 즐기는 테이블 게임. 코이코이·오이쵸카부·하나아와세를 플레이할 수 있다. 토너먼트에서 우승하면 '치에 화투'가 등장한다.

SuperLite 3 in 1 시리즈 : 스도쿠 모음집

석세스　퍼즐　2001년 11월 29일　2,800엔

플레이어 1인 / 메모리카드 3블록

간단하면서도 깊이가 있는 숫자 퍼즐 '스도쿠'의 자사 기존작 3개 작품을 합본한 재발매판. 니코리 사의 퍼즐 600문제를 수록했으며, 초보자부터 상급자까지 커버한다.

SuperLite Gold 시리즈 : 모두의 체스

 석세스　체스　2001년 11월 29일　1,800엔

플레이어 1~2인　메모리카드 1블록

10단계로 난이도 설정이 가능한 체스 게임. 체스 엔진의 세계적 권위자인 프랑크 슈나이더가 고
안한 최신 사고루틴을 탑재하여, 고도의 심리전을 즐길 수 있다.

세계최강 은성바둑

 아이매직　바둑　2001년 11월 29일　5,800엔

플레이어 1~2인　메모리카드 1블록

컴퓨터바둑세계선 수권대회에서 우승 한 'KCC바둑'을 탑 재한 바둑 소프트. 9·13·19줄 바둑판을
지원하며, CPU 난이도는 4단계로 설정할 수 있다. 기보 저장도 가능하다.

DX 인생게임 IV

타카라　파티　2001년 11월 29일　5,800엔

플레이어 1~4인　메모리카드 3블록　멀티탭지원 1~4인　아날로그 컨트롤러 지원

인기 보드 게임 시 리즈의 제 4탄. 4,500종의 이벤트와 79종의 직업을 수록 해, 전작 대비로 볼
륨이 대폭 늘어났다. 신규 모드인 '미래일기'에서 목표를 향해 경쟁하자.

NICE PRICE 시리즈 Vol.1 : 일본프로마작연맹 공인 본격 프로마작

디지큐브　마작　2001년 11월 29일　2,200엔

플레이어 1인　아날로그 컨트롤러 지원

일본프로마작연맹 공인 게임. 코지마 타케오·나다 아사타 로부터 미인 여류작 사 니카이도 자매까
지, 실존 작사들의 수를 충실히 재현했다. 등장 프로 8명과의 대전도 가능.

NICE PRICE 시리즈 Vol.2 : 본격 쇼기 교습

디지큐브　쇼기　2001년 11월 29일　2,200엔

플레이어 1~2인　메모리카드 5블록

강력한 사고루틴 을 탑재한 쇼기 소 프트. 대국 중심으 로 순수하게 승부를 즐기도록 구성했다.
초보자용의 '쇼기 교습' 모드에서는 기본 규칙을 항목별로 해설한다.

해피 조깅 in Hawaii

트와일라이트 익스프레스　기타　2001년 11월 29일　2,600엔

플레이어 1인　메모리카드 1블록　아날로그 컨트롤러 지원　특제 컨트롤러 스테퍼 컨트롤러지원

경치를 감상하며 운 동하는 조깅 소프 트. 관광명소로 유 명한 와이키키의 경 치를 집에서 즐긴
다. 매일 필요한 운동 소비열량을 자동으로 간단히 계산해주기도 한다.

백수전대 가오레인저

반다이　액션　2001년 11월 29일　4,800엔

플레이어 1인　메모리카드 1블록　아날로그 컨트롤러 지원

같은 제목의 인기 특촬드라마를 액션 게임화했다. 가오레 인저가 되어 오르그 에 맞서자. 정령왕
가오킹을 조작해 거대 오르그와 싸우는 거대 로봇 배틀도 펼쳐진다.

록맨 X6

캡콤　액션　2001년 11월 29일　5,800엔

플레이어 1인　메모리카드 1블록　아날로그 컨트롤러 지원

「록맨 X5」(143p)의 속편. 전작의 3주일 후가 무대로서, 지 구에 남아있는 레플 리로이드들을 구출
해야 한다. 공격 액션 및 패턴이 증가하여 전략성이 상승했다.

해리 포터와 마법사의 돌

일렉트로닉 아츠 스퀘어　어드벤처　2001년 12월 1일　5,300엔

플레이어 1인　메모리카드 1블록　아날로그 컨트롤러 지원

같은 제목의 대히트 영화가 원작인 3D 어드벤처 게임. 비 밀통로를 빠져나와 호그와트 마법학교
의 비밀을 밝혀내자. 마법세계의 인기 스포츠 '퀴디치'도 즐길 수 있다.

디지몬 테이머즈 : 배틀 에볼루션

반다이　액션　2001년 12월 6일　5,800엔

플레이어 1~2인　메모리카드 1블록　아날로그 컨트롤러 지원

시리즈 최초의 대전 액션 게임. TV 애니 메이션에 등장했던 디지몬이 모두 나와 화끈한 배틀을 펼친
다. 6종류의 배틀 스테이지에는 수많은 함정이 도사리고 있다.

주변기기 지원 아이콘　플레이어 1~2인　메모리카드 1~2블록　멀티탭지원 1~4인　마우스 지원　대전케이블 2대 　아날로그 조이스틱 SCPH0111(SCEI)지원 　아날로그 컨트롤러 지원　PocketStation 지원 　메모리카드 1~2블록　휴대전화 접속 케이블 지원(도코모/모드 휴대전화 지원) 　특제 컨트롤러 SLPH00001(남코) 지원

DX 백인일수

타카라 테이블 2001년 12월 6일 2,800엔

플레이어 1~4인 | 메모리카드 1블록 | 멀티탭 지원 1~4인

낭독자 없이도 백인일수를 즐길 수 있는 테이블 게임. 본격적인 '경기 카루타', 패들을 펼쳐놓고 쟁탈하는 '펼치기 쟁탈전', 마지막까지 예측불허인 '스님 넘기기'를 수록했다.

파치슬로 완전공략 : 타카사고 슈퍼 프로젝트 VOL.2

시스컴 엔터테인먼트 파치슬로 2001년 12월 6일 3,800엔

플레이어 1인 | 메모리카드 1~15블록

타카사고 사의 인기 기종을 공략하는 파치슬로 시뮬레이터. 당시 최신 기종이었던 '카니발 나이트', 폭렬 기능을 탑재한 '산보 천국'·'심부름 천국 – 30'을 수록하였다.

메모리얼☆시리즈 : 선 소프트 Vol.2

선 소프트 버라이어티 2001년 12월 6일 1,500엔

플레이어 1인

선 소프트의 패미컴 게임 작품집 제 2탄. 퍼즐을 풀며 진행하는 점프 액션 게임 「아틀란티스의 비밀」과 탐색형 카 액션 게임 「루트 16 터보」를 커플링 수록했다.

키즈스테이션 두근두근☆탈것 대모험

선 소프트 에듀테인먼트 2001년 12월 13일 3,800엔

플레이어 1인 | 키즈스테이션 전용 컨트롤러 지원

다양한 '탈것'을 운전하며 '탈것'의 재미를 만끽하는 교육용 소프트. 스토리로 배우는 '모험 모드'와 미니게임을 즐기다 보면 상상력과 사고력이 자라난다.

키즈스테이션 퐁킥키즈 21 : 게임 장난감 상자

선 소프트 에듀테인먼트 2001년 12월 13일 3,800엔

플레이어 1인 | 키즈스테이션 전용 컨트롤러 지원

당시 일본의 어린이 프로 '퐁킥키즈 21'의 캐릭터가 등장하는 교육용 소프트. 14가지 미니게임을 가차퐁·무크와 함께 플레이한다. 간단한 조작으로 여러 가지를 배워보자.

오늘 밤도 돈궤짝!! 2001

E3 스탭 파친코 2001년 12월 13일 5,800엔

플레이어 1인 | 메모리카드 1블록 | 아날로그 컨트롤러 지원

당시 일본의 TV 예능프로 '오늘 밤도 돈궤짝!!'과 제휴한 파친코 시뮬레이터의 제 3탄. 'CR 날씨 스튜디오 K1'·'CR 캣칼라 K1'·'제로 타이거'를 수록하였다.

시스터 프린세스 : 퓨어 스토리즈

미디어웍스 어드벤처 2001년 12월 13일 4,800엔

플레이어 1인 | 메모리카드 3블록

「시스터 프린세스」(153p)의 세계를 보완하는 어드벤처 게임. '크리스마스 스토리'와 '밸런타인 스토리'가 메인 모드이며, 미니게임도 수록했다.

SIMPLE 1500 실용 시리즈 Vol.11 : 집에서 해보는 지압

D3 퍼블리셔 에듀테인먼트 2001년 12월 13일 1,500엔

플레이어 1인

집에서 할 수 있는 지압요법을 담은 타이틀. 현대인의 고민인 '눈·어깨·허리의 피로', '다리 붓기', '비만' 등의 다양한 증세·조건에 맞는 최적의 경혈을 검색할 수 있다.

SIMPLE 1500 실용 시리즈 Vol.12 : 가정의학 진단사전

D3 퍼블리셔 에듀테인먼트 2001년 12월 13일 1,500엔

플레이어 1인

의사의 문진 형식으로, 걸렸을 가능성이 있는 병과 그 예방법을 검색하는 소프트. 심상찮은 증세나 부위를 선택해 문진에 답하면, 가능성이 높은 병명을 정리해준다.

두근두근 프리티 리그 : Lovely Star

엑싱 어드벤처 2001년 12월 13일 6,800엔

플레이어 1인 | 메모리카드 2블록

인기 시리즈의 제 3탄. 요코하마 미사키 학원 야구부 창설을 위해 분투하는 소녀들을 그린 연애 어드벤처 게임이다. 매니저로서 여자야구동호회를 학생회로부터 지켜내자.

HARDWARE
1994
1995
1996
1997
1998
1999
2000
2001
2002
2003
2004
INDEX

탑블레이드 : 베이 배틀 토너먼트

타카라　시뮬레이션　2001년 12월 13일　4,800엔

플레이어 1~2인 / 메모리카드 1블록 / 아날로그 컨트롤러 지원

인기 애니메이션(원제는 '폭전슛 베이블레이드')이 원작인 시뮬레이션 게임. 탑블레이드로 세계의 블레이더들과 싸우자. 배틀 중에 파워를 모으면 화려한 필살기가 나간다.

머메이드의 계절

게임빌리지　어드벤처　2001년 12월 13일　6,800엔

플레이어 1인 / 메모리카드 2~9블록

PC판을 이식한 연애 어드벤처 게임. 안드로이드가 일반화된 근미래를 무대로, 주인공이 여름방학에 체험하는 신비한 스토리를 그렸다. 린의 시나리오를 신규 추가했다.

운동부족 해소! 오늘부터 시작하는 다이어트 입문 세트 : 오렌지

트와일라이트 익스프레스　기타　2001년 12월 20일　9,800엔

플레이어 1인 / 메모리카드 1블록 / 아날로그 컨트롤러 지원 / 특제 컨트롤러 스테퍼 컨트롤러지원

「해피 조깅 in Hawaii」(172p)와 스테퍼 컨트롤러를 합본한 세트 상품. 패키지를 스테퍼 컨트롤러의 색상에 맞춰 오렌지·블루 컬러로 나누었다.

운동부족 해소! 오늘부터 시작하는 다이어트 입문 세트 : 블루

트와일라이트 익스프레스　기타　2001년 12월 20일　9,800엔

플레이어 1인 / 메모리카드 1블록 / 아날로그 컨트롤러 지원 / 특제 컨트롤러 스테퍼 컨트롤러지원

「해피 조깅 in Hawaii」(172p)와 스테퍼 컨트롤러를 합본한 세트 상품. 게임 자체는 동일하며, 이 패키지에는 블루 컬러의 스테퍼 컨트롤러를 동봉했다.

퀴즈$밀리어네어

에이도스 인터랙티브　퀴즈　2001년 12월 20일　4,800엔

플레이어 1~4인 / 멀티탭지원 1~4인

일본 후지TV 계열에서 방영됐던 인기 퀴즈프로를 게임화했다. 특유의 '전화 퀴즈'·'50 : 50'·'방청객 퀴즈'를 재현했으며, 4인까지 참가 가능한 대전 모드도 탑재했다.

고에몽 : 신세대 계승!

코나미　액션　2001년 12월 20일　5,800엔

플레이어 1인 / 메모리카드 1블록

설정과 캐릭터 디자인을 리뉴얼한 신세대 「고에몽」. 횡스크롤 액션 게임으로서, 고에몽이나 에비스를 조작해 NIPPON을 여행하며 요괴에게 빙의당한 무장들을 격파하자.

실황 파워풀 프로야구 2001 결정판

코나미　스포츠　2001년 12월 20일　5,800엔

플레이어 1~2인 / 메모리카드 2~10블록 / 아날로그 컨트롤러 지원

2001년도 일본 프로야구 완전 데이터를 수록한 '파워프로' 신작. 한 팀당 44명의 선수가 등록되며, '드라마틱 페넌트'에는 신규 모드 '팜 로드'·'캠프 로드'도 탑재했다.

SIMPLE 1500 시리즈 Vol.79 : THE 사천성

D3 퍼블리셔　퍼즐　2001년 12월 20일　1,500엔

플레이어 1인 / 메모리카드 1블록

같은 무늬의 마작패를 선으로 연결해 없애가는 퍼즐 게임. 문제 수는 34의 144제곱으로, 사실상 무한대나 다름없다. 이지 모드·노멀 모드 등 여러 게임 모드를 탑재했다.

SIMPLE 1500 시리즈 Vol.80 : THE 땅따먹기 - 볼피드 1500

D3 퍼블리셔　액션　2001년 12월 20일　1,500엔

플레이어 1인 / 메모리카드 1블록 / 아날로그 컨트롤러 지원

타이토 사가 1989년 출시했던 아케이드용 게임의 이식판. 자신의 진지를 확장해간다는 단순한 룰은 그대로이며, 새로운 룰을 추가한 어레인지 모드 등도 탑재했다.

SIMPLE 1500 시리즈 Vol.81 : THE 연애 어드벤처 : 오카에릿!

D3 퍼블리셔　어드벤처　2001년 12월 20일　1,500엔

플레이어 1인 / 메모리카드 1블록

풀보이스로 즐기는 연애 어드벤처 게임. 자신이 태어난 고향으로 돌아온 주인공과, 다섯 소녀들의 이야기다. 선택지로 시나리오가 분기되어 다양한 스토리가 전개된다.

주변기기 지원 아이콘　플레이어 1~2인 / 메모리카드 1~2블록 / 멀티탭지원 1~4인 / 마우스 지원 / 대전 케이블 2대 / 아날로그 조이스틱 SCPH0111(SCEI) 지원 / 아날로그 컨트롤러 지원 / PocketStation 지원 / 메모리카드 1~2블록 / 휴대전화 접속 케이블 지원 (도코모 모드 휴대전화 지원) / 특제 컨트롤러 SLPH00001(남코) 지원

SIMPLE 1500 시리즈 Vol.83 : THE 웨이크보드

D3 퍼블리셔 액션 2001년 12월 20일 1,500엔

플레이어 1인 | 메모리카드 1블록 | 아날로그 컨트롤러 지원

여름을 대표하는 익스트림 스포츠 '웨이크보드'의 게임판. 토너먼트를 진행하는 '옵스터클 레이스 모드'와, 트릭을 구사하는 '트릭 모드'를 탑재했다.

SIMPLE 캐릭터 2000 시리즈 Vol.5 : 하이스쿨!기면조.기면조 THE 테이블 하키

반다이 스포츠 2001년 12월 20일 2,000엔

플레이어 1~2인 | 메모리카드 1블록 | 멀티탭지원 1~4인 | 아날로그 컨트롤러 지원

같은 제목의 인기 애니메이션이 원작인 테이블 하키 게임. 개성 만점의 캐릭터 11명이 등장해 각자의 목적을 위해 싸운다. 호화 성우진이 풀보이스로 출연한다.

SuperLite 3 in 1 시리즈 : 퀴즈 모음집

석세스 퀴즈 2001년 12월 20일 2,800엔

플레이어 1~2인 | 메모리카드 3블록

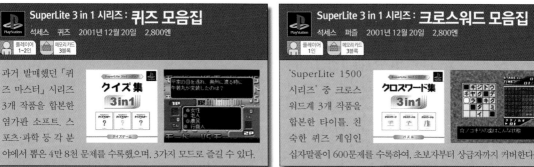

과거 발매했던 「퀴즈 마스터」 시리즈 3개 작품을 합본한 염가판 소프트. 스포츠·과학 등 각 분야에서 뽑은 4만 8천 문제를 수록했으며, 3가지 모드로 즐길 수 있다.

SuperLite 3 in 1 시리즈 : 크로스워드 모음집

석세스 퍼즐 2001년 12월 20일 2,800엔

플레이어 1인 | 메모리카드 3블록

'SuperLite 1500 시리즈' 중 크로스워드계 3개 작품을 합본한 타이틀. 친숙한 퀴즈 게임인 십자말풀이 600문제를 수록하여, 초보자부터 상급자까지 커버한다.

SuperLite 3 in 1 시리즈 : 낚시 게임 모음집

석세스 스포츠 2001년 12월 20일 2,800엔

플레이어 1인 | 메모리카드 3블록 | 아날로그 컨트롤러 지원 | 특제 컨트롤러 SLPH00100(아스키)지원

'SuperLite 1500 시리즈' 중 「피싱 클럽」 3개 작품을 합본 수록한 타이틀. 백사장·방파제·보트를 무대로 삼아, 개성적인 물고기들을 신나게 낚아 올릴 수 있다.

이누야샤

반다이 RPG 2001년 12월 27일 5,800엔

플레이어 1인 | 메모리카드 2블록 | 아날로그 컨트롤러 지원

같은 제목의 인기 애니메이션이 원작인 RPG. 원작을 따라가는 스토리는 물론, 오리지널 시나리오도 제공한다. 배틀에선 기술 하나 당 여러 패턴의 애니메이션을 수록했다.

제트 콥터 엑스

아쿠아 시스템 시뮬레이션 2001년 12월 27일 4,980엔

플레이어 1인 | 메모리카드 1블록 | 아날로그 컨트롤러 지원

회전익 기체의 진수를 체험하는 헬리콥터 조종 시뮬레이션 게임. 5기종의 헬리콥터는 4종류로 시점 전환이 가능하며, 리플레이 모드로 비행 체크도 할 수 있다.

뛰자! 날자! 다이어트

트와일라이트 익스프레스 기타 2001년 12월 27일 3,500엔

플레이어 1~2인 | 메모리카드 1블록 | 아날로그 컨트롤러 지원 | 특제 컨트롤러 스테퍼컨트롤러지원

전용 스테퍼 컨트롤러를 사용해 공중에서 산보를 즐기며 다이어트할 수 있는 액션 게임. 주인공을 조작해, 공중에 떠다니는 다이어트 아이템을 입수하자.

HEIWA 팔러 프로 : 독차지 킹 스페셜

남코 / 니혼 텔레네트 파친코 2001년 12월 27일 5,200엔

플레이어 1인 | 메모리카드 1블록

헤이와 사의 2개 기종을 재현한 파친코 시뮬레이터. 'CR 독차지 킹 K'와 'CR 독차지 킹 J'를 수록했고, '대여구슬 단위 변경' 등 각종 옵션도 충실하다.

메모리얼☆시리즈 : 선 소프트 Vol.3

선 소프트 액션 2001년 12월 27일 1,500엔

플레이어 1~2인

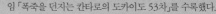

선 소프트의 패미컴 게임 작품집 제3탄. 여전사의 모험담인 「마둘라의 날개」와 점프 액션 게임 「폭죽을 던지는 칸타로의 도카이도 53차」를 수록했다.

HARDWARE | 1994 | 1995 | 1996 | 1997 | 1998 | 1999 | 2000 | 2001 | 2002 | 2003 | 2004 | INDEX

HARDWARE

1994
1995
1996
1997
1998
1999
2000
2001
2002
2003
2004
INDEX

2002
PlayStation Game Software Catalogue

2002년에 발매된 타이틀 수는 총 223종이다. 일본의 경우, PS2 쪽은 PlayStation BB 서비스 개시와 「파이널 판타지 XI」 발매로 본격적인 온라인 게임 시대의 막이 열렸으나, 플레이스테이션 쪽은 대체로 전년도와 비슷하게 1~2천 엔대 염가 게임 및 교육용 소프트 위주의 플랫폼으로 활용되었다.

필살 파친코 스테이션 SP3

선 소프트　파친코　2002년 1월 1일　4,800엔

플레이어 1인 ｜ 아날로그 컨트롤러 지원 ｜ 특제 컨트롤러 SLPH00007TEN연구소지원 ｜ 특제 컨트롤러 SLPH00070TEN연구소지원

인기 파친코 시뮬레이터의 제 3탄. 'CR 몬스터 하우스', 'CR 배틀 히어로 V', 'CR 프루츠 패션', '파인 플레이', 'CR 유유 오공'까지 5개 기종을 수록하였다.

슬로터 매니아2 : 초열 30Φ! 하나하나 & 킹바리 & 하이시오

도라스　파치슬로　2002년 1월 17일　5,800엔

플레이어 1인 ｜ 메모리카드 2블록 ｜ 아날로그 컨트롤러 지원

인기 오키나와 슬롯 3개 기종을 재현한 파치슬로 시뮬레이터. '하나하나-30'· '킹바리-30'·'하이하이 시오사이-30'을 탑재했으며, 확률 업 버전도 겸비했다.

SIMPLE 캐릭터 2000 시리즈 Vol.6 : 명랑 개구리 뽕키치 THE 마작

반다이　마작　2002년 1월 24일　2,000엔

플레이어 1인 ｜ 메모리카드 1블록

인기 애니메이션(원제는 '근성 개구리')의 캐릭터를 활용한 마작 게임. 히로시·뽕키치 등 총 12명의 캐릭터가 초밥 뷔페를 걸고 대결한다. 게임 모드는 총 4종류다.

슈퍼 프라이스 시리즈 : 화투

셀렌　화투　2002년 1월 24일　950엔

플레이어 1인

화투를 마음껏 즐기는 소프트. '코이코이'·'오이쵸카부'·'하나아와세'·'하치하치'까지 4가지 게임을 수록했으며, CPU 사고시간도 기다릴 새도 없는 초고속을 구현했다.

슈퍼 프라이스 시리즈 : 블록 & 스위치

셀렌　퍼즐　2002년 1월 24일　950엔

플레이어 1인 ｜ 메모리카드 1블록 ｜ 아날로그 컨트롤러 지원

 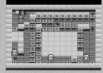

새로운 발상의 액션 퍼즐 게임. 오르내리는 바닥, 걸을 수 없는 배리어 등 온갖 장치가 있다. 스테이지는 총 400종. 오리지널 스테이지를 만드는 에디트 기능도 있다.

슈퍼 프라이스 시리즈 : 리버시

셀렌　리버시　2002년 1월 24일　950엔

플레이어 1~2인

 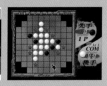

유명 테이블 게임을 즐기는 소프트. '스탠더드'·'퍼펙트'·'옥트'라는, 보드에 차이가 있는 3가지 규칙으로 플레이할 수 있다. CPU의 난이도도 5단계로 설정 가능.

SuperLite 3 in 1 시리즈 : 아케이드 클래식 모음집

석세스　액션　2002년 1월 24일　2,800엔

플레이어 1~2인 ｜ 아날로그 컨트롤러 지원

오락실에서 인기였던 고전 명작 3작품을 즐기는 소프트. 「퀵스」「스페이스체이서」「크레이지 벌룬」을 수록했으며, 각각 오리지널·어레인지 모드가 있다.

SuperLite 3 in 1 시리즈 : 그림 퍼즐 모음집

석세스　퍼즐　2002년 1월 24일　2,800엔

플레이어 1인 ｜ 메모리카드 3블록

가로세로열의 숫자를 힌트삼아 칸을 채워 그림을 완성하는 퍼즐 게임. 과거 발매했던 시리즈의 1~3편 문제를 수록했다. 튜토리얼 기능과 설정 기능도 넣었다.

주변기기 지원 아이콘 ｜ 플레이어 1~2인 ｜ 메모리카드 1~2블록 ｜ 멀티탭 지원 1~4인 ｜ 마우스 지원 ｜ 대전케이블 2대 ｜ 아날로그 조이스틱 SCPH0111(SCEI)지원 ｜ 아날로그 컨트롤러 지원 ｜ PocketStation 지원 ｜ 메모리카드 1~2블록 ｜ 휴대전화 접속 케이블 지원(도코모 i모드 휴대전화지원) ｜ 특제 컨트롤러 SLPH00001(남코)지원

도쿄마인학원 외법첩

아스믹 에이스 엔터테인먼트　RPG　2002년 1월 24일　6,800엔

플레이어 1인　메모리카드 1~6블록　아날로그 컨트롤러 지원

「도쿄마인학원」 시리즈의 제 4탄. 막부 말기가 무대인 청춘 스토리를 즐긴다. 양 디스크 '도쿠가

와 편'과 음 디스크 '귀도중 편'을 클리어하면 사 디스크를 즐길 수 있다.

NICE PRICE 시리즈 Vol.3 : 화투 & 카드 게임

디지큐브　화투·카드　2002년 1월 24일　2,200엔

플레이어 1인　메모리카드 2블록

화투와 트럼프를 즐기는 카드 게임. 화투로는 '코이코이'·'하나와세'·'오이쵸카부',

트럼프로는 '대부호'·'포커'·'블랙잭' 게임을 플레이할 수 있다.

NICE PRICE 시리즈 Vol.5 : 체스 & 리버시

디지큐브　체스·리버시　2002년 1월 24일　2,200엔

플레이어 1~2인　메모리카드 2블록

체스와 리버시(오델로)를 합본한 보드 게임. 강력한 사고 루틴을 탑재해 CPU 와 제대로 싸워볼

수 있다. 기본적인 규칙 설명과 어드바이스 기능도 탑재했다.

패밀리 바둑 : 슈퍼 스트롱

아이매직　바둑　2002년 1월 24일　3,800엔

플레이어 1~2인　메모리카드 1블록

세계대회 우승 경력이 있는 'KCC 엔진'을 탑재한 바둑 소프트. 사고루틴이 강력한 편이며, 기

보 저장·재생, 한 수 넘기기·무르기 등의 편리한 기능도 탑재했다.

패밀리 쇼기 : 슈퍼 스트롱

아이매직　쇼기　2002년 1월 24일　3,800엔

플레이어 1~2인　메모리카드 1블록

세계컴퓨터쇼기대회 3위에 입상한 'KCC 쇼기'를 탑재한 쇼기 소프트. 기존의 데이터 의존형

쇼기가 아니라, 중후반부터 유단자급 수읽기를 구사하는 본격파 작품이다.

패밀리 다이아몬드

아이매직　테이블　2002년 1월 24일　2,800엔

플레이어 1~2인

보드 게임의 고전 명작 '다이아몬드'를 즐기는 소프트. 말을 선상의 검은 점으로 한 칸씩 이동시키며,

 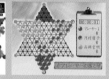

모든 말을 지정 위치로 먼저 보낸 쪽이 승리한다는 간단한 룰이다.

GROOVE ADVENTURE RAVE : 유구의 인연

코나미　액션 RPG　2002년 1월 31일　5,800엔

플레이어 1인　메모리카드 1블록　아날로그 컨트롤러 지원

같은 제목의 인기 만화가 원작인 액션 RPG. 완전 오리지널 스토리로서, 원작자 가 디자인한 신 캐

릭터도 등장한다. 'RPD 시스템'으로 동료와 협력하는 느낌을 재현한다.

미식 액션 게임 : 대식가!! 냄비 가족

미디어 엔터테인먼트　액션　2002년 1월 31일　3,800엔

플레이어 1~2인　메모리카드 1블록

'냄비 요리'가 테마인 대전 액션 게임. 재료가 익으면 재빨리 건져내, 배부름 게이지를 먼저 채우

는 쪽이 승리한다. 건져낸 재료로 패를 완성시키면 보너스 점수를 얻는다.

SIMPLE 1500 시리즈 Vol.84 : THE 인트로 퀴즈

D3 퍼블리셔　퀴즈　2002년 1월 31일　1,500엔

플레이어 1~4인　메모리카드 1블록

역사적인 명곡부터 최신 히트곡까지 출제되는 스피드 퀴즈 게임. 컨트롤러 2개 로 최대 4인까지 대

전 플레이가 가능하다. 출제될 때마다 형식이 바뀌는 파티 모드도 있다.

SIMPLE 1500 시리즈 Vol.85 : THE 전국무장 -천하통일의 야망

D3 퍼블리셔　시뮬레이션　2002년 1월 31일　1,500엔

플레이어 1인　메모리카드 2블록

일본 전국시대의 다이묘가 되어 천하를 통일하는 역사 시뮬레이션 게임. 무장 400명 이상이 등장

해 30개국 이상을 공략한다. 간단 조작의 본격 대하 로망을 만끽하자.

테일즈 오브 팬덤 Vol.1

남코 팬 디스크 2002년 1월 31일 3,800엔

플레이어 1~2인 | 메모리카드 2블록 | 아날로그 컨트롤러 지원 | 휴대전화 접속 케이블 지원 (도코모 모드 휴대전화 지원)

「테일즈 오브」 시리즈의 주요 캐릭터들이 등장하는 팬 디스크. 미니게임으로는 스토리 형식으로 진행되는 '얼굴벤처'와 낙하계 퍼즐 게임 '크레멜 랩'을 수록했다.

NICE PRICE 시리즈 Vol.4 : **빌리어드 킹**

디지큐브 당구 2002년 1월 31일 2,200엔

플레이어 1~2인 | 메모리카드 1블록

5종류의 당구를 즐기는 소프트. 기초부터 가르쳐주는 '트레이닝 모드'를 탑재했으며, 캐릭터를 성장시키면서 우승을 노리는 '토너먼트 모드'도 준비돼 있다.

비트매니아 6th MIX + CORE REMIX

코나미 리듬 액션 2002년 1월 31일 5,800엔

플레이어 1~2인 | 메모리카드 2블록 | 특제 컨트롤러 CT013(코나미)지원 | 특제 컨트롤러 ASC015BM(아스키)지원

아케이드판 「6th MIX」와 「CORE REMIX」를 디스크 하나로 묶은 합본 소프트. 디스크 체인지 기능과 세퍼레이트 게임 시스템 등의 오리지널 기능도 탑재했다.

유킨코☆버닝

프린세스 소프트 어드벤처 2002년 1월 31일 6,800엔

플레이어 1인 | 메모리카드 2블록

일본 최북단 땅이 무대인 슬랩스틱 어드벤처 게임. 한여름 기분을 내주는 장치를 눈의 요정이 망가뜨린 탓에, 세계 최대 기업총수의 외동아들이 설국의 추위를 맛본다.

키즈스테이션 **곰돌이 푸** : 숲 속의 교실

아틀라스 에듀테인먼트 2002년 2월 7일 3,800엔

플레이어 1인 | 메모리카드 2블록 | 아날로그 컨트롤러 지원 | 전용 마우스 컨트롤러 지원

숲 속 학교에서 곰돌이 푸 및 유쾌한 친구들과 놀며 산수·그림그리기·음악 등을 배우자. 음성은 일본어·영어로 전환 가능해, 영어를 배우는 데 쓸 수도 있다.

키즈스테이션 **곰돌이 푸** : 숲의 친구들

아틀라스 에듀테인먼트 2002년 2월 7일 3,800엔

플레이어 1인 | 메모리카드 1블록 | 아날로그 컨트롤러 지원 | 전용 마우스 컨트롤러 지원

곰돌이 푸와 놀면서 공부하는 교육용 소프트. 미니게임은 총 6종류다. 놀다 보면 자연스럽게 알파벳·산수·음악의 기초를 익힐 수 있게 된다.

키즈스테이션 **미키 & 미니의 매지컬 키친!**

아틀라스 에듀테인먼트 2002년 2월 7일 3,800엔

플레이어 1인 | 메모리카드 3블록 | 아날로그 컨트롤러 지원 | 전용 마우스 컨트롤러 지원

신비한 장치가 달린 주방에서 요리를 만들어 미키·미니를 대접하자. 일상생활에서 흔한 상황을 간이 체험시켜, 아이의 호기심과 상상력을 육성하는 교육용 소프트다.

SuperLite 3 in 1 시리즈 : **넘버 크로스워드 모음집**

석세스 퍼즐 2002년 2월 7일 2,800엔

플레이어 1인 | 메모리카드 3블록

퍼즐잡지로 친숙한 '넘버 크로스워드'를 테마로 삼은 퍼즐 게임. 과거에 발매됐던 시리즈 1~3편을 합본한 소프트로서, 합계 600문제를 수록하였다.

필살 파친코 스테이션 now 9 : **더티 페어**

선 소프트 파친코 2002년 2월 7일 3,800엔

플레이어 1인 | 메모리카드 1블록 | 아날로그 컨트롤러 지원 | 특제 컨트롤러 SLPH00007TEN(연구소)지원 | 특제 컨트롤러 SLPH00070TEN(연구소)지원

인기 시리즈의 제9탄. 타카치호 하루카 원작의 애니메이션이 소재인 'CR 더티 페어' F·V·R의 3개 기종을 수록했다. 설정 등의 자유도도 높다.

호시가미 : **잠겨가는 푸른 대지**

맥스파이브 시뮬레이션 RPG 2002년 2월 7일 4,800엔

플레이어 1인 | 메모리카드 1블록 | 아날로그 컨트롤러 지원

중후한 스토리로 전개되는 시뮬레이션 RPG. 주인공과 동료들이 전투를 통해 성장하면서 '호시가미'의 핵심으로 다가가게 된다. 전투 시스템에 여러 혁신을 가미했다.

178

주변기기 지원 아이콘 | 플레이어 1~2인 | 메모리카드 1~2블록 | 멀티탭지원 1~4인 | 마우스 지원 | 대전케이블 지원 2대 | 아날로그 조이스틱 SCPH0111(SCEI)지원 | 아날로그 컨트롤러 지원 | PocketStation 지원 | 메모리카드 1~2블록 | 휴대전화 접속 케이블 지원 (도코모 모드 휴대전화 지원) | 특제 컨트롤러 SLPH00001(남코)지원

마셜 비트

코나미 리듬 액션 2002년 2월 7일 12,800엔

플레이어 1인 | 메모리 카드 1블록 | 특제 컨트롤러 RU037(코나미)지원

'무술 수련'과 '리듬 액션'을 결합시킨 세계 최초의 액션 게임. 전용 컨트롤러를 양쪽 손목·발목에 장착하고 바닥에 수신기를 설치한 후 플레이하면, 운동 시의 움직임을 플레이스테이션이 감지하는 구조다. 가라테·소림사·킥복싱·태극권·무에타이·태권도 중 하나를 골라 플레이하며 기본 품세를 익히자. 당일의 운동내용과 단련한 부위·소비열량 등도 알려준다.

SIMPLE 1500 실용 시리즈 Vol.13 : 심리 게임 - 출동하라×코코로지 : 신비한 마음의 거짓말

D3 퍼블리셔 점술 2002년 2월 14일 1,500엔

플레이어 1~2인

일본의 당시 인기프로 '출동하라×코코로지'의 게임판. '심리분석 모드'와 '상성진단 모드'를 탑재하여, 약 100가지 설문으로 유저의 내면을 다양한 각도에서 판정한다.

SIMPLE 1500 실용 시리즈 Vol.14 : 생활예절 - 관혼상제 편

D3 퍼블리셔 에듀테인먼트 2002년 2월 14일 1,500엔

플레이어 1인

일본식 관혼상제의 마음가짐과 예절을 쉽게 해설하는 사전 소프트. 관혼·상제·선물·경사·매너 5개 항목을 해설하며, 검색 기능으로 원하는 항목을 바로 찾아볼 수도 있다.

슬롯! 프로 3 : 저글러 스페셜

CBC / 니혼 텔레네트 파치슬로 2002년 2월 14일 5,200엔

플레이어 1인 | 메모리 카드 1블록

인기 기종인 '저글러' 시리즈 3개 기종을 탑재한 파치슬로 시뮬레이터. 총 19항목의 상세한 실전 데이터 공략정보를 수록했다. 호평의 '리플레이 넘기기 모드'도 있다.

초콜릿♪키스

디지큐브 어드벤처 2002년 2월 14일 3,800엔

플레이어 1인 | 메모리 카드 1블록

소녀들 9명과의 이야기를 그린 연애 시뮬레이션 게임. 밸런타인데이까지의 1개월간 개성 만점의 소녀들과 만나, 이벤트를 거쳐 친해지는 것이 목적이다.

파치슬로 제왕 : 제조사 권장 매뉴얼 7 - 트릭 몬스터 2

미디어 엔터테인먼트 파치슬로 2002년 2월 14일 3,300엔

플레이어 1인 | 메모리 카드 2블록 | 아날로그 컨트롤러 지원

인기 파친코 시뮬레이터의 제 7탄. 올림피아 사의 '트릭 몬스터 2'를 수록했다. 트릭 타임부터 4th 릴 사운드까지, 실기를 디테일한 부분까지도 정교하게 재현했다.

메모리얼☆시리즈 : 선 소프트 Vol.4

선 소프트 액션 2002년 2월 14일 1,500엔

플레이어 1인

선 소프트의 패미컴 게임 작품집 제 4탄. 어드벤처 게임 「리플 아일랜드」와, 액션 슈팅 게임 「초행성전기 메타파이트」를 수록하였다.

조이드 2 : 헬릭 공화국 VS 가이로스 제국

토미 시뮬레이션 2002년 2월 21일 5,800엔

플레이어 1~2인 | 메모리 카드 1~6블록 | 아날로그 컨트롤러 지원

「조이드」 시리즈의 제 2탄. 시뮬레이션 요소와 폴리곤 배틀은 유지했고, 2P 대전·조이드 지원 시스템 등 편리한 기능을 탑재했다. 100종류 이상의 조이드가 등장한다.

한없이 푸르른….

키드 어드벤처 2002년 2월 21일 6,800엔

플레이어 1인 | 메모리 카드 3블록 | 아날로그 컨트롤러 지원

다양한 인간군상이 교차하는 연애 어드벤처 게임. 시대에 뒤처진 한 마을에서, 유일한 학교의 폐교 일까지 1년간을 여학생들과 교류하며, 마을에 얽혀있는 비밀을 밝혀내자.

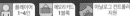

NICE PRICE 시리즈 Vol.7 : 월드 토너먼트 볼링

디지큐브　스포츠　2002년 2월 21일　2,200엔

플레이어 1~4인｜메모리카드 1블록｜아날로그 컨트롤러 지원

최대 4명까지 동시에 플레이 가능한 볼링 게임. 월드 챔피언이 목표인 '토너먼트', 난해한 문제에 도전하는 '퀘스트' 등의 다채로운 모드를 탑재하였다.

NICE PRICE 시리즈 Vol.8 : 엘리멘탈 핀볼

디지큐브　액션　2002년 2월 21일　2,200엔

플레이어 1인｜메모리카드 1블록｜아날로그 컨트롤러 지원

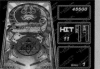

화려한 연출이 펼쳐지는 핀볼 게임. 규정된 득점을 달성하면 보드의 룰렛이 회전하며, 일정한 마크로 맞추면 엘리멘탈이 발동해 다양한 특수효과·연출이 나온다.

섀도우 앤드 섀도우

프린세스 소프트　어드벤처　2002년 2월 28일　6,800엔

플레이어 1인｜메모리카드 2블록

2000년 발매된 미소녀 어드벤처 게임의 이식판. 에도시대 초기의 아와시마를 무대로, 그림자가 둘인 주인공이 그림자 및 섬에서 만난 쌍둥이와의 비밀을 푼다는 스토리다.

SIMPLE 1500 시리즈 Vol.82 : THE 잠수함

D3 퍼블리셔　시뮬레이션　2002년 2월 28일　1,500엔

플레이어 1인｜메모리카드 1블록｜아날로그 컨트롤러 지원

무선모형 잠수함의 움직임을 리얼하게 시뮬레이트한 타이틀. 연못·강 등의 다양한 장소에서 여러 미션에 도전하자. 부품을 사서 잠수함을 취향대로 개조할 수도 있다.

SIMPLE 1500 시리즈 Vol.86 : THE 술래잡기

D3 퍼블리셔　액션　2002년 2월 28일　1,500엔

플레이어 1~2인｜메모리카드 1블록｜멀티탭지원 1~4인｜아날로그 컨트롤러 지원

'술래잡기'와 '달리기 경주'를 여럿이 함께 즐기는 파티 게임. 버튼 연타로 캐릭터가 달리도록 하면 되는 간단한 조작이 특징이다. '바나나 껍질' 등의 아이템도 등장한다.

SIMPLE 1500 시리즈 Vol.87 : THE 경정

D3 퍼블리셔　레이싱　2002년 2월 28일　1,500엔

플레이어 1~2인｜메모리카드 1블록｜아날로그 컨트롤러 지원

두터운 팬층이 존재하는 경정을 게임화했다. 계절·기후·시간대에 따라 파고와 풍향이 변화하므로, 전략과 심리전이 중요하다. 몽키 턴 등의 선회기술도 재현했다.

SuperLite Gold 시리즈 : 모두의 오델로

석세스　리버시　2002년 2월 28일　1,800엔

플레이어 1~2인｜메모리카드 1블록

대화형 교습으로 실력을 키워주는 오델로 게임. 일반 오델로와 그랜드 오델로, 88 오델로까지 3종류를 고를 수 있으며, 다음 수를 연구하는 '조건대국 모드'도 있다.

슬롯! 프로 4 : 대어 스페셜

CBC / 니혼 텔레네트　파치슬로　2002년 2월 28일　4,800엔

플레이어 1인｜메모리카드 1블록

인기 파치슬로 시뮬레이터의 제 4탄. '대어 2'·'NEW TAIRYO' 2개 기종을 실기 급으로 재현했다. 총 19개 항목에 달하는 상세한 실전 데이터와 공략법도 수록했다.

테니스의 왕자

코나미　어드벤처　2002년 2월 28일　5,800엔

플레이어 1인｜메모리카드 1~15블록｜아날로그 컨트롤러 지원

대인기 애니메이션이 원작인 전략형 테니스 시뮬레이션 게임. 원작의 명장면을 재현하는 '스토리' 모드부터, '프리 대전'·'교습'까지 총 3가지 모드를 탑재했다.

어디서나 햄스터 : 깜짝! 클릭 탐험대

벡　어드벤처　2002년 2월 28일　3,800엔

플레이어 1인｜메모리카드 1블록｜아날로그 컨트롤러 지원

그림책을 읽는 감각으로 즐기는 어드벤처 게임. 화면 곳곳에 다양한 장치가 존재하며, 이를 클릭하면 캐릭터와 대화하거나 다양한 액션 등이 펼쳐진다.

주변기기 지원 아이콘｜플레이어 1~2인｜메모리카드 1~2블록｜멀티탭지원 1~4인｜마우스 지원｜대전 케이블 2대｜아날로그 조이스틱 SCPH0111(SCEI) 지원｜아날로그 컨트롤러 지원｜PocketStation 지원｜메모리카드 1~2블록｜휴대전화 접속 케이블 지원 (도코모 모드 휴대전화 지원)｜특제 컨트롤러 SLPH00001(남코) 지원

햄스터 클럽 - i (아이)

 죠르단　시뮬레이션　2002년 2월 28일　4,800엔

플레이어 1~2인 | 메모리카드 1블록 | 멀티탭 지원 1~4인 | 휴대전화 접속 케이블 지원 (도코모 i모드 휴대전화 지원)

같은 제목의 인기 만화가 원작인 햄스터 육성 시뮬레이션 게임. 멋지게 햄스터를 육성해 톱 브리더가 되어보자. i모드 피처폰을 이용하면 대전이나 교환도 가능했다.

밀키 시즌

키드　어드벤처　2002년 2월 28일　6,800엔

플레이어 1인 | 메모리카드 2블록 | 아날로그 컨트롤러 지원

여성 12명과 1년간 동거 생활하는 연애 어드벤처 게임. 게임잡지 '전격 G's 매거진'의 독자참여 기획이 원작이며, 초등학생부터 간호사까지 다양한 여성들이 등장한다.

SuperLite Gold 시리즈 : 모두의 쇼기 초급편

석세스　쇼기　2002년 3월 7일　1,800엔

플레이어 1~2인 | 메모리카드 2~12블록

기초부터 알려주는 쇼기 소프트. 영세기성 요네나가 쿠니오가 감수한 강좌 모드에서는 게임으로 쇼기를 기본부터 가르친다. 클리어 내용에 따라 급·단위도 인정해준다.

SuperLite Gold 시리즈 : 모두의 쇼기 중급편

석세스　쇼기　2002년 3월 7일　1,800엔

플레이어 1~2인 | 메모리카드 2블록

일본쇼기연맹 3급까지 취득 가능한 쇼기 소프트. 요네나가 쿠니오 영세기성이 해설하는, 쉽고 재미있는 쇼기 강좌도 제공한다. 강좌에서 배운 진법은 문제로 복습시킨다.

SuperLite Gold 시리즈 : 모두의 쇼기 상급편

석세스　쇼기　2002년 3월 7일　1,800엔

플레이어 1~2인 | 메모리카드 2블록

영세기성 요네나가 쿠니오가 감수한 쇼기 소프트. '강좌 모드'에서는 요네나가가 직접 비장의 실력 향상법을 해설한다. 강좌 모드의 결과에 따라 최대 초단까지 인정해준다.

HEIWA 팔러 프로 : 츠나토리 이야기 스페셜

CBC / 니혼 텔레네트　파친코　2002년 3월 7일　5,200엔

플레이어 1인 | 메모리카드 1블록

전설적인 명기 '츠나토리 이야기'와 리뉴얼판 'CR 신 츠나토리 이야기 K'를 수록한 소프트. 실기를 디테일까지 재현했으며, 19항목의 상세 데이터·공략정보도 완비했다.

나의 쵸로Q : 교통법규를 지키자

타카라　에듀테인먼트　2002년 3월 7일　3,800엔

플레이어 1~2인 | 아날로그 컨트롤러 지원

태엽구동 미니카 '쵸로Q'가 소재인 교육용 소프트. 30종 이상의 미니게임을 즐기면서 교통법규를 배울 수 있다. 게임 내의 모든 텍스트는 음성으로도 읽어준다.

나의 리카짱 : 집안일을 돕자

타카라　버라이어티　2002년 3월 7일　3,800엔

플레이어 1인 | 아날로그 컨트롤러 지원

옷을 갈아입히며 노는 인형완구 '리카짱'이 소재인 교육용 소프트. 요리·정돈 등의 집안일을 게임으로 즐기며 배울 수 있다. 내장된 모든 게임은 튜토리얼도 제공한다.

실황 파워풀 프로야구 2002 봄

코나미　스포츠　2002년 3월 14일　4,980엔

플레이어 1~2인 | 메모리카드 2~10블록 | 아날로그 컨트롤러 지원

2002년 시즌 개막시 예상 데이터를 적용한, 당시 최신판 '파워프로' 신작. 이 해에 채용된 신규 유니폼도 등장하며, 오리지널 선수를 만드는 '석세스 로드'도 강화했다.

NICE PRICE 시리즈 Vol.6 : 퀴즈로 배틀

디지큐브　퀴즈　2002년 3월 14일　2,200엔

플레이어 1~4인 | 메모리카드 1블록 | 멀티탭 지원 1~4인

TV프로 스타일의 퀴즈 게임. 4명까지 동시 플레이 가능하며, 게임 모드도 5종류나 수록했다. 문제도 일반상식부터 매니악한 주제까지 10,000종류 이상을 수록하였다.

운동부족 해소! 펀치로 다이어트

PlayStation　트와일라이트 익스프레스　기타　2002년 3월 14일　3,800엔

플레이어 1~2인　메모리카드 1블록　아날로그 컨트롤러 지원　특제 컨트롤러 스테퍼 컨트롤러지원

전용 스테퍼 컨트롤러를 사용하는 다이어트 게임. 3D 맵을 여러 회 달리며 상대의 코인을 쟁탈하자. 소비 칼로리도 표시해주므로 계획적으로 다이어트할 수 있다.

몬스터 주식회사 : 몬스터 아카데미

PlayStation　토미　액션　2002년 3월 14일　5,800엔

플레이어 1인　메모리카드 1블록　아날로그 컨트롤러 지원

같은 제목의 디즈니 영화가 원작인 3D 액션 게임. 주인공 설리·마이크를 조작해 '겁주기' 테크닉을 연마하자. 영화의 영상을 활용한 스페셜 무비도 수록했다.

왕자님 Lv1

PlayStation　키드　RPG　2002년 3월 20일　5,800엔

플레이어 1인　메모리카드 1~12블록

PC용 게임의 이식작. 경쾌하면서도 느긋한 시나리오와 캐릭터가 특징인 여성용 RPG다. 레벨 1짜리 주인공 카난 왕자가 모험가를 동경해 시종과 당일치기로 모험한다는 스토리로서, 던전을 공략하다 보면 스토리

가 진행되고 이벤트도 발생한다. 1일당 행동 턴수 제한을 소진하면 마을로 돌아가는 '공복도' 시스템이 있다. 남자 몬스터는 전투 도중 포획도 가능.

키즈스테이션 꼬마마법사 레미 Vivace : 마법당 영어 페스티벌

PlayStation　반다이　에듀테인먼트　2002년 3월 20일　3,800엔

플레이어 1인　메모리카드 1블록　키즈스테이션 전용 컨트롤러 지원

같은 제목 애니메이션의 캐릭터를 활용한 교육용 소프트. 수록된 6가지 리듬 게임을 통해, 영어 특유의 리듬과 인토네이션을 재미있고 자연스럽게 익힐 수 있다.

키즈스테이션 날아라! 호빵맨 3 : 말판놀이 호빵맨

PlayStation　반다이　에듀테인먼트　2002년 3월 20일　3,800엔

플레이어 1~2인　키즈스테이션 전용 컨트롤러 지원

호빵맨과 함께 말판놀이 게임을 즐기는 버라이어티 소프트. 호빵맨·식빵맨·메론빵소녀 중 하나를 선택해, 즐거운 이벤트를 진행하면서 1등으로 골인을 노려보자.

진 여신전생 II

PlayStation　아틀라스　RPG　2002년 3월 20일　4,800엔

플레이어 1인　메모리카드 2~8블록

슈퍼 패미컴용 게임의 이식작. 독특한 세계관과 스토리는 유지하면서, 신규 시스템을 추가했고 그래픽 퀄리티도 끌어올렸다. 다양화된 악마 합체를 즐길 수 있다.

패밀리 군인장기

PlayStation　아이매직　테이블　2002년 3월 20일　2,800엔

플레이어 1인　메모리카드 1블록

사고 엔진이 강력한 군인장기 게임. 가로 8칸 또는 6칸의 2종류 보드를 고를 수 있어, 취향에 맞는 보드로 대국이 가능하다. 상대의 허를 찌르는 말 배치가 승리의 열쇠다.

패밀리 체스

PlayStation　아이매직　체스　2002년 3월 20일　3,800엔

플레이어 1~2인　메모리카드

상급자도 즐길 수 있는 강력한 사고 엔진을 탑재한 체스 게임. 대국시 말의 이동가능범위를 바로 보여주며 기보 저장·재생도 가능한 등, 체스 팬을 위한 기능이 가득하다.

미니모니. 주사위로 뿅!

PlayStation　코나미　버라이어티　2002년 3월 20일　4,800엔

플레이어 1~2인　메모리카드 1블록　멀티탭지원 1~4인　아날로그 컨트롤러 지원

당시 일본의 여성 아이돌 그룹 '미니모니.'가 활약하는 보드 게임. 특정 칸에 멈추면 다른 3명과 미니게임으로 대결한다. 멀티탭으로 4인까지 동시 플레이가 가능하다.

주변기기 지원 아이콘　플레이어 1~2인　메모리카드 1~2블록　멀티탭지원 1~4인　마우스 지원　대전케이블 2대　아날로그 조이스틱 SCPH0111(SCEI)지원　아날로그 컨트롤러 지원　PocketStation 지원　메모리카드 1~2블록　휴대전화접속 케이블 지원(도코모 (모드 휴대전화)지원)　특제 컨트롤러 SLPH00001(남코)지원

원피스 : 그랜드 배틀! 2

반다이　3D 대전격투　2002년 3월 20일　5,800엔

플레이어 1~2인　메모리카드 　아날로그 컨트롤러 지원

2001년 발매했던 「원피스 : 그랜드 배틀!」의 속편. 루피의 밀짚모자 해적단 멤버들부터 크로커다일이 이끄는 바로크 워크스 멤버들까지, 40명 이상의 캐릭터가 풀보이스와 신규 일러스트로 등장한다. 캐릭터별 스토리 모드인 '이벤트 배틀'과 2인 대전용 '그랜드 배틀', 캐릭터별 동영상·음성을 모으는 '보물' 모드 등, 총 5종류의 게임 모드를 탑재했다.

진 여신전생 데빌 칠드런 : 검은 책·붉은 책

아틀라스　RPG　2002년 3월 28일　5,800엔

플레이어 1~2인　메모리카드 2~12블록

게임보이 컬러로 발매했던 2개 버전을 하나로 합본 수록한 RPG. 데빌과 인간의 혼혈로 태어난 주인공이 동료 악마를 모으며 마계를 여행한다는 스토리로서, 버전별로 주인공과 파트너 데빌, 데빌의 합체방법 등이 달라진다. PS판은 이벤트 신의 음성과 신규 데빌 등의 추가요소와, 데빌의 그래픽이 「하얀 책」 기준으로 통일된 것 등의 변경점이 있다.

SIMPLE 1500 시리즈 Vol.88 : THE 소녀 마작 –Love Songs 아이돌은 고배율

D3 퍼블리셔　마작　2002년 3월 28일　1,500엔

플레이어 1인　메모리카드 1블록

현역 여성 아이돌 8명과 대결하는 마작 게임. '스토리'와 '러브 대국' 두 가지 모드를 수록하였다. 대국에서 승리하면 얻는 포인트를 지불해 굿즈와 교환할 수 있다.

SIMPLE 1500 시리즈 Vol.89 : THE 파워 쇼벨 – 파워 쇼벨에 타자!!

D3 퍼블리셔　시뮬레이션　2002년 3월 28일　1,500엔

플레이어 1~2인　메모리카드 1블록　아날로그 컨트롤러 지원　PocketStation 지원　메모리카드 +3블록

파워 쇼벨을 조작하는 시뮬레이션 게임. 미션 클리어식인 '아케이드 왕', 일당을 버는 '알바 왕', 코스를 제작하는 '네멋대로 왕' 등의 다채로운 모드를 제공한다.

SIMPLE 1500 시리즈 Vol.90 : THE 탱크

D3 퍼블리셔　액션　2002년 3월 28일　1,500엔

플레이어 1~2인　메모리카드 1블록　아날로그 컨트롤러 지원

탱크를 조종하는 미션 클리어식 액션 게임. 신·구형 도합 13종의 탱크가 등장한다. 포탑과 도장도 커스터마이징이 가능하며, 2인 1조로 조종하는 협력 플레이도 제공한다.

SIMPLE 1500 시리즈 Vol.91 : THE 갬블러 – 불꽃의 도박전설

D3 퍼블리셔　테이블　2002년 3월 28일　1,500엔

플레이어 1인　메모리카드 1블록

동서양의 주사위 갬블을 즐겨보는 테이블 게임 모음집. 카지노에서 태어난 '처커럭'·'크랩스'부터 일본의 도박인 '친치로'·'홀짝'까지, 총 4종류의 게임을 수록했다.

SIMPLE 1500 시리즈 Vol.92 : THE 등산 RPG – 은빛 봉우리의 패자

D3 퍼블리셔　RPG　2002년 3월 28일　1,500엔

플레이어 1인　메모리카드 1블록

여러 장애물을 돌파하며 등정하는 등산 시뮬레이션 RPG. 눈사태·미끄러짐 등, 등산 특유의 사건사고가 몬스터화되어 등장한다. 어려운 산을 공략해 봉우리의 패자가 되자.

SIMPLE 캐릭터 2000 시리즈 Vol.7 : 잇큐 씨 THE 퀴즈

반다이　퀴즈　2002년 3월 28일　2,000엔

플레이어 1~2인　메모리카드 1블록　아날로그 컨트롤러 지원

인기 애니메이션의 주인공 '잇큐 씨'가 수많은 난제에 도전하는 퀴즈 게임. 지리·역사 등의 문제 2,000종 이상을 수록했다. 개인문답·도전대답 등의 4가지 모드가 있다.

HARDWARE
1994
1995
1996
1997
1998
1999
2000
2001
2002
2003
2004
INDEX

모든 것이 F가 된다 : THE PERFECT INSIDER

 키드　어드벤처　2002년 3월 28일　6,800엔

플레이어 1인 / 메모리카드 2블록 / 아날로그 컨트롤러 지원

같은 제목의 미스터리 소설이 원작인 어드벤처 게임. 현장을 검증해 밀실 살인사건을 해결하자. 원작자가 직접 감수해, 선택지에 따라서는 원작과 다른 스토리가 전개된다.

슬로터 매니아 3 : 대량 방출! 우민츄 & 파이어 엘리먼트

도라스　파치슬로　2002년 3월 28일　4,800엔

플레이어 1인 / 메모리카드 1블록 / 아날로그 컨트롤러 지원

인기 파치슬로로 시뮬레이터의 제 3탄. '우민츄-30'과 '파이어 엘리먼트' 두 기종을 수록하였다. 확률 설정에 따라서는 짜릿함이 발군인 연속 당첨도 가능하다.

NICE PRICE 시리즈 Vol.9 : 파라다이스 카지노

 디지큐브　테이블　2002년 3월 28일　2,200엔

플레이어 1인 / 메모리카드 1블록

카지노의 분위기를 재현한 미니게임 모음집. '블랙잭'·'슬롯'·'룰렛'·'포커'의 4가지 게임을 즐길 수 있다. 상대의 표정을 잘 읽으며 승부를 걸어보자.

NICE PRICE 시리즈 Vol.10 : 바둑을 두자!

 디지큐브　바둑　2002년 3월 28일　2,200엔

플레이어 1~2인 / 메모리카드 1블록

바둑을 처음부터 가르쳐주는 타이틀. 마스코트 캐릭터 '에리카'와 '아야코'의 바둑강좌로, 기본 규칙부터 전문용어까지 해설해준다. 난이도 조정과 조언 기능도 탑재했다.

메모리얼☆시리즈 : 선 소프트 Vol.5

선 소프트　버라이어티　2002년 3월 28일　1,500엔

플레이어 1인

선 소프트의 패미컴 게임 작품집 제 5탄. 선 전자의 얼굴이나 다름없는 인기 캐릭터가 주인공인 「헤베레케」와, 액션 슈팅 게임 「러프 월드」를 수록하였다.

Love Game's : 와글와글 테니스 플러스

 햄스터　스포츠　2002년 3월 28일　3,800엔

플레이어 1~2인 / 멀티탭지원 1~4인 / 아날로그 컨트롤러 지원

1997년 발매했던 「Love Game's : 와글와글 테니스」(상권 104p)를 업그레이드했다. 그래픽을 강화했고, 모션 패턴을 150종 이상, 샷 종류도 70종 이상으로 늘렸다.

파카파카 패션 스페셜

 사이버프론트　리듬 액션　2002년 4월 4일　4,800엔

플레이어 1~2인 / 메모리카드 1블록 / 특제 컨트롤러 PRO-0001(프로듀스)지원

인기 리듬 액션 게임의 제 3탄. 기본 시스템은 2편 기준이다. 1·2편의 리믹스 곡들을 중심으로 수록했다. 연주할 악기는 선택 가능하며, 난이도는 파트별로 변화한다.

아즈망가 돈쟈라 대왕

 반다이　테이블　2002년 4월 18일　4,800엔

플레이어 1인 / 메모리카드 1블록 / 아날로그 컨트롤러 지원

인기 만화 '아즈망가 대왕'의 캐릭터들이, 마작을 간략화한 '돈쟈라'로 대결하는 게임. 캐릭터별로 준비된 '스토리'와, 원하는 캐릭터로 싸우는 '프리 대전' 모드가 있다.

캡콤 VS. SNK : 밀레니엄 파이트 2000 PRO

  캡콤　대전격투　2002년 4월 18일　3,800엔

플레이어 1~2인 / 메모리카드 1블록 / 아날로그 컨트롤러 지원

대전격투 장르를 대표하는 양대 회사의 꿈의 크로스오버, 전작의 숨겨진 요소들을 처음부터 모두 개방했으며, 캡콤에서는 히비키 단, SNK에서는 죠 히가시가 신규 참전한다.

SIMPLE 1500 실용 시리즈 Vol.15 : 개 사육법 - 세계의 개 카탈로그

 D3 퍼블리셔　에듀테인먼트　2002년 4월 18일　1,500엔

플레이어 1인

개를 키우는 법을 재미있게 가르쳐주는 학습용 소프트. 동영상과 미니게임으로 유용한 정보를 알려준다. 각 견종별 정보를 망라한 '세계의 개 카탈로그'와 퀴즈 등도 있다.

주변기기 지원 아이콘 플레이어 1~2인 메모리카드 1~2블록 멀티탭지원 1~4인 마우스 지원 대전케이블 지원 2대 아날로그 조이스틱 SCPH0111(SCEI) 지원 아날로그 컨트롤러 지원 PocketStation 지원 메모리카드 1~2블록 휴대전화 접속 케이블 지원(도코모 i모드 휴대전화 지원) 특제 컨트롤러 SLPH00001(남코)지원

SIMPLE 1500 실용시리즈 Vol.16 : 고양이 사육법 - 세계의 고양이 카탈로그

D3 퍼블리셔   에듀테인먼트   2002년 4월 18일   1,500엔

플레이어 1인

동영상과 미니게임으로 고양이 키우는 법을 배우는 소프트. 이미 고양이를 키우는 사람에게도 유용하다. 고양이의 종류·역사를 알려주는 '세계의 고양이 카탈로그'도 있다.

SIMPLE 1500 실용 시리즈 Vol.17 : 플라네타륨

D3 퍼블리셔   에듀테인먼트   2002년 4월 18일   1,500엔

플레이어 1~2인   아날로그 컨트롤러 지원

일본플라네타륨협의회 회원들이 감수한 가상 플라네타륨 (천체투영관) 소프트. 각 달의 대표적인 별자리와 이에 얽힌 에피소드를 나레이션과 함께 해설해준다.

파치슬로 제왕 : 나니와 사쿠라후부키

미디어 엔터테인먼트   파치슬로   2002년 4월 18일   3,300엔

플레이어 1인   메모리카드 2블록   아날로그 컨트롤러 지원

원로 파치슬로 제조사 헤이와의 '나니와 사쿠라후부키'를 수록한 파치슬로 시뮬레이터. 실기의 특징인 '4th 릴'을 재현했다. 타이밍 연습 모드 등, 공략을 돕는 기능도 있다.

파치로 상투 3 : 쿄라쿠 공인 글래디에이터 & 타마짱

핵베리   파친코   2002년 4월 18일   4,980엔

플레이어 1인   메모리카드 1블록   아날로그 컨트롤러 지원

쿄라쿠 사의 2개 기종을 합본한 타이틀. 당시의 최신 표시기능을 탑재했던 'CR 글래디에이터 Z'와, 최대 15회까지 잭팟이 가능한 '타마짱 파이트'를 수록하였다.

크로노아 비치발리볼 : 최강 팀 결정전!

남코   스포츠   2002년 4월 25일   4,800엔

플레이어 1~4인   메모리카드 1블록   멀티탭지원 1~4인   아날로그 컨트롤러 지원

「바람의 크로노아」 시리즈의 캐릭터들이 등장하는 비치발리볼 게임. 적진에 볼을 날리는 '어택'과 아군에게 보내는 '패스'뿐이라 조작이 간단해, 누구나 즐길 수 있다.

SIMPLE 1500 시리즈 Vol.93 : THE 퍼즐 보블 - 퍼즐 보블 4

D3 퍼블리셔   퍼즐   2002년 4월 25일   1,500엔

플레이어 1~2인   메모리카드 1블록   아날로그 컨트롤러 지원

인기 시리즈의 제 4 탄. 발사대에서 거품을 발사해, 필드 천정에 붙어있는 거품들을 전부 터뜨리는 것이 목적이다. 1998년 발매된 타이틀의 염가판이며, 8가지 모드가 있다.

NICE PRICE 시리즈 Vol.11 : 두 번 꺾기 디럭스

디지큐브   퍼즐   2002년 4월 25일   2,200엔

플레이어 1인   메모리카드 1블록   아날로그 컨트롤러 지원

마작패를 사용하는 퍼즐 게임 '두 번 꺾기'(사천성)를 즐기는 소프트. 같은 패끼리 연결해 모두 없애면 클리어다. 힌트, 블록 위치 변경 등의 편리한 기능도 탑재했다.

브리드 마스터

오피스 크리에이트   퍼즐   2002년 4월 25일   4,800엔

플레이어 1~2인   메모리카드 1블록

같은 색 크리스탈을 4개 이어 붙여 없애는 퍼즐 게임. 없앤 크리스탈로 몬스터를 육성해 다양한 기술을 가르칠 수도 있다. 몬스터마다 각자 개별적인 기술이 있다.

명탐정 코난 : 최고의 파트너

반다이   어드벤처   2002년 4월 25일   5,800엔

플레이어 1인   메모리카드 2블록   아날로그 컨트롤러 지원

같은 제목의 인기 애니메이션이 원작인 추리 어드벤처 게임의 제 3탄. 주인공 '코난'이 되어 현장의 힌트를 토대로 증거를 모아 사건을 풀자. 3종의 시나리오가 있다.

야마사 Digi 셀렉션

야마사 엔터테인먼트   파치슬로   2002년 4월 25일   5,800엔

플레이어 1인   메모리카드 1~9블록   아날로그 컨트롤러 지원

야마사 사의 파치슬로를 즐기는 타이틀. 수록 기종은 '나이츠'·'슈퍼 피카고로 R'·'슈퍼 리노'로 총 3대이며, 하이퀄리티 그래픽으로 실기를 디테일까지 잘 재현했다.

월드 사커 위닝 일레븐 2002

코나미　스포츠　2002년 4월 25일　6,800엔

플레이어 1~2인 / 메모리카드 2블록 / 아날로그 컨트롤러 지원

당시의 최신 데이터를 탑재한 '위닝' 신작. 일본대표팀 38명 및 유럽·아르헨티나 등 여러 나라의 선수가 실명으로 등장한다. 실황과 해설은 존 카비라·나카니시 테츠오다.

날씨가 데굴데굴

코나미　퍼즐　2002년 5월 2일　4,800엔

타쿠미 코퍼레이션

플레이어 1~2인 / 메모리카드 1블록 / 아날로그 컨트롤러 지원

클레이(점토) 캐릭터가 등장하는 퍼즐 게임. 화면 아래에서 솟아오르는 날씨 공의 위치를 뒤바꿔, 같은 색끼리 붙여 없애자. 목표선에 도달하면 스테이지 클리어다.

닭꼬치 아가씨 : 닭꼬치 달인 번성기

미디어 엔터테인먼트　액션　2002년 5월 9일　3,800엔

플레이어 1~2인 / 메모리카드 1블록

'닭꼬치 가게'가 테마인 액션 게임. 손님에게 설익거나 탄 꼬치가 가지 않도록 최적의 닭꼬치를 굽자. 조리 속도를 겨루는 대전 모드와, 가게 커스터마이즈 모드도 있다.

캡틴 츠바사 : 새로운 전설 - 서장

코나미　시뮬레이션　2002년 5월 16일　5,800엔

플레이어 1인 / 메모리카드 1~15블록 / 아날로그 컨트롤러 지원

만화 '캡틴 츠바사'의 월드 유스 편이 원작인 타이틀. 츠바사 등의 일본대표팀을 조작해 세계의 강호와 싸우자. 필살기를 동영상으로 재현하는 등, 연출이 드라마틱하다.

다이너마이트 사커 2002

에이맥스　스포츠　2002년 5월 16일　2,400엔

플레이어 1~2인 / 메모리카드 2블록 / 멀티탭지원 1~4인 / 아날로그 컨트롤러 지원

2000년 10월 발매했던 「다이너마이트 사커 2000」(138p)의 데이터 갱신판. 트래핑과 롱패스 추가 등, 유저들로부터 모집한 의견들을 신작에 반영했다.

신세기 GPX 사이버 포뮬러 : 새로운 도전자 Collector's Edition

바프　어드벤처　2002년 5월 23일　3,800엔

플레이어 1인 / 메모리카드 1블록 / 아날로그 컨트롤러 지원

같은 제목 인기 애니메이션의 오리지널 스토리를 그린 어드벤처 + 레이싱 게임의 재발매판. AI 내비게이터 '네메시스'를 탑재한 최신 머신으로 톱 드라이버와 대결한다.

SIMPLE 1500 실용 시리즈 Vol.18 : 한자 퀴즈 - 한자검정에 도전

D3 퍼블리셔　에듀테인먼트　2002년 5월 23일　1,500엔

플레이어 1~2인 / 메모리카드 1블록

일본 한자능력검정의 실제 출제문제에 도전하는 교육용 소프트. 초 10급(아동용 한자)부터 2급(고졸 수준)까지의 각급 기출문제 약 2만 종류와 미니게임을 수록했다.

SIMPLE 1500 시리즈 Vol.94 : THE 카메라맨 - 격사 보이 + 보너스

D3 퍼블리셔　액션　2002년 5월 23일　1,500엔

플레이어 1~2인 / 메모리카드 1블록

PC엔진용 게임의 이식작. 주인공을 조작해 카메라맨 학교 졸업시험에서 합격하는 것이 목적이다. 원작을 충실히 재현한 8개 스테이지에, 보너스 컨텐츠를 추가했다.

SIMPLE 1500 시리즈 Vol.95 : THE 비행기

D3 퍼블리셔　액션　2002년 5월 23일　1,500엔

플레이어 1인 / 메모리카드 1블록 / 아날로그 컨트롤러 지원

프로펠러 전투기를 조종해, 적기와 공중전으로 싸우는 3D 슈팅 게임. 복엽기 특유의 아날로그한 조종 테크닉과 탑재된 무기를 활용해, 다채로운 미션을 클리어하자.

Major Wave 시리즈 아케이드 히츠 : 크레이지 클라이머

햄스터　액션　2002년 5월 23일　1,500엔

플레이어 1~2인

일본물산의 명작 액션 게임 「크레이지 클라이머」와 「크레이지 클라이머 '85」의 이식판. 원작을 충실히 재현하여, 왕년의 흥분을 다시금 맛볼 수 있다.

주변기기 지원 아이콘　플레이어 1~2인 / 메모리카드 1~2블록 / 멀티탭지원 1~4인 / 마우스 지원 / 대전케이블 2대 / 아날로그 조이스틱 SCPH0111(SCEI)지원 / 아날로그 컨트롤러 지원 / PocketStation 지원 / 메모리카드 1~2블록 / 휴대전화 접속 케이블 지원(도코모/모드 휴대전화 지원) / 특제 컨트롤러 SLPH00001(남코)지원

파치슬로 제왕 : 고르고 13·라스베가스

미디어 엔터테인먼트 파치슬로 2002년 5월 30일 5,200엔

플레이어 1인 | 메모리카드 2블록 | 아날로그 컨트롤러 지원

올림피아의 「라스베가스」와 헤이와의 「고르고 13」을 완전 재현한 타이틀. 폭럴 모드 스톱시의 어긋남 등 실기의 특징을 재현했으며, 챌린지 모드·타이밍 연습 모드도 있다.

Major Wave 시리즈 : AI 쇼기 셀렉션

햄스터 쇼기 2002년 5월 23일 1,500엔

플레이어 1~2인 | 메모리카드 2~6블록

상당한 실력과 수싸움, 빠른 사고속도를 겸비한 대국 쇼기 게임. 제 7회 컴퓨터세계선수권에서 전승 우승한 'YSS 7.0' 엔진을 PS용으로 최적화해 탑재하였다.

드래곤 퀘스트 몬스터즈 1·2 : 별내림의 용사와 목장의 친구들

에닉스 RPG 2002년 5월 30일 6,800엔

플레이어 1~2인 | 메모리카드 1블록 | 아날로그 컨트롤러 지원

게임보이로 발매했던 「드래곤 퀘스트 몬스터즈」 1·2편의 합본 이식작. 강화된 그래픽과 사운드로 '테리의 원더랜드'·'루카의 여행'·'이르의 모험'까지 3가지 모험을 즐긴다. i모드 휴대폰용 「드래곤 퀘스트 몬스터즈 i/S」와의 연동 기능이 있어, PS판에서 육성한 몬스터를 휴대폰으로 전송할 수도 있었다. 연동 기능으로만 등장하는 몬스터도 존재한다.

히카루의 바둑 : 헤이안 환상이문록

코나미 어드벤처 2002년 5월 30일 5,800엔

플레이어 1인 | 메모리카드 1블록 | 아날로그 컨트롤러 지원

같은 제목 애니메이션의 설정 기반이지만, 스토리는 원작과 다른 오리지널이다. 헤이안 시대의 히카루가 되어, 사이를 미카도의 바둑 스승으로 만들자. 성우는 TV판과 동일.

지하던전 걷기

석세스 액션 2002년 6월 6일 3,800엔

플레이어 1~2인 | 메모리카드 1~15블록 | 아날로그 컨트롤러 지원

'던전 자동생성 시스템'을 탑재한 탐색 액션 게임. 4가지 직업 중 하나를 골라, 마왕 퇴치를 위해 던전을 탐색하자. 모험할 때마다 새로운 던전에 도전할 수 있다.

샤먼킹 : 스피리트 오브 샤먼즈

반다이 대전격투 2002년 6월 6일 5,800엔

플레이어 1~2인 | 메모리카드 1블록 | 아날로그 컨트롤러 지원

같은 제목 애니메이션의 캐릭터를 활용한 대전격투 게임. 원작 특유의 '지령' 개념을 살린 시스템이라, 지령을 구현화하거나 지령과 연계해 초필살기를 쓸 수 있다.

슬롯! 프로 5 : 나니와 사쿠라후부키 & 섬노래

CBC / 니혼 텔레네트 파치슬로 2002년 6월 13일 5,200엔

플레이어 1인 | 메모리카드 1블록

인기 시뮬레이터 제 5탄. '오오에도 사쿠라후부키'의 후계기 '나니와 사쿠라후부키'와, 오키나와 슬롯의 첫 스톡기 '섬노래'를 재현. 투입금·불출매수 등의 데이터도 수록.

월드 그레이티스트 히츠 Vol.1 : 프로 핀볼 빅 레이스 USA

시스컴 엔터테인먼트 핀볼 2002년 6월 13일 2,000엔

플레이어 1~4인 | 메모리카드 1블록 | 아날로그 컨트롤러 지원

'미대륙 횡단 레이스'가 모티브인 3D 핀볼 게임. 게임다운 화려한 라이팅 연출이 재미있다. 플리퍼의 파워와 핀볼 기기의 기울기 등은 취향껏 설정할 수 있다.

월드 그레이티스트 히츠 Vol.2 : 파이프 드림 3D

시스컴 엔터테인먼트 퍼즐 2002년 6월 13일 2,000엔

플레이어 1인 | 메모리카드 1블록 | 아날로그 컨트롤러 지원

파이프를 연결해 오일을 통과시키는 경로 사고형 퍼즐 게임. 오일이 새지 않도록 파이프를 제대로 이어가자. 수많은 트랩이 있는 50종 이상의 스테이지를 준비했다.

월드 그레이티스트 히츠 Vol.3 : 스피드볼 2100

시스컴 엔터테인먼트　스포츠　2002년 6월 13일　2,000엔

플레이어 1~2인　메모리카드 1블록　아날로그 컨트롤러 지원

근미래가 무대인 하이스피드 스포츠 액션 게임. 수단을 가리지 말고 볼을 빼앗아 상대의 골에 꽂아 넣자. 선수를 직접 조작하지 않는 매니지먼트 모드도 준비돼 있다.

월드 그레이티스트 히츠 Vol.4 : 레인보우 식스

시스컴 엔터테인먼트　액션　2002년 6월 13일　2,000엔

플레이어 1인　메모리카드 1블록　아날로그 컨트롤러 지원

톰 클랜시의 소설이 원작인 1인칭 전략 액션 게임. 테러 조직의 섬멸과 인질 구출이 목적이다. 미션은 총 14종류. 대원·장비 등은 자유롭게 설정할 수 있다.

월드 그레이티스트 히츠 Vol.5 : 타이코 R/C

시스컴 엔터테인먼트　레이싱　2002년 6월 13일　2,000엔

플레이어 1~2인　메모리카드 1블록　아날로그 컨트롤러 지원

미국의 인기 RC카 시리즈인 '타이코 R/C'의 게임판. 공공도로·정글·설원 등, 다양성이 풍부한 코스를 제공한다. 전격과 지뢰 등의 아이템도 사용할 수 있다.

파치슬로 제왕 : 섬노래-30·트위스트·남국 이야기-30

미디어 엔터테인먼트　파치슬로　2002년 6월 20일　5,800엔

플레이어 1인　메모리카드 2블록　아날로그 컨트롤러 지원

당시의 인기 파치슬로 3개 기종을 충실히 재현한 타이틀. '트위스트'·'섬노래'·'남국 이야기'를 수록했다. 다양한 관점에서 실력을 판정해주는 챌린지 모드가 있다.

Major Wave 시리즈 아케이드 히츠 : 문 크레스타

핸스터　슈팅　2002년 6월 20일　1,500엔

플레이어 1~2인

일본물산이 제작한 왕년의 명작 슈팅 게임 2작품을 합본한 소프트. 「문 크레스타」와 「SF-X」를 수록했으며, 참신한 그래픽과 뛰어난 게임성을 충실히 재현했다.

SIMPLE 1500 시리즈 Vol.97 : THE 스쿼시

D3 퍼블리셔　스포츠　2002년 6월 27일　1,500엔

플레이어 1~2인　메모리카드 1블록　아날로그 컨트롤러 지원

 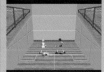

간단한 조작으로 스쿼시를 즐기는 경쾌한 타이틀. 8명의 캐릭터와 8종의 코트를 준비했으며, 볼을 자유자재로 쳐낼 수 있는 다채로운 구종과 높은 전략성도 재현했다.

SIMPLE 캐릭터 2000 시리즈 Vol.8 : 독수리 5형제 THE 슈팅

반다이　슈팅　2002년 6월 27일　2,000엔

플레이어 1인　메모리카드 1블록　아날로그 컨트롤러 지원

독수리 5형제(원제는 '과학닌자대 갓챠맨')가 되어 알렉터를 섬멸하는 종스크롤 슈팅 게임. 원작의 무기·G메카를 재현했고, 타츠노코 프로덕션의 신규 일러스트도 넣었다.

SIMPLE 캐릭터 2000 시리즈 Vol.9 : 소년 낚시왕 THE 낚시

반다이　스포츠　2002년 6월 27일　2,000엔

플레이어 1인　메모리카드 1블록　아날로그 컨트롤러 지원

낚시만화의 명작(원제는 '낚시광 산페이')을 게임화했다. 5가지 스토리를 통해 포인트 선정부터 캐스팅, 물고기와의 대결 등을 즐긴다. 원작의 서브캐릭터도 다수 나온다.

슬로터 매니아 4 : 격렬요광! 시오라 & 킹 캐슬 & 카부토

도라스　파치슬로　2002년 6월 27일　5,800엔

플레이어 1인　메모리카드 2블록　아날로그 컨트롤러 지원

3종류의 인기기종을 재현한 파치슬로 소프트. '시오사이-30'의 신장판 '시오라-30'과 '킹 캐슬'·'카부토'를 수록했다. 공략에 필요한 모드도 여럿 탑재했다.

팝픈 뮤직 6

코나미　리듬 액션　2002년 6월 27일　5,800엔

플레이어 1~2인　메모리카드 1블록　아날로그 컨트롤러 지원　특제 컨트롤러 RU014(코나미)지원

오락실의 인기 음악 게임 제 6탄. 100곡 이상을 수록했으며, 가정용 오리지널 캐릭터도 등장한다. 일본의 국민 드라마 '사자에 씨'와 '망나니 쇼군'의 주제가도 있다.

주변기기 지원 아이콘　플레이어 1~2인　메모리카드 1~2블록　멀티탭지원 1~4인　마우스 지원　대전케이블 2대　아날로그 조이스틱 SCPH0111(SCE) 지원　아날로그 컨트롤러 지원　PocketStation 지원　메모리카드 1~2블록　휴대전화 접속 게임케이블 지원(도코모 모드 휴대전화지원)　특제 컨트롤러 SLPH00001(남코)지원

더 트럼프하자! : i모드로 그랑프리

퓨어사운드　테이블　2002년 6월 27일　3,980엔

플레이어 1~4인 ｜ 멀티탭지원 1~4인 ｜ 휴대전화 접속 케이블 지원 (도코모 i모드 휴대전화 지원)

'세븐스'·'대부호' 등 12가지 트럼프 놀이를 하는 테이블 게임. 휴대전화 접속 케이블로 i모드 피처폰을 연결해, 트럼프를 사용하는 시뮬레이션 게임도 즐길 수 있었다.

디지몬월드 3 : 새로운 모험의 문

반다이　RPG　2002년 7월 4일　5,800엔

플레이어 1인 ｜ 메모리카드 4블록 ｜ 아날로그 컨트롤러 지원

인기 시리즈의 제 3탄. 가상세계에 갇혀버린 주인공이 원래 세계로 돌아가려 모험을 떠난다. 240종류 이상의 디지몬이 등장하여 뜨거운 1 : 1 배틀을 펼친다.

워터 서머

프린세스 소프트　어드벤처　2002년 7월 18일　6,800엔

플레이어 1인 ｜ 메모리카드 2블록

PC용 게임 「스이카(水夏)」의 이식작. 시골에서 만난 소녀 4명과의 담담한 연애를 그린 어드벤처 게임이다. 스토리는 4장 구성이며, 장별로 주인공·등장인물이 다르다.

키즈스테이션 LEGO : 레고의 세계

반다이　에듀테인먼트　2002년 7월 18일　3,800엔

플레이어 1인 ｜ 키즈스테이션 전용 컨트롤러 지원

귀여운 동물들과 함께 게임을 즐기는 교육용 소프트. 상상력·사고력·판단력에 색채감각·소리 판단력까지 즐겁게 배워보는 미니게임이 한가득. 동물들이 풀보이스로 말한다.

키즈스테이션 가면라이더 히어로즈

반다이　에듀테인먼트　2002년 7월 18일　3,800엔

플레이어 1인 ｜ 메모리카드 1블록 ｜ 키즈스테이션 전용 컨트롤러 지원

가면라이더와 함께 놀면서 숫자·글자를 배우는 교육용 소프트. 당시의 최신 가면라이더인 쿠우가·아기토·드래건이 등장하는 미니게임과 간단한 격투 게임을 즐긴다.

키즈스테이션 헬로키티의 우리 집에 놀러와!

반다이　에듀테인먼트　2002년 7월 18일　3,800엔

플레이어 1~2인 ｜ 키즈스테이션 전용 컨트롤러 지원

헬로키티와 미니게임을 즐기며 공부하는 교육용 소프트. 아이도 안심하고 즐길 수 있는 30종 이상의 미니게임을 수록했으며, 액세서리·옷 디자인·요리·색칠놀이도 있다.

경정 WARS : 휘감기 6

엔터브레인　스포츠　2002년 7월 25일　6,800엔

플레이어 1인 ｜ 메모리카드 1블록 ｜ 아날로그 컨트롤러 지원

경정 선수가 되어 상금왕을 노리는 경정 시뮬레이터. 경정 최고의 매력인 '휘감기'나 '붙어돌기' 등의 선회기술, 플라잉 스타트 등의 특수 룰도 충실히 재현했다.

크러시기어

반다이　액션　2002년 7월 25일　4,800엔

플레이어 1~2인 ｜ 메모리카드 1블록 ｜ 아날로그 컨트롤러 지원

애니메이션(원제는 '격투! 크러시기어 TURBO')의 게임판. 인기 캐릭터·기어가 나온다. 박력의 기어 배틀은 3D화했다. 실시간 커맨드로 자유 조작하며, 개조 강화도 가능하다.

무서운 사진 : 심령사진 기담

미디어 엔터테인먼트　액션　2002년 7월 25일　3,300엔

플레이어 1인 ｜ 메모리카드 1블록 ｜ 아날로그 컨트롤러 지원

영능력자 '히오리'가 되어 심령사진에 깃든 악령을 퇴치하는 제령 액션 게임. 영과 배틀할 때는 인을 맺어 공격한다. 스토리를 진행하다 보면 히오리의 비밀이 밝혀진다.

SIMPLE 1500 시리즈 Vol.96 : THE 야구 2

D3 퍼블리셔　스포츠　2002년 7월 25일　1,500엔

플레이어 1~2인 ｜ 메모리카드 8블록

시뮬레이션형 야구 게임. 프로야구 감독이 되어 페넌트레이스를 뛰자. 등번호 4번인 에이스 투수를 겸하는 등, 선수 겸 감독으로서 플레이할 수도 있다.

HARDWARE ｜ 1994 ｜ 1995 ｜ 1996 ｜ 1997 ｜ 1998 ｜ 1999 ｜ 2000 ｜ 2001 ｜ 2002 ｜ 2003 ｜ 2004 ｜ INDEX

 SuperLite 3 in 1 시리즈 : 카드 게임 모음집

석세스　테이블　2002년 7월 25일　2,800엔

플레이어 1~2인　메모리카드 3블록

과거에 발매했던 「카드 Ⅱ」・「앙골모아 99」・「화투 Ⅱ」를 합본한 소프트. 트럼프 게임 6종류, 화투 게임 4종류를 수록했다. 앙골모아는 심리전 위주의 게임이다.

  폭렬축구

테크모　스포츠　2002년 7월 25일　5,800엔

플레이어 1~2인　메모리카드 1~4블록　아날로그 컨트롤러 지원

'캡틴 츠바사'를 성공적으로 게임화한 실적이 있는 테크모의, 상식파괴급 필살기가 매력인 오리지널 축구 게임. 호쾌한 필살기가 약 100종이나 있다. 세계 정상을 노리자!

 푸르의 대모험 from GROOVE ADVENTURE RAVE

코나미　액션　2002년 7월 25일　6,800엔

플레이어 1인　메모리카드 1블록　아날로그 컨트롤러 지원

인기 만화 'RAVE'에 등장하는 캐릭터 '푸르'가 주인공으로 활약하는 횡스크롤 액션 게임. 어딘가에 존재한다는 '환상의 캔디'를 찾아, 푸르가 세계를 모험한다.

 Major Wave 시리즈 : AI 마작 SELECTION

햄스터　마작　2002년 7월 25일　1,500엔

플레이어 1인　메모리카드 1블록

잡지 '근대마작' 편집부가 추천한 본격 마작 소프트. 기억력·계산력 위주의 부자연스러운 AI가 아닌, 대국과 패의 흐름이라는 '애매함'을 읽어내는 신 알고리즘을 탑재했다.

 Major Wave 시리즈 아케이드 히츠 : 프리스키 톰

햄스터　액션　2002년 7월 25일　1,500엔

플레이어 1~2인

1981년 일본물산이 출시한 아케이드용 게임의 복각판. 원작인 「프리스키 톰」과, 퍼즐 요소를 강화시킨 속편 「톰즈 스트라이크 백」을 수록했다.

 탑블레이드 Ⅴ : 베이 배틀 토너먼트 2

타카라　액션　2002년 8월 1일　4,980엔

플레이어 1~2인　메모리카드 1블록　아날로그 컨트롤러 지원

탑블레이더가 되어 원작 TV 애니메이션의 캐릭터와 대결하는 커스터마이즈 액션 게임. 탑블레이드들의 성능을 충실하게 데이터화했다. 자석 내장 모델도 등장한다.

  별의 비경

죠르단　RPG　2002년 8월 1일　5,800엔

플레이어 1인　메모리카드 1블록

말에 깃드는 영력인 '언령'과 일본 신화를 테마로 삼은 사이킥 어드벤처 게임. 언령을 주문처럼 사용하거나, '신보'라는 아이템을 활용해 정체불명의 마물과 싸우자.

  머메이드의 계절 : 커튼콜

게임빌리지　팬 디스크　2002년 8월 1일　4,800엔

플레이어 1인

2001년 12월 발매했던 연애 어드벤처 게임 「머메이드의 계절」(174p)의 팬 디스크. 사이드 스토리와 퀴즈, 설정자료집 등의 다채로운 컨텐츠를 수록했다.

   슈퍼 갤즈 스페셜 : 꽃미남 겟츄 갤즈 파티

코나미　파티　2002년 8월 8일　3,900엔

플레이어 1~2인　메모리카드 1블록　멀티탭 지원 1~4인

인기 만화(원제는 '초 GALS! 고토부키 란')가 원작인 보드 게임. 시부야 거리를 무대로 거대 말판놀이 배틀을 펼친다. 멋을 내거나 꽃미남과 데이트하며 No.1 걸이 되자.

 TV Animation X : 운명의 선택

반다이　3D 대전격투　2002년 8월 22일　5,800엔

플레이어 1~2인　메모리카드 1블록　아날로그 컨트롤러 지원

CLAMP의 만화를 애니메이션화한 'X'의 3D 대전격투 게임판. '올레인지 배틀' 시스템으로 원작의 초능력 배틀을 구현했다. 게임을 클리어해 보너스 동영상을 입수하자.

GROOVE ADVENTURE RAVE : 미완의 비석

코나미　RPG　2002년 8월 29일　5,800엔

플레이어 1~2인　메모리카드 1~15블록　아날로그 컨트롤러 지원

같은 제목의 만화가 원작인 던전 RPG. 하루 일행이 최강의 검을 만들기 위해 모험하는 완전 오리지널 스토리다. 원작자가 직접 새로 디자인한 캐릭터도 등장한다.

최강 은성마작

아이매직　마작　2002년 8월 29일　3,800엔

플레이어 1인　메모리카드 1블록

바둑·쇼기계에서 당시 최강을 자랑했던 사고엔진을 탑재한 마작 소프트. 룰을 세세히 설정할 수 있으며, 3인 대국·오픈 대국도 지원한다. 개성 만점의 캐릭터 14명이 등장.

SIMPLE 1500 시리즈 Vol.99 : THE 검도 - 검의 꽃길

D3 퍼블리셔　스포츠　2002년 8월 29일　1,500엔

플레이어 1~2인　메모리카드 1블록　아날로그 컨트롤러 지원

3D로 검도를 리얼하게 재현한 타이틀. 페인트·쳐내기 기술을 도입해 검도 특유의 치열한 승부를 시뮬레이트했으며, 클리어하면 숨겨진 캐릭터나 루트도 출현한다.

SIMPLE 1500 시리즈 Vol.100 : THE 우주비행사

D3 퍼블리셔　액션　2002년 8월 29일　1,500엔

플레이어 1인　메모리카드 1블록　아날로그 컨트롤러 지원

'우주적 스릴'을 체험할 수 있는 우주비행사 시뮬레이터. 우주복을 착용하고, 연료와 산소에 주의하면서 회수·발견·수리 등의 다양한 미션에 도전해보자.

SIMPLE 1500 시리즈 Vol.102 : THE 철도기관사 - 전차로 GO! 나고야 철도 편

D3 퍼블리셔　시뮬레이션　2002년 8월 29일　1,500엔

플레이어 1인　메모리카드 1블록　아날로그 컨트롤러 지원　PocketStation 지원　메모리카드 +3~6블록　특제 컨트롤러 SLPH00051·TCPP20007데이터 지원

철도기관사 시뮬레이션 게임 「전차로 GO! 나고야 철도 편」이 SIMPLE 1500 시리즈로 재발매됐다. 원 핸들식 마스터 컨트롤러용·포켓스테이션용 미니게임도 있다.

SIMPLE 캐릭터 2000 시리즈 Vol.10 : 돌격!! 남자훈련소 THE 닷지볼

반다이　스포츠　2002년 8월 29일　2,000엔

플레이어 1~2인

같은 제목의 만화 캐릭터가 등장하는 피구 게임. 츠루기 모모타로 등의 남자훈련소 팀을 조작해 격투구기대회 우승을 노리자. 자신을 연마해 진정한 남자의 길을 걸어라.

SIMPLE 캐릭터 2000 시리즈 Vol.11 : 명탐정 코난 THE 보드 게임

반다이　파티　2002년 8월 29일　2,000엔

플레이어 1~4인　메모리카드 1블록　멀티탭지원 1~4인

대인기 애니메이션·만화 '명탐정 코난'이 테마인 보드 게임. 주사위를 굴리고 카드를 사용하여 다양한 미션을 해결해보자. 심플하면서도 깊이가 있는 말판놀이 게임이다.

SuperLite 1500 시리즈 : 봄보트

석세스　퍼즐　2002년 8월 29일　1,500엔

플레이어 1~2인　메모리카드 1블록

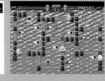

몬스터를 피하며 과일들을 먹어치우는 액션 게임. 스테이지 위에 흩어진 과일을 전부 먹으면 스테이지 클리어다. 위기가 닥치면 폭탄이나 보트를 사용해 회피하자.

파치슬로 제왕 : 데이트라인 페가수스

미디어 엔터테인먼트　파치슬로　2002년 8월 29일　3,800엔

플레이어 1인　메모리카드 2블록　아날로그 컨트롤러 지원

파치슬로 기기를 충실히 재현한 제조사 권장 파치슬로 소프트. 전설의 '데이트라인 페가수스'를 수록하여, 다양한 각도로 플레이어의 실력을 판정해준다.

SIMPLE 1500 시리즈 Vol.98 : THE 풋살

D3 퍼블리셔　스포츠　2002년 9월 5일　1,500엔

플레이어 1~2인　메모리카드 1블록　아날로그 컨트롤러 지원

실내축구 스포츠 '풋살'을 즐기는 타이틀. 아날로그식 조작으로 직감적인 플레이가 가능하다. 스타일이 다양한 8개 팀이 등장하며, 포메이션 등도 설정할 수 있다.

HARDWARE
1994
1995
1996
1997
1998
1999
2000
2001
2002
2003
2004
INDEX

피노비의 대모험

허드슨 액션 2002년 9월 5일 3,800엔

플레이어 1인 / 메모리카드 1블록

벌 모양의 로봇 '피노비'를 조작하는 액션 게임. 다양한 액션을 구사하며 납치당한 박사를 구출하자. 힌트는 '인생 재시작 시스템'으로 입수할 수 있다.

곰돌이 푸의 모두 함께 숲에서 대 경주!

토미 파티 2002년 9월 5일 4,800엔

플레이어 1~2인 / 메모리카드 1블록 / 멀티탭지원 1~4인 / 아날로그 컨트롤러 지원

최대 4인 동시 플레이가 가능한 테이블&미니게임 모음집. 곰돌이 푸 일행과 5가지 미니게임을 즐기자. 미니게임의 결과로 말판놀이에서 전진할 칸수가 결정된다.

맷 호프만 프로 BMX

석세스 스포츠 2002년 9월 5일 5,800엔

플레이어 1~2인 / 메모리카드 1블록 / 아날로그 컨트롤러 지원

라이더를 조작해 각 스테이지를 클리어하는 BMX 게임. 다양한 테크닉을 구사하며 스테이지별 조건을 클리어하자. 세계 정상급 라이더의 기술·투어 동영상도 수록했다.

슬로터 매니아 외전 : 초열전설! 골든 루키 & 파이어 V & 류오

도라스 파치슬로 2002년 9월 12일 5,200엔

플레이어 1인 / 메모리카드 2블록 / 아날로그 컨트롤러 지원

인기 오키나와 슬롯 3개 기종을 재현한 인기 실기 시뮬레이터. '골든 루키-30'·'파이어 V-30'·'류오-30'을 수록하여, 홀의 분위기를 만끽하며 즐길 수 있다.

디지털 그림책 Vol.1 : 요즘 세대의 '모모타로'

스마일소프트 에듀테인먼트 2002년 9월 12일 1,480엔

플레이어 1~2인 / 아날로그 컨트롤러 지원

일본인에게 친숙한 모모타로 이야기를 현대화한 신세대 그림책 제 1탄. 애니메이션·게임·나레이션을 활용해, 기존의 그림책과는 달리 상상력을 자극하도록 재구성했다.

디지털 그림책 Vol.2 : 요즘 세대의 '카구야 공주'

스마일소프트 에듀테인먼트 2002년 9월 12일 1,480엔

플레이어 1~2인 / 아날로그 컨트롤러 지원

일본인이라면 누구나 아는 전래동화를 현대화한 그림책 소프트 제 2탄. 이번엔 카구야 공주 이야기를 재구성했다. '놀이 모드'와 '이야기 모드'로 즐길 수 있다.

디지털 그림책 Vol.3 : 요즘 세대의 '원숭이와 게'

스마일소프트 에듀테인먼트 2002년 9월 12일 1,480엔

플레이어 1~2인 / 아날로그 컨트롤러 지원

기존의 그림책과는 차별화된 연출이 특징인 전래동화 소프트 제 3탄. '원숭이와 게의 싸움'을 애니메이션·게임·음성과 효과음까지 동원해 새롭게 재구성했다.

디지털 그림책 Vol.4 : 요즘 세대의 '꽃 피우는 할아버지'

스마일소프트 에듀테인먼트 2002년 9월 12일 1,480엔

플레이어 1~2인 / 아날로그 컨트롤러 지원

현대화시킨 일본 전래동화 시리즈 제 4탄으로서, '꽃 피우는 할아버지'를 수록했다. '놀이 모드'와 '이야기 모드'를 탑재해, 화려한 연출로 아이의 상상력을 자극한다.

디지털 그림책 Vol.5 : 요즘 세대의 '우라시마 타로'

스마일소프트 에듀테인먼트 2002년 9월 12일 1,480엔

플레이어 1~2인 / 아날로그 컨트롤러 지원

동화책을 현대화시킨 타이틀 제 5탄. '우라시마 타로' 이야기를 바탕으로 하여, 애니메이션·게임·나레이션·효과음을 결합시켜 호기심을 자극하는 연출을 선보인다.

마셜 비트 2

코나미 리듬 액션 2002년 9월 12일 4,800엔

플레이어 1~2인 / 메모리카드 1블록 / 특제 컨트롤러 RU037(코나미)지원

무술 피트니스 액션 게임의 제 2탄. 무술의 품세를 배우고픈 사람을 위한 프로그램과 피트니스에 특화시킨 프로그램을 디스크 2장에 분할 수록해 업그레이드시켰다.

주변기기 지원 아이콘 : 플레이어 1~2인 / 메모리카드 1~2블록 / 멀티탭지원 1~4인 / 마우스 지원 / 대전케이블 2대 / 아날로그 조이스틱 SCPH0111(SCE)지원 / 아날로그 컨트롤러 지원 / PocketStation 지원 / 메모리카드 1~2블록 / 휴대전화 접속 케이블 지원(도코모 i모드 휴대전화지원) / 특제 컨트롤러 SLPH00001(남코)지원

TOM and JERRY in HOUSE TRAP

석세스 액션 2002년 9월 19일 3,800엔

플레이어 1~2인 | 메모리카드 1블록 | 아날로그 컨트롤러 지원

미국의 인기 애니메이션 '톰과 제리'의 게임판. 상하 분할 화면으로 톰과 제리를 조작해, 온갖 수단으로 상대의 체력을 바닥내자. 원작처럼 한바탕 대소동이 펼쳐진다.

미니모니. 탬버린으로 짤랑짤랑이야 뿅!

세가 리듬 액션 2002년 9월 19일 4,800엔

플레이어 1~4인 | 메모리카드 1블록 | 아날로그 컨트롤러 지원 | 아스키 탬버린 컨트롤러 ASC0528(아스키)지원

아케이드용 게임 「탬버린으로 짤랑짤랑!」을 개변 이식했다. '미니모니.'의 히트곡을 배경으로 다양한 게임 모드를 즐길 수 있다. 타이밍에 맞춰 탬버린을 흔들어보자.

로맨스는 검의 광채 II : 은빛 무지개를 찾아서

카도카와쇼텐 RPG 2002년 9월 19일 6,800엔

플레이어 1인 | 메모리카드 1블록 | 아날로그 컨트롤러 지원

F&C 사의 인기 PC 게임의 개변 이식작으로서, 본격 미소녀 판타지 RPG다. 신 캐릭터 '알리시아'를 포함해 10명의 히로인이 등장. 마음에 드는 캐릭터와 함께 모험하자.

키즈스테이션 미니모니.가 되자뿅!

반프레스토 에듀테인먼트 2002년 9월 26일 3,800엔

플레이어 1인 | 키즈스테이션 전용 컨트롤러 지원

당시 일본의 인기 아이돌 그룹 '미니모니.' 멤버가 되어 보컬·댄스 레슨을 받는 소프트. 수록된 미니게임을 통해 영어의 리듬·억양을 익혀볼 수 있다.

SuperLite 3 in 1 시리즈 : 보드 게임 모음집

석세스 파티 2002년 9월 26일 2,800엔

플레이어 1~2인 | 메모리카드 3블록 | 아날로그 컨트롤러 지원

기존에 발매된 3개 작품을 수록한 합본판. RPG풍 말판놀이 게임 「판게아」, 탐색형 보드 게임 「배틀 말판놀이 '헌터'」, 퍼즐 보드 게임 「치키치키 치킨」을 수록했다.

슬로터매니아5:격타진수!하이퍼저글러V&키타짱컨트리&원더리뷰2

도라스 파치슬로 2002년 9월 26일 5,200엔

플레이어 1인 | 메모리카드 2블록 | 아날로그 컨트롤러 지원

'하이퍼 저글러 V'·'키타짱 컨트리'·'원더 리뷰 2'를 플레이스테이션에서 즐겨보자! 당시 현행 기종과는 다른 4호기 시대의 3개 기종을 자택에서 플레이할 수 있다.

슬롯! 프로 6 : 하이퍼 저글러 V

CBC / 니혼 텔레네트 파치슬로 2002년 9월 26일 2,900엔

플레이어 1인 | 메모리카드 1블록

키타 덴시 사의 '하이퍼 저글러 V'의 시뮬레이터. 드럼식 파치슬로로 기기 중 하나로서, 잭팟을 램프 점등으로 알려주는 심플한 게임성으로 인기였던 기종이다.

테니스의 왕자 : SWEAT & TEARS

코나미 시뮬레이션 2002년 9월 26일 5,800엔

플레이어 1인 | 메모리카드 1블록 | 아날로그 컨트롤러 지원

'테니스의 왕자'의 세계를 즐기는 클럽 활동 시뮬레이션 게임. 연습으로 전국대회를 노리는 동시에, 일상생활도 체험할 수 있다. 테니스는 물론, 원작의 명장면도 재현 가능.

건방진 천사

반다이 어드벤처 2002년 9월 26일 5,800엔

플레이어 1인 | 메모리카드 1블록

같은 제목의 인기 만화가 원작인 어드벤처 게임. 켄가미네 고교의 신입생이 되어, 히로인 아마츠카 메구미 및 '메구단'과 교류하자. 30종류의 엔딩을 준비했다.

드래건 드라이브 : 택틱스 브레이크

반다이 시뮬레이션 RPG 2002년 10월 3일 5,800엔

플레이어 1~2인 | 메모리카드 1블록 | 아날로그 컨트롤러 지원

같은 제목의 인기 애니메이션이 원작인 시뮬레이션 RPG. 가상세계에서 드래곤과 함께 싸우자. 원작과 다른 오리지널 스토리지만, 원작의 캐릭터도 다수 등장한다.

SIMPLE 캐릭터 2000 시리즈 Vol.12 : 기동무투전 G건담 THE 배틀

반다이　대전격투　2002년 10월 10일　2,000엔

플레이어 1~2인　메모리카드 1블록　아날로그 컨트롤러 지원

기체가 부드러운 다관절로 움직이는 대전격투 게임 「건담 더 배틀 마스터」의 G건담 버전. 숨겨진

요소로서, 동시 발매된 「신기동전기 건담W THE 배틀」과 연동된다.

SIMPLE 캐릭터 2000 시리즈 Vol.13 : 신기동전기 건담W THE 배틀

반다이　대전격투　2002년 10월 10일　2,000엔

플레이어 1~2인　메모리카드 1블록　아날로그 컨트롤러 지원

대전격투 게임 「건담 더 배틀 마스터」의 건담W 버전. 모든 기체로 난이도 HARD를 클리어하

면, G건담의 데이터에서 일부 기체를 불러낼 수 있다.

SIMPLE 캐릭터 2000 시리즈 Vol.14 : 쭉쭉빵빵 꽃미녀탐정단 THE 직소 퍼즐

반다이　퍼즐　2002년 10월 10일　2,000엔

플레이어 1~2인　메모리카드 1블록　아날로그 컨트롤러 지원

같은 제목의 인기만화가 원작인 직소 퍼즐 게임. 극중 인기 아이돌 그룹의 섹시한 사진을 퍼즐로 맞출 수 있다. 원작과 제휴해, 아이돌의 초레어 사진도 수록했다.

SIMPLE 캐릭터 2000 시리즈 Vol.15 : 사이보그 009 THE 블록깨기

반다이　액션　2002년 10월 10일　2,000엔

플레이어 1인　메모리카드 1블록　아날로그 컨트롤러 지원

이시노모리 쇼타로가 그린 명작 만화의 캐릭터를 활용한 블록깨기 게임. '가속장치'와 '비행능력' 등, 사이보그 전사들의 특징을 살린 플레이를 즐길 수 있다.

나이트 레이드

타쿠미 코퍼레이션　슈팅　2002년 10월 10일　5,800엔

플레이어 1인　메모리카드 1블록　아날로그 컨트롤러 지원

아케이드용 게임의 이식작. 생명발생 시스템 '벡터'를 조작하여 마더 컴퓨터 '버딘보'를 파괴하

는 3D 슈팅 게임이다. 허그 런처로 연쇄폭발을 노려보자.

위저드리 엠파이어 II : 왕녀의 유산

스타피시　RPG　2002년 10월 17일　5,800엔

플레이어 1인　메모리카드 1블록

2000년 12월 발매되었던 「위저드리 엠파이어」의 속편. 유괴당한 자치령 영주를 구출하고 빼앗긴

비술서를 탈환하자. 비주얼을 리뉴얼했고, 신규 시스템을 다수 추가했다.

데굴데굴 포스트 닌

미디어 엔터테인먼트　액션　2002년 10월 17일　3,800엔

플레이어 1인　메모리카드 1블록　아날로그 컨트롤러 지원

우주 콜로니가 무대인 회전 액션 게임. 지면을 기울여 신문 배달 소녀 '아카네'를 굴려, 미로화된 길을 돌파하자. 우편함에 신문을 넣으며, 제한시간 내로 골에 도착하도록.

제 2회! 퀴즈가 한가득 인생게임

타카라　퀴즈　2002년 10월 17일　4,800엔

플레이어 1~4인　메모리카드 2블록　멀티탭 지원 1~4인

보드 게임과 퀴즈를 조합한 신개념 '인생게임'의 제 2탄. 연애 퀴즈와 데이트 이벤트가 충실해졌다. 문제는 보통 급부터 초난해 문제까지 총 14,000종류를 수록했다.

모바일 친구

햄스터　기타　2002년 10월 17일　4,800엔

플레이어 1인　메모리카드 3블록　아날로그 컨트롤러 지원　휴대전화 접속 케이블 지원 (도코모 모드 휴대전화 지원)

휴대폰을 통한 인간관계를 묘사한 시뮬레이션 게임. 등록된 캐릭터 100명과의 대화를 통해, 친구 관계부터 자신조차 아직 깨닫지 못한 내면까지도 재발견할 수 있다.

최강 은성쇼기 2

아이매직　쇼기　2002년 10월 24일　4,800엔

플레이어 1~2인　메모리카드

최강을 표방하는 쇼기 소프트의 제 2탄. 정적 DB에 전작을 초월한 120만 수를 수록해, AI가 고수준

의 쇼기를 구사한다. 한 수 넘기기·무르기 등의 편의 시스템도 있다.

주변기기 지원 아이콘　플레이어 1~2인　메모리카드 1~2블록　멀티탭 지원 1~4인　마우스 지원　대전 케이블 2대　아날로그 조이스틱 SCPH0111(SCEI) 지원　아날로그 컨트롤러 지원　PocketStation 지원　메모리카드 1~2블록　휴대전화 접속 케이블 지원 (도코모 모드 휴대전화 지원)　특제 컨트롤러 SLPH00001(남코)지원

HARDWARE
1994
1995
1996
1997
1998
1999
2000
2001
2002
2003
2004
INDEX

최강 은성체스

아이매직　체스　2002년 10월 24일　4,800엔

플레이어 1-2인　메모리카드 1블록

상급자도 인정할 만한 강력한 사고엔진을 탑재한 체스 소프트. 체스말의 나무·대리석·크리스탈 중에서 고를 수 있으며, 초보자부터 실력자 플레이어까지 커버한다.

SuperLite 1500 시리즈 : 배틀 퀵스

석세스　액션　2002년 10월 24일　1,500엔

플레이어 1-2인　메모리카드 1블록　아날로그 컨트롤러 지원

1980년대에 히트한 아케이드용 게임의 개변 이식작. 기체를 조작해 선을 그리는 심플한 룰이 특징으로서, 클리어하면 귀여운 소녀의 보너스 그림을 감상할 수 있다.

SuperLite 1500 시리즈 : 키퍼

석세스　퍼즐　2002년 10월 24일　1,500엔

플레이어 1-2인　메모리카드 1블록

5×5칸 내에서 같은 색 혹은 무늬의 석판을 3개씩 붙여 없애가는 퍼즐 게임. 모든 칸이 석판으로 차버리면 게임 오버다. 협력 플레이와 대전 플레이도 가능하다.

슬로터 매니아 6 : 폭렬재래!! 운쟈미(2타입) & 블루 라군

도라스　파치슬로　2002년 10월 24일　4,980엔

플레이어 1-2인　메모리카드 1블록　아날로그 컨트롤러 지원

인기 파치슬로 시뮬레이터의 제 6탄. 오키나와 슬롯 중 30∅ 빅 코인 사양인 '블루 라군-30'과 '운쟈미-30', 25∅ 미니 코인 사양인 '운쟈미'까지 총 3대를 수록했다.

레이디☆메이드

프린세스 소프트　어드벤처　2002년 10월 24일　6,800엔

플레이어 1인　메모리카드 2블록

PC용 게임의 이식판. 로봇기술자인 아버지가 입양한 소녀 '미오'와, 아버지가 데려온 메이드 로봇 '리노'가 펼치는 이야기다. 이식되면서 신규 시나리오·CG를 추가했다.

스파이더맨 2 : 엔터 일렉트로

석세스　액션　2002년 10월 31일　5,800엔

플레이어 1인　메모리카드 1블록　아날로그 컨트롤러 지원

마블 코믹스의 히어로 '스파이더맨' 게임의 제 2탄. 다채로운 거미줄 액션을 구사해 수많은 미션을 클리어하자. 이번 작품에선 공중이동 도중에 공격도 가능해졌다.

파이널 판타지

스퀘어　RPG　2002년 10월 31일　3,800엔

플레이어 1인　메모리카드 1블록　아날로그 컨트롤러 지원

명작 판타지 RPG의 이식판. 패미컴판 원작의 이미지를 유지하면서도, 그래픽과 시스템을 강화했다. 세상이 암흑으로 물들 때, 네 명의 빛의 전사가 나타날지니……

파이널 판타지 II

스퀘어　RPG　2002년 10월 31일　3,800엔

플레이어 1인　메모리카드 1블록　아날로그 컨트롤러 지원

독창적인 시스템으로 유명한 명작 RPG의 이식판. 전투 도중의 행동으로 변화하는 성장 시스템과 키워드 기반의 '워드 메모리' 시스템은 동일하며, 신규 장면을 추가했다.

키즈스테이션 움직이는 토미카 도감

아틀라스　에듀테인먼트　2002년 11월 14일　3,800엔

플레이어 1-2인　키즈스테이션 전용 컨트롤러 지원

장난감 차 '토미카'를 활용한 교육용 소프트. 자동차 관련 미니지식과 교통법규 등을 게임으로 익히자. 도감과 미니게임도 있어, 어린아이라도 흥미롭게 즐길 수 있다.

키즈스테이션 프라레일 철도 척척박사 백과

아틀라스　에듀테인먼트　2002년 11월 14일　3,800엔

플레이어 1-2인　키즈스테이션 전용 컨트롤러 지원

토미(현 타카라토미)의 '프라레일'을 활용한 교육용 소프트. 철도 지식을 폭넓게 가르쳐준다. 소리·영상 연출을 활용해, 실감나게 운전을 간접 체험시켜주기도 한다.

슬롯! 프로 7 : 꽃전설 30

CBC / 니혼 텔레네트　파치슬로　2002년 11월 21일　2,900엔

플레이어 1인　메모리카드 1블록

대인기 파치슬로 시
플레이어의 제 7탄.
'꽃전설 30'을 치밀
하게 재현했고, 총
19항목의 상세한
데이터나 공략을 돕는 옵션을 제공해 실기 공략에도 활용할 수 있다.

패밀리 1500 시리즈 : 마작

아이매직　마작　2002년 11월 21일　1,500엔

플레이어 1인

본격 4인 대국 마작
을 즐기는 마작 소프
트. 운과 마작이
론을 겸비한 강력한
사고엔진을 탑재했
다. 세세한 룰 변경도 가능해. 사기기술 없이 AI와 진검승부를 즐긴다.

패밀리 바둑 2

아이매직　바둑　2002년 11월 21일　3,300엔

플레이어 1~2인　메모리카드 1블록

1999년 컴퓨터바
둑대회에서 우승한
'KCC 바둑' 사고엔
진을 탑재한 소프
트. 바둑판은 3종류
중에서 고를 수 있으며, 기보 저장·재생, 한 수 넘기기 등의 기능도 있다.

패밀리 쇼기 2

아이매직　쇼기　2002년 11월 21일　3,300엔

플레이어 1~2인　메모리카드 1블록

유단자급의 사고엔
진을 탑재한 쇼기
소프트. CPU와의 대
전은 물론, 대인전
플레이도 가능하다.
선수·후수 선택, 핸디캡 지정, 기보 저장 등의 편리한 기능도 탑재했다.

메모리얼☆시리즈 : 선 소프트 Vol.6

선 소프트　액션　2002년 11월 21일　1,500엔

플레이어 1인

선 소프트의 패미
컴 게임 작품집 제
6탄. 패미컴 후기작
인 카 액션 슈팅 게
임 「배틀 포뮬러」와
액션 게임 「기믹!」 두 작품을 커플링 수록했다.

해리 포터와 비밀의 방

일렉트로닉 아츠 스퀘어　어드벤처　2002년 11월 23일　5,300엔

플레이어 1인　메모리카드 1블록　아날로그 컨트롤러 지원

같은 제목 영화의 세
계와 스토리를 충실
히 재현한 어드벤처
게임. 주인공 해리가
되어 친구들과 마법·
주문을 배우고, 호그와트 마법학교에서 일어난 사건의 범인을 밝혀내자.

꼬마마법사 레미 Vivace : 무지갯빛 파라다이스

반다이　파티　2002년 11월 28일　4,800엔

플레이어 1~4인　메모리카드 1블록

같은 제목 인기 애
니메이션의 캐릭터
를 활용한 말판놀이
게임. 등장 캐릭터
50명 이상, 이벤트
수 100종 이상의 볼륨을 자랑하며, 미니게임도 15종류나 마련돼 있다.

돌아온 슈퍼 사이보그 네로

코나미　액션　2002년 11월 28일　3,900엔

플레이어 1~2인　메모리카드 1블록　아날로그 컨트롤러 지원

고양이형 사이보그
'네로'가 대활약하
는 횡스크롤 액션
게임. 인기 만화(원
제는 '슈퍼 사이보그
쿠로짱')의 게임판이며, 적이든 건물이든 몽땅 부수는 통쾌한 게임이다.

가면라이더 드래건

반다이　3D 대전격투　2002년 11월 28일　4,800엔

플레이어 1~2인　메모리카드 1블록　아날로그 컨트롤러 지원

특촬 드라마의 게임
판. 극중 등장하는
라이더 13명이 카
드로 배틀하는 대전
액션 게임이다. 몬
스터를 소환해 싸운다는 설정대로, 간단하지만 심오한 배틀을 구현했다.

퀴즈$밀리어네어 : 두근두근 파티

에이도스 인터랙티브　퀴즈　2002년 11월 28일　3,980엔

플레이어 1~4인　멀티탭지원 1~4인

일본 후지TV와의 제
휴로 같은 이름의
프로를 재현한 퀴즈
게임의 제 2탄. 원
프로처럼 미노 몬타
가 사회자로 나오며, 프로와 동일한 3종의 퀴즈를 즐기는 파티 게임이다.

주변기기지원
아이콘

 플레이어 1~2인　 메모리카드 1~2블록　 멀티탭지원 1~4인　 마우스 지원　 대전케이블 2대　 아날로그 조이스틱 SCPH0111(SCEI)지원　아날로그 컨트롤러 지원　PocketStation 지원　메모리카드 1~2블록　휴대전화접속 케이블 지원 (도코모 모드 휴대전화 지원)　 특제 컨트롤러 SLPH00001(남코) 지원

Dr.링에게 물어봐! : 사랑의 해피 포 시즌

허드슨 어드벤처 2002년 11월 28일 4,800엔

플레이어 1~2인 | 메모리카드 1~4블록

같은 제목의 인기 애니메이션이 원작인 연애 어드벤처 게임. 원작과 다른 오리지널 스토리가 멀티 엔딩으로 펼쳐진다. 미니게임·상성점술 등의 보너스 요소도 충실하다.

인풍전대 허리케인저

반다이 액션 2002년 11월 28일 4,800엔

플레이어 1~2인 | 메모리카드 1블록 | 아날로그 컨트롤러 지원

대인기 특촬 히어로 드라마가 원작인 액션 게임. 허리케인저가 되어 싸우는 '레인저 미션'과, 선풍신 등의 로봇으로 싸우는 '거대 로봇 미션'을 수록하였다.

펑키 복서즈

빅터 인터랙티브 소프트웨어 스포츠 2002년 11월 28일 3,800엔

플레이어 1~2인 | 메모리카드 1블록 | 아날로그 컨트롤러 지원

권투선수가 되어 챔피언 자리를 노리는 스포츠 게임. 어딘가 특색이 강한 개성적인 복서를 조작해, 다채로운 펀치를 구사하자. 세계 15위로 시작해 챔피언에 도달해야 한다.

메이즈 히어로즈 : 미궁전설

미디어 엔터테인먼트 파티 2002년 11월 28일 3,800엔

플레이어 1~4인 | 메모리카드 1블록

고저차가 있는 던전을 모험하는 보드게임형 RPG. 온갖 함정과 몬스터 등, 칸에 숨겨진 수많은 난관을 돌파하여 용사의 전설과 '보물'의 주인공이 되어보자.

야마사 Digi 셀렉션 2

야마사 엔터테인먼트 파치슬로 2002년 11월 28일 5,800엔

플레이어 1인 | 메모리카드 1~9블록 | 아날로그 컨트롤러 지원

야마사 사의 인기 파치슬로 기기들을 완전 시뮬레이트하는 시리즈의 제2탄. '패닉 사우루스'·'쿵푸 열전'·'킹 펄서'·'리노 V'까지 4개 기종을 수록하였다.

이누야샤 : 전국 전래대전

반다이 대전격투 2002년 12월 5일 5,800엔

플레이어 1~2인 | 메모리카드 1블록 | 아날로그 컨트롤러 지원

같은 제목의 인기 애니메이션이 원작인 격투 게임. 스토리를 즐기는 '전국 전래대전', 프리 대전 모드인 '대전 전래책자', 태그로 대전하는 '꿈의 전래책자' 등의 모드가 있다.

DX 인생게임 V

타카라 파티 2002년 12월 5일 5,800엔

플레이어 1~4인 | 메모리카드 4블록 | 멀티탭지원 1~4인 | 아날로그 컨트롤러 지원

「DX 인생게임」 시리즈의 제5탄. 풍부한 이벤트량을 자랑하며, 선택 가능한 직업을 100종류 이상 수록했다. 직업별 이벤트는 물론이고, '마이 홈 모드'도 마련했다.

베리베리 뮤우뮤우 : 등장, 신 뮤우뮤우! 모두 함께 봉사하겠다옹♥

타카라 RPG 2002년 12월 5일 4,980엔

플레이어 1인 | 메모리카드 2블록 | 아날로그 컨트롤러 지원

인기 애니메이션(원제는 '도쿄 뮤우뮤우') 세계관 기반의 어드벤처 RPG. 캐릭터별 친밀도에 따라 전투 파트에서 합체기가 발동되거나, 어드벤처 파트의 이벤트가 변화한다.

다함께 고스트 헌터

E3 스탭 파티 2002년 12월 5일 3,800엔

플레이어 1~2인 | 메모리카드 1블록 | 멀티탭지원 1~4인 | 아날로그 컨트롤러 지원

귀여운 고양이 캐릭터를 조작하는 말판놀이형 파티 게임. 고스트 헌터가 되어 유령을 퇴치하자. 남들이 앞서갈 때는 아이템을 이용해 방해할 수도 있다.

코게빵 : 빵도 게임을 즐긴다던데…

AIA 퍼즐 2002년 12월 12일 4,800엔

플레이어 1~2인 | 메모리카드 1블록 | 아날로그 컨트롤러 지원

인기 캐릭터 '코게빵'과 친구들이 등장하는 퍼즐&미니게임 모음집. 같은 그림을 2개 이상 붙여 없애가는 '맞춰서 코게빵' 등의 9가지 미니게임을 수록하였다.

사무라이 디퍼 쿄우

반다이 대전격투 2002년 12월 12일 5,800엔
 플레이어 1~2인 / 메모리 카드 1블록 / 아날로그 컨트롤러 지원

인기 만화의 게임판. '귀안의 쿄우' 등, 캐릭터 21명이 등장한다. 공격이 엇갈리는 순간 대미지를 주는 '상쇄 러시'와 '어시스트' 등의 오리지널 시스템이 있다.

무지갯빛 피구 : 소녀들의 청춘

아틀라스 액션 2002년 12월 12일 6,800엔
플레이어 1~2인 / 메모리 카드 1블록 / 아날로그 컨트롤러 지원

소녀 12명이 피구로 활약하는 열혈 스포츠 액션 게임. 취향에 맞는 미소녀를 선택해 육성할 수 있다. 선수-코치간 커뮤니케이션이 진전되면 스토리 전개도 변화한다.

미니모니. 스텝 뿅뿅뿅♪

코나미 버라이어티 2002년 12월 12일 4,800엔
플레이어 1~2인 / 메모리 카드 1블록 / 아날로그 컨트롤러 지원

인기 아이돌 유닛 '미니모니.'가 테마인 버라이어티 게임의 제 2탄. '말판놀이 모드'의 맵이 5종류로 늘었다. '댄스☆댄스' 모드에는 총 9곡을 수록하였다.

애드리브 왕자…와 불쾌한 친구들!?

닌혼 텔레네트 시뮬레이션 2002년 12월 19일 5,200엔
플레이어 1인 / 메모리 카드 1블록

같은 제목 파치슬로 만화의 게임판. '오오에도 사쿠라후부키 2'·'폭렬 오오즈모'와, 오리지널 기기 '아라비안 St'를 수록했다. 왕자가 되어 라이벌을 슬롯으로 이기자.

키즈스테이션 말하는 색칠공부: 꼬마 기관차 토마스와 친구들

반프레스토 에듀테인먼트 2002년 12월 19일 3,800엔
플레이어 1인 / 메모리 카드 1~13블록 / 전용 펜내장 컨트롤러 지원

'꼬마 기관차 토마스'의 그림을 그리면 해당 캐릭터가 말을 거는 교육용 소프트. 그림그리기·색칠하기와, 오리지널 기관차 제작 등의 미니게임을 탑재했다.

키즈스테이션 말하는 색칠공부 : 날아라! 호빵맨

반프레스토 에듀테인먼트 2002년 12월 19일 3,800엔
플레이어 1인 / 메모리 카드 7~14블록 / 전용 펜내장 컨트롤러 지원

'날아라! 호빵맨' 캐릭터의 그림 색칠하기와 스탬프 등을 수록한 교육용 소프트. 전용 '펜 내장 컨트롤러'를 연결하면 캐릭터가 플레이어에게 말을 걸기도 한다.

슬로터 매니아 7 : 격렬! 시오사이 공주 총집합 DX + 아파치 A

도라스 파치슬로 2002년 12월 19일 5,200엔
플레이어 1인 / 메모리 카드 2블록 / 아날로그 컨트롤러 지원

인기 파치슬로 시뮬레이터의 제 7탄. 빅 코인 사양의 '빅 시오 - 30'과 라이트 내비 효과를 추가한 '시오라 - 30'을 비롯해, '시오사이 - 30'·'아파치 A'도 수록했다.

히카루의 바둑 : 원생 정상결전

코나미 바둑 2002년 12월 19일 5,800엔
플레이어 1인 / 메모리 카드 1블록 / 아날로그 컨트롤러 지원

인기 만화의 PS용 게임화 제 2탄. 기백을 끌어올려 상대의 실수를 유발시키는 '기백의 한 수' 시스템을 채용했다. 히카루 일행과 함께 원작처럼 뜨거운 대국을 체험하자.

환상마전 최유기 : 머나먼 서쪽으로

J·WING 어드벤처 2002년 12월 26일 5,800엔
플레이어 1인 / 메모리 카드 1블록 / 아날로그 컨트롤러 지원

같은 제목의 인기 애니메이션이 원작인 어드벤처 게임. 미니게임과 오리지널 미니 드라마를 수록했으며, 전투 시에는 비주얼과 함께 몰입감 넘치는 배틀이 펼쳐진다.

진 여신전생 if...

아틀라스 RPG 2002년 12월 26일 4,800엔
플레이어 1인 / 메모리 카드 1블록

슈퍼 패미컴판 원작의 리메이크 작품. 배경 그래픽을 업그레이드했으며, 앨리스와 대화하여 가디언을 변경할 수 있게 되었다. 난이도 선택·대시 등 여러 개량을 가했다.

주변기기 지원 아이콘 플레이어 1~2인 메모리 카드 1~2블록 멀티탭 지원 1~4인 마우스 지원 대전케이블 2대 아날로그 조이스틱 SCPH0111(SCEI) 지원 아날로그 컨트롤러 지원 PocketStation 지원 메모리 카드 1~2블록 휴대전화접속 케이블 지원 (도코모 모드 휴대전화지원) 특제 컨트롤러 SLPH00001(넘코) 지원

2003
PlayStation Game Software Catalogue

2003년에 발매된 타이틀 수는 전년 대비로 크게 감소한 46종이다. 실제로는 지면에 소개한 것 외에도 'SuperLite 1500'·'Major Wave' 시리즈 등 과거 타이틀의 재발매판 20종이 더 존재하긴 하나, 이를 감안해도 전년까지 PS1을 견인해온 염가계 시리즈조차 결국 PS2로 플랫폼을 옮겨갔으니, 세대교체가 사실상 완료되었다고 봐야 할 것이다.

실황 파워풀 프로야구 프리미엄판
코나미　스포츠　2003년 1월 23일　2,800엔

플레이스테이션으로는 최후의 '파워프로' 시리즈 작품. 석세스 로드 외에 투수의 구위 미터와 주자의 리드 기능 등을 탑재해, 시합의 심리전 요소가 더욱 강화되었다.

세계최강 은성바둑 2
아이매직　바둑　2003년 1월 23일　4,800엔

세계컴퓨터바둑대회에서 2연패 실적을 거둔 'KCC 바둑'의 강화판. 바둑판을 3종류, CPU 난이도도 4단계 중에서 골라 설정 가능한 등, 초보자부터 상급자까지 커버한다.

육상방위대 마오
마벨러스 엔터테인먼트　시뮬레이션　2003년 1월 23일　4,800엔

아카마츠 켄 원작 애니메이션의 게임판. 초등학교 2학년 주인공 '마오'의 스케줄을 결정해, 귀엽고 강한 방위대원으로 육성한다. 귀여운 외계인에게서 일본의 명물을 지키자.

SIMPLE 1500 시리즈 Vol.103 : THE 원조 전철기관사 - 전차로 GO!
D3 퍼블리셔　시뮬레이션　2003년 1월 30일　1,500엔

1997년 발매된 「전차로 GO!」의 재발매판. 아케이드판을 그대로 즐길 수 있는 '업무 모드'와 초보자용 '입문 모드'를 탑재했으며, 기존의 전용 컨트롤러도 지원한다.

SIMPLE 1500 시리즈 Vol.101 : THE 대중목욕탕
D3 퍼블리셔　시뮬레이션　2003년 1월 30일　1,500엔

대중목욕탕 업주가 되어, 경영부진 상태인 목욕탕을 부흥시켜야 하는 경영 시뮬레이션 게임. 애니메이터 겸 만화가 사토 겐이 캐릭터를 디자인했다. 설비를 고객층에 맞춰 교체하며 집객률을 올리자. 주 단위로 청소·물갈이·홍보·수리·카운터 등의 커맨드를 세팅해 고객들의 요구를 만족시키도록. 주간 미니 이벤트도 있으며, 40명의 캐릭터가 등장한다.

슬로터 매니아8 : 매혹의 보물상자 주얼 매직2 & 골드 앤드 실버
도라스　파치슬로　2003년 1월 30일　4,800엔

인기 파치슬로 시뮬레이터의 제 8탄. 당시 인기 기종이었던 '주얼 매직 2'와 '골드 앤드 실버'를 완전 재현했으며, '실전 모드'에서는 확률도 변경할 수 있다.

휘슬! : 불어오는 바람
코나미　스포츠　2003년 1월 30일　5,800엔

히구치 다이스케 원작 애니메이션의 게임판. 커맨드 선택식이며, 다량의 이벤트를 수록했다. 동료이기도 한 라이벌과의 신뢰도를 올리면 아이컨택트 플레이가 가능하다.

199

Major Wave 시리즈 : 시끌벅적 볼링

햄스터　스포츠　2003년 1월 30일　1,500엔

플레이어 1~4인　메모리카드 1블록

간단한 조작으로 즐기는 볼링 게임. 레인은 기본 스타일 등 8종류를 수록했으며, 프리 컴피티션과 토너먼트도 마음껏 참가할 수 있다. 4인까지 동시 플레이 가능하다.

왕자님 Lv1.5 : 왕자님의 알

키드　파티　2003년 2월 20일　5,800엔

플레이어 1인　메모리카드 3블록　아날로그 컨트롤러 지원

호평을 얻은 「왕자님 Lv1」(182p)의 후일담. 본편 직후의 스토리를 그린 '왕자님 1개월 후'를 비롯해, 육성 게임과 퍼즐 게임 등의 미니게임을 탑재하였다.

터벅터벅 트러블 : 지구를 접수하겠다!

미디어 엔터테인먼트　퍼즐　2003년 2월 20일　3,800엔

플레이어 1~2인

직감적으로 즐기는 퍼즐 게임. 우주에서 습격해오는 우주인 '터버터리언'으로부터 지구의 평화를 지키자. 슈팅 요소를 접목한 게임이라, 특정 블록을 노려 부술 수도 있다.

Major Wave 시리즈 : 시끌벅적 카트

햄스터　레이싱　2003년 2월 20일　1,500엔

플레이어 1~2인　메모리카드 1블록　아날로그 컨트롤러 지원

2000년 12월에 발매했던 「카트 레이스 : 비장의 드리프트!」(144p)의 염가판. 카트 레이스를 간단히 즐길 수 있다. 드리프트와 터보로 상대를 제쳐보자.

SIMPLE 1500 시리즈 Vol.104 : THE 핑크 팬더

D3 퍼블리셔　액션　2003년 2월 27일　1,500엔

플레이어 1인　메모리카드 1블록　아날로그 컨트롤러 지원

세계적인 인기 캐릭터를 액션 게임화했다. 할아버지가 남긴 보물이 걸린 3종류의 게임으로 총 12 스테이지를 공략하자. 달리기나 숨기 등, 다채로운 액션을 즐길 수 있다.

엔젤 테일즈

반다이　어드벤처　2003년 2월 27일　6,800엔

플레이어 1인　메모리카드 3블록

인기 애니메이션(원제는 '천사의 꼬리')을 어드벤처화했다. 원작의 1년 후, 주인공 '고로'가 되어 천사들과 함께 1년을 지낸다. 주인님을 지키는 훌륭한 수호천사로 만들자.

X-MEN : 뮤턴트 아카데미 2

석세스　3D 대전격투　2003년 3월 6일　5,800엔

플레이어 1~2인　메모리카드 1블록　아날로그 컨트롤러 지원

인기 미국 코믹스가 원작인 대전격투 게임의 속편. 전작의 사이클롭스 등은 물론이고, 신 캐릭터 4명도 등장한다. 공중 필살기 등이 추가되어 더욱 대전이 통쾌해졌다.

슬로터 매니아 9 : 극열 30φ! 하이비 & 스플래시 세븐

도라스　파치슬로　2003년 3월 13일　4,800엔

플레이어 1인　메모리카드 1블록　아날로그 컨트롤러 지원

인기 시리즈의 제 9탄. 파이오니어 사의 오키슬로 기체 '하이비'·'스플래시 세븐' 2개 기종을 수록했다. '실전 모드'와 '강습 모드' 내에 '설정 EDIT' 기능을 탑재했다.

무적뱅커 크로켓! : 금단의 '금화' 박스!

코나미　액션　2003년 3월 20일　5,800엔

플레이어 1~2인　메모리카드 3블록　아날로그 컨트롤러 지원

인기 만화를 액션 게임화했다. 주인공 '크로켓'을 조작해 '뱅커 서바이벌'에서 승리하자. '금화(禁貨)'를 획득하면 스토리 전개나 적의 움직임이 변화한다.

시스터 프린세스 2

미디어웍스　어드벤처　2003년 3월 20일　6,800엔

플레이어 1인　메모리카드 3블록

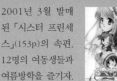 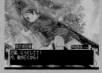

2001년 3월 발매된 「시스터 프린세스」(153p)의 속편. 12명의 여동생들과 여름방학을 즐기자. 해수욕·불꽃놀이 대회·여름 축제 등, 익숙한 이벤트가 총출동한다.

주변기기 지원 아이콘 플레이어 1~2인　 메모리카드 1~2블록　 멀티탭지원 1~4인　 마우스 지원　 대전케이블 2대　 아날로그 조이스틱 SCPH0111(SCEI) 지원　 아날로그 컨트롤러 지원　 PocketStation 지원　메모리카드 1~2블록　 휴대전화 접속 케이블 지원 (도코모 모드 휴대전화지원)　특제 컨트롤러 SLPH00001(남코)지원

Major Wave 시리즈 : 시끌벅적 사회인야구

햄스터　스포츠　2003년 3월 20일　1,500엔

플레이어 1~2인 ／ 메모리카드 4블록

간단한 조작이 포인트인 야구 게임. 오리지널 팀 제작은 물론, 선수 능력치까지 자유 설정이 가능한 에디트 기능을 탑재했다. 순수하게 야구의 재미를 추구한 게임이다.

제멋대로☆요정 미르모 퐁퐁퐁! : 미르모의 마법학교 이야기

코나미　어드벤처　2003년 3월 20일　5,800엔

플레이어 1인 ／ 메모리카드 1블록

인기 애니메이션의 게임판. 원작자가 직접 쓴 오리지널 스토리 4종을 TV 애니메이션과 동일한 성우진이 연기한다. '미르모 박물관' 등의 추가 요소도 충실하다.

키즈스테이션 헬로키티와 그림일기를 써봐요!

반프레스토 에듀테인먼트　2003년 3월 27일　3,800엔

플레이어 1~2인 ／ 메모리카드 1~13블록 ／ 전용 펜 내장 컨트롤러 지원

헬로키티와 대화하며 그림을 그릴 수 있는 소프트. 미니게임·앨범 기능도 충실하며, 아이의 구성력과 색채감각을 키워준다. 영어 발음과 인토네이션도 가르쳐준다.

SuperLite 1500 시리즈 : 코튼 100%

석세스　슈팅　2003년 3월 27일　1,500엔

플레이어 1인

마법세계가 무대인 횡스크롤 슈팅 게임. 누명을 뒤집어쓴 주인공 마법사 '코튼'이, 누명을 벗기 위해 싸운다는 스토리다. 마법은 4가지 그룹 중 자유롭게 고를 수 있다.

SIMPLE 캐릭터 2000 시리즈 Vol.16 : 감바의 모험 THE 퍼즐 액션

반다이　퍼즐　2003년 4월 3일　2,000엔

플레이어 1~2인 ／ 메모리카드 1블록 ／ 아날로그 컨트롤러 지원

같은 제목의 인기 애니메이션이 원작인 퍼즐 게임. 감바와 친구들을 조작해 숙적 노로이(로리)가 있는 섬으로 가자. 감바 일행의 개성적인 필살기로 위기를 돌파하도록.

SIMPLE 캐릭터 2000 시리즈 Vol.17 : 전투메카 자붕글 THE 레이스 인 액션

반다이　액션　2003년 4월 3일　2,000엔

플레이어 1인

같은 제목의 애니메이션이 모티브인, 액션성이 강한 레이스 게임. 사이드뷰 화면이며, 자붕글·워커 개리어는 원작처럼 변형이 가능하다. TV판 오프닝 동영상도 수록했다.

명탐정 코난 : 트릭트릭 Vol.1

반다이　버라이어티　2003년 4월 17일　4,800엔

플레이어 1~2인 ／ 메모리카드 1블록

같은 제목 인기 애니메이션의 캐릭터를 활용한 어드벤처 게임. '연습 모드'와 '추리 모드'로 나뉘며, 유저의 판단력과 통찰력을 시험하는 여러 난제가 등장한다.

Major Wave 시리즈 : 블록깨기

햄스터　액션　2003년 4월 24일　1,500엔

플레이어 1~2인 ／ 아날로그 컨트롤러 지원

유명한 고전 게임 '블록깨기'에 개성 넘치는 캐릭터를 추가한 타이틀. 그밖에도 10종류의 아이템, 60종류 이상의 스테이지 등 여러 가지 신규 요소를 추가했다.

마알작!!

니폰이치 소프트웨어　마작　2003년 4월 24일　4,800엔

플레이어 1~2인 ／ 메모리카드 1블록 ／ 아날로그 컨트롤러 지원

인기 뮤지컬 RPG 「마알 왕국의 인형공주」의 스핀오프에 해당하는 테이블 게임. 규칙이 마작과 비슷해, 같은 그림패 3개씩 세 묶음을 만들면 승리한다. 날 수 있는 역은 100종류 이상이나 준비했다. 캐릭터별로 필살기도 존재하며, 도움패를 사용하는 '사기 기술'도 사용할 수 있다. 게임 모드는 '스토리 모드'·'프리 대전 모드' 등, 총 3종류가 마련돼 있다.

괴도 애프리컷

키드 | RPG | 2003년 5월 22일 | 5,800엔
플레이어 1인 | 메모리 카드 3블록

PC에서 호평을 받았던 연애 어드벤처 게임의 이식작. 주인공은 은밀하게 세상을 지켜온 여괴도 일족의 8대 계승자로서, 정식 데뷔를 위해 선대인 어머니가 지명한 시련을 클리어한다는 스토리. 시련이란 '다섯 남자의 마음을 훔치는' 것. 오프닝·엔딩 동영상은 신규 제작했으며, 서브 캐릭터 공략 추가 등의 보너스도 충실하다. 미니게임도 3종류 준비했다.

원피스 : 오션즈 드림!

반다이 | RPG | 2003년 5월 1일 | 5,800엔
플레이어 1인 | 메모리 카드 3블록 | 아날로그 컨트롤러 지원

인기 애니메이션이 원작인 RPG. 밀짚모자 해적단이 되어 100종 이상의 기술과 진정한 힘, 잃어버린 기억을 되찾자. 캐릭터별로 설정된 '내비 기능'으로 대해양을 누비도록.

게임으로 아이우에오

학습연구사 | 에듀테인먼트 | 2003년 5월 29일 | 4,800엔
플레이어 1인

게임과 애니메이션으로 일본어 읽고쓰기를 배우는 교육용 소프트. 히라가나·가타카나의 바른 획순·독법을 알려준다. 끝말잇기나 용례·획순 학습 등의 미니게임도 있다.

게임으로 산수·숫자

학습연구사 | 에듀테인먼트 | 2003년 5월 29일 | 4,800엔
플레이어 1인

산수의 기초를 재미있게 배우는 학습용 소프트. 숫자 읽는 법·쓰는 법부터 획순, 시계 보는 법, 합성·분해까지 이해시켜준다. 학습 내용을 정리한 테스트 코너도 있다.

게임으로 외우는 TOEIC TEST : 우선은 입문 편 1500

나가세 | 에듀테인먼트 | 2003년 6월 5일 | 2,800엔
플레이어 1인 | 메모리 카드 1블록 | 아날로그 컨트롤러 지원

기초단어부터 시사용어까지 수록한 영어학습 소프트. 플레이어는 트레이너로서 문제에 답하는 식으로 돌고래를 육성한다. 돌고래는 난이도별로 3종류를 준비했다.

지역한정 헬로키티 말판놀이 이야기

반다이 | 파티 | 2003년 6월 19일 | 4,800엔
플레이어 1~4인 | 메모리 카드 1블록 | 아날로그 컨트롤러 지원

일본 각지의 기념품점에서 판매하는 '지역한정품 헬로키티'가 소재인 보드 게임. 칸을 진행해 특정 지방에 도착하면 그 지방의 옷을 입은 지역한정 키티가 등장한다. 일본 전역 47개 도도부현+α의 지역한정 키티를 수록했다. 진행 도중 키티의 힌트나 다니엘의 조언을 받을 수도 있다. '지역'부터 '미니게임'까지, 다채로운 속성의 칸이 준비되어 있다.

신 DX 억만장자 게임 : 만들자! 팔자! 벼락부자!

타카라 | 파티 | 2003년 6월 19일 | 4,800엔
플레이어 1~4인 | 메모리 카드 3블록 | 멀티탭 지원 1~4인 | 아날로그 컨트롤러 지원

인기 보드 게임 시리즈의 제 3탄. 룰렛을 돌려 나온 숫자만큼 칸을 이동해, 도착한 곳의 이벤트를 즐긴다. 입수한 토지에 공장·점포를 세우는 등, 온갖 수단으로 돈을 벌자.

슬롯! 프로 8 : 시마무스메 30 & 꽃전설 25

CBC / 니혼 텔레네트 | 파치슬로 | 2003년 6월 19일 | 5,200엔
플레이어 1인 | 메모리 카드 1블록

'꽃전설'과 '시마무스메' 2개 기종을 탑재한 파치슬로로 실기 시뮬레이터. 투입금액과 배출매수, 최대 소지매수, 대박 확률이 커지는 횟수 등의 실전 데이터도 표시 가능.

주변기기 지원 아이콘 플레이어 1~2인 메모리 카드 1~2블록 멀티탭 지원 1~4인 마우스 지원 대전 게이블 2대 아날로그 조이스틱 SCPH0111(SCEI) 지원 아날로그 컨트롤러 지원 PocketStation 지원 메모리 카드 1~2블록 휴대전화 접속 케이블 지원(도코모 i모드 휴대전화 지원) 특제 컨트롤러 SLPH00001(남코) 지원

NARUTO -나루토- : 닌자마을 땅따먹기 전쟁

반다이　파티　2003년 6월 26일　5,800엔

 플레이어 1~4인　 메모리카드 1블록　멀티탭지원 1~4인　아날로그 컨트롤러 지원

인기 만화·애니메이션이 원작인 보드 게임. 룰렛 숫자만큼 이동해 멈춘 칸에 차크라를 불어넣으면 자기 땅이 된다. 상대 땅에 들어서면 화려한 배틀이 펼쳐진다.

머나먼 시공 속에서 : 반상유희

코에이　파티　2003년 6월 26일　4,800엔

플레이어 1~4인　메모리카드 2블록　멀티탭지원 1~4인

「머나먼 시공 속에서」의 세계를 무대로 펼쳐지는 대전형 보드 게임. 전개에 따라 플레이어와 함께 행동하는 팔엽들의 친밀도가 변화하며, 엔딩도 바뀌게 된다.

더 도그 마스터

비지트　퀴즈　2003년 8월 7일　5,800엔

플레이어 1인　메모리카드 1블록

개 관련 문제 1,200종을 수록한 퀴즈 게임. 개의 사육법·건강관리·잡학 등의 기초지식을 즐겁게 배울 수 있다. 개 도감과 2종류의 퍼즐, 강아지 점 등도 탑재했다.

동물 캐릭터 내비 점술 2 : 개성심리학+연애점 퍼즐

컬처브레인　점술　2003년 9월 18일　3,300엔

플레이어 1인　메모리카드 1블록

2종류의 점술을 수록한 퍼즐&커뮤니케이션 툴. 최대 4종류의 동물 속성을 알려주는 '동물 캐릭터 내비 2' 모드와, 여신이 조언해주는 '연애 퍼즐' 모드를 수록했다.

잘레코 콜렉션 Vol.1

퍼시픽 센추리 사이버웍스 재팬　버라이어티　2003년 10월 23일　4,800엔

플레이어 1~2인

1980~90년대에 출시되었던 잘레코 사의 아케이드용 게임들을 합본한 소프트. 「닌자 쟈쟈마루군」,「엑세리온」,「시티 커넥션」 등의 유명작 7종을 수록했다.

세계최강 은성바둑 3

아이매직　바둑　2003년 10월 23일　4,800엔

플레이어 1~2인　메모리카드 1블록

카나시마 타다시 9단도 절찬한 바둑 소프트. 세계컴퓨터 바둑대회 2연패를 달성한 'KCC 바둑'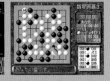엔진 덕에, 초단 급 기력을 자랑한다. 기보 표시 등의 신 기능도 있다.

프론트 미션 더 퍼스트

스퀘어 에닉스　시뮬레이션 RPG　2003년 10월 23일　3,800엔

플레이어 1인　메모리카드 1블록　아날로그 컨트롤러 지원

슈퍼 패미컴용 게임의 이식작. 당시 진행했던 '프론트 미션 프로젝트'의 제 1탄이자, 스퀘어 에닉스 명의로 발매된 유일한 플레이스테이션용 신작 소프트. 근미래의 허프만 섬을 무대로, '반처'라 불리는 로봇을 조작해 행방불명된 애인을 찾아내자. 신규 요소로서 주인공을 변경한 오리지널 시나리오와 장비를 추가했으며, 원작 대비로 그래픽도 개선했다.

아오 조라와 친구들 : 꿈의 모험 플러스

MTO　액션　2003년 11월 13일　4,800엔

플레이어 1인　메모리카드 1블록　아날로그 컨트롤러 지원

일본 아오조라은행의 마스코트 캐릭터 '아오 조라'가 주인공인 액션 게임. 코끼리다운 독특한 액션을 즐길 수 있다. 각 스테이지의 보스와는 수수께끼로 대결한다.

시스터 프린세스 2 : PREMIUM FAN DISC

미디어웍스　팬 디스크　2003년 11월 13일　5,800엔

플레이어 1인　메모리카드 3블록

「시스터 프린세스 2」(200p)의 팬 디스크. 본편을 되돌아보는 여름방학의 추억 이야기와, 봄방학이 테마인 이야기를 다룬 오리지널 스토리 2종류를 수록했다.

게임으로 지능계발

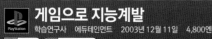

학습연구사　에듀테인먼트　2003년 12월 11일　4,800엔

플레이어 1인 / 아날로그 컨트롤러 지원

아이의 지능을 계발시켜주는 교육용 소프트. '빙글빙글 퍼즐'·'순서대로 미로'·'냅다 물고기 낚시'·'숲 속의 숨바꼭질'·'틀린그림 카메라'까지, 5가지 게임을 수록했다.

모두 모여라! 바둑교실

아이매직　바둑　2003년 12월 11일　3,000엔

플레이어 1인 / 메모리카드 1블록 / 아날로그 컨트롤러 지원

바둑교재로서 당시 일본에서 대인기였던 국제바둑대학사의 바둑교본을 게임화했다. 해설 후에는 실전 문제를 제시해 정답을 CPU가 판정하며, 학습이력 저장도 가능하다.

게게게의 키타로 : 역습! 요마대혈전

코나미　액션　2003년 12월 11일　3,980엔

플레이어 1인 / 메모리카드 1블록 / 아날로그 컨트롤러 지원

미즈키 시게루 탄생 80주년 기념작 게임 중 하나. 애니메이션이 아니라 원작 만화 기반의 액션 게임이라, 성우 배역도 오리지널이다. 머리카락 침과 손가락 포 등 원작에 등장했던 능력을 망라했으며, 생쥐인간·고양이소녀 등의 조연 캐릭터도 다수 등장한다. 키타로의 특수능력으로 요괴를 퇴치하자. '요괴해부도감'은 요괴의 체내를 보여주는 귀중한 자료다.

2004
PlayStation Game Software Catalogue

2004년에 발매된 타이틀 수는 2종. NEC 인터채널 사가 같은 해 5월 13일에 발매한 「블랙 매트릭스 00」를 끝으로, 일본의 플레이스테이션용 소프트 라인업은 막을 내렸다. 이 회사는 당시 PS2·드림캐스트로도 여러 게임을 병행 발매했으며, 이후에는 PS2 중심으로 라인업을 전개했다.

다이너마이트 사커 2004 파이널

에이맥스　스포츠　2004년 4월 15일　1,780엔

플레이어 1~2인 / 메모리카드 2블록 / 멀티탭지원 1~4인

인기 시리즈의 제 5탄. '수동적인 조작감'과 '플레이의 자유도'를 기본 컨셉으로 잡은 축구 게임으로서, 볼을 360도 원하는 방향으로 찰 수 있다. 데이터는 당시 최신이었던 2004년도판을 반영했으며, 조작계·드리블 등 시스템 전반을 재조정했다. '리그 모드'와 '토너먼트'를 탑재했으며, 팀 에디트 기능으로 오리지널 팀도 제작할 수 있다.

블랙 매트릭스 00

NEC 인터채널　시뮬레이션 RPG　2004년 5월 13일　6,800엔

플레이어 1인 / 메모리카드 1블록 / 아날로그 컨트롤러 지원

이전에 게임보이 어드밴스로 발매했던 「블랙 매트릭스 ZERO」의 리메이크판. 인간·천사·악마 세 종족이 사는 세계를 장대한 스케일로 그려낸 시뮬레이션 RPG. 얼핏 밝은 분위기의 게임처럼 보이지만 실은 어둡고 복잡한 스토리의 작품. 하지만 희망이 있는 엔딩과 여러 미니게임을 수록했다. 이 작품이, 일본에서 발매된 최후의 플레이스테이션용 게임이다.

주변기기 지원 아이콘 플레이어 1~2인 메모리카드 1~2블록 멀티탭지원 1~4인 마우스 지원 대전케이블 2대 아날로그 조이스틱 SCPH0111(SCEI)지원 아날로그 컨트롤러 지원 PocketStation 지원 / 메모리카드 1~2블록 / 휴대전화접속 케이블 지원(도코모 모드 휴대전화지원) / 특제 컨트롤러 SLPH00001(남코)지원

CHAPTER 3

플레이스테이션
일본 소프트 가나다순 색인

PLAYSTATION SOFTWARE ALL CATALOGUE

HARDWARE

1994
1995
1996
1997
1998
1999
2000
2001
2002
2003
2004

INDEX

원하는 타이틀을 바로 찾아낼 수 있는

일본 발매 플레이스테이션 소프트 색인

Index of PlayStation Game Software

이 페이지는 본서 상권·하권에서 소개한, 일본에서 발매된 플레이스테이션용 게임 소프트 총 3,285개 타이틀을 가나다순으로 정렬한 색인이다.

이 책에 수록된 해당 게재 페이지도

소개하였으므로, 추억의 게임을 찾는데 참고자료로 활용해준다면 감사하겠다.

또한, 본 색인에서는 지면 관계상 일부 시리즈닝 및 부제목 등을 생략해

표시한 경우가 있으니 독자의 양해를 바란다.

초록색 페이지 번호 ………… 상권에 게재
붉은색 페이지 번호 ………… 하권에 게재

HARDWARE
1994
1995
1996
1997
1998
1999
2000
2001
2002
2003
2004
INDEX

HARDWARE

1994
1995
1996
1997
1998
1999
2000
2001
2002
2003
2004

INDEX

HARDWARE

1994

1995

1996

1997

1998

1999

2000

2001

2002

2003

2004

INDEX

209

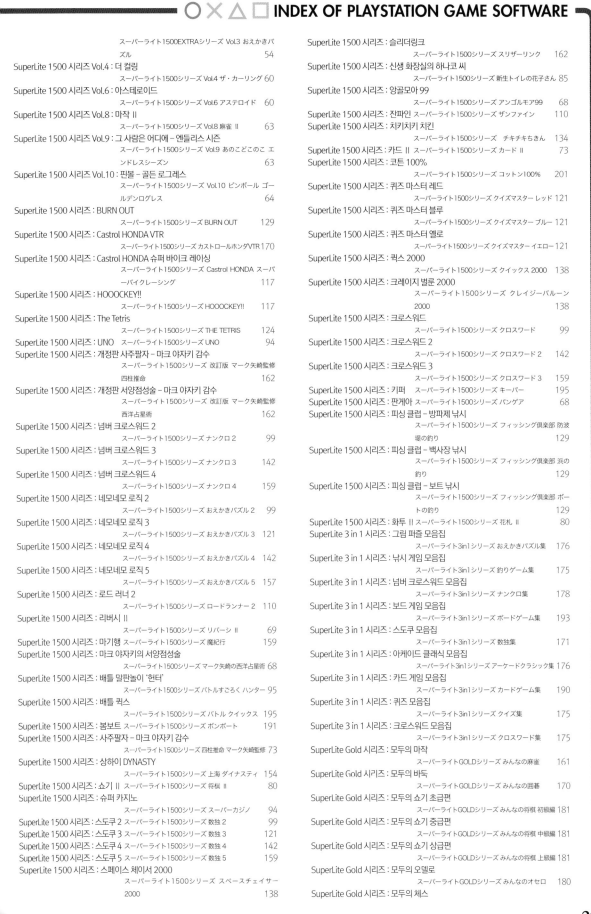

HARDWARE
1994
1995
1996
1997
1998
1999
2000
2001
2002
2003
2004
INDEX

HARDWARE

1994
1995
1996
1997
1998
1999
2000
2001
2002
2003
2004

INDEX

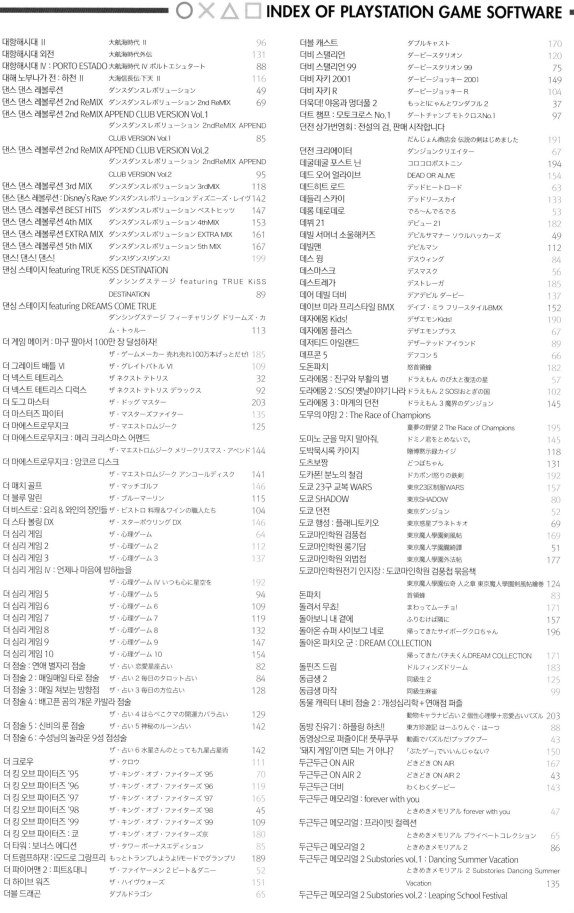

HARDWARE
1994
1995
1996
1997
1998
1999
2000
2001
2002
2003
2004
INDEX

HARDWARE

1994
1995
1996
1997
1998
1999
2000
2001
2002
2003
2004

INDEX

HARDWARE
1994
1995
1996
1997
1998
1999
2000
2001
2002
2003
2004
INDEX

HARDWARE
1994
1995
1996
1997
1998
1999
2000
2001
2002
2003
2004
INDEX

221

HARDWARE
1994
1995
1996
1997
1998
1999
2000
2001
2002
2003
2004
INDEX

HARDWARE

1994
1995
1996
1997
1998
1999
2000
2001
2002
2003
2004

INDEX

HARDWARE

1994
1995
1996
1997
1998
1999
2000
2001
2002
2003
2004

INDEX

HARDWARE
1994
1995
1996
1997
1998
1999
2000
2001
2002
2003
2004
INDEX

HARDWARE
1994
1995
1996
1997
1998
1999
2000
2001
2002
2003
2004
INDEX

PlayStation

1999-2004 / 플레이스테이션 퍼펙트 카탈로그

PERFECT CATALOGUE

CHAPTER 4

한국의 플레이스테이션 이야기

PLAYSTATION KOREAN CATALOGUE

해설 한국의 플레이스테이션 이야기
COMMENTARY OF PLAYSTATION #5

하드웨어 활동기에는 병행수입과 그레이마켓 위주로 보급

제 4장은 원서인 일본판에는 없는 한국어판의 독자적인 추가 지면으로서, 원서 감수자인 마에다 히로유키 씨의 허락 하에 한국어판 감수자가 추가 집필하였음을 먼저 밝혀둔다.

한국에서의 플레이스테이션은 낭내의 경쟁기기였던 세가 새턴(삼성전자)·닌텐도 64(현대전자) 등과는 달리, 실질적으로는 해외와 동일하게 시장지배적인 플랫폼이었음에도 세대수명이 사실상 끝난 시기인 2002년 이전까지는 한 번도 정규 판매대행사 체제가 구축되지 못한 채 일본·북미 제품의 병행수입과 불법복제 소프트, 그레이마켓 위주로만 보급되었다는 특이한 이력이 있다. 이제는 그 이유를 알기 어렵게 되었으나, 세가·닌텐도 등 기존의 게임기업체와는 완전히 계통이 다른 소니의 기기였기에 국내 유통업체들 입장에서도 접촉과 교섭이 쉽지 않았고, 1995년부터 본사 산하의 소니코리아가 이미 국내에서 소비자용 가전제품을 유통하고 있었기에, 플레이스

▶ 97년경 유통되었던 카마 엔터테인먼트 유통 플레이스테이션의 밑면 일부 사진. 북미판 본체에 자사의 스티커를 대체 부착하고, 내부에는 전원부 교체 및 지역코드 해제 개조를 가하여 출시했다. 카마 엔터테인먼트 외에도, 여러 유통회사들이 2000년경까지 플레이스테이션을 이러한 형태로 병행수입해 판매하였다.

테이션 역시 소니코리아가 직배하리라는 관측이 유력시된 탓이 아니었을까 추측할 따름이다.

결과적으로, 한국에서의 플레이스테이션은 당대 가장 인기가 있었던 게임였음에도 불구하고 공식적인 유통주체가 존재치 않는 무주공산이 되어버렸기에, 당시 해외 게임물 유통의 메카였던 용산전자상가와 중소 무역업체들을 중심으로 해외판 플레이스테이션 하드·소프트가 국내에 활발하게 유입되어 시장에 범람했다. 물론 그레이마켓이었다 보니 비합법적인 밀수품의 비율도 상당했기 때문에, 당시엔 관계기관의 일제단속과 압수조치가 간헐적으로 진행되기도 했다.

1997년 1월부터는 정부가 수입선 다변화(※1) 품목에서 가정용 게임기의 규제를 해제함으로써 사실상 병행수입이 자유화되었기에 정규 수입업체도 여럿 등장하기 시작하는데, 그 중 가장 널리 알려진 업체가 97년 3월 초부터 플레이스테이션 하드·소프트를 발매한 카마 엔터테인먼트 사다. 이들 업체는 보통 해외판 플레이스테이션을 직수입해 전원부를 220V

▲ 월간 게임라인 1997년 6월호에 실린, 카마 엔터테인먼트의 '한국형 플레이스테이션' 광고. 당시 이미 병행수입된 해외판 기기가 만연해 있었기에, '픽업부 고장시 확실한 A/S'와 '220V 전원부', '일본·미국 소프트웨어 모두 구동 가능'을 장점으로 내세웠다. 하드웨어 외에 각종 주변기기 등도 수입해 정식 발매했다.

▶ 월간 게임매거진 1996년 6월호에 실린, 소니뮤직코리아의 플레이스테이션 한국 정식 발매 예측 기사. 전자신문의 4월 18일 기사를 바탕으로, 편집부의 독자적인 추측을 곁들었다. 원문이 꽤나 구체적이고 신빙성이 높은 보도라 실제로 물밑에서 움직였던 것은 사실로 보이나, 결과적으로는 발매가 이루어지지 않았다.

(※ 1) 국내산업 보호·육성을 위해 외국제품 수입을 규제하는 무역정책으로, 한국은 대일무역적자 억제를 위해 일본을 대상으로 1978년부터 시행하여, 일본제 상품(특히 전자제품) 규제에 적극 활용해왔다. 80년대 초엔 규제범위가 900여 종에 달했다 하나 이후 국내 공업기반 발전에 맞춰 단계적으로 철폐되어, 90년대 후반 일본문화 개방 이슈와 함께 해제가 가속되다 99년 6월 30일 완전 폐지됨으로써 일본제품 수입이 자유화되었다.

사양으로 교체하고 지역코드 해제 개조를 가하여 발매하는 형식을 취했는데, 덕분에 복제된 디스크의 구동도 가능해 불법복제 소프트의 범람을 부채질하는 요인이 되기도 하였다.

다만, 플레이스테이션을 소니 관계사가 한국에서 공식적으로 유통하려던 움직임이 물밑에서 있었던 것 자체는 사실로 보인다. 1996년 4월 18일 전자신문 지면에는 '소니 플레이스테이션 올 여름 한국 시판, 32비트 게임기 3파전 예고' 제하의 기사가 실렸는데, 당시 국내 게임잡지들이 이를 인용하여 96년 여름 정식발매 소식을 대서특필했을 정도로 주목을 받았으며 내용도 매우 구체적이었다. 당시 기사에 의하면 소니뮤직코리아(※2)가 여름 국내 출시를 위해 움직이고 있으며,

하드웨어는 국내 유통업체에 맡기고 대신 소프트웨어 직배체제를 구축하려 한다는 등, 지금 시점에서 보면 매우 신빙성 있는 취재내용이었다. 하지만 아쉽게도, 소니뮤직코리아의 플레이스테이션 국내 정식 발매는 결과적으로 끝내 이루어지지 않았다.

이후 1998년의 IMF 사태 등 여러 사회적인 악재가 터지자, 환율 폭등과 수입여건의 악화로 인해 대부분의 유통업체들이 가정용 게임기 사업에서 철수하였고 시장의 그레이마켓화가 한층 더 공고해졌으며, 당시 유저들의 게임기 정식 유통에 대한 희망 역시 한동안 성사가 요원해졌다.

소니컴퓨터엔터테인먼트코리아에 의한, PS one의 정식 유통

▲ SCEK의 PS one 본체 밑면. 형식번호는 아시아판인 SCPH-103이며, 분해금지 스티커에 한국어를 병기했다. 디스크 없이 구동했을 때의 메뉴 UI는 타국의 PS one과 동일하며, 일본과 동일하게 NTSC/J 코드 소프트웨어가 동작한다.

플레이스테이션의 본격적인 한국 정규 발매는, 이후 2001년 12월 설립된 SCE의 한국지사인 소니컴퓨터엔터테인먼트코리아(이하 SCEK, 현 소니인터랙티브엔터테인먼트코리아)에 의해 비로소 이루어진다. 2002년 2월 22일 플레이스테이션 2(이하 PS2)를 한국에 정식 발매하고 소프트 직배체제를 구축한 후, 같은 해 5월 16일 자매기종 형태로 PS one(하권 10p) 및 전용 LCD 모니터 등의 하드웨어를 국내에 출시한 것이다. PS용 게임 소프트웨어도 함께 발매하여, 자사 및 서드파티에 의해 2005년까지 총 16개 작품이 정규 출시되었다(PS용 타이틀은 PS2에서도 하위호환으로 구동되므로, 소프트 전면에 이

를 명시하는 등으로 홍보에 활용했다).

다만 PS one 역시 이전부터 해외판 본체가 병행수입되어 상당량이 염가에 시장에서 유통되고 있었던 데다, 2002년 시점은 일본에서도 PS에서 PS2로의 세대교체가 거의 완료된 시기였기에 PS 및 PS one은 구세대 기종에 지나지 않았고, SCEK 입장에서도 주력 플랫폼은 어디까지나 PS2였기 때문에, 한국에서의 PS one은 변변한 광고나 홍보조차 없이 PS2와 병행으로 판매되다 조용히 단종되면서 나름의 역할을 끝마치게 된다.

▲ SCEK가 정식 발매했던 초기 PS one용 게임(사진은 「R4 : RIDGE RACER TYPE 4」). 커버 디자인은 북미판과 대체로 동일한 편이나, 매뉴얼 왼쪽의 검은 세로띠에 북미판의 PS 로고와 등급마크 대신 게임 제목 및 발매사 로고를 집어넣는 형식을 취했다.

▲ SCEK가 정식 발매했던 PS one 제품박스의 뒷면. 'PlayStation'과 'PS one' 로고를 동시에 병기했다. 기본적으로는 아시아판 본체이지만, 동봉되는 AC 어댑터는 한국 사양의 220V 버전으로 교체했다.

▲ 월간 GAMER'Z 2002년 6월호에 게재된, 조이캐스트의 「MANIC GAME GIRL」 발매 직전 지면광고. 당시는 막 정규 출시된 PS2에 모든 관심이 쏠려있었기 때문인지 PS one 관련 정보나 광고가 거의 없다시피 하므로, 매우 귀중한 광고자료라고 할 수 있다.

(※ 2) 본서 상권의 해설 #1에서도 언급되었듯 소니컴퓨터엔터테인먼트는 소니뮤직엔터테인먼트의 자회사로서 매우 밀접한 관계였기에, 한국 발매를 위해 소니뮤직코리아가 움직인 것도 자연스럽다. 또한 당시 소니뮤직코리아의 대표이사였던 윤여을 씨는, 후일인 2001년 12월 소니컴퓨터엔터테인먼트코리아를 설립하고 초대 대표이사를 맡아 활약한다.

HARDWARE | 1994 | 1995 | 1996 | 1997 | 1998 | 1999 | 2000 | 2001 | 2002 | 2003 | 2004 | INDEX

한국에 정식 발매된 PS one용 소프트들을 한데 모은

플레이스테이션(PS one) 한국 정식 발매 소프트 카탈로그

이 페이지에서는, 2002~5년 당시 소니컴퓨터엔터테인먼트 코리아(SCEK) 등이 정규 발매한 플레이스테이션(PS one)용 소프트 총 16타이틀을 원서와 동일한 형식으로 카탈로그화하였다. 시간과 자료의 한계로 누락이나 오류가 있을 수 있으며 리스트의 정확성을 완전히 담보하지는 못하므로, 이 점은 너른 양해를 구하고자 한다. 또한 별도 언급이 없을 경우 기본적으로 영문판이며, PS one 정식발매 이후 정규 발매된 소프트 기준이므로, 그 이전에 병행수입된 소프트 등은 대상에서 제외하였다.

MR. DRILLER

소니컴퓨터엔터테인먼트코리아　퍼즐　2002년 5월 16일　가격 미상

플레이어 1인 / 메모리카드 1블록 / 아날로그 컨트롤러 지원

한국판 PS one과 동시 발매된, 「미스터 드릴러」(하권 122p)의 국내판. 기본적으로는 북미판이라, 일본판과 달리 깊이 단위가 1m가 아니라 5피트인 게 특징이다.

R4 : RIDGE RACER TYPE 4
소니컴퓨터엔터테인먼트코리아　레이싱　2002년 6월 6일　가격 미상

플레이어 1~7인 / 메모리카드 1블록

같은 제목 게임(상권 198p)의 국내 발매판. 북미판 기준이지만, 북미판 초판에 있었던 초대 「릿지 레이서」의 터보 모드 보너스 디스크는 국내판에 포함되지 않았다.

MANIC GAME GIRL
조이캐스트　액션　2002년 6월 7일　19,500원

플레이어 1인 / 메모리카드 1블록 / 아날로그 컨트롤러 지원

한국어버전

1993년의 「우주거북선」 이후, 기록상 2번째의 정규발매 국산 오리지널 콘솔 게임. 스퀘어 USA 출신의 이한종 씨가 개발을 주도했다. 2000년 당시의 개발 초기엔 주인공이 남성이었으나, 여성으로 바뀌었다. 오프닝 동영상 외에는 전체가 리얼타임 폴리곤 진행인 것도 특징. 당시 게임 문화의 패러디를 다량 넣은, 가벼운 스타일의 액션+어드벤처 게임이다.

도날드덕 고인 퀘커스!
디지털드림스튜디오　액션　2002년 7월 25일　가격 미상

플레이어 1인 / 메모리카드 1블록 / 아날로그 컨트롤러 지원

디즈니의 인기 캐릭터 '도날드 덕'을 활용하여, 프랑스의 유비소프트 사가 개발한 아동용 액션 어드벤처 게임. 서양에서는 닌텐도 64·게임큐브 등 수많은 기종으로 발매되었다.

레이맨 러쉬
디지털드림스튜디오　레이싱　2002년 7월 25일　가격 미상

플레이어 1~2인 / 메모리카드 1블록 / 아날로그 컨트롤러 지원

유비소프트의 당시 간판 IP였던 「레이맨」의 캐릭터를 사용한 대전형 레이싱 게임. PS2 등으로 발매했던 「레이맨 M」을 2인 대전 달리기 게임으로 하위 이식했다.

KLONOA : Door To Phantomile
소니컴퓨터엔터테인먼트코리아　액션　2002년 8월 15일　가격 미상

플레이어 1인 / 메모리카드 1블록

남코의 액션 게임 「바람의 크로노아」(상권 140p)의 국내 발매판. 이 게임 자체는 영문판으로 발매됐으나, 후일인 2009년 Wii로 리메이크판이 한국어화되어 출시된다.

쥬라기 공룡 대모험 : 레이싱
조이캐스트　레이싱　2002년 8월 29일　19,500원

플레이어 1~2인 / 메모리카드 1블록 / 아날로그 컨트롤러 지원

미국 TDK Mediactive 사가 스티븐 스필버그 제작의 아동용 애니메이션 시리즈 '공룡시대'를 베이스로 제작한 공룡 레이싱 게임. 원작의 주인공 공룡 4마리가 나온다.

주변기기 지원 아이콘 플레이어 1~2인　 메모리카드 1~2블록　 멀티탭지원 1~4인　 마우스 지원　 대전케이블 2대　아날로그 조이스틱 SCPH0111(SCEI)지원　아날로그 컨트롤러 지원　PocketStation 지원　메모리카드 1~2블록　휴대전화 접속 케이블 지원(도코모 모드 휴대전화 지원)　특제 컨트롤러 SLPH00001(남코)지원

곰돌이 푸 유치원 학습여행

소프트뱅크 코리아　기타　2002년 8월 29일　18,000원

플레이어 1인　메모리카드 2블록　아날로그 컨트롤러 지원　　한국어버전

당시 소프트뱅크 코리아 사가 판매하던 '디즈니 학습/게임용 CD-ROM' 시리즈의 일환으로서 발매된 첫 PS용 소프트. 5~8세용으로서, 한국어·영어를 음성까지 지원한다.

꼬마유령 캐스퍼 : 친구들 구출작전

조이캐스트　액션　2002년 10월 8일　19,500원

플레이어 1인　메모리카드 1블록　아날로그 컨트롤러 지원

미국 TDK Mediactive 사의 「Casper : Friends Around the World」의 국내 발매판. TV 애니메이션 '꼬마유령 캐스퍼' 관련작이며, 총 11스테이지의 액션 게임이다.

곰돌이 푸 신나는 유아교실

소프트뱅크 코리아　기타　2002년 10월 17일　18,000원

플레이어 1인　메모리카드 2블록　아날로그 컨트롤러 지원　　한국어버전

앞서의 「유치원 학습여행」 처럼, 소프트뱅크 코리아 사의 '디즈니 학습/게임용 CD-ROM' 시리즈 중 하나. 3~5세용 소프트이며, 마찬가지로 한국어·영어 양대응이다.

폭렬축구

소니컴퓨터엔터테인먼트코리아　스포츠　2003년 4월 17일　가격 미상

플레이어 1~2인　메모리카드 1~4블록　아날로그 컨트롤러 지원

테크모 사의 같은 제목 게임(하권 190p)의 북미판을 발매했다. 에펠탑이 솟아오르고 번선이 등장하는 황당무계한 필살 슛이 난무하는 축구 게임. 한국팀도 선택 가능하다.

MEGAMAN X6

코코캡콤　액션　2002년 12월 13일　30,000원

플레이어 1인　메모리카드 1블록　아날로그 컨트롤러 지원　　한국어버전

캡콤의 「록맨 X6」(하권 172p)를 코코캡콤이 자막 한국어화해, PC판과 동시에 발매한 작품. 버튼 목걸이·캐릭터 카드를 동봉한 초회한정판도 존재한다. 「MEGAMAN X5」(PC로만 발매)에 이은 시리즈 두 번째 공식 한국어판이기도 하며, 이후 PS2의 「록맨 X8」까지 한국어판으로 발매되었다. 초기라서인지 한국화의 퀄리티가 아쉬운 것이 옥의 티다.

수퍼 라이트 베스트 Vol.1

모노소프트　버라이어티　2004년 1월 17일　가격 미상

플레이어 1~2인　메모리카드 1블록　아날로그 컨트롤러 지원　　한국어버전

석세스 사의 'SuperLite 1500 시리즈' 중 「코튼 오리지널」(하권 51p)과 「키퍼」(하권 195p)를 합본한 한국 오리지널 발매판. 각 게임 내의 중요한 텍스트는 대부분 한국어화했다.

수퍼 라이트 베스트 Vol.2

모노소프트　버라이어티　2004년 1월 17일　가격 미상

플레이어 1~2인　메모리카드 1블록　아날로그 컨트롤러 지원　　한국어버전

석세스 사의 'SuperLite 1500 시리즈' 중 「잔파인」(하권 110p)과 「봄보트」(하권 191p)를 합본한 한국 오리지널 발매판. 역시 각 게임 내의 중요 텍스트를 한국어화했다.

RAYCRISIS

마이크로 뱅크 코리아　슈팅　2004년 4월 17일　23,000원

플레이어 1인　메모리카드 1블록　아날로그 컨트롤러 지원

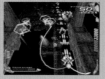

타이토 사의 슈팅 게임 「레이크라이시스」(하권 113p)를 북미판 기반으로 발매했다. DVD 톨 케이스 사이즈의 아웃박스 내에 소프트를 넣은 초회발매판도 존재한다.

스트라이커즈 1945 II

윈디소프트　슈팅　2005년 6월 25일　가격 미상

플레이어 1~2인　메모리카드 1블록

당시 사이쿄의 IP를 보유했던 크로스노츠 사의 라이선스 하에 윈디소프트가 발매했다. 북미판 기준이지만, 타이틀 화면은 교체했다. 같은 시기, 피처폰 모바일 버전도 출시했다고 한다.

플레이스테이션
퍼펙트 카탈로그(하권)

1판 1쇄 | 2022년 3월 28일
감　　　수 | 마에다 히로유키, 조기현
옮 긴 이 | 김경문
발 행 인 | 김인태
발 행 처 | 삼호미디어
등　　　록 | 1993년 10월 12일 제21-494호
주　　　소 | 서울특별시 서초구 강남대로 545-21 거림빌딩 4층
　　　　　　www.samhomedia.com
전　　　화 | (02)544-9456(영업부) (02)544-9457(편집기획부)
팩　　　스 | (02)512-3593

ISBN 978-89-7849-654-4 (13690)

Copyright 2021 by SAMHO MEDIA PUBLISHING CO.